独禁法
そぞろある記

競争法研究協会会長の一千日

栗田 誠 著

CLP 研究会

はしがき

　競争法研究協会は，2022年（令和4年）3月31日をもって30年に亘る活動の幕を閉じました。私は，30年の歴史の最後の3年間（2019年4月〜2022年3月）を会長として協会の活動に参画してまいりました。本書は，この3年間に協会の研究会等において私が行った冒頭挨拶や執筆したコラム，研究会における講師の先生方の講演に関する私のコメントを収録したものです。

　1992年3月に「独禁法研究協議会」として発足し，その後，「独禁法研究協会」を経て，2002年8月以降は「競争法研究協会」の名称により，独占禁止法・競争政策に関する民間団体として各種の研究・啓発活動を行ってまいりました。創設者であられる初代会長齋藤栄三郎先生が2000年7月にご逝去された後，伊従寛先生（弁護士・元公正取引委員会委員・元中央大学法学部教授）が第二代会長を長年務められ（2015年3月まで），その後，矢部丈太郎先生（元公正取引委員会事務総長）が2015年4月から2019年3月まで務められ，そして2019年4月からは私が会長を仰せつかりました。

　協会のこれまでの活動については，協会のウェブサイトや，折々の出版・印刷物，新聞報道等により記録されていますが，この度，私の会長在任中の記録を取りまとめることとしました経緯を簡単に説明させていただきます。

　近年の協会の活動は，年間10回の月例研究会，年2回の事例研究部会，年1回の競争政策研究部会を開催することが主体となっていました。各回の講師にその時々の旬のテーマについて講演をお願いし，それを受けて協会の会員企業等からの出席者と質疑応答を行い，その記録を後日配布するというものでした。しかし，2020年に入り，新型コロナウイルスの感染拡大に伴う活動制限が行われるようになり，2020年3月の月例研究会を延期することを余儀なくされました。どのような方法で研究会活動を行うかを検討した結果，講師による講演をビデオ録画して協会会員宛に配信する方法が最も簡便であり，また，会員の参加も容易であると判断いたしました。この方法により，2020年5月の月例研究会から活動を再開することとし，具体的な進行方法を考えました。

　それまでの対面の研究会では，講師の講演を受けて，出席者から活発な質疑

がなされ，私も適宜参加して有意義な意見交換ができました。しかし，同時配信ではなく，ビデオ配信の方法で開催するとなると，講師からの一方的な講演だけで終わってしまいます。そこで，ビデオ収録に立ち会う私から，講演内容に関する感想やコメント，あるいは追加の情報提供等を行うこととし，そのためのメモを作成することとしました。そして，講師には私からのコメント等に対して可能な範囲で追加の説明や応答をお願いすることにしました。また，従来から，前回の研究会以降の独占禁止法・競争政策関連の動向を「競争法関連の動き」と題するメモに整理して配布しておりましたが，これも継続することとしました。さらに，2020年秋からは，冒頭の開会挨拶についてもメモを用意することとしましたので，「冒頭挨拶」「競争法関連の動き」「コメント」という3点セットを毎回準備して，研究会の終了後に所要の加筆修正を施した上で，講演のビデオ記録及び講演資料とともに会員に配信するようにしました。

　また，協会のホームページには，2005年（平成17年）5月19日を初回とする「協会会長のコラム」が掲載されており，伊従会長の研究会における挨拶やその時々の所感が掲載されていることを知っていた私は，就任後間もない時期から事務局にお願いして「会長コラム」を時折掲載していただくことにしました。研究会の冒頭挨拶を転用したものもあれば，独立して執筆したものもありますが，折々に気付いたこと，重要な違反事件の分析，海外の動向の紹介など，多様なテーマに亘ります。

　こうして作成した冒頭挨拶やコラム，講演テーマに関するコメント等を集大成して記録にとどめることを考えるようになったのは，協会の解散が具体的に決まりつつあった2021年秋ごろのことであったと思います。鈴木啓右業務執行理事が協会の活動記録を整理しておられる姿を拝見して，私自身の活動記録をまとめておきたいという個人的な思いが募ってきました。協会会員に配信されてきたものの，広く世の中には発信されていない検討結果にも何がしかの意味があるのではないかと考えた次第です。

　以上のような経緯もあり，本書に収録した挨拶・コラムで2019年度のものは少なく，また，講演内容に関するコメントについては2019年度のものはありません。全体として，2020年度及び2021年度のコロナ禍での活動記録が中心となっています。

　研究会に先立ち，講師の先生方の講演資料をいち早く目にすることができ，それを私なりに分析してコメントを取りまとめ，研究会の場で講師と一対一で意見を交わすことができました。月例研究会に向けて「競争法関連の動き」をまとめることと併せて，私にとってはまたとない勉強の機会となりました。

　研究会に講師としてご登壇いただき，貴重な講演を賜りました先生方には改めまして厚くお礼申し上げます。研究編における論述には簡単な「講演の概要」を含めておりますが，講演の内容を適切に要約したものとなっていることを願うばかりです。また，思わぬ誤解や不適切な記述がありましたならば，ご海容いただきたく存じます。

　競争法研究協会の会長として3年間を務める中で，会員の皆様から賜りましたご支援ご協力に深く感謝いたします。しかし，私が会長を務めましたのは30年に及ぶ協会の歴史の最後のわずか3年にすぎません。協会の活動を設立当初から一貫して支えてこられた鈴木啓右理事をはじめとする役員の皆様，歴代のスタッフ，特に会長としての3年間のご担当であった澤登かおる様には大変お世話になりました。特に，鈴木理事と澤登様の献身的なご尽力がなければ，コロナ禍にあって協会の研究会活動も継続できず，このような形で3年間の活動を記録にとどめることもできませんでした。改めまして心からお礼申し上げます。

　加えて，鈴木理事が整理された競争法研究協会の活動記録を本書に収録することについて鈴木理事からご快諾をいただきました。本来であれば，競争法研究協会30年の歴史を記録にとどめるべきであったのかもしれませんが，ひとえに非力をお詫びするばかりです。また，本書の刊行に当たっては競争法研究協会からご支援いただきましたことをここに明記し，併せてお礼申し上げる次第です。

　最後に，競争法研究協会の会長を長年お務めになり，独占禁止法・競争政策の発展に大きな足跡を残されました故伊従寛先生に本書を捧げ，ご冥福をお祈りいたします。

　2022年7月

　　　　　　　　　　　　　　　　　　　　　　　　栗　田　　誠

編 集 方 針

　競争法研究協会における挨拶・コラムや研究会活動の記録を本書に収録するに際しては，次の方針によった。

1　挨拶・コラムや講演に関するコメント等については，電子ファイルにより配信し，あるいは協会のウェブサイトに掲載したものに限って収録する。研究会開催状況（2019年度〜2021年度）の一覧表に本書の収録頁を記載している。

2　読みやすさを考えて記述を追加するが，内容面で実質的な修正を加えることはしないものとする。

3　表現上の修正・統一を図り（ただし，「挨拶」と「コラム」では文体が異なっているが，あえて統一していない），また，次の点を補整する。

　　第1に，研究会の冒頭挨拶には題名を付していなかったが，本書への収録に際しては内容に相応しい題名を付す。また，「会長コラム」には題名を付していたが，一部修正したものがある。

　　第2に，研究編においては，元々箇条書きで記述していたものを通常の論述スタイルに書き改める。また，適宜，見出しを付す。

　　第3に，各回の講演の趣旨・内容が理解できるように，冒頭に「講演の概要」を示すとともに，具体的なコメントをする場合にはコメントの対象が分かるように説明を追加する。ただし，この面での補整が十分ではないものがある。

　　第4に，公表資料や命令・審決・判決等の日付，文献の引用・出典等を追記するほか，注を加える。ただし，研究書ではないので，煩雑にならないようにする。

　　第5に，研究編では，講師の講演内容に直接的に関連する著作を参考文献として付記する。

4　挨拶やコラム，コメントの執筆時点以降，2022年6月30日までの動きに

ついて，【　　】で説明を加える。ただし，この点についても十分なものに
はなっていない。

5　収録に際しては，次の順とする。挨拶・コラム編においては，時系列で配
　　列する。なお，挨拶の一部を会長コラムに転用したものがあるが，挨拶とし
　　て収録する。また，研究編においては，内容でグルーピングするとともに，
　　グループ内では時系列による。

6　類似のテーマを取り上げていることがあり，必然的に似通った内容の記述
　　となっている箇所があるが，特段の調整はしない。また，参照の便のため，
　　本書の関連箇所を「本書〇〇頁」として付記する。

研究会開催状況（2019年度〜2021年度）

回	年月日	講　師	テーマ	挨拶	研究
266回	2019·4·8	根岸哲 神戸大学名誉教授	私的独占と不公正な取引方法の相互関係	3	
267回	2019·5·10	林秀弥 名古屋大学教授	最近の企業結合規制の動向―地方金融機関の経営統合と独禁法		
事31回	2019·6·3	多田敏明弁護士	優越的地位濫用の成立要件に関する近時の審判審決比較	5	
268回	2019·6·21	紋谷崇俊弁護士	知的財産権法と競争政策―最近の知財制度の動向と諸問題について		
競14回	2019·7·12	上杉秋則元公正取引委員会事務総長	GAFAを巡る独禁法に関する議論をどのように理解したらよいか	6	
269回	2019·7·26	國広正弁護士	競争政策としてのFCPA（海外腐敗防止法）の域外適用と日本企業のリスク管理対応―実務観点から		
270回	2019·9·6	枡口豊経済産業省競争環境整備室長	デジタル・プラットフォーマーを巡る取引環境整備に関する検討会報告書等		
271回	2019·10·11	長澤哲也弁護士	独禁法違反に関わる民事訴訟の動きと実務―優越的地位濫用・下請法違反を中心に		
事32回	2019·10·25	紋谷崇俊弁護士	最近のデータ保護法制の動向―データないし営業秘密の保護を中心に	14	
272回	2019·11·15	川島富士雄 神戸大学教授	中国独占禁止法―法運用の最新動向		
273回	2019·12·16	川上一郎公正取引委員会企業取引課長	下請法に関する最近の動きについて―最近の政府の取り組みを中心に		
274回	2020·2·14	上杉秋則元公正取引委員会事務総長	イノベーション時代の知的財産権と独占禁止法		

コロナ禍の活動制限のため 2020 年 3 月・4 月の月例研究会を延期；5 月からビデオ配信方式により再開					
275回	2020·5·15	川合弘造弁護士	企業結合審査の最新動向		215
事33回	2020·5·29	多田敏明弁護士	水平的業務提携と独占禁止法	33	188
276回	2020·6·8	矢吹公敏弁護士	近時の指針・執行動向にみる「優越的地位の濫用」規制の現在地と将来像	37	264
277回	2020·6·26	志田至朗弁護士	不当な取引制限に係る公正取引委員会の審査実務の方向性について		194
278回	2020·7·10	滝川敏明関西大学名誉教授	デジタル・プラットフォームと独禁法		227
279回	2020·7·20	根岸哲神戸大学名誉教授	業務提携に関する独禁法上の課題―垂直型・混合型業務提携を中心として	38	200
280回	2020·9·8	隅田浩司東京富士大学教授	取引妨害概念の再構築と公正競争阻害性		233
競15回	2020·9·18	上杉秋則元公正取引委員会事務総長	最近の公取委の動き―注目すべき動きとその影響	49	275
281回	2020·10·9	長澤哲也弁護士	最近の優越的地位濫用に関する動向―濫用行為の対象拡大について	51	282
282回	2020·11·13	岩下生知公正取引委員会企業結合課長	企業結合規制と審査―令和元年企業結合ガイドライン等の改定及び主要な企業結合事例	54	220
事34回	2020·11·30	隅田浩司東京富士大学教授	市場閉鎖効果に関する最近の事例解析	59	242
283回	2020·12·11	大橋弘東京大学教授	転換期を迎える競争政策―人口減少とデジタル化のもたらす課題と政策の方向性	62	147
284回	2021·2·9	上杉秋則元公正取引委員会事務総長	令和3年の競争政策の注目点―多難の時代の幕開け	70	287
285回	2021·3·9	志田至朗弁護士	確約制度施行後の同制度の運用状況と今後の展望	74	344

294回	2022·2·7	上杉秋則元公正取引委員会事務総長	日本の競争政策の持続可能性—優越的地位の濫用規制へのシフトが提起する問題は何か	125	314
295回	2022·3·18	村上政博一橋大学名誉教授・弁護士	今後の法改正課題—行政制裁金制度の創設と不公正な取引方法の再構築	128	180

（注1）「回」欄の数字は，特記なきものは「月例研究会」の，「事」は「事例研究部会」の，「競」は「競争政策研究部会」の開催回を示す。

（注2）「挨拶」欄の数字は，当該会合の冒頭挨拶が，「研究」欄の数字は，当該会合の講演内容に関する分析・研究が，それぞれ収録されている本書の頁を示す。

〈目　次〉

第 1 編　挨拶・コラム

第2編　研　究

［資料］

第1編　挨拶・コラム

第1章 2019年度における挨拶・コラム

1 競争法研究協会の会長に就任するに当たって（2019年4月8日 第266回月例研究会冒頭挨拶）

　1　本年（2019年）4月より競争法研究協会会長に就任いたしました。前任の矢部丈太郎会長や伊従寛名誉会長に比べて甚だ軽量級ではありますが，誠心誠意務めさせていただきますので，何卒ご指導ご鞭撻のほどお願い申し上げます。

　2　私も伊従名誉会長や矢部前会長と同様，公正取引委員会に勤務しておりましたが（1977-2001年），比較的早くに学界に転じ，千葉大学を経て，昨年（2018年）4月より白鷗大学法学部において教育・研究に携わっております。

　大学に移って間もなくの頃から，伊従会長（当時）からのお誘いにより，度々月例研究会等において様々なテーマについて発表する機会をいただき，大変勉強になりました。また，2000年代初めに外部資金も獲得しつつ実施されていた東アジアの競争政策プロジェクトに参画させていただいたことが私を東アジア競争法の研究に導いてくれました。さらに，独占禁止法の手続に関する研究会や電力事業と独占禁止法についての集中的な勉強会にも参加させていただき，研鑽を深めることができました。このように競争法研究協会は，私にとってまたとない独占禁止法・競争法研究の場であり続けてきました。

　この度，思いもかけず，伊従名誉会長や鈴木啓右業務執行理事からご推挙をいただき，会長職をお引き受けすることとなりました。これまでのように自身の研究の場としてではなく，会員向けのサービス提供はもとより，産業界や当局向けの啓発・提言といった活動に取り組むこととなります。何分にも不慣れなためにご迷惑をおかけすることもあると思いますが，事務局の支援を得て，

会務の着実な運営に努めてまいりますので，重ねてご支援をお願いする次第です。

　3　さて，我が国の独占禁止法・競争政策の現状をみますと，一方で，入札談合・価格カルテルといった，いわば旧来型の違反事件が後を絶たない中で，ICT，プラットフォーム，データといったキーワードに示されるような，新たな課題が次々と出てきており，個人情報保護の問題も含め，デジタル・プラットフォーマーに対する関心・懸念が高まっています。また，国際カルテルや国際合併，あるいはいわゆるGAFAを巡る違反事件といったグローバルな競争法問題が脚光を浴びる一方で，地域銀行の経営統合や地域交通企業の共同経営など地域経済に関わる課題も指摘されております。こうした諸課題に公正取引委員会は的確に対応できているでしょうか。独占禁止法は実効的なエンフォースメントの仕組みを実装しているでしょうか。また，公正な手続や透明性は確保されているといえるでしょうか。規制対象となる企業の側においても，コンプライアンスの備えは万全でしょうか。

　米国でも，19世紀末に制定された反トラスト法が20世紀をまたいで21世紀の経済社会に適応できるのかという疑問が示されることがあります。また，EU競争法の積極的な単独行為規制は単に成功した企業を叩いているにすぎないのではないかと批判されることもあります。さらに，競争法が世界的に普及する中で，法域ごとに異なる競争法規制が円滑な国際的企業活動を損なうおそれが指摘されています。GAFAに対する競争法規制の必要性や可能性についても，法域により，あるいは論者により大きく見解が異なっています。国によっては競争法をも産業政策の一手段として活用しようとするかのような動きもみられます。通商分野に目を向けると，WTOを中核として形成されてきた開放的な国際経済法体制を揺るがすような事態が次々と生じています。

　4　こうした独占禁止法・競争政策を巡る国内的・国際的課題が山積する中で，民間の立場から中立的・専門的に取り組むことには極めて大きな意義があると考えており，本会もその一翼を担う所存です。皆様方の引き続きのご支援・ご参加を心からお願いして，会長就任の挨拶といたします。

2　近時の競争法を巡る動き―手続を中心に（2019年6月3日第31回事例研究部会冒頭挨拶）

　1　今回初めて事例研究部会に出席します。今回は，多田敏明弁護士に優越的地位濫用に係る審判審決について解説と問題提起をしていただき，議論を深めます。私からは日本の独占禁止法，世界の競争法を巡る動きをいくつか紹介して，冒頭の挨拶といたします。

　2　1点目は，課徴金制度・課徴金減免制度の改正を主たる内容とする独占禁止法改正法案です。5月30日に衆議院を通過し，参議院に回付されました。衆議院では全会一致でした（経済産業委員会における附帯決議については日本共産党のみ反対）。通常国会の会期末まで限られていますが，今国会で成立するのかどうか注目したいと思います【2019年6月19日成立，同月26日公布，課徴金制度・課徴金減免制度の改正部分は2020年12月25日施行】。

　3　2点目は，独占禁止法改正とも関係してくるのですが，ICN（International Competition Network）のCAP（Framework for Competition Agency Procedures），「競争当局の手続に関する枠組」について取り上げます。ICNでは，競争当局による競争法執行における手続的公正の確保に大きな重点を置いていますが，先月（2019年5月）コロンビアのカタルヘナで開催されたICN年次総会に向けて，米国競争当局が主導して，手続に関する基本原則とその履行確保に関する新たな枠組ができました。これに参加するかどうかは各国競争当局の判断に委ねられており，拘束力のあるものではありませんが，参加するには基本原則に適合しているか否かの自己診断を示す必要があります。自国競争法の手続が基本原則に適合していない部分があるとしても参加はできるのですが，その自己評価は半年後には公表されることになっています。

　公正取引委員会は，委員長がICNの運営委員会のメンバーでもあり，当然この枠組への参加を通知していると思いますが（既に62の当局が参加を通知済み），特に弁護士・依頼者間秘匿特権の問題について現行手続ではこの基本原則に適合していないおそれがあると考えられます。

　公正取引委員会事務総長の定例会見（令和元・5・15）でもICN年次総会について説明があったようですが，CAPに関しては全く言及されていません。今

次年次総会の中心的な議題はこの CAP であり，閉会に際してのプレスリリースでも大きく取り上げられており，米国やカナダの競争当局はこの枠組への参加に関するプレスリリースも出しています。公正取引委員会は ICN の活動に積極的に貢献していると常々強調していますが，手続問題に関しては腰が引けている印象は否めません。

　独占禁止法改正法案の国会提出に際して，公正取引委員会は委員会規則による弁護士・依頼者間秘匿特権の制度化に踏み切ることにしたわけですが，改正法案が今国会で成立しても施行は1年半後になります。公正取引委員会自身が独占禁止法の手続についてどのように自己評価しているのか，日本の独占禁止法の手続が国際標準を満たしているのかが早晩明らかになるものと思います。なお，4月末には ABA の反トラスト法部会がベスト・プラクティスの実施状況に関する報告書[注1]を公表しており，これも参照に値します。

　競争法研究協会では，独占禁止法の手続問題にも強い関心を持ち，意見書を公表するなどの活動を行ってまいりましたが[注2]，今後も注視していきたいと考えています。

　4　3点目も手続に関わりますが，5月27日に公正取引委員会と中国国家市場監督管理総局との間で当局間の協力に関する覚書が締結されました。中国の競争当局の一元化に伴い，従来の中国商務部や国家発展改革委員会との覚書に代わるものであり，目新しいものではありませんが，個別事件に係る執行協力がどの程度行われているのか，実際の運用が気になるところです。

（注1）American Bar Association, Section of Antitrust Law, Assessment of Global Competition Agency Implementation of ABA Best Practices for Antitrust Procedure: Report by the Procedural Transparency Task Force, April 29, 2019.
（注2）競争法研究協会「独占禁止法違反事件処理手続意見書」(2008・10・20)，同「内閣府懇談会の『独禁法審査手続の論点整理』に関する意見」(2014・7・11)。

3　独占禁止法は法か政策か（2019年7月12日第14回競争政策研究部会冒頭挨拶）

　1　初めて競争政策研究部会に出席します。今回は，上杉秋則先生に

GAFA を巡る独占禁止法問題についてお話しを伺います。いわゆるデジタル・プラットフォーマー（DPF）を巡る問題については，公正取引委員会が経済産業省や総務省と共に「デジタル・プラットフォーマーを巡る取引環境整備に関する検討会」を設け，また，政府全体としても「未来投資会議」というトップレベルの会合で議論がなされ，「成長戦略」の重要な柱として様々な施策が展開されようとしています。そうした包括的な取組の一環として，独占禁止法による規制も位置付けられているといえます。見方によっては，独占禁止法が DPF 問題に対する政府の取組の一手段として位置付けられ，活用されているともいえるわけです。

　2　独占禁止法は本来的に「政策志向」の法であるといえます。独占禁止法を学び始めると，「これで法といえるのか，政策にすぎないのではないか」と戸惑うことがあります。例えば，電気通信，エネルギー等の規制産業における支配的事業者に対する規制が典型です。これらの規制業種では，事業規制法が支配的事業者に対する様々な特別規制を設けていることがあり，独占禁止法規制と重なる面があります。また，規制当局においても，競争促進を重視した政策を標榜する動きがみられます。一つの行為について，事業規制法と独占禁止法の両方が適用され得るのであり，規制当局と競争当局（公正取引委員会）の判断が矛盾・抵触することも起こり得ますし，規制される側からは過重な二重規制であるという不満も出てきます。少し内容的には異なりますが，近時の地域銀行の経営統合や乗合バスの共同経営を巡る独占禁止法の特例を設ける提案も同じようなインプリケーションを含んでいます。

　もう一つ例を挙げると，近年における優越的地位濫用規制にも独占禁止法の政策的側面が強く現れていると思います。「競争法」としての独占禁止法における優越的地位濫用規制の位置付けについて，私はやや懐疑的であり，「経済法」の一環としての立法が望ましいと考えています。また，例えば，DPF による取引先事業者に対する取引条件の一方的改変も，ユーザーからの個人情報の吸上げも，何でも優越的地位濫用の観点から取り組もうとしている現状（打ち出の小槌としての優越的地位濫用規制）には疑問を感じています。優越的地位濫用規制がその時々の取引関係を巡る課題に柔軟に対応してきたことは紛れもない事実であり，政治的にも強い支持があることは明らかです。こうした中

7

で，非公式な措置による決着も含めて優越的地位濫用規制をどのように活用していくのか（あるいは，適切な自制を働かせるのか），それとも，別途の方策を考えるのかが問われていると思います。

3　優越的地位濫用規制は，大変間口が広く，打ち出の小槌のような面がありますが，同時に，違反が認定されると，1回目の違反から取引額を計算基礎とする課徴金の対象になるわけで，事業者にとって大変厳しい規制でもあります。公正取引委員会において，従来であれば拘束条件付取引といった行為類型の問題として考えられてきたような事案が優越的地位濫用の事案として取り上げるように変わってきていないか，注視する必要があると考えています。例えば，立入検査の際の告知書に優越的地位濫用も併せて記載されていないか，また，当初は優越的地位濫用が入っていなくても途中からその適用も検討されるようになった場合にどのように事業者に告知されるのかといった手続的な課題もあります。事業者側としては，1回目の違反から課徴金対象となる違反として認定されるおそれがあるということは相当なプレッシャーになるのではないか。そうすると，昨年（2018年）暮れに導入された確約手続による決着が現実的な選択肢となってきます。要するに，公正取引委員会と事業者との一種のバーゲニングにおいて公正取引委員会が過度に有利な立場に立つこととなるおそれがあると思います。

先週，韓国では，アップル（Apple Korea）が韓国の公正取引委員会に携帯電話会社とのiPhone取引を巡る公正取引法違反事件について「同意議決」の申立てを行ったと報じられています。アップルとしては，何ら問題があるとは認識していないが，課徴金を課されるおそれ等を考慮した末の苦渋の判断であったのかもしれません【2021年2月4日に同意議決が最終化された旨公表されていますが，1000億ウォン相当の中小企業・消費者支援措置も約束されているようです】。同様の問題について，日本の公正取引委員会は昨年（2018年）7月に，アップルが契約の一部を改定することから問題は解消されるとして審査を打ち切っていますが（平成30・7・11公表），関係法条として拘束条件付取引が挙げられていました。言うまでもなく，拘束条件付取引であれば課徴金の対象ではなく，公正取引委員会の交渉ポジションは弱いといえるのかもしれません。

4　デジタル・プラットフォーマーによる個人情報の取得・利用に係る優越的地位濫用規制（2019年９月６日会長コラム）

　1　公正取引委員会は2019年８月29日，「デジタル・プラットフォーマーと個人情報等を提供する消費者との取引における優越的地位の濫用に関する独占禁止法上の考え方（案）」に対する意見募集を行った。6月21日に閣議決定された「成長戦略フォローアップ」において，「優越的地位の濫用規制をデジタル・プラットフォーム企業による対消費者取引に適用する際の考え方の整理を2019年夏までに行い，執行可能な体制を整備する」とされており，その実施に向けたステップである。以下では，この「考え方」の実体的な内容ではなく，デジタル・プラットフォーマー（DPF）による個人情報等の取得・利用に対して優越的地位濫用規制を適用するという公正取引委員会の新たな方針が独占禁止法と他の法令との関係，あるいは公正取引委員会と他の行政機関との関係において有する意味合いを考えてみたい。

　2　まず，消費者取引に対する優越的地位濫用規制の適用について考えてみたい。不公正な取引方法の一類型としての優越的地位濫用に関する独占禁止法2条9項5号の規定においては，単に「相手方」，「継続して取引する相手方」ないしは「取引の相手方」の文言が用いられており，優越的地位濫用規制の対象が対事業者取引に限定されるものではなく，対消費者取引を含むものであることは学説上指摘されてきた。しかし，公正取引委員会実務において，優越的地位濫用ガイドラインでは「取引の相手方」が事業者であることを前提にした記述となっており，また，消費者取引について優越的地位濫用規制が適用されたことは（少なくとも法適用事例としては）なかった。

　今回の「考え方」は，DPFによる個人情報等の取得・利用という特殊な問題を対象とするものであるが，消費者の特性や事業者との格差を背景にして消費者が取引先事業者に対して定型的に劣位にあり，不利益を受けやすい類型の取引は様々に存在する（「消費者法」の概説書参照）。優越的地位濫用規制は，こうした多様な消費者取引に対して幅広く適用できる可能性を秘めている。従来，こうした消費者取引については，「消費者法」による民事的規律（消費者契約法，特定商取引法等），限定的な行政的規律（特定商取引法等），例外的な刑

9

事的規律が行われてきており，近年の発展には著しいものがあるとはいえ，万全ではない。ここに独占禁止法による優越的地位濫用規制というオプションが加わることになり，限定のない一般的な管轄，強力な審査体制と調査権限，そして課徴金賦課という制裁権限を有する公正取引委員会が取り組むこと，また，被害者による差止請求の対象になることの意味は大きい。

　ただし，実際に公正取引委員会が消費者取引における優越的地位濫用規制に本格的に取り組むこととなるのかは不明である。2009年9月の消費者庁の創設に伴い，公正取引委員会は景品表示法の施行権限を失い，取引部で同法を担当していた消費者取引課はなくなり，公正取引委員会は消費者政策のメイン・プレーヤーではなくなった。今回の問題を契機に，公正取引委員会が消費者取引に対する独占禁止法規制に積極的に乗り出し，消費者の支持を得ることができるのか，注目される。

　3　次に，個人情報保護と競争法の役割について検討する。本年（2019年）2月7日にドイツ連邦カルテル庁がフェイスブックの個人情報の収集・利用が競争制限禁止法上の支配的地位濫用（搾取的濫用）に当たるとして禁止決定を行ったことは記憶に新しい（フェイスブックは決定を争っており，8月末には裁判所から決定の執行停止を得ている）。この禁止決定に対しては，世界中で様々な見解（厳しい批判を含め）が示されており，日本でも多くの論稿が発表されている【(注1)】。

　折しも，米国連邦取引委員会（FTC）及びニューヨーク州司法長官が2019年9月4日，グーグル及びその傘下のユーチューブとの間で，ユーチューブによる保護者の同意なしの子供の個人情報の取得とターゲティング広告における利用が「子供のオンライン・プライバシー保護法（Children's Online Privacy Protection Act）」に基づくFTC規則に違反する疑いについて，是正措置を採るとともに総額1.7億ドルの民事制裁金を支払うことで和解した。米国でも，グーグルやフェイスブック等のDPFに対する反トラスト調査が連邦競争当局（司法省及びFTC），州司法当局，連邦議会の所管委員会等で行われているが，個人情報の問題についてはFTCが専ら消費者保護規制権限を用いて取り組んでいる。FTCは様々な消費者保護法（法律に基づくFTC規則を含む）を所管し，そうした法令違反はFTC法5条違反（不公正又は欺瞞的な行為）と

みなされ，FTC は FTC 法に定められた権限を活用して広範な消費者問題に取り組むことができる。そのための最強の手段が連邦地方裁判所に違反行為の差止とともに必要な救済措置（不法利益の剥奪など）を請求する方法であり（FTC 法13（b）条），前述のユーチューブに対する措置もこの権限による【連邦最高裁が2021年4月22日に，FTC が活用してきたこの権限を否定する判決を下したことから，立法的に解決するための検討が行われている。AMG Capital Management, LLC v. FTC, No. 19-508, 593 U.S. __ （2021）】。

　公正取引委員会は個人情報の問題に対して独占禁止法の究極の一般条項ともいえる優越的地位濫用規制を活用しようとしているが，いくら「考え方」を公表したからといって，DPF にとって予測可能性が低いことは否めない。現下の「リクナビ」問題（就職情報サイト運営会社が，就活生が内定を辞退する可能性を予測して企業に情報提供していた問題であり，個人情報保護委員会が2019年8月26日，個人情報保護法に基づき是正を求める勧告を行った）に「考え方」を当てはめた場合にどのような結論になるのであろうか。また，独占禁止法の執行手続は大変重いものであり，迅速性に欠けることになりがちである。優越的地位濫用の違反が不公正な取引方法の中では唯一1回目から課徴金という重大な措置につながることも，公正取引委員会と DPF の双方にとって重荷となりかねない。もっとも，消費者にとって表面的には「フリー（無料）」の取引に関して実際に課徴金を賦課するためには，課徴金の計算基礎となる取引額の算定方法等について特例を定めるか，制度を抜本的に見直す必要があろう。

　その意味で，「成長戦略実行計画」（令和元・6・21）に明記されたように，政府が「デジタル・プラットフォーマー取引透明化法（仮称）」を2020年通常国会に提出しようとしていることは適切である。そして何よりも，この方針は霞が関の力学にも叶うものであろう。独占禁止法が DPF 規制の中心的役割を担うことになると，同法の執行が公正取引委員会の専権であるだけに，他省庁にとっては心穏やかではなかろう。独占禁止法の特別法である下請法が公正取引委員会と経済産業省等との共管になっていることと同様，想定される DPF 取引透明化法も関係省庁の共管となり，権限と責任を分担・分有することとなり，丸く収まるのであろう。

　【政府が立案し，成立した「特定デジタルプラットフォーム取引透明化法」

（令和2年5月成立，令和3年2月施行）は，同法の適用対象に指定された特定DPFに対し取引条件等の情報の開示及び自主的な手続・体制の整備を行い，自己評価を付した報告書を提出することを義務付け，経済産業大臣がその運営状況をレビューし，その結果を公表するという「共同規制」の手法を採用し，また，独占禁止法違反（不公正な取引方法）のおそれがあると認められる事案を把握した場合，経済産業大臣が公正取引委員会に対し，同法に基づく対処を要請する仕組みを定めている。ただし，同法では，特定DPFによる一定の行為を禁止する「行為規制」を導入することは見送られている。

　なお，本文では，政府が検討中であった「デジタル・プラットフォーマー取引透明化法案」について，個人情報保護との関連で論じているが，2020年の通常国会で成立した新法は，主として対事業者取引を念頭に，その透明化・公正化のための規制を設け，あるいは自主的取組を促すものである。しかし，特定DPFが開示を求められる情報には消費者の閲覧・購入履歴等の取得・使用の条件も含まれており，対消費者取引においても一定の意味がある。】

　4　この問題について，既存の法令によっては対応できない新たな問題に対する独占禁止法の役割という観点から考えてみたい。他の法令による実効的な規制が行われていない新たな問題が生じた場合に，適用対象に限定がなく，禁止行為類型も概括的・抽象的に定められている独占禁止法による取組が可能である場合があり得る。いくつか例を挙げると，1970年代に米国から導入されたマルチ商法について，公正取引委員会は不当な利益による顧客誘引に当たるとして排除勧告を行った（ホリディ・マジック事件・勧告審決昭和50・6・13）。その後，1976年に訪問販売法（現在の特定商取引法）が制定され，「連鎖販売取引」として規制されている。また，バブル崩壊後の株価下落の過程で生じた証券会社による損失補填については，当時の証券取引法では禁止されておらず，公正取引委員会は主要証券会社に対して不当な利益による顧客誘引に当たるとして排除勧告を行った（野村證券他事件・勧告審決平成3・12・2）。その後，証券取引法（現在の金融商品取引法）が改正されて，損失補填が明示的に禁止された。平成17年の三井住友銀行事件（勧告審決平成17・12・26）では，同行が中小融資先に金利スワップの購入を余儀なくさせたことが優越的地位濫用に当たるとされたものであるが，その後，銀行法が改正され，こうした行為が禁止されてい

る。

　こうした個別法令が有効に機能している限り，独占禁止法が乗り出す必要は通常ないが，規制の枠外の行為，新たな行為に問題があると判断される場合に，迅速に関係法令を整備して対応することが常にできるとは限らない。独占禁止法の一般性・汎用性を活かした法適用が必要かつ有効であり，今回のDPFによる個人情報等の取得・利用に対する優越的地位濫用規制は新たな一例ともいえる【独占禁止法によるDPFに提供する個人情報等の保護について，河谷清文「優越的地位の濫用：デジタル・プラットフォーム事業者への個人情報の提供は独禁法によりどのように規制されるのか」法学教室493号（2021年）52-56頁参照】。

　ところで，DPFによる個人情報等の取得・利用に係る「考え方」の公表が，それにとどまらず，具体的な違反事件審査につながるのかは不透明である。公正取引委員会のガイドラインの中には，作成・公表されたものの，その後に関係する違反事件が全く起きていないものも少なくない（ガイドラインが有効に機能して問題行動が一切見られなかったと善解することは適切ではない。もしそうであるならば，問題ないはずの行動まで過剰に抑止されるというフォールス・ポジティブ〔過大執行〕が生じていると考えられる）。

　他方，公正取引委員会は，令和2年度の概算要求においてDPF関連の機構・定員要求を出している。公正取引委員会としても，実際の違反事件を手掛けたいと考えているであろう。しかし，公正取引委員会としても新規の類型に対する法適用には慎重にならざるを得ないし，調査対象のDPFとしても違反認定を受けることは避けたいであろう。優越的地位濫用の事案ではないが，アマゾンジャパン事件（平成29・6・1公表），エアビーアンドビー事件（平成30・10・10公表）等のDPF関連事件でも自発的改善措置による審査終了とされている。そうなると，自ずと「確約手続」の利用という選択が現実味を帯びてくる。確約の第1号事件が出てくるのもそう遠くないかもしれない【2019年10月25日，楽天（同等性条項）事件について，初めての確約計画認定が公表された】。

　5　2013年の就任以来，デジタル分野に対する独占禁止法の適用を唱導してこられた杉本和行公正取引委員会委員長が最近，『デジタル時代の競争政策』（日本経済新聞出版社・2019年）を上梓された。公正取引委員会の幹部がスピー

チや論文等による対外発信を積極的に行うことは極めて重要である【残念なが
ら，この面では極めて不十分である。公正取引委員会の公式の発表以外に，委
員長・委員や事務総局幹部の発信はほとんど見られない】。フリーランス，ス
ポーツ選手・芸能人等の人材分野といった新機軸だけではなく，史上最高額の
課徴金が課されたアスファルト合材価格カルテル事件（排除措置命令・課徴金
納付命令令和元・7・30）のような在来型の事案も含め，公正取引委員会の動きか
ら目が離せない[注2]。

(注1)　例えば，舟田正之「ドイツ・フェイスブック競争法違反事件」法律時報91巻9号
　　　(2019年)156-161頁，鈴木孝之「ドイツ連邦カルテル庁のFacebook事件決定にみ
　　　る市場支配的事業者規制への視点」公正取引829号(2019年)41-52頁参照。
(注2)　近時の公正取引委員会による独占禁止法の行政的エンフォースメントの現状と
　　　評価について，栗田誠「独禁法の行政的エンフォースメントの再評価―公取委に
　　　よる『安上がりな』法実現の現状とその評価」上杉秋則・山田香織編著『独禁法の
　　　フロンティア―我が国が抱える実務上の課題』(商事法務・2019年)第1章(2-41頁)
　　　参照。

5　韓国及び中国の競争法コミュニティの勢い（2019年10月25日 第32回事例研究部会冒頭挨拶）

　1　今回の事例研究部会では，紋谷崇俊弁護士にデータ保護法制について講
演していただき，理解を深めます。私からは，先週末（2019年10月19日）に韓
国・ソウルの延世大学で開催されました「アジア競争協会（Asia Competition
Association: ACA）」の年次会合に参加してまいりましたので，韓国・中国の競
争法についていくつか紹介や感想を申し上げることで冒頭の挨拶といたしま
す。
　2　ACAは，今から11年前（2008年9月）にソウルで開催された競争法の
国際コンファレンスを機に，韓国・中国・日本の研究者・実務家が東アジア地
域の競争法の発展と収斂を目指して設立した団体です。日本には独占禁止法弁
護士を中心とした「競争法フォーラム」という実務家組織がありますが，競争
法フォーラムがACAの団体メンバーになっています。ACAでは，年1回，3

か国の持ち回りで，大学施設等を利用して年次会合を開催しています。今回，日本からの参加者は 10 名に達しませんでしたが，韓国からは多くの研究者や実務家が，ACA のメンバーではない方も含めて出席しており，また，中国からは約 30 名が参加しました。日本からの参加者はかなり固定的ですが，韓国や中国からは新しいメンバー，若い参加者も多く，いずれも大変流暢な英語で，内容的にも大変優れた報告やコメントを発表しています。また，両国とも，女性の参加者が多いことも指摘できます。

　今回主催の韓国サイドでは，韓国公正取引委員会（KFTC）から，この 9 月に就任されたばかりの Sung Wook Joh 委員長（女性）が開会の挨拶をされ，常任委員が法執行状況を報告されるなど，毎回 ACA に大変力を入れています。中国で開催されるときも同様で，毎回，中国競争当局のトップないしは準ずる幹部が出席されています。来年は日本で年次会合を開催する番であり，今後，その準備を進めることになります【2020 年及び 2021 年の年次会合は，コロナ禍にあってウェブ会議方式で開催されました】。

　3　韓国では，引き続き KFTC が活発な法執行活動を行っており，それに対しては行政訴訟も多数提起され，解釈が具体化・明確化されています。特に KFTC は「独占規制及び公正取引法」という基本となる競争法以外に多数の特別法や消費者法を所管していることもあり，全体で毎年 3000 件以上の様々な事件を処理しており，2018 年には排除措置命令 277 件，課徴金納付命令 181 件と，日本の公正取引委員会とは正に桁違いの多さです。このため，民事訴訟その他の手段による当事者間の解決を促すための方策が検討されています。

　今回の年次会合における大きな関心はデジタル時代の競争法ということでしたが，韓国では企業結合ガイドラインが改定済みであり（日本では現在意見募集中【2019・12・17 改定】），また，企業結合の当事会社の国内売上高だけでなく，当該企業結合の取引額を指標に事前届出の基準を設定するための改正法案も国会に提出済みです【独占規制及び公正取引法が 2021 年 12 月 29 日に改正され，取引額基準が導入されており，KFTC は企業結合届出ガイドラインを改正しています】。

　4　中国では，かつての競争当局が鼎立し法執行を分担する体制から，（旧）国家工商管理総局を母体とする国家市場監督管理総局（SAMR）による一元化

した体制に移行しました。また，省や直轄市にはそれぞれの市場監督管理局（AMR）が設けられており，先進的な省・直轄市では競い合って独占禁止法の運用を強化している状況にあります。2019年9月から新しい3つの暫定規則（独占合意，支配的地位濫用，行政独占）が発効して運用態勢が固まってきています。支配的地位濫用規則には，シェアの計算方法，支配的地位認定の考慮事項等に関して，デジタル経済に対応した内容も盛り込まれています。

　5　実体面について，いくつかACA年次会合での議論を紹介します。企業結合規制に関しては，企業結合の事前届出を怠ったまま統合手続を進めたり，当事会社間で情報交換をしてしまったりする，いわゆるガン・ジャンピングが大きな議論となりました。日本では法的措置に至った事例はありませんが，韓国や中国では多数の事例があり，制裁措置が発動されています。

　排除行為その他の単独行為に関しては，「私的独占」（日本）又は「支配的地位濫用」（韓国）の他に「不公正な取引方法」の規定を有する日韓と，そうした規定を持たず「支配的地位濫用」のみの中国という法制上の違いがあります。ただし，中国には反不正当競争法（日本の不正競争防止法に相当）が行政的に執行されており，同法改正の際に「相対的優位の濫用」の禁止規定を設けるべきという議論もありました（結論的には採用されませんでした）。また，運用面でも，日本では，不公正な取引方法の法適用事例は年に1～2件にすぎませんが，韓国では，審査件数が200件以上に上り，排除措置命令や課徴金納付命令が出る事件が10件以上あるようです。韓国では，審査中の問題行為を迅速に停止させるための「暫定命令」制度も検討されているようです。

　6　私は，手続に関するセッションで報告しましたが，3か国とも執行手続に問題を抱えています。韓国では，Qualcomm事件の審査手続を巡って，米国から米韓自由貿易協定の競争章の規定に基づく正式な協議要請を受けています。中国独占禁止法の手続に関しては，かねてから米国商業会議所などが厳しい批判を加えてきており[注1]，米国競争当局も度々問題を提起してきています。今回，私の報告では，日本の公正取引委員会の手続について，不十分な透明性，特に排除措置命令書に競争効果に関する記述がないこと，法的措置ではなく，自発的改善措置による審査終了，実態調査を基にした改善指導その他の非公式措置に過度に依存していることの問題点を指摘しました[注2]。

　競争当局の手続的公正と透明性の確保に関しては，以前にも紹介しました ICN の CAP（競争当局の手続に関する枠組）が発効し，その実施メカニズム（手続問題に関する当局間協議）が注目されます。また，OECD では，競争法の手続に関する理事会勧告の採択に向けて米国が積極的に動いています【OECD は2021年10月に「競争法執行における透明性と手続的公正に関する理事会勧告」を採択しました】。現行独占禁止法の行政的執行手続は日本の一般行政法の枠組（行政手続法や行政事件訴訟法）に沿ったものですが，国際標準の競争法執行手続は競争法の特性や機能，違反に対する措置等を反映した特有のものになっていると思います。今後，平成25年（2013年）改正による審判廃止後の現行違反事件処理手続，平成28年（2016年）改正で導入された確約手続，さらに，今後委員会規則により導入される限定的な弁護士・依頼者間秘匿特権の仕組み【審査規則の改正により導入された「判別手続」】などが改めて評価されることになると考えています。

　7　今回 ACA の年次会合に出席して，改めて韓国や中国の「競争法コミュニティ」の勢いを感じました。韓国の公正取引法は40年弱，中国の独占禁止法は10年余りの歴史であるのに対して，日本の独占禁止法には70年以上の歴史がありますが，先行者の優位性はとうに失われているようです。明日は「日本経済法学会」の年次大会が東洋大学で開催されますが，研究者中心の，欧米の動きにばかり目を向ける時代はとうに終わっていると思います。広い視野に立ち，理論と実務を繋ぎ，また，企業のニーズにも応えられるような競争法研究協会でありたいと考えています。

（注1）　U.S. Chamber of Commerce, Competing Interests in China's Competition Law Enforcement: China's Anti-Monopoly Law Application and the Role of Industrial Policy, 2014.

（注2）　ACA年次会合での報告を基に，次を公表しました。Makoto Kurita, Procedural Fairness and Enforcement System under the Antimonopoly Act of Japan, Hakuoh Hougaku（白鷗法学）Vol.27, No.1, pp.15-31, June 2020.

6　2020年の年頭挨拶（2020年1月1日会長コラム）

1　新年明けましておめでとうございます。年頭に当たり，一言ご挨拶を申し上げます。

2　2019年における独占禁止法の動きを振り返りますと，デジタル・プラットフォーマー問題に焦点が当たった年であったといえます。EUにおいて先行した動きがあり，それに追随するという面もありますが，優越的地位濫用規制を重要な手法とするなど，良くも悪くも日本独自の展開がみられます。12月17日に「デジタル・プラットフォーム事業者と個人情報等を提供する消費者との取引における優越的地位の濫用に関する独占禁止法上の考え方」が作成され，また，「企業結合審査に関する独占禁止法の運用指針」及び「企業結合審査の手続に関する対応方針」が改定されました。間もなく召集される通常国会には「デジタル・プラットフォーマー取引透明化法案（仮称）」が提出される予定であり，その具体的な内容が注目されます。

こうしたガイドラインの作成・改定における意見募集や政府の「デジタル市場競争会議」等におけるヒアリングにおいても明らかになっているように，政府や公正取引委員会が進めようとしているデジタル市場を巡る競争政策に対しては賛否が大きく分かれています。デジタル市場におけるルール整備や法規制が必要であるとしても，その根拠法や手法を巡っては様々な意見があり，収斂をみていません。あらゆる経済活動を対象とする独占禁止法がデジタル・プラットフォーマー問題に一定の役割を果たし得ることは当然としても，独占禁止法が中心的な手段として適切かつ実効的であるのか。特に，優越的地位濫用の規定が競争法規制としての正統性をどこまで持ち得るのか。また，いわば上からのルール形成として出来上がる具体的な規律がイノベーションを阻害することとならないのか。

EUやその加盟国における動きをみますと，個別具体的な事例の蓄積や実態把握の取組が先行しています。それに対して，我が国における取組は海外の動きに触発された急ごしらえのようにもみえ，実態把握や理論的検討が後追いになっている印象を拭えません。デジタル競争市場の特性を考えると，走りながら考えることにならざるを得ないとしても，一時的な熱狂に踊らされたり，成

功者を叩くことに堕したりするようなことがあってはなりません。2019年7月の「『競争とデジタル経済』に関するG7競争当局の共通理解」に示されている，①イノベーション及び成長に関するデジタル経済の恩恵，②既存の競争法制の柔軟性及び妥当性，③競争唱導活動及び競争評価の重要性，④国際協力の必要性という基本的な考え方に沿って取り組んでいくことが求められています。

　3　2019年におけるもう一つの大きな出来事として，課徴金制度及び課徴金減免制度の改善を主たる内容とする独占禁止法改正が実現したことが挙げられます。この改正は，事業者による調査協力を促進し，適切な課徴金を課すことができるようにすることを目的としており，ハードコア・カルテルに対する規制がより実効的なものとなることが期待されます。2020年秋に予定されている改正法の円滑な施行【2020年12月25日施行】に向けて，公正取引委員会はその準備に万全を期す必要がありますし，事業者側（法曹を含む）においても改正への対応が求められています。特に，公正取引委員会規則により整備することとされている弁護士・依頼者間秘匿特権への対応について，制度面・運用面の工夫が不可欠です。

　2019年改正が実効的なサンクション制度の構築に向けた大きな一歩であることはいうまでもありませんが，同時に，2017年4月に公表された「独占禁止法研究会報告書」の提言内容の多くが見送られていることも指摘しておかなければなりません。加えて，私的独占や不公正な取引方法の一部の類型に係る義務的課徴金制度が法執行に歪みをもたらしていることが指摘されているにもかかわらず，改善に向けた検討自体が先送りされていることには懸念を覚えます。ハードコア・カルテル以外の違反行為類型に対する法適用を回避するという方針が事実上採用されているともみられる中で，ハードコア・カルテルに対する課徴金・課徴金減免制度だけが複雑化していくことには疑問もあります。

　ここ数年，ハードコア・カルテル規制の低迷が指摘されてきましたが，2019年には巨額の課徴金の納付を命ずる事案が複数みられたことも特筆されます（アスファルト合材及び飲用缶に係る価格カルテル事件）。また，11月には医薬品納入を巡る入札談合事案に対する犯則調査が開始されており，ハードコア・カルテル規制が公正取引委員会の最優先課題であることを改めて印象付けるもの

といえます。反面，規制産業における排除行為，知的財産権の濫用的行使等に対する規制がほとんどみられない状況に変わりはありません。あらゆる経済取引を対象とする独占禁止法が多様な行為類型，新規の行為態様にも果敢に取り組むことを期待したいと思います。

　4　古くからの問題も新たな課題も山積しています。競争法研究協会では，本年も多様なテーマについて多彩な講師をお迎えし，活動してまいります。本年も競争法研究協会にご支援いただきますようお願い申し上げ，年頭の挨拶といたします。

第2章　2020年度における挨拶・コラム

1　公正取引委員会の職権行使の独立性（2020年4月8日会長コラム）

　　1　公正取引委員会の次期委員長候補者として古谷一之内閣官房副長官補
（元国税庁長官）が国会に提示され，2020年3月25日に衆議院議院運営委員会
において所信の聴取と質疑が行われた。会議録を一読したところ，中小企業問
題（新型コロナウィルス関連を含む）やデジタル・プラットフォーム問題に焦点
が当てられ，特段目新しいことはないようにも感じたが，デジタル分野の競争
環境の整備に関連した公正取引委員会の職権行使の独立性を巡る議論に注目し
たい。【2020年9月16日に古谷一之氏が公正取引委員会委員長に就任された。】
　　2　古谷参考人は，公正取引委員会が取り組むべき具体的な施策として，次
の7点を挙げている。杉本和行現委員長が就任時（2013年3月）に挙げておら
れた公正取引委員会の課題と大きく異なるところはない。④は，杉本委員長の
就任時には含まれていなかったが，その在任中に最も重点を置いて取り組まれ
てきた課題である（杉本和行『デジタル時代の競争政策』〔日本経済新聞出版社・
2019年〕参照）。また，⑥が追加されていることは言うまでもない。
　①厳正かつ実効性のある独占禁止法の執行
　②中小企業に不当に不利益を与える行為の取締り
　③消費税の円滑かつ適正な転嫁の確保
　④情報を競争資源とする分野における競争環境の整備
　⑤様々な分野における競争環境の整備
　⑥令和元年改正独占禁止法の円滑な施行
　⑦競争当局間の国際的連携の推進
　古谷参考人は，④に関して，デジタル分野の実態把握と考え方の整理や独占

禁止法の執行に加えて，「デジタル分野の競争環境の整備に向けましては，公正取引委員会以外にも多くの省庁が関係をすることから，昨年9月，内閣官房にデジタル市場競争本部が設置をされまして，政府全体での取組が行われております。こうした検討に積極的に参加していくことが必要と考えております。」と述べておられるが，この点も杉本委員長の下の公正取引委員会の路線と異なるものではない。

　3　古谷参考人の所信に対する質疑において，塩川鉄也委員（日本共産党）から公正取引委員会の職権行使の独立性に関する認識を問われて，古谷参考人は次のように応答されている（会議録から引用）。

　　独禁法28条で，公取は独立してその職権を行使するというふうになっております。独立行政委員会という位置づけでございまして，ほかから指揮監督を受けることなく，独立で，まさに自由で公正な競争環境を確保する仕事という崇高な使命が公取にはあるんだというふうに思っております。

　　私自身は，内閣官房で，先ほど申し上げましたように，各省のあまた調整事をやっておりますけれども，公取委員長に仮に選任されましたならば，この独立して職権を行使するということを心に定めて仕事をさせていただきたいというふうに思っております。

　この後，若干の質疑があり，公正取引委員会の職権行使の独立性と次期委員長候補者の現在の職務（内閣官房副長官補）との関係で重要なやり取りが行われている（会議録から引用。下線は筆者追加）。

○塩川委員　公正取引委員会の知見が不十分だという認識を踏まえて，成長戦略実行計画においては，内閣官房にデジタル市場の競争状況の評価等を行う専門組織としてデジタル市場競争本部を創設するとしました。古谷さんのお話にもあったとおりであります。その事務局組織の，デジタル市場競争本部事務局の事務局長が古谷副長官補ということであります。

　　やはり，いろいろ公取に注文をつけるような内閣のもとで新たにつくら

れたデジタル市場競争本部，その事務局の責任者をやっておられる古谷参
考人が，いわば官邸の中枢で企画立案や総合調整を担う立場だった人が独
禁当局の責任者となるのは，公正取引委員会の職権行使の独立性に疑問符
がつかないかと思うわけですが，その点，いかがでしょうか。

○古谷参考人　私は，きょう，内閣総理大臣から候補者として選考されてこ
こに参っておりますので，私がふさわしいかどうか，私の方から申し上げ
るのは難しいですけれども，先ほども申し上げましたように，デジタル市
場の競争環境を整備していくという問題については，公取，競争当局を含
めていろいろなところがかかわってくる話になると思いますので，これ
は，個人情報保護委員会とか消費者庁，経産省，総務省，いろいろなとこ
ろと一緒になって議論しております。そういう中で，公取が果たすべき役
割というのはあると思います。

今，内閣官房でそうした調整業務を主として私はやっておりますけれど
も，一番最初の御質問に戻りますが，公取は独立して仕事をするというこ
とでございますので，公取の委員長になりました場合には，きちっとそこ
は切り分けて職務に当たらなければいけないと思っております。

私は，これまでいろいろな行政官として仕事をしてまいりましたけれど
も，それぞれ与えられた職責を一所懸命と思ってやってきたつもりでござ
います。今後もそうしていきたいというふうに考えております。

塩川委員の懸念を敷衍すれば，官邸主導で政策形成・実施が行われている中
で，職権行使の独立性が保障されているはずの公正取引委員会に対しても官邸
から要請，更には指示がなされ，あるいは公正取引委員会が官邸の意向を忖度
して活動することとなるおそれがあり，現在，官邸で政策の企画・調整の中枢
にある候補者が公正取引委員会委員長に就任することになれば，公正取引委員
会が官邸と一体化し，あるいは公正取引委員会が官邸の政策実現のツールと化
すことになりかねない，といったことであろう。

確かに，「官邸官僚」としては，時の政権の政策実現に向けて努力すること
は当然であろうし，官邸を離れてからもそうしたマインドを持ち続けるかもし
れない。また，政府部内の調整を担ってきた者であれば，その大変さが分かる

だけに，政府の一員として調整に応じることになりがちであるかもしれない。
したがって，実質的に公正取引委員会委員長としての職権行使の独立性が損な
われかねないという塩川委員の指摘には一面の真理がある。しかし，同時に，
政府部内の調整の経験を活かし，競争政策の理念や公正取引委員会の考え方を
政府部内に普及させつつ，独占禁止法の執行を独立して行うこともできるはず
である。

　塩川委員の懸念に対しては，上記の引用のとおり，候補者が官僚としての模
範解答のような応答をされている。候補者が委員長に就任された後の公正取引
委員会の活動の事後的な評価を通して判断するほかなく，現時点でこれ以上の
議論をする材料を筆者は持ち合わせていない。

　内閣官房副長官補の職にある候補者が次期公正取引委員会委員長に就任した
としても，内閣官房における政策調整業務と公正取引委員会委員長の職務を同
時に行うわけではないから，直ちに利害対立や利益相反が生じるわけではな
い。実際上も，候補者は，デジタル市場における競争環境の整備についての専
門的見識を持って現在の職務に当たるというよりは，多数の関係省庁や多彩な
有識者の様々な主張や見解を適切にさばき，実施可能な政策として取りまとめ
ることを任務とされているものと推測される。仮に候補者が内閣官房における
企画・調整業務を通して，特定の具体的な問題についての確固たる見解を形成
しており，特にそれが明らかになっている場合には，将来的に当該問題に係る
公正取引委員会における意思決定に参画するに際して議論を招く可能性が皆無
とは言えないが，そうしたことはおよそ想定しにくいと思われる^(注1)。

　4　ところで，EU において政策調整と法執行の利益相反を巡って興味深
い議論が行われている。2019 年 12 月 1 日に欧州委員会の新体制が発足したが，
従前，競争政策を担当していたベステアー委員（デンマーク）が再任されて執
行副委員長（Executive Vice-President: EVP）に就任し，「デジタル時代にふさ
わしい欧州（A Europe fit for the digital age）」を担当するとともに，競争政策
も担うという，二重の任務（dual function）を果たすことになった^(注2)。この
ため，デジタル分野の政策調整という任務と競争法の執行という任務を同一人
が同時に的確に遂行できるのかという利益相反（conflict of interests）問題が指
摘された。日本で例えれば，デジタル問題担当の内閣官房副長官補が公正取引

委員会委員長を兼任するような事態といえようか。

　指摘された問題点とは，具体的には次のようなものである[注3]。デジタル担当EVPの役割はデジタル分野におけるEUの主導権を維持することであり，立法を含む産業政策を担うのに対し，競争政策担当委員の任務は競争法を中立的に執行することである。両者のアプローチは概念的に異なっており，利益相反は不可避である。また，競争法の執行がデジタル政策上の考慮（例えば，欧州チャンピオン企業の育成）によって影響されるという受け止め方を払拭することは困難であり，国際競争に影響を及ぼし得る競争法の執行に当たって，地政学的な考慮が紛れ込むことにもなり得る。さらに，競争法の執行は手間がかかるものであり，片手間でできるようなものではない。兼任の競争政策担当委員では，競争総局の決定案を自動承認するだけになってしまうし，そうならないようにするためには手続的・制度的な改革が必要になる。

　こうした問題点が指摘されていたが，2019年10月8日に欧州議会で行われた承認公聴会では，ベステアー副委員長がデジタル政策全般と競争政策を兼任することについては大きな論点とはならず，他の一部の委員の承認が得られず発足が遅れたものの，同年12月1日から新体制がスタートした。第1期におけるベステアー委員の活動に対する高い評価が上記のような問題指摘を消し止めた形である。しかし，逆に言うと，デジタル分野における今後の産業政策の展開や競争法の執行によっては，ある問題では産業政策重視の立場から，別の問題では競争法執行重視の立場から，厳しい批判を受けることになりかねない。両方の要請を同時に満たすことが容易ではない課題に直面した場合に，ベステアー副委員長の二重の任務の真価が問われることになる。

　また，欧州委員会における競争法執行に係る決定は，合議体としての委員会における多数決によることになるが，実質的には競争政策担当委員が決定している。他の委員の大部分は競争政策と関係しない所掌を担っており，具体的事件の関係人と直接対面することもなく，競争総局の説明を受けて，競争政策担当委員の決定案を例外なく支持することとなる[注4]。形式的には合議体としての欧州委員会の決定であるとしても，実質的にみれば競争政策担当委員の判断に委ねられており，実質的な決定者の独立性・中立性が問われることになる。

　このように考えると，欧州委員会におけるベステアー副委員長の二重の任務

25

には重大な問題を孕んでいるようにみえる。利益相反の発生を防止するために
は，利益相反の状況が生じないように制度を設計することが基本であり，利益
相反による弊害が生じないように運用の妙に委ねるということであってはなら
ないはずである。また，決定過程や決定内容を事後検証することにより，利益
相反の弊害が生じていないかを確認できるような仕組みを構築しておく必要が
ある。

5　欧州委員会に関する議論を踏まえて，公正取引委員会における意思決定
の仕組みを改めて考えると，様々な形で制度的な担保が実装されていることが
分かる。第1に，委員長及び委員は原則として兼職ができず（独占禁止法37条2
号），身分保障がある（同法31条及び36条）。第2に，委員長及び委員は職権行
使の独立性が保障されており（同法28条），これには委員会の構成員相互間で
の独立性を含んでいる。第3に，委員会の構成員は5名であり，「法律又は経済
に関する学識経験のある者」（同法29条2項）のうちから多様なバックグラウン
ドの人材が任命されることが期待されている。第4に，委員会の構成員は対等
であり，委員会の意思決定は合議に出席した構成員の多数決で行われるのであ
り，可否同数のときには委員長が決することとなる（同法34条2項）。

冒頭に引用した衆議院議院運営委員会における議論との関係でいえば，制度
的には，特定の委員会構成員が何らかの理由から特異な意見を有していたとし
ても，他の構成員の賛同を得ない限り，委員会としての意思決定にはつながら
ない仕組みになっている。委員会構成員それぞれが与えられた職権行使の独立
性に思いを致して行動する限り，特定の構成員の影響に起因する偏頗な決定や
判断につながることは防止できるはずである。

しかし，こうした制度的担保だけで全て解決できるとは限らない。決定内
容や決定過程が事後的に評価・検証されることが不可欠である。この観点か
らは様々な問題点を指摘できる。第1に，委員会構成員による意思決定過程を
事後的に検証する方法がないことである。情報公開・個人情報審査会答申（答
申18-454，455）によれば，公正取引委員会の「議事録のうち，委員長・委員の
率直かつ忌たんのない意見や考えが示されている部分」は，情報公開法5条5
号（審議，検討等に関する情報）に該当し，不開示とされている。また，かつて
の審判審決においては，少数意見を付記することが可能であったが（平成25年

改正前の独占禁止法70条の2第2項），審判制度の廃止とともに規定が削除されている。

　第2に，公正取引委員会の排除措置命令については，実質的な根拠が示されないという問題がある。独占禁止法違反とされた行為の概要は記載されているものの，当該行為の競争上の弊害が具体的に示されることはない。これは，平成17年（2005年）改正前の「勧告」制度の下における実務，すなわち，関係人が採るべき措置を特定するために必要な限度で事実を記載するという実務が，排除措置命令制度の下でも無批判に踏襲されていることの結果である。

　第3に，公正取引委員会による独占禁止法違反事件審査において非公式な処理が多用されていることである。非公式事案については，公表内容が限定され，また，司法審査を通した検証ができない。公正取引委員会が排除措置命令を行う違反行為類型は，事実上，ハードコア・カルテルと再販売価格拘束に限定されている【再販売価格拘束についても，確約計画認定の事例が現れた（一蘭事件・確約計画認定令和4・5・19)】。一時期，活発に法的措置が採られていた優越的地位濫用については，2014年のダイレックス事件（排除措置命令平成26・6・5）以降，途絶えている。排除型私的独占に至っては，2009年のJASRAC事件（排除措置命令平成21・2・27）が最後である【その後，マイナミ空港サービス排除型私的独占事件（排除措置命令令和2・7・7）が現れた】。公正取引委員会が排除行為や垂直的非価格制限行為について審査していないわけではないにしても，多くは関係人の自発的改善措置による審査終了，あるいは平成28年（2016年）独占禁止法改正により導入された確約手続による処理となっている。デジタル分野で問題になっている行為はハードコア・カルテル以外の行為類型であり，現状では法的処理がなされることは期待しにくい。

　6　結論として，先般の公正取引委員会の次期委員長候補者の所信を巡る質疑で提起された懸念について，制度的には予防措置が構築されているが，事後的に検証する仕組みが十分ではなく，そうした懸念が根拠のあるものであるかどうかはよく分からないということになろう。逆に，EUのベステアー副委員長の二重の任務においては，利益相反が生じることは不可避のようにみえるが，事後的な検証（司法審査を含む）を通して成果が問われるということであろう。公正取引委員会の実務が事後検証可能なものに改善されることが望まれ

る。

(注1) 例えば，特定の事業者の具体的な取引方法が独占禁止法に違反するという強固
な見解を持ち，それを公言していた候補者が公正取引委員会委員長・委員に就任
した後に，当該事業者の当該取引方法に係る独占禁止法違反事件に関する意思決
定に参画することは，予断・偏見による資格喪失の議論を喚起する可能性がある。
少し古いが，栗田誠「米国連邦取引委員会における委員の資格喪失」同『実務研究
競争法』(商事法務・2004年)183-198頁参照。【米国バイデン大統領により任命さ
れた連邦取引委員会のカーン委員長や司法省反トラスト局のカンター局長に対し
て，審査・訴追の対象になっている巨大ハイテク企業から忌避の申立てがなされ
ている。】
(注2) Ursula von der Leyen, President-elect of the European Commission, Mission
Letter to Margrethe Vestager, Executive Vice-President-designate for a Europe
fit for the Digital Age, 10 September, 2019.
(注3) Mathew Heim, Questions to the Competition Commissioner-Designate,
September 27, 2019, available at https://www.bruegel.org/2019/09/questions-to-
the-competition-commissioner-designate/.
(注4) この点が直接主義に反するものとして，EU競争法手続における最大の欠陥と
されてきた。*See, e.g.,* Ian Forrester, Due Process in EC Competition Cases: A
Distinguished Institution with Flawed Procedures, 34 ELR 817 (2009).

2　ICN の CAP テンプレート（2020年5月7日会長コラム，同年7月19日追記）

1　競争法分野における国際協力の重要性が指摘されて久しい。筆者が公正取引委員会の国際担当を務めていた1990年代初頭とは隔世の感がある。国際執行協力のための協定やMOU（覚書）が多数締結され，実際にも企業結合事案をはじめとして執行協力が実践されていること，新たに競争法を導入しようとする法域や設立間もない競争当局に対する競争法整備支援が活発に行われていることに加えて，2001年に創設された ICN（International Competition Network）が活発な活動を展開していることもその現れである。

ICN は，WTO において競争法を取り上げることに消極的であった米国が提唱して，競争法の実体面・手続面の収斂を目指して発足した競争当局間のネッ

トワークであり，常設の事務局を持たず，参加競争当局の貢献を基にして自発的に活動するバーチャルな組織である。公正取引委員会も当初からのメンバーとして ICN の活動に積極的に参画してきており（公正取引委員会委員長は ICN の運営委員会メンバーである），このことは公正取引委員会も常々強調していることである[注1]。例えば，「公正取引」誌（公正取引協会）には，しばしば ICN に関する記事が掲載されている[注2]。

　2　近時の ICN における最大の成果は，「競争当局の手続に関する ICN フレームワーク（ICN Framework on Competition Agency Procedures）」の発足であろう（2019年6月5日にパリで発足会合が開催された）。CAP と略称されているが，競争当局の手続における公正性に関する基本原則を付属文書とするとともに，競争当局の参加手続，参加当局間の「協力手続」及び「レビュー手続」を定めている。協力手続として，手続問題について関係競争当局間で対話をするメカニズムを設けており（参加や対話は任意である），また，レビュー手続の一環として，参加競争当局はその手続について，定められた様式・項目の「テンプレート（template）」に記述して公表する義務がある。

　CAP の発足に際しては，多くの競争当局がプレスリリースを出しているが，なぜか公正取引委員会は CAP に対して冷淡な印象を受ける[注3]。そして，最大の問題は，公正取引委員会が CAP のテンプレートを公表していないとみられることである[注4]。CAP 参加の競争当局は，参加から半年以内にテンプレートを作成して CAP の共同議長（オーストラリア競争消費者委員会，ドイル連邦カルテル庁及び米国司法省反トラスト局）に提出する義務を負っている（CAP 3.a)）。2019年8月現在，72の競争当局が参加しているが，2020年5月7日現在，50の競争当局のテンプレートが ICN のウェブサイト上で公開されている。主要国・地域の競争当局が含まれることは言うまでもない。

　公正取引委員会が CAP テンプレートの公表を遅らせているとすれば，思い当たる理由は，令和元年（2019年）独占禁止法改正に際して部分的な導入が合意され，現在，パブコメ中の弁護士・依頼者間秘匿特権の委員会規則による制度化を待とうとしているのではないか，ということである[注5]。CAP の基本原則の i) の ⅲ では，各参加競争当局は，関連法令に従い，弁護士・依頼者間秘匿特権を含む法的特権を認識し，保護される情報の取扱いに関する規則・ガ

イドラインを定めるよう勧奨される旨明記されているからである。

　しかし，参加競争当局は，関連法令の範囲内でCAPへの適合を求められるが，CAPは拘束的なものではなく，参加競争当局に義務を負わせるものではない（CAP 1のi））。また，参加に当たっては，基本原則の一部に適合できない旨の申出をすることもできる（CAP 1のj））。したがって，手続規定や運用実務が改正された段階でテンプレートを改訂すればよく，CAPメンバーのテンプレート公表義務を履行しない理由にはならないはずである。

　令和元年（2019年）改正独占禁止法が施行されるのは本年（2020年）秋であろう。5月に米国ロサンゼルスでの開催が予定されていたICNの2020年総会は，現時点では9月開催の可能性が模索されているようである。次回ICN総会までに公正取引委員会のCAPテンプレートは公開されるのであろうか。

　3　2020年7月19日，ICNのウェブサイトにおいて，公正取引委員会のCAPテンプレートが掲載されていることを確認した（正確な日付は不明であるが，公正取引委員会が前述のパブコメを経て，委員会規則等の成案を公表した2020年6月25日よりは後である）。公正取引委員会がCAPメンバーとしての義務を履行したことは歓迎すべきことである。その内容をみると，i) Representation by Counsel and Privilege の項目において，「2019年5月1日現在」として，課徴金減免制度の改正（調査協力減算制度の導入）のための独占禁止法改正法案を国会に提出しており，併せて，弁護士・依頼者間の文書等への審査官のアクセスを制限する制度を規則等により設ける予定である旨記載されている。この内容である限り，昨年（2019年）の段階で記載できたことであり，最終的な成案を待つ必要はなかったことになる。公正取引委員会は，弁護士・依頼者間秘匿特権が保護されていないという批判を恐れてCAPテンプレートの公表を遅らせていたのではなく，単にCAP事務局への通報ミスにすぎなかったのかもしれない。しかし，それはそれで重大なことであり，前述した公正取引委員会のCAPへの冷淡な姿勢の表れといえるのかもしれない。【その後，ICNのウェブサイト上の公正取引委員会のCAPテンプレートは更に改訂されている。】

（注1）吉成量平「ICNの概要及び公正取引委員会の取組について」公正取引820号（2019年）3-9頁。

（注2）公正取引協会のウェブサイトの「公正取引Web」において「ICN」で検索すると，

339件ヒットした(2020年5月7日アクセス)。最近のものとして，「特集　国際競争ネットワーク(ICN)」公正取引820号(2019年)所収の諸論稿，吉成量平「国際競争ネットワーク(ICN)第18回年次総会について(2019年5月15日〜17日／於コロンビア・カルタヘナ)」公正取引827号(2019年)57-61頁。【その後も，ICNの活動を紹介し，公正取引委員会の貢献を強調する論稿が多数掲載されている。】

(注3)　公正取引委員会事務総長は，2019年5月15日の定例会見でICNの概要を説明しているが，CAPには全く言及していない。わずかに，2019年12月18日の定例会見において国際関係を説明する中で，「本年の主な取組として，5月に設立された『競争当局の手続に関するICNフレームワーク』の創設に積極的に携わるとともに，我が国も創設メンバーとして加盟いたしました。」と述べている。また，吉成・前掲注2では，ICNの2019年総会の特別プロジェクト「競争当局の手続に関するフレームワーク(CAP)への参加促進」を紹介する中で，CAPの概要を注書きするにとどまる(58頁)。

(注4)　2020年5月7日にICNのCAPに関するウェブサイトで確認した。また，公正取引委員会の英語ウェブサイトのICN Templateでは，Anti-Cartel Enforcement Templateや Merger Notification and Procedures Templateは掲載されているが，CAP Template は "forthcoming" とされている。【2022年6月30日時点でも "forthcoming"のままである。】

(注5)　公正取引委員会「独占禁止法改正法の施行に伴い整備する公正取引委員会規則案等に対する意見募集について」(令和2・4・2)の別紙3「公正取引委員会の審査に関する規則の一部改正(案)」及び別紙4「事業者と弁護士との間で秘密に行われた通信の内容が記録されている物件の取扱指針(案)」参照。【それぞれ最終化され，改正法の施行日である2020年(令和2年)12月25日から施行されている。】

3　2019年度における独占禁止法・競争政策の動向（2020年5月15日会長コラム）

1　独占禁止法の法執行においては，法的措置（違反認定）を採るのはハードコア・カルテルと再販売価格拘束行為に限定し，その他の行為類型については確約手続の活用を含め，迅速な問題解消を優先する傾向が益々顕著になってきている。また，独占禁止法違反行為は多様であるのに，違反事件として審査対象になる類型は限定されている。確約手続の意義を否定するものではないが，違法性判断基準の具体化・明確化のためには多様な違反行為類型について積極的に法的措置を採ることが不可欠である。しかし，公正取引委員会として

は，命令取消訴訟のリスクやコストを考えると，代替的な手法を用いることが合理的であるという判断なのかもしれない。

2　排除措置命令・課徴金納付命令の件数は依然低い水準であるが，2019年度においては課徴金額が大きな価格カルテル事件（アスファルト合材，飲料缶）が相次ぎ，単年度として最高額になったとみられる。近年，課徴金賦課の総額が低水準にあっただけに，2019年度のような高水準が今後も継続するのか，注視したい。【2020年度，2021年度の課徴金の総額を見る限り，2019年度だけが特別であったようである。】

3　企業結合に関しては，企業結合ガイドラインの重要な改正がなされ，また，手続対応方針においても，届出基準を満たさない事案に関する対応が示され，実際にもそれを先取りするような審査事例（エムスリー／日本アルトマーク）が出るなど，新たな動きがみられた。また，新型コロナウイルス問題に対応した企業結合の動きも今後表面化してくると思われ，公正取引委員会の真価が問われる。

4　新たなガイドラインとして，デジタル・プラットフォーマー（DPF）を巡る消費者個人情報等優越ガイドラインが作成され，政府全体のDPF問題への取組の中で大きな関心を集めたが，その実際的意義には疑問もある。また，スポーツ事業分野における移籍制限ルールに関する考え方や芸能分野において問題となり得る行為の想定例が明らかにされるなど，人材分野への取組も社会的関心を集めており，競技団体によるルールの見直し等の動きも出てきている。近時，公正取引委員会の活動が活発であり，メディアへの露出も増えているという好意的な評価が目立つが，こうした取組が背景にあると思われる。

5　違反事件の審査ではなく，実態調査を踏まえた問題点の指摘により，事実上改善させるという手法は古くからのものではあるが，それが顕著になってきている。この手法に関する法的根拠を整備することが望ましい。

6　公正取引委員会の公表資料において，実質的な記述が乏しいものになってきており，いわゆるセオリーオブハーム（theories of harm）がよく分からないという印象を受ける。今に始まったことではないが，排除措置命令書を読んでも，効果要件に関する記述は事実上ないに等しい。確約計画認定事例の公表資料において，審査対象とされている行為の競争上の弊害の可能性に関する記

述は，これまでのところ一切ない。唯一，企業結合の公表事例だけは，頁数も多く，要件に沿った詳細な記述がなされており，問題解消措置が採られることを前提にクリアされた事案について，どうして排除措置命令を出さないのかと思うくらいである。

　　7　地域銀行や地方バス会社の経営統合等を巡る議論が独占禁止法適用除外の創設という形で決着したことにはやや驚いた（国会に提出された法律案の題名では「適用除外」ではなく，「特例」とされているが）。1990年代に適用除外制度の見直し（原則廃止）を大きな方針として関係省庁と調整を重ねてきただけに，こんなに簡単に適用除外を認めていいのかという思いはあるが，公正取引委員会としては，限られた分野における，限られた行為類型についての，限られた期間の特例にすぎず，むしろ厄介な案件を抱え込まなくて済むということなのかもしれない。

　　8　公正取引委員会と関係省庁との連携による取組が強化されている（例えば，電気通信サービスに係る総務省及び消費者庁との連携〔令和元・10・1公表〕）。こうした連携は，縦割りを排し，それぞれのリソースや権限を有効活用し，大きな成果を上げることにつながる面もあるが，同時に，公正取引委員会の独占禁止法執行を制約する面がないとはいえないであろう。9月にも就任される古谷一之新委員長の下で，公正取引委員会は益々連携・調整型のスタイルを採用していくことになるのかもしれない。

4　Too Little Too Late? ―公正取引委員会の新型コロナ対応（2020年5月29日第33回事例研究部会冒頭挨拶）

　　1　今回の事例研究部会では，多田敏明弁護士に「水平的業務提携と独占禁止法」について講演していただきます（本書188頁）。私からは，最近の動きや業務提携に関連したことについて，いくつか紹介や感想を申し上げることで冒頭の挨拶といたします。

　　2　今国会で独占禁止法ないしは公正取引委員会に関わる2つの政府提出法案が審議されてきましたが，先週から今週にかけていずれも可決成立いたしました。

　一つは，乗合バス会社又は地域銀行が主務官庁の認可を得て行う合併等の経営統合や乗合バス会社間の共同経営の計画について独占禁止法の特例を設ける法律です。合併等は企業結合ですが，共同経営の協定であれば業務提携として，本日のテーマと正に重なるわけです。こうした特例という名の独占禁止法適用除外が本当に必要なのか，それとも実態を踏まえた独占禁止法の解釈として対応可能なのか，議論があり得るところです。

　もう一つは，デジタルプラットフォーム（DPF）に係る取引の透明化・公正化を図るために，特定DPFに対して情報開示や体制整備，経済産業大臣への報告等の義務付けを行うとともに，経済産業大臣に不公正な取引方法に係る公正取引委員会への措置請求の手続を定める法律です。法案の成立を受けて，公正取引委員会事務総長が定例会見（令和2·5·27）で「独占禁止法違反行為の未然防止の上でも非常に意義がある」と発言されていますが，違反の未然防止に有効であるとしても，違反になるような行為だけでなく，その周りの広範囲な行為まで過剰に抑止してしまうことにならないかという懸念もあります。

　これらの2つの問題はいずれも，ある意味で政治的なイシューとなり，いわば官邸主導で迅速に検討が進められ，国会の議決も速やかに得られたといえます。現下の政治状況を反映していると感じるわけですが，主務官庁に委ねられている部分が大きく，今後の認可基準や指針等の作成とその具体的な運用にかかっています。そして，公正取引委員会がどのように関わっていくのか，注視していきたいと考えています。

　3　次に，新型コロナウイルス感染症関連の公正取引委員会の対応について，4月ごろから感じていることを2点申し上げたいと思います。一つは，公正取引委員会の違反事件審査への影響です。違反事件の審査では，関係人と対面して，供述を聴取して調書を作成するという方法が最重要の証拠収集の手段とされてきました。これが，対面による供述聴取ができないとなると，デジタル情報を含む各種資料の分析に重点を移さざるを得ないように思われます。かねてから供述依存，供述偏重の審査からの脱却が必要ではないかと指摘されてきましたが，審査実務が自ずと変わらざるを得ない状況になってきているように思います。ここにも「新しい常態（new normal）」があるということでしょうか。

　もう一つは，新型コロナウイルス関連の独占禁止法の実体面・手続面における対応に関して，公正取引委員会からの発信が弱いのではないかという問題です。2月下旬から断片的に，報道発表や情報提供という形で，いくつかの問題に関する発信はありましたが，まとまった報道発表としては，4月28日の「新型コロナウイルス感染症に関連する事業者等の取組に対する公正取引委員会の対応について」が唯一のものです（なお，4月1日の定例会見においても，事務総長がそれまでの報道発表や情報提供を基に説明されています）。それまでの関連情報を整理して公表したことは適切であったと思いますが，私には"too little, too late"に見えました。米国やEUは言うまでもなく，世界中の多くの競争当局がこの問題に関する実体面・手続面の考え方や対応方針を積極的に発信しています（なぜか4月28日の報道資料には，米国やEUの対応やICNの声明が紹介されています）。また，競争当局幹部が自ら，執筆やウェブセミナーへの出演等，様々なメディアに登場して意欲的に発言されています。

　競争当局が発信すべき内容として，大別すると次の3つに区分できると思います。第1は，この緊急事態の下で，ハードコア・カルテル等の競争法違反に対しては厳正に取り組む姿勢を強調することです。公正取引委員会が2月末に行ったマスク等の抱き合わせに関する発表はこのタイプのものといえますが，より悪質な行為に対する姿勢を明確に示すことが必要だったのではないかと思います（4月28日の報道資料では，末尾で価格カルテル等への厳正な対処についても簡単に触れています）。

　第2は，緊急事態の下で必要になる事業者間協力や事業者団体の取組その他の活動について，独占禁止法違反のリスクの有無やリスクを回避する方策を具体的に示して，そうした活動を間接的に支援することです。この点に関しては，公正取引委員会は，東日本大震災の際の「想定事例集」や「Q&A」を参照するよう情報提供しましたが，より積極的なメッセージを発信すべきであったと思います。蓄積があるわけですから，迅速に考え方や対応方針を示すことは難しいことではないと思われます。また，マスクや消毒製品等のメーカーが小売店に上限価格を指示する行為については，新聞報道（4月23日付け日経朝刊）に触発されるような形で4月23日に情報提供がなされました。しかし，そこで示された考え方は，「緊急時に期間を限定して」という条件付きの，かな

り抑制的なものになっています。むしろ，最高再販売価格の拘束一般について，改めて検討すべき課題のように思われます（流通・取引慣行ガイドラインはこの点について沈黙していますし，担当者による解説書でも触れられていません）。

　第3は，手続的な問題であり，関連する事前相談に対しては迅速に回答する旨，あるいは，企業結合の事前届出において特別の対応を採る旨表明すべきであったと思います。事務総長の5月13日の定例会見において，質問に答える形で，企業結合の届出は電子メール添付の方法でよい（押印した原本の提出は後日でよい）とする取扱いを既に行っている旨説明されていますが，何らかの方法で公表されてしかるべきであったと思われます。【届出書への押印については，政府全体の取組の一環として2020年12月25日から廃止され，また，2021年2月1日からは電子メールで全ての手続が完了するようになりました。】

　4　今回のテーマの業務提携との関連では，今申し上げた第2の点に関わるわけですが，緊急事態の下での企業間協力や事業者団体活動に関する明確なメッセージを発信する必要性や有用性は，特に日本の独占禁止法の実体規定や公正取引委員会の実務からみて，諸外国以上に高いと考えられます。日本の独占禁止法は，事業者団体活動に対して事業者の共同行為よりも厳しい規定を持っています。また，公正取引委員会のいわゆる「ガイドライン行政」の下で，違反行為の未然防止を重視したガイドラインが作成されるとともに，事前相談が奨励され，その回答においては「問題となるおそれがある」というフレーズが多用されてきました。近年，変化がみられるものの，独占禁止法コンプライアンスを心掛ける事業者・事業者団体ほど，独占禁止法リスクを考慮せざるを得ないという状況が依然としてみられます。

　特に，今回のテーマと直接関わりますが，公正取引委員会は，業務提携に関するガイドラインを未だに作成することができていません。20年近く前に実態調査が行われ，業務提携ガイドラインを作成する旨表明されていたにもかかわらず，長い時間が過ぎてしまいました。競争政策研究センターの検討会の報告書という形ではありますが，昨年（2019年）7月に検討成果が公表されたことは歓迎すべきであり，それを更に進めて，事業者間協力行為に関するガイドラインとして成文化されることを強く願っています。

　【経済産業省は，2022年3月25日，グリーン社会の実現に向けた取組を後押

しする上での競争政策上の論点を検討するために「グリーン社会の実現に向けた競争政策研究会」（座長：大橋弘東京大学教授）を開催することを公表しています。複数の企業が共同して脱炭素化のための取組を行おうとする場合の独占禁止法上のリスクを軽減することが狙いです。ここでも公正取引委員会が後手に回っているような印象もあります。】

5　独占禁止法審査事件の公表ラッシュ？（2020年6月8日第276回月例研究会冒頭挨拶）

　1　今回の月例研究会では，矢吹公敏弁護士に「近時の指針・執行動向にみる『優越的地位の濫用』規制の現在地と将来像」と題して講演していただきます（本書264頁）。私からは，最近の独占禁止法関連の動きについて，いくつか紹介や感想を申し上げることで冒頭の挨拶といたします。

　2　今国会で独占禁止法ないしは公正取引委員会に関わる2つの政府提出法案が審議されてきましたが，5月下旬にいずれも可決成立いたしました。

　一つは，乗合バス会社又は地域銀行が主務官庁の認可を得て行う合併等の経営統合や乗合バス会社間の共同経営の計画について独占禁止法の特例（適用除外）を設けるものです。

　もう一つは，デジタルプラットフォーム（DPF）に係る取引の透明化・公正化を図るために，特定DPFに対して情報開示や体制整備，経済産業大臣への報告等の義務付けを行うとともに，経済産業大臣に不公正な取引方法に係る公正取引委員会への措置請求の手続を定めるものです。この新法は，本日の講演テーマに直接関わるものです。

　3　6月に入り，霞が関では人事の季節が近づいてきました。異動前に懸案事項を片付けるということで，例年6月から7月にかけては公正取引委員会からの公表案件が多くなります。また，毎年この時期に前年度の各分野の活動状況を取りまとめて公表することが行われており，既に5月末には下請法の運用状況・事業者間取引の公正化への取組に関する公表がなされています。遠くない時期に，独占禁止法違反事件の状況，企業結合の届出状況や主要事例，相談事例集などが順次公表されるものと思います。

4　6月に入って，2件の独占禁止法違反事件の処理結果が公表されましたが，いずれも排除措置命令案件ではありません。今年度に入って未だ排除措置命令・課徴金納付命令が1件も出ていません。件数だけが重要というわけではもちろんありませんが，これからの公表に期待したいと思います。

2件の公表事件のうち1件は，大阪ガスによる大口需要家向けの導管によるガス供給分野における競争者排除行為について，自発的改善措置により審査を終了したというものです（令和2·6·2公表）。公表資料を読む限りでは，実体的にも手続的にも様々な問題があるのではないかと感じる処理結果です^(注)。

もう1件は，コンタクトレンズの価格広告を禁止していた疑いで調査が行われている3社のうちの1社について，確約計画を認定したというものです（令和2·6·4公表）。確約計画の認定事例としては3件目となります。これまでの認定事例もそうですが，違反被疑行為の記載が具体的でなく，公正取引委員会として確約手続に付すことが適当と判断した理由も分からないと感じます。ちなみに，公正取引委員会では，確約計画の認定も「法的措置」に含めて扱っているようです。【同時期に審査が開始された他の2社についても，確約計画の認定により決着しています（令和2·11·12及び令和3·3·26公表）。】

（注）大阪ガス事件については，次の拙稿において批判的に検討しました。栗田誠「公的規制の下にある産業に対する法的規整の枠組―「規制法と競争法の『相互浸透』」のその後―」補論2「大阪ガス事件の検討」栗田誠・武生昌士編著『公的規制の法と政策』（法政大学出版局・2022年）202-205頁。

6　公正取引委員会の創立記念日（2020年7月20日第279回月例研究会冒頭挨拶）

1　本日7月20日は，公正取引委員会の創立記念日とされています。1947年（昭和22年）4月に独占禁止法が制定され，同年7月1日に公正取引委員会の組織に関する規定が施行され，次いで7月20日に他の規定が施行されましたので，7月20日が創立記念日とされてきました。毎年この日に委員長から職員向けの訓示があったように記憶しています。1996年から7月20日が海の日とい

う祝日になりましたので，この日に創立を祝うことはできなくなりましたが，その後，海の日が7月の第3月曜日となりましたので，現在は元に戻っているのかもしれません。

　2　今年（2020年）は73回目の創立記念日ということになりますが，その間，独占禁止法の実体規定に関しては，昭和28年改正を除くと，実質的に大きな改正はなく，また，公正取引委員会が違反事件を調査し，必要な処分を行うという基本的な仕組みにも変化はありません。昭和40年代後半に寡占対策が検討され，昭和52年改正により独占的状態に対する措置や価格の同調的引上げに係る報告徴収の制度が設けられましたが，前者は事実上機能しておらず，後者は既に廃止されました。

　このようなことを申し上げましたのは，デジタル経済における競争問題を解決する上で，現行の競争法の基本的な枠組を維持したままで適切に対応できるのか，例えば，デジタル・プラットフォーマーを巡る競争上の課題に対して実効的に取り組むことができるのか，という大きな問題があるからです。EUにおいては，ベステアー副委員長のリーダーシップの下，精力的に検討が進められています。米国においても，連邦議会をはじめとして様々な議論や公聴会が行われています。昭和40年代後半に公正取引委員会が「独占禁止法研究会」を組織して寡占問題に果敢に取り組んだように，現行独占禁止法の枠組を超えるような仕組みを検討すべきなのか。それとも，公正取引委員会に与えられている大きな裁量の下で，例えば，昨年（2019年）12月に作成された消費者個人情報等優越ガイドラインのように，抽象的な独占禁止法の規定を適切に解釈・運用することで柔軟に対応できるのか。公正取引委員会には，創立記念日を機に，改めて問い直すことを期待したいと思います。

　3　さて，本日は，根岸哲先生に「業務提携に関する独禁法上の課題」について講演していただきます（本書200頁）。根岸先生には，当初4月にお願いしておりましたが，新型コロナウイルス感染拡大防止の観点から延期しておりました。根岸先生は，公正取引委員会の競争政策研究センターにおいて開催された「業務提携に関する検討会」の座長をお務めになりましたが，昨年（2019年）7月10日に検討会の報告書が取りまとめられております。

　当協会では，5月に活動を再開してから，5月の月例研究会では川合弘造弁

護士に「企業結合審査の最新動向」について（本書215頁），また，5月下旬の事例研究部会では多田敏明弁護士に「水平的業務提携と独占禁止法」について（本書188頁），講演していただきましたが，本日は，根岸先生に「垂直型・混合型業務提携を中心として」お話しいただくことになっています。根岸先生は，検討会のメンバーでもあった多田弁護士が既に水平的業務提携について講演されていることを考慮して，今回，垂直型・混合型に焦点を合わせる内容にしてくださいました。

　いずれにせよ，5月以降の当協会の会合におきまして，企業結合と業務提携という，企業の経営判断・競争戦略として選択的・代替的な関係にある重要な独占禁止法問題について，包括的かつ集中的に取り上げることができましたことは大変有意義なことであると考えております。講師の3先生に改めて感謝申し上げる次第です。

7　公正取引委員会の実像（2020年8月20日会長コラム）

　1　NBL誌（商事法務）において，公正取引委員会委員を務めておられた幕田英雄弁護士が「公正取引委員会　ありのまま」というエッセイ風の読み物を隔号で連載されていた（注1）。委員長及び委員で構成される委員会における意思決定のプロセス等を可能な限り具体的に紹介・解説することにより，企業担当者や弁護士における公正取引委員会への無用な警戒感を軽減し，協調的な問題解決を目指す制度が円滑に運用されることを期待して執筆されたものである。確約手続が導入され（平成30・12・30施行），令和元年独占禁止法改正による調査協力減算制度の施行も近く予定される中で，大変時宜を得た連載であったと思われる。特に，公正取引委員会という組織の活動は広く知られるようになってきているが，委員会内部の動きや意思決定プロセスは明らかになることがほとんどない中で（注2），公正取引委員会の実像を知る手がかりを与えてくれる。また，筆者のように公正取引委員会事務総局の中間管理職に過ぎなかった者の見方・感じ方とは違う面もあり，大変興味深く拝読してきた（注3）。

　2　少し前になるが1163号（2020・2・1）においては，「第6回　委員会⑥

新しい時代における委員会の使命」と題して，公正取引委員会がデジタル・プラットフォーマー（DPF）等の「旬のテーマ」に果敢に取り組んでいることを例に，委員会が「心理的余裕」を持って時代にふさわしい課題に取り組めるようになったと指摘されている。そして，心理的余裕をもたらした要因として，審判制度が廃止されたことにより「裁判類似の機能を果たすために莫大なエネルギーを注いでいたこと」から解放され，「長期的な課題や新規の問題についてじっくり考えをめぐらせる」ことができるようになったことを挙げておられる。筆者が公正取引委員会事務総局を離れて20年近く経過していることもあり，なるほどと思う面がある半面，違和感を覚える点も少なからずあった。以下では，幕田弁護士のこの論稿について，いくつか感想を記してみたい[注4]。

第1に，2016年夏以来，公正取引委員会がDPF等の「旬のテーマ」に切り込んでいるという幕田弁護士の認識（「『旬のテーマ』に切り込む委員会」）は的確なものと思う[注5]。付言するならば，近年の新規分野への取組は評価すべきことではあるが，2000年代終盤から2010年代央までの停滞からの脱却とでもいうべきものではないか。公正取引委員会が1990年代から2000年代にかけて，政府規制，知的財産，国際取引等に関わる新規の事件にチャレンジしていたことについては，旧稿において詳述したとおりである[注6]。

第2に，審査事件として取り上げ処理するためには，最終権限を有する委員会メンバー間で判断枠組が共有される必要があり，そのために時間をかけてコンセンサス形成が行われると指摘されているが（「『ローマは一日にしてならず』，同じように…」），筆者には必ずしも（あるいは，常に）適切であるとは思われない。ハードコア・カルテル及び再販売価格拘束以外の行為類型については，違法判断の基準や分析手法も十分確立していないことが少なくなく，委員会メンバー間のコンセンサスを待って取り上げるのでは時機を逸することとなりかねないのではないか。独占禁止法違反行為には，将来に向けて行動の是正を命ずるだけで足りる（制裁を課す必要がないばかりか，むしろ有害である）ものも多い。公正取引委員会が取り上げることの影響を考慮しつつも，違反を疑う合理的理由がある限り，審査を開始することが適切である（もちろん，審査の手法はいろいろあり得る）。そもそも，公正取引委員会は合議制の機関として，熟議の上での多数決による意思決定が制度化されている。

　第3に，審判制度廃止後も「所管する業務の専門性，業務の要中立性・公平性という実質」から判断して公正取引委員会の独立性の維持が依然として必要であると指摘されており（「審判制度廃止後も変わらない公正取引委員会の役割」），それ自体は当然といえる。問題は，審判制度廃止により行政委員会という組織形態を採る必要性・必然性が低下したのではないかという点にあると思われる。市場実態の把握や調査分析は言うまでもなく，独占禁止法違反行為の探知・審査・処分だけであれば，独任制の方が迅速な意思決定が可能になり，適切ではないかという考え方もあり得る。しかし，独任制機関にあっては，合議制機関に比べて外部からの影響を受けやすくなり，独占禁止法執行の独立性の維持が難しくなることも考えられる[注7]。また，トップの交代による運用のブレという問題もあり得る。

　第4に，委員会が審判関連業務に莫大なエネルギーを投入していたことを指摘され，それを否定的に捉えておられるようにも見受けられるが（「審判制度の下，審決関連業務に注入された，委員会の莫大なエネルギー」），いくつか疑問もある。委員会が違反事件に関する最終判断をして委員会名で処分を行う以上，相応のエネルギーを投入すべきことは当然であるし，米国連邦取引委員会のように，委員長・各委員に専属のスタッフを付けることも検討されるべきである。また，独占禁止法は審判官制度を採用し，審判開始から審決案の作成までの一切を委任する運用が行われてきたから，委員会の負担は審判事件の最終段階にすぎない。さらに，委員会が審判関連業務に時間を取られていたのは2000年代中頃から2010年代にかけての限られた期間であったと思われるし，多くの審判事件は実質的には課徴金の額を争うタイプのものであり，それは課徴金制度の不備によるところが大きく，その改善を図ることこそが求められたのではないか（この点は現時点でも大きな課題として残されている）。

　第5に，審判制度の廃止により，命令の当否を判断する機能が裁判所に移されたことから，委員会には新規の問題・長期的課題を考える「心理的余裕」が創出されたと指摘されていることについてであるが（「新規・長期的課題を考える『心理的余裕』の創出」），それ自体は望ましく，また，必要なことであると思う。しかし，公正取引委員会の最大の任務が独占禁止法の執行であることに変わりはない。残念ながら，排除措置命令書からは公正取引委員会の独占禁

止法解釈や関係人から聴取した意見に対する考え方を窺うことができないし，ハードコア・カルテル及び再販売価格拘束以外の類型の違反事件について排除措置命令が行われること自体，極めて稀であり（近時の確約手続の運用についても疑問なしとしない），審判廃止による余裕がこうした面では活かされていないようである。

3　以上は幕田弁護士の論述に沿った感想であるが，論述されていないこと，すなわち，公正取引委員会が審判制度廃止によって失ったものについても指摘しておきたい[注8]。審判制度を失った（むしろ「手放した」というべきかもしれないが）ことにより，公正取引委員会は独占禁止法の多様な違反行為類型について具体的な違法性判断基準を形成する機能を喪失したということである。この点については，早い段階から的確に指摘されてきたし[注9]，旧稿でも言及したことがあるので，これ以上は論じない。

幕田弁護士の論稿について，やや批判的に感想を記してきたが，やや揚げ足取り的になった点があるかもしれない。幕田弁護士のご趣旨を誤読・誤解していないことを願うのみである。

（注1）　NBL1153号（2019・9・1）から1175号（2020・8・1）までの隔号に12回連載。
（注2）　公正取引委員会議事録の開示に関する情報公開・個人情報保護審査会平成18年度（行情）答申第454号・第455号（平成19・3・22）参照。
（注3）　連載第1回を読んで，日米構造問題協議を契機とした独占禁止法の強化が始まった時期に刊行された川井克倭（元公正取引委員会首席審判官）『いやでもわかる公取委』（日本経済新聞社・1992年）を思い出したが，同書は違反事件の審査・審判の実情には詳しいが，委員会の意思決定プロセスには言及していない。
（注4）　筆者は，公正取引委員会事務総局での最後の3年間（1998-2001年）を審判官として勤務し，また，その後も審判制度存続（廃止反対）の立場から論述してきたことを申し添える。栗田誠「公正取引委員会の審判制度の意義とその廃止の帰結」日本経済法学会編『独禁法執行のための行政手続と司法審査』日本経済法学会年報31号（有斐閣・2010年）33-48頁参照。
（注5）　栗田誠「独禁法の行政的エンフォースメントの課題―公正取引委員会による「安上がりな」法実現の現状とその評価」上杉秋則・山田香織編著『独禁法のフロンティア―我が国が抱える実務上の課題』（商事法務・2019年）第1章（2-41頁），31-34頁（新規分野への取組み）参照。
（注6）　栗田・前掲注5のほか，栗田誠「排除行為規制の現状と課題」金井貴嗣・土田和

博・東條吉純編『経済法の現代的課題（舟田正之先生古稀祝賀）』（有斐閣・2017年）175-195頁参照。

（注7）　独立・中立の法執行者として評価されてきている米国司法省反トラスト局が2019年8月に自動車メーカー4社に対して開始した反トラスト審査について，トランプ政権による政治的介入ではないかとの批判が提起されたことも想起される。*See* Grant Petrosyan, DOJ's Probe into Four Automakers: Impartial Investigation or Politicization of Antitrust?, CPI's North American Column, October 2019.

（注8）　幕田弁護士は審判制度廃止の意義自体を論じておられるわけではないので，フェアでないようにも思うが，ご宥恕願いたい。

（注9）　例えば，平林英勝「公正取引委員会の審判廃止がもたらすもの」筑波ロー・ジャーナル4号（2008年）35-53頁参照。

8　公正取引委員会年次報告（独占禁止白書）──令和元年度年次報告に記載されていないこと（2020年9月8日会長コラム）

1　公正取引委員会は，2020年9月4日に「令和元年度年次報告」を国会に提出するとともに，公表した[注1]。近年では9月下旬に公表されることが多かったが，委員長の交代が予定されていることもあってか，少し早い時期になった。

言うまでもなく，公正取引委員会の年次報告（「独占禁止白書」と通称される）は，独占禁止法44条1項において，「公正取引委員会は，内閣総理大臣を経由して，国会に対し，毎年この法律の施行の状況を報告しなければならない。」と定められていることを受けたものであり，いわゆる法定白書である。かつては，年次報告において初めて公表される情報が含まれていたが[注2]，現在の年次報告は，既に公表済みの情報を一定の章立てに沿って編集した資料集のようなものである[注3]。研究者にとっては，公正取引委員会の活動や独占禁止法の施行状況に関する細かな情報（例えば，日付や件数）を確認したい場合などには大変便利である。

2　したがって，年次報告が公表されたからといって，これを読む意味は基本的にはないのであるが，今回，「独占禁止法と他の経済法令等の調整」についてどのように記述されているかに関心があったので，早速確認してみた。近

年の年次報告には，「法令協議」（平成18年度までは「法令調整」と表記されていた）及び「行政調整」という見出しと数行の簡潔な説明だけで，具体的な調整案件については全く説明がないことに気が付いていたからである^{(注4) (注5)}。令和元年度においては，「地域における一般乗合旅客自動車運送事業及び銀行業に係る基盤的なサービスの提供の維持を図るための私的独占の禁止及び公正取引の確保に関する法律の特例に関する法律案」が本年（2020年）3月3日に閣議決定の上，国会に提出されており，内閣官房日本経済再生総合事務局私的独占禁止法特例法案準備室や金融庁・国土交通省との調整が行われたはずである。なお，この法律案は，同年5月20日に成立しており，同年11月27日に施行される（成立した法律を以下「地域基盤企業経営統合等特例法」という）。しかし，令和元年度年次報告には，本法律案に関する記述はなかった。

　地域基盤企業経営統合等特例法は，いわゆる官邸主導で成立したものとみられているが，官邸主導を演出した金融庁及び国土交通省の作戦勝ちということかもしれない。ふくおかフィナンシャルグループによる十八銀行の株式取得事案の独占禁止法による企業結合審査が長期化し，債権譲渡等の問題解消措置を条件に最終的に容認されたものの（平成30・8・24公表），企業結合審査が地域経済を支える地域銀行の経営統合を推進する上での支障になりかねないとの金融庁等からの問題提起を受けて，内閣総理大臣主催の「未来投資会議」における地方施策に関わるテーマとして検討された結果，「成長戦略実行計画」（令和元・6・21閣議決定）に独占禁止法の特例法を設ける旨が盛り込まれた。未来投資会議における検討においては，杉本和行公正取引委員会委員長が，第21回（平成30・11・6）及び第26回（平成31・4・3）の2回にわたり，公正取引委員会の考え方を説明されているが，流れを変えることはできなかった^(注6)。また，表面的には地域銀行問題が大きく取り上げられていたが，実際には地方乗合バスの路線再編や運賃調整等の問題の方がより深刻であり（カルテルの問題であるから当然ともいえる），国土交通省等の関係者の水面下の動きも激しかったのかもしれない。

　地域基盤企業経営統合等特例法は，主務大臣の認可を得て行う地域銀行の経営統合と乗合バス会社の共同経営協定・経営統合について独占禁止法の適用除外とするものであり，認可に当たっては公正取引委員会への協議が求められて

おり，また，10年以内に廃止するものとされている^(注7)。独占禁止法の適用除外に関わる法令協議について，なぜ令和元年度年次報告は沈黙しているのであろうか。

　　3　年次報告に記載されていないことに意味があると考えるべきであろうが，思い付いた理由は次のようなものである。年次報告に記載される「法令協議」とは，公正取引委員会が「(関係)行政機関からの協議を受け，独占禁止法及び競争政策との調整を図」ることである。しかし，本法律案は，内閣官房において企画・立案されており，それは「行政各部の施策の統一を図るために必要となる企画及び立案並びに総合調整に関する事務」(内閣法12条2項4号)として行われていると考えられる。内閣官房は，行政各部より一段も二段も高い立場から，公正取引委員会を含む関係行政機関その他の利害関係者からの意見等を聴取した上で，本法律案を取りまとめたものであり，公正取引委員会は，本法律案について内閣官房から協議を受ける立場にも調整を図る立場にもない。年次報告に本法律案に関する記述がない理由が本当に以上のようなことなのか，公正取引委員会の担当者に聞いてみたいところであるが，何か釈然としない。

　　平成13年1月に施行された中央省庁改革により内閣総理大臣の権限が強化され，省庁に跨る施策の調整・統一を関係省庁間の調整のみに委ねるのではなく，内閣官房が企画・立案や総合調整を自ら担うことができる体制になっており，「政治主導」の名の下にそうした傾向が強まっているように見受けられる^(注8)。そうした体制や運用の是非は本コラムの範囲を超えるが，公正取引委員会の職権行使の独立性にも何らか影響が及ぶことは避けられないと思われる。

　　成立した地域基盤企業経営統合等特例法は内閣官房の手を離れ，主務省庁において施行されることになる。同法に基づく具体的事案が早晩出てくるであろうが^(注9)，そこでは金融庁又は国土交通省と公正取引委員会との調整になる。この調整においては，公正取引委員会の真価が問われることになるが，公正取引委員会との協議等の行方によっては，主務省庁が同法の協議手続の修正ないしは廃止を希望し，内閣官房の総合調整に委ねようとする行動に出る可能性もある。公正取引委員会としては，同法の協議手続を維持する観点から主務省庁との折り合いをつけることも必要になってくるかもしれない。また，公正取引

委員会の実務では，企業結合や業務提携は独占禁止法違反事件として処理されているわけではなく，必要に応じ関係省庁と「調整」することも実際上行われているのではないかと思われる。違反事件審査として企業結合審査を行う場合に関係省庁との調整を行おうとするに当たっては，公正取引委員会の職権行使の独立性の問題と正面から向き合う必要が出てくるように思われる^(注10)。

【令和2年度公正取引委員会年次報告（令和3·9·10国会提出・公表）の「適用除外の見直し等」の項において，地域基盤企業経営統合等特例法の施行に関する説明があり（219頁），また，その令和2年度における施行状況に関する記述があり（225頁），乗合バス会社の共同経営に関する協定2件の協議を受け，「異議ない旨等回答した」とされている（222頁）。公正取引委員会としては単に，新たな適用除外立法については法令協議の項には記載せず，適用除外の見直し等の項において施行段階で記載する方針を採っているというだけのことかもしれない。しかし，それが適切であるかどうかは別問題である。】

　4　年次報告における法令協議に関する記述の問題から公正取引委員会の独立性の問題へと議論が大きく拡散してしまったが，令和元年度年次報告については，もう一つ，ICN（International Competition Network）におけるCAP（Framework for Competition Agency Procedures）がどのように記述されているかが気になっていた。以前，「ICNのCAPテンプレート」（2020年5月7日会長コラム）にも書いたように（本書28頁），公正取引委員会は，ICNに積極的にコミットしているにもかかわらず，なぜかCAPには冷淡であり，競争法の手続問題には及び腰であるようにみえる。令和元年度年次報告では，ICNについて3頁以上のスペースを使って，作業部会の活動を含めて詳しく紹介しているが（277-280頁），2019年6月に発足したCAPには言及するところがない。これも奇妙なことである。

　冒頭に述べたように，公正取引委員会の年次報告は高い記録性・資料性を有しており，是非ともそれが維持されることを期待したい。

（注1）公正取引委員会のウェブサイトで平成元年度以降の年次報告の全文が閲覧できる。https://www.jftc.go.jp/soshiki/nenpou/index_files/r1nenpou.pdf
（注2）なお，価格の同調的引上げの報告徴収制度が設けられていた時期には，独占禁

止法44条1項後段に「この場合においては，第18条の2第1項の規定により求めた報告の概要を示すものとする。」と規定されていた。

(注3)　例えば，かつては主要な企業結合事例が年次報告において初めて紹介されていたが(個別公表されるものを除く)，平成5年度以降は「○○年度における主要な企業結合事例」として，例年6月に公表されている。

(注4)　法令協議において，「公正取引委員会は，関係行政機関が特定の政策的必要性から経済法令の制定又は改正を行おうとする際に，<u>これら法令に独占禁止法の適用除外</u>や競争制限的効果をもたらすおそれのある行政庁の処分<u>に係る規定を設けるなどの場合には</u>，その企画・立案の段階で，当該行政機関からの協議を受け，独占禁止法及び競争政策との調整を図っている。」(令和元年度年次報告28頁。下線追加)。

(注5)　平成20年度以降をみると，「法令協議」について，平成20年度には「特定地域における一般乗用旅客自動車運送事業の適正化及び活性化に関する特別措置法案」(成立した法律を以下「タクシー適正化・活性化法」という)，平成22年度には「産業活力の再生及び産業活動の革新に関する特別措置法の一部を改正する法律案」，平成23年度には「災害時における石油の供給不足への対処等のための石油の備蓄の確保等に関する法律等の一部を改正する法律案」について，それぞれ調整を行った旨記載があるが，それ以降の年次報告には全く記載がない。制定されたタクシー適正化・活性化法には，独占禁止法の適用除外を定める規定は設けられていなかったが，平成25年改正により，認可特定地域計画に基づくタクシー事業の供給輸送力の削減等に関する適用除外の規定が設けられている。しかし，平成25年度年次報告の「法令協議」の項には，この点の記載がない(27頁)。ただし，同法の改正により適用除外規定が設けられた旨の簡潔な記述が「適用除外の見直し等」の項にある(137頁)。また，「行政調整」に関しては，平成15年度以降，具体的案件の記載はない。

(注6)　未来投資会議第19回(平成30·10·5)において「地方施策協議会」が設けられ，専門的な検討を行うこととされ，地方施策協議会第1回会合(平成30·12·18)において，公正取引委員会(経済取引局長)，金融庁及び国土交通省がそれぞれの立場を説明している。なお，地方施策協議会は，この1回しか開催されていないようである。

(注7)　地域基盤企業経営統合等特例法の概要について，佐々木豪他「乗合バスおよび地域銀行に関する独占禁止法の特例法の概要」商事法務2233号(2020年)42-46頁参照。

(注8)　私は，1996年6月から1998年6月まで，公正取引委員会事務総局経済取引局調整課長の職にあり，関係省庁との「法令調整」「行政調整」に当たったが，現在の政府部内の政策調整の手順や手法は当時のそれとは大きく変わっているように見受けられる。【政府部内の政策調整過程の変質について，嶋田博子『職業としての官僚』(岩波新書・2022年)参照。】

(注9) 青森県を地盤とする青森銀行とみちのく銀行が経営統合に向けた協議に入っており，地域銀行の統合としては特例法適用の第1号になる可能性がある旨報道されている(2020・9・5各紙)。【2022年3月23日に認可されている。】

(注10) もっとも，実際上，関係省庁との「調整」ではなく，関係省庁からの「意見」の聴取(独占禁止法67条)として位置付けることで，この問題を回避することになるのかもしれない。

9　杉本委員長の下の公正取引委員会の活動 (2020年9月18日第15回競争政策研究部会冒頭挨拶)

1　公正取引委員会の杉本和行委員長が2020年9月12日をもって定年により退任された。2013年3月5日に就任されて以来，約7年半の長きにわたり公正取引委員会を引っ張ってこられた。前任の竹島一彦委員長が10年以上務められたことに比べると短いが，それでも7年半という期間は個人的にはやや長いようにも感じる。公正取引委員会という組織は委員長の個性やリーダーシップが反映されやすいという印象を持っており，特別の事情がない限り，1期5年で交代というのが適切なのではないかと思う(定年や任期，国会同意手続との関係もあることは承知している)。

2　杉本委員長の下での公正取引委員会の活動を振り返ると，次のような様々な成果を挙げることができる。特に政策面・制度面では，第1に，独占禁止法の令和元年改正が実現したことである。主に課徴金減免制度に調査協力減算の仕組みを導入するものであるが，売上額の算定方法や算定率に関しても重要な改正を含んでいる。12月25日の施行を待つばかりとなっており，任期を見据えた見事な仕事振りである。弁護士・依頼者間秘匿特権問題による1年遅れがなければ，改正法の効果を見届けることもできたと思われるだけに，ご本人にとっては心残りかもしれない。第2に，デジタル経済に対する積極的な取組が挙げられる。いち早く杉本委員長が自ら推進されてきた課題であり，政府一体としての取組の中で，実態調査やガイドラインの策定が重点的に進められてきている。第3に，優越的地位濫用規制を最大限活用し，様々な分野や取引の実態が解明され，また，新たな問題にも適用する姿勢が示されたことである。特に，消費者取引に対する適用への道を拓いたことが今後どのような意味

49

を持つのか注目される。第4に，平成28年改正により確約手続が導入され（平成30・12・30施行），協調的な法執行のための新たな手法を獲得したことである。私的独占や不公正な取引方法に係る硬直的な課徴金制度の下での法適用が容易ではない中で，法的措置として位置付け得る確約手続は極めて有用である。TPP協定（環太平洋パートナーシップ協定）の合意に含まれていることを契機とした，公正取引委員会にとっては幸運な改正であった。第5に，人材分野への取組やデータへの着目，業種横断的データ連携型業務提携の検討など，新規の分野や課題に独占禁止法・競争政策の光を当てたことである。競争政策研究センターにおける検討会の開催という活動様式も定着している。

　また，こうした多面的な取組が，同時に，独占禁止法に対する関心を高め，公正取引委員会への注目を集める効果をもたらしていることも指摘できる。なお，杉本委員長は在任中に『デジタル時代の競争政策』（日本経済新聞出版社・2019年）を上梓された。委員長・委員が在任中に独占禁止法に関する著作を公表することについては様々な意見があり得ると予想されるが，個人的には大変結構なことであると思う。委員長・委員が講演録や論文の公表を含め，積極的に発信されることを期待したい。

　3　他方，法執行面では，実体的にも手続的にも物足りないものに終わったと感じる。第1に，排除措置命令は事実上ハードコア・カルテルと再販売価格拘束にほぼ限定されており，他の行為類型，特に排除型行為の事例は少ない。また，大型の価格カルテル事件はあったものの，ハードコア・カルテルの件数や規模としても限定されている。第2に，確約計画認定の事例が次々と出ているが，本来の趣旨に沿うものばかりとはいえず，また，優越的地位濫用に関わる確約事案は課徴金制度の不備に起因する面も大きいとみられる。第3に，政策的に取り組んでいる分野や課題に関わる違反事件は少なく，特に排除措置命令に至る事案はほとんどない。また，規制産業における問題は，違反事件ではなく，実態調査等で対応し，違反事件として取り上げる場合にも，法的措置ではなく，非公式措置で処理する傾向が鮮明である。第4に，政府全体の取組の一環としての活動が顕著であり，内閣官房や他省庁との連携・協力を重視し，違反事件として取り上げるのではなく，実態調査と問題指摘，ガイドラインの作成といったソフトな手法が多用されている。第5に，以上を総括して，取消

訴訟が提起されないような手続・手法によって実際的な問題解決を図ろうとする姿勢が顕著で，法執行活動を通してルールを形成するという発想は乏しい。要するに，「普通の行政機関」として活動しようとしている。

　　4　杉本委員長の下での公正取引委員会の活動を総体としてどのように評価するか。一言で述べることは難しいが，個人的には，多面的な取組は高く評価するものの，問題提起や啓発に終始したものも多く，やや不完全燃焼ではなかったかと感じる。前任の竹島一彦委員長の下での積極的な法執行活動が多数の審判・訴訟事件につながり，その対応に苦慮し，決着がつくのを待たざるを得なかったという事情や，審判制度が廃止され，公正取引委員会の命令が直ちに司法審査の対象になるという手続改正もあり，また，NTT 東日本事件，JASRAC 事件のように関係省庁との間での軋轢も生じていたともみられる中で，特に法執行面では慎重にならざるを得なかったのではないかと思われる。

　　5　2020 年 9 月 16 日に就任された古谷一之委員長は，これまでの発言からは杉本委員長の路線を踏襲されるようであり，また，同日発足した菅新内閣の下で政府一体としての取組を重視した活動がより強まるものと思われる。独占禁止法・競争政策の実現手法については様々な考え方があるにしても，杉本委員長が道筋を付けられた諸問題について具体的な成果を上げていくことが課題となろう。古谷委員長の下の公正取引委員会がどのような活動を展開するか，期待を持って注視していきたい。

10　古谷公正取引委員会の船出（2020 年 10 月 9 日第 281 回月例研究会冒頭挨拶）

　　1　2020 年 9 月 12 日をもって公正取引委員会の杉本和行委員長が退任され，同月 16 日に古谷一之氏が委員長に就任されました。菅内閣の発足と同日であり，政府全体としての取組の一環として公正取引委員会が活動していく局面が従来以上に増すのではないかと思います。公正取引委員会の活動については，その内容面だけでなく，活動の手法・手続という観点からも様々な考え方があり得ます。この点に関しては，以前，「公正取引委員会の職権行使の独立性」（2020 年 4 月 8 日会長コラム）と題して少し論じたことがあります（本書 21 頁）。

また，「杉本委員長の下の公正取引委員会の活動」の評価についても，既に所見（2020年9月18日第15回競争政策研究部会冒頭挨拶）を述べていますので，ご一読いただければ幸いです（本書49頁）。

　ところで，古谷委員長は9月17日に記者会見をされたようですが，就任に当たってのメッセージは公正取引委員会のウェブサイトには掲載されていないようです（10月9日午前9時の時点）。公正取引委員会事務総長が9月30日の定例会見の質疑において，「就任の会見の時にも委員長自身の言葉で，今後の課題を5点ほど挙げておりました。私は完全に共感しております。」と述べていますが，今後の課題5点とは何か，報道を見ても分かりません。そもそも，事務総長定例会見の記録は公表しつつ，委員長の会見記録は公表しないということも理解に苦しむところです。公正取引委員会への関心や期待が高まっている時期だけに，迅速に新委員長のメッセージが発信されることが望ましいと思います。おそらく「公正取引」の10月号の巻頭に「就任挨拶」が掲載され，それと同時期に同文の挨拶が公正取引委員会のウェブサイトにも掲載されるものと予想しています。また，この点は，就任時に限ったことではありませんし，委員長に限ったことでもありません。委員長・委員や事務総局幹部による積極的な情報発信を期待したいと思います。

　2　ここ1か月ほどの公正取引委員会の活動については，委員長交代という時期でもあり，大きな動きとしてはアマゾンジャパンの協力金に係る優越的地位濫用事件の確約計画認定が9月10日に公表されたことくらいです。春から夏にかけて，委員長の交代を前にして排除措置命令・課徴金納付命令が続々と出るという状況を期待したのですが，そうはなりませんでした。もっとも，公正取引委員会としては，確約計画認定も「法的措置」の一種であり，全体として違反事件に厳正に対処していく方針に変わりはなく，実績も相応に上がっているという認識ではないかと思います。

　3　さて，今回は講師として長澤哲也弁護士をお迎えしています。先生のご経歴は紹介するまでもありませんが，この6月に『独禁法務の実践知』（有斐閣・2020年）を上梓されたばかりです。既にご覧になった方も多いと思いますが，「はしがき」にも書いておられるように，独禁法務の「暗黙知を可視化する」という明確な意識の下に，企業の事業戦略上の行為がどのような目的で行

われ，どのようなメカニズムで競争阻害効果をもたらし得るのかという観点から類型化し，どうしたら問題とならないようにできるかを解説するという，これまでにない斬新な構成・内容の実務書です。いろいろと書評や紹介も出ているところですが，是非，本書の発想やエッセンスを理解するとともに，具体的な問題に直面した際の手引きとして活用されることをお薦めします。

4 今回の講演テーマである優越的地位濫用規制については，近年益々その重要性を増していることは皆様ご承知のとおりです。アマゾンや楽天といった事業者の違反事件もあれば，コンビニや知的財産取引，デジタル・プラットフォームを巡る取引等の実態調査，さらには関係するガイドラインの作成と，公正取引委員会の活動様式も多彩であり，また，極端にいえば，取引先に対して優位な地位にある企業であればどのような企業でも違反になり得る問題でもあります。反面，司法判断の蓄積は乏しく，公正取引委員会の運用に大きく委ねられています。また，同様の問題が民事訴訟として提起される可能性もあり，企業法務としては厄介な問題でもあります。いかにして独占禁止法上「問題とならない」ようにできるか，貴重な講演をいただけるものと思います（本書282頁）。

優越的地位濫用規制は国際的にも注目を集めており，今週火曜日（2020·10·6）に米国下院司法委員会反トラスト小委員会が公表した449頁の「デジタル市場における競争」に関する調査報告書では，支配的なプラットフォームによる優越的交渉力（superior bargaining power）の濫用を禁止することを提言しています。こうした提案の妥当性や実現可能性については更なる検討が必要ですが[注]，濫用規制を否定してきた米国反トラスト法における変化は注目に値します。米国にとっては専ら輸出品であった競争法を今度は米国がEUや日本から輸入することになるのでしょうか。

[注] 本報告書は，米国下院司法委員会反トラスト小委員会の民主党スタッフによるものであり，司法委員会やそのメンバーの見解を示すものではありません。スタッフの一人としてLina M. Khan氏(コロンビア大学ロースクール准教授)が挙がっていますが，Amazon's Antitrust Paradox, 126 Yale L. J. 710 (2017)の著者であり，この分野に関する多数の論文を公表されています。【同氏は，2021年6月15日，バイデン大統領の指名により連邦取引委員会委員長に就任しました。】

11　競争当局トップの交代の意味合い（2020年11月13日第282回月例研究会冒頭挨拶）

　　1　今回は，公正取引委員会の岩下生知企業結合課長に「企業結合規制と審査」と題して講演していただきますが（本書220頁），冒頭挨拶では別のことを3点お話しします。第1に，日本では公正取引委員会の委員長の交代があり，米国では政権交代が予定されていますが，競争当局のトップの交代が持つ意味合いについての日米比較です。第2には，米国やEUにおけるGAFA規制について考えてみたいと思います。そして，第3に，最近，実務家が独占禁止法の解説書を相次いで出版されていますので，その意義を考えてみます。

　　2　まず，委員長の交代，あるいは政権交代の意味合いです。公正取引委員会の古谷一之委員長が就任されて2か月近く経過しましたが，2020年9月17日に行われた就任記者会見の模様は10月14日になってようやく公正取引委員会のウェブサイトに掲載されました。具体的な施策として，①厳正かつ実効的な独占禁止法の執行，②中小事業者に不当に不利益を与える行為に対する取締り，③デジタル分野等における競争環境の整備，④令和元年改正独占禁止法の施行・定着，⑤海外競争当局との連携・協力と国際的貢献の5点を挙げておられますが，ご自身も述べられているように，杉本和行前委員長が取り組まれた路線を引き継ぐものといえます。古谷委員長がご自身で準備されたというよりは，事務総局が用意したものを受け入れて（多少の修正はあるにせよ）表明されたものと受け止めるのが自然であろうと思います。我が国では，継続性や一貫性を重視する行政機関として，委員長が交代するからといって法執行方針に変化はなく，むしろ変化があってはならないと考えられており（これが合議制の一つのメリットであるともいえます），委員長交代を機に，それまでの成果を評価し，新たな方針を表明するような動きは基本的にはないといってよいと思います。

　　他方，米国では，この度の大統領選挙を受けて政権交代が事実上決定し，競争当局，特に司法省反トラスト局では局長をはじめとする幹部が交代するものと考えられます。任期制の連邦取引委員会委員にあっても，委員長は大統領によって指名されますので，委員長は交代すると考えられ，競争局長をはじめと

する幹部も交代すると思われます。ただし，現在の共和党の委員が 3 名，民主党の委員が 2 名の構成は，共和党の委員が辞任又は任期満了により退任しない限り，変わりません。【政権交代を受けて 2021 年 1 月 29 日をもって共和党のシモンズ委員長が辞任し，民主党のスローター委員が委員長代行に指名されました。1 名欠員が続いていましたが，民主党のカーン委員長が 2021 年 6 月 15 日に就任して，民主党委員 3 名，共和党委員 2 名の構成となり，民主党の委員 1 名の入れ替えはありましたが，この人数構成で現在に至っています。】

　1990 年代以降の連邦反トラスト法に関する限り，超党派のコンセンサスが形成されてきており，政権交代による大転換は起きないようになってきているとはいうものの，トップの交代により何がしかの変化が出てくることは避けられないと思います。ここ 2 年程の間に急速に高まってきている GAFA に代表されるデジタル市場における支配的企業に対する反トラスト規制の動きが強まることは必至です。もちろん，いくら反トラスト当局が積極的であっても，最終的に判断するのは裁判所であり，特に連邦最高裁判所の判断が決定的に重要です。だからこそ，最高裁判所判事の指名・任命に際しては，反トラスト法に関心を持つ公益団体・シンクタンクから，候補者の反トラスト法に関する判断の傾向を分析・予測するレポートが公表されます。ギンズバーグ判事の逝去に伴う大統領選挙直前のバレット判事の駆け込み任命（2020·10·27）は，独占行為規制に慎重な判例法を維持する方向に働くと考えられています。また，先般の下院司法委員会反トラスト小委員会の民主党スタッフ報告書（2020·10·6 公表）にもあるように，反トラスト法自体を改正する提案もなされていますが，「経済憲章」としての反トラスト法の根幹をなす規定が容易に改正できるとは思えませんし，上院では共和党が引き続き多数を占めるとみられている状況では尚更です。【最終的に上院では両党の議席数が同数となったことから，上院議長を兼務する副大統領が決定権を有することになります。】

　当面，司法省反トラスト局長に誰が就任するのか，また，連邦取引委員会の委員長に誰が指名されるのかが注目されますが，従来の例からは早くて来年 3 月ごろではないかと思われます。当面，より注目すべきは，政権移行チームがどのような反トラスト政策を採用するかにあると思います。オバマ大統領により指名され，2014 年から 2018 年にかけて連邦取引委員会委員を努めたマック

スウィーニー弁護士が政権移行チームで反トラスト法分野を担当していると報道されています。そして，その前提として，各種の公益団体・シンクタンク等がトランプ政権下の反トラスト政策をどのように評価し，次期政権にどのような提言を行うかが待たれます。AAI（American Antitrust Institute）などは今春からそうしたレポートを公表していますが，米国法曹協会（ABA）反トラスト法部会の政権移行レポートが間もなく公表されると思います【(注1)】。

　3　米国やEUにおいて，GAFAの競争法問題についての大きな動きが相次いでみられます。米国では，連邦議会下院司法委員会反トラスト小委員会の民主党スタッフ報告書が10月6日に公表され，バイデン大統領誕生の予想と相まって，日本でも大きく報道されました。10月20日には連邦司法省及び11州の司法長官によるグーグルに対するシャーマン法2条に基づく提訴が行われました。マイクロソフト事件以降，本格的なシャーマン法2条事件を取り上げてこなかった司法省がグーグルを取り上げたことについては予想外という評価もあります。グーグルに対しては，連邦取引委員会が，グーグルの「サーチバイアス（search bias）」と呼ばれる行為を含む様々な問題について連邦取引委員会法5条違反（不公正な競争方法）の疑いで調査を続けてきましたが，2013年1月に審査を打ち切るとともに，グーグルが一部の問題に関して一定の是正措置を採ることを約束した旨公表していました。今回司法省が取り上げている問題はこれと異なるものですが，訴訟の行方が注目されます。マイクロソフト事件では，訴訟係属中に民主党から共和党への政権交代があり，同意判決で終了しましたが，今回は共和党から民主党への政権交代であり，グーグルにとっては厳しい訴訟になるのかもしれません。

　また，欧州委員会は11月10日，アマゾンに対して異議告知書を発出し，また，第2弾の審査開始を明らかにしました。アマゾンがオンラインショップを運営する事業者であると同時に，自らも小売事業を行っていることから，オンラインショップを利用する無数の小売業者と競争関係にあり，居ながらして得られる利用事業者の非公開情報を自己に有利に活用していることが支配的地位濫用に当たると欧州委員会では考えており，今後，アマゾンからの反論の手続が行われます。

　GAFAに限らず，近年の大型の独占行為あるいは支配的地位濫用の事件で

は，支配的事業者が自己の地位を維持・強化するために取引相手に巨額の支払をして排他的取引を実現するというタイプの行為が問題となっています。少し前のインテル事件では，パソコンメーカーに対する MSS（全体に占めるインテル製 CPU の使用割合）の目標達成に対するリベート供与の約束が問題となり，米国連邦取引委員会によるクアルコム事件では，アップルに対する巨額の支払による排他的取引が対象となっています（なお，本件について，司法省は提訴に否定的な意見を出していました）。今回の司法省によるグーグル事件でも，アップルをはじめ，様々な取引先・ライセンス先に対してグーグルは独占利潤を配分しています（revenue sharing agreements）。支配的地位にある事業者同士で，お互いに利益になるように行動することで現状維持，参入排除を図っているともいえます。【連邦取引委員会によるクアルコムの提訴は，2020 年 8 月 11 日の第 9 巡回区控訴裁判所判決（2020・8・11）で逆転敗訴となりました。また，欧州委員会が取り上げたクアルコム事件もアップルに対する排他的インセンティブの支払が支配的地位濫用に当たるとしたものでしたが（2018・1・24 決定），EU 一般裁判所は 2022 年 6 月 15 日の判決で，手続面及び実体面の両面からこの決定を全面的に取り消しています（欧州委員会は上訴を断念）。欧州委員会はインテル事件でも敗訴したこと（2022・1・26 一般裁判所判決）を考えると，排他的リベートの競争制限効果の立証には大きな困難があることが分かります。】

　翻って我が国の状況をみますと，デジタル市場競争会議ワーキンググループにおける検討など，調査・分析や特定デジタルプラットフォーム取引透明化法による一種の業規制に向けた動きは目につきますが，独占禁止法を適用しようとする動きは乏しいと感じます。取引先に対する優越的地位濫用や同等性（MFN）条項の事件はあるにしても，これらも自発的措置による審査終了であったり，確約計画の認定であったりします（もっとも，公正取引委員会の取扱いとしては，確約計画認定は「法的措置」の一種です）。以前，ある論文[注2]に書いたことですが，公正取引委員会は，インテルを世界で最初に取り上げ，また，不十分とはいえ，早い段階でグーグルの排他的契約を審査した実績があることを思い出す必要があります。公正取引委員会では精力的にデジタル市場の実態把握のための調査を行ってきており，それ自体有益なものであり，政府全体としての取組にも大きく貢献しているわけですが，違反事件審査という手法

による取組も是非期待したいと考えています。

4 最後に，実務家による独占禁止法の解説書について考えてみます。ごく最近，越知保見弁護士（明治大学法科大学院教授）が『日米欧競争法大全』（中央経済社・2020 年 11 月）という 1000 頁を超える大著を刊行されました。「大全」の名にふさわしい，質・量ともに圧倒される著作です。また，先月の月例研究会に登壇していただきました長澤哲也弁護士が所属事務所の同僚らと共に『最新・改正独禁法と実務—令和元年改正・平成 28 年改正』（商事法務・2020 年 10 月）を刊行されています。他にも，永口学・工藤良平両弁護士による『Q&A 独占禁止法と知的財産権の交錯と実務』（日本加除出版・2020 年 9 月）といった，特定テーマの実務書も公刊されています。加えて，菅久修一事務総長をはじめとする公正取引委員会職員を執筆陣とし，独占禁止法の定番テキストになりつつある『独占禁止法〔第 4 版〕』（商事法務）も間もなく刊行されるようです。

雑誌論文をみますと，ジュリストの本年（2020 年）7 月号の特集「これからの企業結合規制」，10 月号の特集「令和元年独占禁止法改正の論点」の執筆陣のほとんどは実務家です（いずれの号でも，白石忠志教授が総論的な短い論稿を書いておられますが）。「NBL」や「ビジネス法務」といった，より実務的な雑誌にあっては尚更です。

こうした著作を発表されている実務家の方々の中には，法科大学院で教鞭を取っておられる方も少なくありません。いずれ，法科大学院の経済法・独占禁止法の授業担当は実務家に席巻されるのかもしれません。

他方，研究者による著作は，漠然とした印象にすぎませんが，質・量ともに低下しているのではないかと感じます。その背景には，大学研究者が研究に費やすことができる時間が減少しているという，分野を問わずに生じている問題があると思われますが，経済法研究者が現在の独占禁止法の実務を理解し，実務に影響を及ぼし得るような研究・著作を行うことが難しくなってきているのではないかと個人的には感じています（もっとも，そうしたことだけが研究者の役割ではないという考え方もあると思います）。それは，例えば，近年の独占禁止法の改正が課徴金制度・課徴金減免制度に関わる専門技術的なものであって，研究者は関心を持ちにくいこと，企業結合規制が高度化・精緻化し，また，医薬品，デジタル分野等の容易に実態を理解することが難しい事案が多いこと，

審判手続の廃止，確約手続の導入等もあり，詳細な事実認定や法解釈を示すことなく違反事件が処理されること，さらには，違反事件審査以外の手法による問題解決が多用されることなどによるのではないかと考えています。単に私の能力不足を自認するだけかもしれませんが，独占禁止法の理論と実務の発展にとって望ましいことではないと思います。

（注1）　The American Bar Association. Section of Antitrust Law, Presidential Transition Report on the State of Antitrust Enforcement, February 5, 2021.
（注2）　栗田誠「排除行為規制の現状と課題」金井貴嗣・土田和博・東條吉純編『経済法の現代的課題（舟田正之先生古稀祝賀）』（有斐閣・2017年）175-195頁。

12　貿易救済措置と独占禁止法（2020年11月30日第34回事例研究部会冒頭挨拶）

　1　今回の事例研究部会では，隅田浩司先生に「市場閉鎖効果に関する最近の事例解析」と題して講演していただきます。デジタル・プラットフォームを巡る競争法上の課題について，日本では優越的地位濫用の観点からの取組が大きなウエイトを占めていますが，やはり本筋は競争排除の観点であろうと考える立場からは，大変意義のある講演になると感じております（本書242頁）。私からの冒頭挨拶としては，最近の価格カルテルの疑いによる立入検査の報道について思うところを述べさせていただきます。

　2　2020年11月25日の夕刊各紙で，石油プラント等に使われる配管をつなぐ「継手」の価格カルテルの疑いで公正取引委員会がメーカー4社に立入検査を始めたと報道されました。これだけですと，ごく普通の価格カルテル事案の調査開始というだけのことですが，記事によっては，価格カルテル対象商品である「炭素鋼製突合せ溶接式継手」について，不当廉売関税が2023年3月までの期間で課されていると伝えています。朝日新聞の記事によれば，価格カルテルは「遅くとも2017年以降」行われている疑いがあり，また，メーカー4社のうちの3社が2017年に韓国産品及び中国産品に対する不当廉売関税の賦課を求める申請をしていたというのです。

　3　私は，「経済法」（独占禁止法）を専門としておりますが，現在の本務校では「国際経済法」の授業も担当しており，この記事を大変興味深く読みました。経済産業省のホームページには，韓国産及び中国産の「炭素鋼製突合せ溶接式継手」に対する不当廉売関税に関する情報が掲載されています。それによれば，2017年3月6日に3社から課税を求める申請書が提出され，同年12月28日に暫定措置が，2018年3月31日に確定措置が発動されており，2023年3月までの5年間続きます。また，関係事業者のホームページにもアクセスしてみましたところ，少なくとも2社について，不当廉売関税の申請を行った2017年3月に，同年4月出荷分からの販売価格の引上げを公表していることが確認できました。

　4　今後の公正取引委員会の調査を待つ必要がありますが，仮に報道されているような価格カルテルが行われていたとするならば，廉価な輸入品を不当廉売関税によって排除しつつ，国内メーカー同士で価格カルテルを行うという，成熟した産業ではありがちな企業行動が日本でも現実化してきたものといえます。不当廉売関税を申請した3社は共同して，申請に必要な情報収集・調査を行い，申請に及んだものと推測されますが，そうした共同作業・共同申請の機会を通じて価格カルテルの合意形成も行われたという可能性すら考えられます。通商法と競争法の両方が関わるこの種の問題は，例えば米国などでは古くからのものであり，事例も多いと思いますが，日本でも今後，こうした問題が増えてくるものと予想されます【(注1)】。

　5　我が国では，不当廉売関税，相殺関税，緊急輸入制限措置（セーフガード）といった貿易救済措置を発動することについては，従来，大変慎重であったと思います。海外諸国による貿易救済措置の濫用（WTO協定違反）を指摘して改善を求めることを通商政策の大きな柱としてきた我が国は，自らが発動することについても極めて慎重に対応してきたといえます。しかし，こうした慎重な方針は，ここ10年くらいの間に少しずつ変化してきています。貿易救済措置の発動を抑制してきた実体要件や手続について緩和する制度改正や運用変更が行われてきており，また，経済産業省も貿易救済措置の発動を産業政策の一つのツールとして位置付け，活用していく方向に舵を切りつつあるように見受けられます。経済産業省のウェブサイトの「貿易救済措置」のページに

は，「安値輸入品という経営課題に AD という選択」という見出しが掲げられており，申請の方法等に関する詳細な解説や Q&A が掲載されており，また，毎年，「貿易救済セミナー」が開催されているなど，特に不当廉売関税の発動については積極的に相談を受け付け，申請を奨励するような姿勢です。こうした変化もあってか，現在，5 件の不当廉売関税の賦課が行われているようです。

　6　もちろん，不当廉売関税を含む貿易救済措置の発動は，WTO 協定上認められている正当な手段であり，関税定率法に定められている要件及び手続に基づいて行われるものであって，それ自体に問題があるわけではありません。しかし，その発動が国内市場における競争に極めて大きな影響を及ぼすことも明らかであり，発動に前のめりになっているようにもみえる現在の経済産業省の姿勢にはやや疑問を持っております。また，前述したように，申請が多くの場合に複数の事業者が共同して，あるいは事業者団体が行うことから，独占禁止法上のリスクが伴うことも言うまでもありません。

　7　こうしたことを経済産業省のホームページで調べているうちに，更に重要な事実に辿り付きました。経済産業省の特殊関税等調査室を事務局とする「アンチダンピング措置の共同申請及び団体申請の活用促進に関する研究会」が本年（2020 年）8 月から 10 月にかけて開催され，アンチダンピングの共同申請等に当たって生じ得る独占禁止法上のリスクを分析し，その解決策を探る取組が行われています。研究会の第 2 回会合では，公正取引委員会から独占禁止法上の考え方についての説明も行われており，10 月 26 日に公表された「アンチダンピング措置の共同申請に向けた検討のモデルケース」の内容については公正取引委員会も了解しているものと思われます[注2]。

　こうした取組は，今後増えてくると思われるアンチダンピング等の貿易救済措置の共同申請やその準備に当たって留意すべき点を示し，独占禁止法上のリスクに十分注意しつつ，制度の活用を図っていく上で有用なものであり，その成果である「モデルケース」は関係事業者等において是非とも参照すべきものであると考えています。

　今回の炭素鋼製突合せ溶接式継手に係る価格カルテルの疑いによる公正取引委員会の立入検査と経済産業省の研究会における検討との間に何らかの関連はないのかという点が気になるところです。経済産業省の研究会では公正取引委

員会の経済取引局調整課長が説明されており，立入検査は言うまでもなく審査局が行うものであり，違反事件審査は厳格な情報管理の下になされますので，たまたま時期が近接したにすぎないと考えることが常識的であろうとは思います。また，公正取引委員会として，アンチダンピング措置の活用が本格化してくる中で，実際に発動されている商品や申請の候補に挙がってくるような商品の価格や輸入の動向等を注視する方針を採っているということであれば，それは必要かつ適切なことであろうと思います。

　8　1980年代から1990年代にかけての貿易摩擦が華やかであった時期に，日本市場へのアクセス改善を求める海外諸国に対して，外国産品の日本市場へのアクセスが容易ではないのは日本の製造業の国際競争力が強いからであり，日本市場における活発な競争に対応できない外国企業の側に問題があるといった反論をしていましたが，今となってはそうした時期が懐かしく感じられます。貿易救済措置を活用して国内産業を守ることが重要な政策課題になってきている現実を直視しなければならないと思います。

（注1）川合弘造弁護士による「競争法と通商法の相克」（2021年7月12日第289回月例研究会）においてもこの問題が取り上げられました（本書328頁）。
（注2）経済産業省の研究会で検討された独占禁止法上の課題は，ダンピング提訴をする国内企業同士の情報交換・共同行為に関わるものですが，ダンピング規制に関連する独占禁止法問題は多様です。公正取引委員会が開催した「独占禁止法渉外問題研究会」の報告書「ダンピング規制と競争政策」が1990年2月に公表されていることに注意を喚起しておきたいと思います。公正取引委員会事務局編『ダンピング規制と競争政策　独占禁止法の域外適用』（大蔵省印刷局・1990年）参照。

13　公正取引委員会ウオッチング（2020年12月11日第283回月例研究会冒頭挨拶）

　1　今回は，東京大学大学院の大橋弘先生に「転換点を迎える競争政策：人口減少とデジタル化のもたらす課題と政策の方向性」と題して，競争政策の今後について講演していただきます。月例研究会では，独占禁止法の研究者や実務家の先生方，あるいは公正取引委員会，経済産業省等の行政実務担当者から最新の運用事例やガイドライン作成，制度改正について講演していただくこと

が多いのですが，今回は少し違った観点からのお話を伺うことができるものと期待しております（本書147頁）。

2　このところ毎回話題にしていますが，公正取引委員会の古谷一之委員長が就任されて3か月近く経過しました。外国プレスによる古谷委員長のインタビュー記事を読んでいましたら，杉本和行前委員長が進めてこられた各種市場の実態調査やガイドラインの作成等に加えて，法執行活動にも力を入れていきたいという抱負を述べておられました。今月（2020年12月）25日に施行される令和元年改正独占禁止法による課徴金の調査協力減算制度を含め，多様な法実現の手法を活用した多面的な活動を期待したいと思います。

3　前回の月例研究会以降の動きをいくつか紹介しますと，いずれも杉本委員長時代からの継続案件ですが，地域医療機能推進機構発注の医薬品納入を巡る入札談合犯則事件について，12月9日に告発が行われました（同日公訴提起）。実態調査としては，スタートアップ企業と出資者や連携事業者との取引慣行に関する最終報告書が公表され（11月27日），新たなガイドラインを経済産業省と連名で作成することとされています。また，コンビニ本部と加盟店との取引実態調査に基づき公正取引委員会がコンビニ本部8社に要請していた自己点検・改善計画が11月末に出揃い，公正取引委員会においてその内容を精査し始めたとされています（12月2日事務総長定例会見）。

こうした継続案件が順次その結論を得て公表されるとともに，新たな案件が水面下で事件化され，あるいは次の実態調査等に向けた準備が進められているものと思います。公正取引委員会の活動が一定の結論を得るにはある程度の時間を要するわけですから，性急に短期間での成果を求めるのではなく，時間をかけて中長期的な活動評価をする必要があると思います。

4　ところで，公正取引委員会の動きを注意深くウオッチしていると，違反事件審査であろうと実態調査案件であろうと，結果の公表がいつ頃になるか，ある程度は予測がつくものと思われます。公正取引委員会の活動は基本的には事業者を相手にしており，例えば，立入検査の実施や報告命令書の発出，意見聴取の開始といった出来事が生じますので，それらの情報を得ることによってパイプラインの現状をかなり正確に把握することができるのではないかと考えられます。

　もっとも，近年，審査に要する期間が長期化していると指摘され，事業者との合意による迅速な処理を本旨とする確約手続でも相当の期間を要している状況が見られます。逆に，実態調査が政府全体としての取組の一環として行われているような場合には，結果の取りまとめや公表に向けて何らかの制約や条件が付いてくることもあるのかもしれません。

　以前に比べると，特に審査中の事件の動きが報道されることが少なくなっているようにも感じますが，公正取引委員会や事業者の情報管理が行き届いていることや地道に水面下の動きをフォローするプレスの活動が低下していることの表れであるのかもしれません。

14　日米の競争法違反事件―医薬品談合と Facebook（2020年12月11日会長コラム）

　1　2020年12月9日に日米で競争法違反事件に関する重要な動きがありました。日本では，公正取引委員会が地域医療機能推進機構発注の医薬品納入を巡る入札談合事件について3社及び7名を検事総長に告発し，同日に公訴が提起されました。米国では，連邦取引委員会と48州・地域の司法長官がそれぞれ，Facebook をシャーマン法2条違反で DC 地区連邦裁に提訴しました。日米それぞれの事件について簡単に紹介しつつ，感想を述べたいと思います。

　2　まず，地域医療機能推進機構（以下単に「機構」といいます）が発注する医薬品の納入を巡る入札談合事件ですが，直近の告発事件は2018年3月の JR 東海発注リニア中央新幹線駅舎工事の受注調整事件であり，2年半振りの告発となりました。しかも，リニア中央新幹線の事件は検察当局主導で捜査が行われており，公正取引委員会は実質的には調査を行っていないとも言われています。そうすると，今回の告発は，東日本高速道路東北支社発注舗装災害復旧工事の談合事件（2016年2月告発）以来ということになり，実に5年近い空白があったことになります。平成17年改正により犯則調査手続が導入され，裁判官の令状を得て捜索・差押を行う権限を有する犯則審査部が設けられました。改正直後の数年間は毎年のように告発が行われていたものの，その後は2年に1回という従来のペースが続いてきており，平成17年改正時の期待通りではな

いという印象も持っています。ハードコア・カルテル事件全体の件数が減少しているように見受けられますが，それが累次の課徴金制度の強化を含めたカルテル規制の実効性の現れであるといえるのかどうか，慎重な分析が必要であろうと思います。

　今回の談合事件をみますと，告発対象とするには条件的にぴったりの事案であったように思われます。公正取引委員会が公表しています「告発方針」には，「国民生活に広範な影響を及ぼすと考えられる悪質かつ重大な事案」，「（違反を反復しているなど）行政処分によっては独占禁止法の目的が達成できないと考えられる事案」という二つの類型が明記されています。本件は，この両方の類型に当たると考えられているようです。公正取引委員会の公表資料には記載がありませんが，新聞各紙をみれば，様々な追加的な情報（本件がいかに「悪質かつ重大」であるかを示す情報）が掲載されています。「医薬品で入札談合をすれば，保険医療を負担する全国民，将来世代にも影響が及ぶ可能性がある。過去の違反歴があるにもかかわらず，大変悪質だ」という公正取引委員会の本件犯則調査担当者の会見での発言（2020・12・10 朝日新聞朝刊 27 頁）が全てを物語っています。

　もちろん，告発方針が定める類型に合致するだけで実際に告発ができるわけではありません。刑事責任を問うレベルでの証拠が必要になることは言うまでもありません。入札談合事件の中には，大変古くから慣行的に行われていて，談合のルールや実施方法自体が明確ではないものもあります。また，建設談合のように，一般に関係する事業者数が大変多く，これらの共謀を刑事レベルで立証することが実際上不可能に近いような事案もあります [注1]。その点，本件では，発注者である機構自体が 2014 年に設立されたものであり，また，その傘下の全国 57 の病院に納入できる体制を有する医薬品卸売業者は事実上関係人 4 社しかおらず，実際にもこれら 4 社しか入札には参加していなかったとされています。そして，1 回（2 年分）の調達で総額 700 億円を超えるというのですから，公正取引委員会や検察当局にとっては，刑事事件として取り上げるための条件が揃っていたといえます。

　報道によれば，4 社のうちの 1 社が告発・起訴の対象から外れており，公正取引委員会に課徴金減免申請をしていたとされています。東京地検特捜部は

「認否は明らかにしていない」（前掲朝日新聞）とされており，残る3社の中にも減免申請をした者がいるかどうかが注目されます。告発・起訴された3社の12月9日のプレスリリースを読む限りでは，違反事実を認めているようにも感じられます。リニア中央新幹線の受注調整刑事事件では，4社のうち減免申請をしなかった2社が全面的に争うという展開になっており（他の2社については有罪判決確定），来年3月の判決が注目されています。【2021年3月1日に有罪判決が出ています（控訴）。】

　今回の独占禁止法違反事件の背景として，機構の医薬品の調達方法に問題はなかったのかという点も問われます。4社で「受注予定比率」を設定し，その比率に見合うように医薬品群ごとに受注予定事業者を決定していたとされており，2018年の入札における4社の受注額が報道されています（2020・12・10日経新聞朝刊）。1回の入札で1事業者のみが受注できるという入札ですと，事業者間の調整は容易にまとまらないでしょうが，4社の事業規模に応じて「山分け」するということであれば，たやすく合意できたのではないかと思われます。また，全国57病院向けの納入を機構の本部で一括して決定するという方法が適切なのかという点も重要なポイントです。この点は，この事件の調査開始後に地域ごとに調達する方法に変更されているようですが，調達方法の全面的な見直しが行われることを期待したいと思います。

　また，医薬品調達は全国の大規模病院においても同様の方法で行われていると考えられ，今回の事件を契機に，適切な場で抜本的な検討が加えられることが望ましいのではないかと考えています。公正取引委員会としても，違反事件の処理で一件落着とするのではなく，競争的で公正な調達に向けて政策的な観点からの取組も進めていくことを期待したいと考えています。

　【機構発注医薬品納入談合刑事事件については，2021年6月30日に3社に各2.5億円の罰金，7名に執行猶予付きの有罪判決が出ています（確定）。また，公正取引委員会は，2022年3月30日，3社に対して排除措置命令及び課徴金納付命令（総額約4.2億円）を行っています。市場規模に比べて課徴金の総額が小さいように感じますが，算定基礎となる対象売上額が何らかの事情で小さくなっている可能性があるほか，課徴金算定率が卸売業の2％であること，課徴金免除の1社以外の3社とも課徴金減免制度の対象になっていること（1社の平

成28年入札分のみ50%減額，他は30%減額），確定した罰金刑の額の半分が控除されていることによると考えられます。なお，医療機関向けの医薬品納入を巡っては，公正取引委員会が2021年11月9日，日本病院機構発注の医薬品納入における入札談合の疑いで九州地区において立入検査を行ったと報道されており，今後の展開が注目されます。】

　3　次に，同じ2020年12月9日に，米国連邦取引委員会（FTC）と48州・地域の司法当局のそれぞれがFacebookをDC地区連邦地裁に提訴した事件です。かねてから調査の進展が報道されていた事案ですが，我が国でも大変注目されています。FTCは，シャーマン法2条違反行為（独占行為）によるFTC法5条違反（不公正な競争方法）として提訴しており，FTCの票決は3対2（共和党の委員長と民主党の委員2名が賛成，共和党の委員2名が反対であるものの，個別見解の公表はないようです）となっています。また，州当局では，シャーマン法2条及びクレイトン法7条（合併等）を根拠としています。Instagram及びWhatsAppの買収自体をクレイトン法7条違反として独立の訴因としている点がFTCと異なります。

　いずれの訴訟も，personal social networking servicesの市場における独占維持行為を問題としているわけですが，具体的な違反被疑行為は次の2つです。訴状では，Facebookの共同創業者でCEOのザッカーバーグ（Mark Zuckerberg）氏の攻撃的な言動が競争制限的意図を示すものとして度々引用されていますが，この点はMicrosoft事件におけるビル・ゲイツ（Bill Gate）氏を思い出させるものがあります。

　　① Instagramの買収（2012年）及びWhatsAppの買収（2014年）による競争
　　　の抑止：「買収するか葬り去るか戦略（buy-or-bury strategy）」（州当局の訴
　　　状の表現）
　　②アプリ開発者のFacebookのプラットフォーム利用に際しての制限的な条
　　　件の強要
　また，Facebookの違反被疑行為による競争上の弊害として，次のような点が挙げられています。
　　ⓐユーザーに対するプライバシー保護の低下，選択肢の喪失，イノベーショ
　　　ンの低下等の非価格面の悪影響

ⓑ広告主に対する広告料金，広告の質・選択肢への悪影響

ⓒアプリ開発者に対する競争機会の否定

　裁判所に求める救済措置は今後具体化されていくことになりますが，次のような広範な内容が想定されています（FTCと州当局で少し異なるようです）。

（ⅰ）継続している競争制限行為の停止

（ⅱ）違法に買収した事業の分離

（ⅲ）将来の買収計画の事前通知

（ⅳ）モニタリング

　Facebookは「FTCは2件の買収を容認していたのに，後から提訴するのはおかしい」と主張しており，同様の指摘が多数見られますが，FTCが公表しているQ&Aでは次のように説明しています。

・単に2件の買収を問題にしているのではなく，長年に亘るpersonal social networking（PSN）servicesの市場における独占維持行為を提訴している。

・2件の買収が合併事前届出の手続を完了していることは提訴権限に影響しない。

・完了済みの買収であっても，違法になればFTCは提訴できるし，これまでも提訴してきている。

　また，Facebookの分割をかねてから主張しているティム・ウー（Tim Wu）コロンビア大学教授【2021年3月に，バイデン政権の競争政策担当大統領特別補佐官に就任】は，次のようにコメントしています。

・「FTCは2件の買収を『承認』していた」と報道されることがあるが，誤りである。単にその当時は提訴しなかったというにすぎず，その後の法執行活動が法的に制約されるものではない。

・買収当時はFacebookの独占が持続するか不確かであったが，現時点では持続的なものであると分かってきたにすぎない。

・仮にFTCは過去の判断に制約されるべきであるとしても，州当局は別個の権限を有しており，何ら制約を受けない。

　Facebookに対して，米国ではこれまでプライバシー保護の観点からの調査・処分が行われてきましたが，シャーマン法2条違反という反トラスト法の本丸の事件として真っ向から争われることになります。2020年10月20日に司法省

及び8州当局が提訴したGoogle事件とともに，長期戦になることは必至であり，これら訴訟の行方とともに，他の法令による提訴や他の政策手段の可能性を含め，巨大デジタル・プラットフォーム問題に対する米国の取組（連邦議会の動きを含む）を引き続きフォローしたいと考えています。EUにおける動きについても同様であることは言うまでもありません。

　【FTC及び州当局によるFacebook提訴について，DC地区連邦地裁は，2021年6月28日，州当局の訴えを却下する決定を下すとととともに（州当局は控訴），FTCの訴状を却下するが，訴え自体を却下することなく，訴状の修正を認める決定を下しました。FTCの訴状ではPSNサービス市場におけるFacebookの独占力を十分に主張できていないとして，30日以内に修正訴状を提出することを認めたものです。FTCは，2021年6月15日に就任したばかりのカーン委員長の下，提出期限の延長を得て，同年8月19日に修正訴状を提出しており，裁判所が指摘しているPSNサービス市場におけるFacebookの独占力に関する部分について詳細に証拠をもって主張しています（当初の訴状が53頁であるのに対し，修正訴状は80頁あり，buy-or-buryという文言も用いています）。なお，Facebookは，FTCに対してカーン委員長の忌避を申し立てていましたが，申立ては却下されています。Facebookは再度，修正訴状の却下を申し立てましたが，連邦地裁は，2022年1月11日，Facebookの申立てを退けました。ただし，Facebookの独占行為に係るFTCの主張の一部（アプリとの互換性に関わるプラットフォーム政策上の行為）については，8年近く前のものであり，差止請求の対象として認めない旨判断しています。なお，カーン委員長の忌避に関する連邦地裁の判断について，（注2）参照。】

　4　日米でたまたま同日に重要な競争法違反事件が提訴されたというだけのことではありますが，日本では相も変らぬ談合事件であるのに対し，米国では巨大デジタル・プラットフォーム事業者による独占行為事件です。もっとも，その米国も，独占行為規制の面では事実上の野放しともいえる状況が長く続いてきたのであり，今後長期間続くと見込まれる裁判所における審理は予断を許しません。独占行為規制に関する判例法が行く手を遮ることも考えられ，また，審理が長期化するほど訴追側の考え方が変化すること（FTCの委員構成の変化や州当局トップの交代を含む）もあり得るところです。その意味で，米国連

邦競争当局による Google 及び Facebook に対する提訴は始まったばかりであり，どのような紆余曲折が待っているのか注視していきたいと思います。

　また，同様の問題に対する公正取引委員会による独占禁止法の執行がどのような理論と手法によって展開されていくのか（あるいは，法執行以外の手法に依存するのか）刮目すべきであろうと考えています。菅政権の下で新たに設けられた「成長戦略会議」が12月1日に取りまとめた「実行計画」の「デジタル市場における競争政策の推進」の項には，「デジタルプラットフォーム事業者による反競争的行為があった場合に積極的に法執行できるようにするため，……公正取引委員会の体制を強化する」と明記されていますので，是非期待したいと思います。

（注1）　少し古く，また，犯則調査事件に限ったものではありませんが，栗田誠「独占禁止法による入札談合規制の展開—公取委敗訴事例を素材に」ジュリスト1438号（2012年）30-35頁参照。

（注2）　Facebookは，連邦地裁に FTCの訴えの却下を申し立てる理由として，カーン委員長が就任前から Facebookの反トラスト法違反を強く主張してきており，こうした予断が忌避事由に該当するにもかかわらずカーン委員長が票決に加わっている FTCの修正訴状に係る議決は無効であることも挙げていました。この点について，DC地区連邦地裁の決定（2022·1·11）は，カーン委員長が就任する前に本件が提訴されていたことも指摘しつつ，カーン委員長の役割が差止請求訴訟の提起を FTCスタッフに授権することであって，自ら公平な中立者として裁決を行うことではないことを理由に，Facebookの主張を退けました。

15　2021年の競争政策の展望（2021年2月9日第284回月例研究会冒頭挨拶）

　1　本日（2021年2月9日）が2021年の最初の月例研究会となります。今回は上杉秋則先生をお迎えし，「山陽マルナカ事件東京高判の評価と今後の実務への影響」，「デジタル・プラットフォームを巡る最近の動き」の二つのテーマについて講演していただきます。上杉先生には，毎回，タイムリーな問題について理論的な検討と実務への影響の両面からお話しいただいていますが，今回も刺激的な議論を伺うことができるものと期待しております（本書287頁）。

2 公正取引委員会の古谷一之委員長の「年頭所感」が公正取引委員会の
ウェブサイトや「公正取引」1月号に掲載されております。ご覧になった方も
多いと思いますが，「厳正・適正な法執行」「競争政策の推進」「国際的な連携
の推進」の3つの柱からなっています。昨年（2020年）9月の就任挨拶におい
て述べられた内容とそれほど変わっているわけではないと思いますが，「競争
政策の推進」の部分が長く，多くの施策が盛り込まれていますので，「古谷公
正取引委員会」の活動が従来に増して，「法執行」よりはガイドラインの作成
や実態調査を含む「政策的対応」に重点を置いたものになるような印象も受け
ました。

　なお，年頭所感の最後に，昨年12月の政府の成長戦略会議実行計画（中間と
りまとめ）に言及され，「競争政策の在り方を独禁当局や関係省庁の協力の下，
重要課題として取り組む」とされていることを受けて，「競争政策の強化に向
けた検討に参加・貢献していきたい」と述べておられます。先週の事務総長定
例会見記録（令和3·2·3）によると，「今月10日，成長戦略会議の関連会議で，
公正取引委員会の組織の在り方についても議論されると聞いてい（る）」とし
て，記者から質問が出ています。成長戦略会議の有識者メンバーである竹中平
蔵氏（慶應義塾大学名誉教授）がこの議論を主導されており，今後どのように
展開していくのか，注目されるところです。

3 米国では，バイデン政権がスタートしましたが，連邦競争当局のトッ
プの人選は進んでいません。昨年10月から12月にかけて，司法省が提起した
Google に対するシャーマン法2条（独占行為）事件，連邦取引委員会（FTC）
が提起した Facebook に対するシャーマン法2条違反行為を理由とする FTC
法5条（不公正な競争方法）事件の行方も，誰がトップに任命されるかによって
影響を受けることも考えられます。両事件の理論的分析については，上杉先生
の本日の後半のテーマです。また，連邦議会では，上院司法委員会のクロブッ
チャー（Amy Klobuchar）議員らが2月4日，クレイトン法の改正等を内容とす
る法案（Competition and Antitrust Law Enforcement Reform Act）を提出してい
ます。法案には，連邦競争当局の予算の増加，合併規制の強化（違法基準の緩
和及び立証責任の転換），支配的事業者による排除行為を禁止する規定のクレイ
トン法への追加等が盛り込まれており，連邦議会の両院を民主党が支配する状

況下で，何らかの改正が実現する可能性もあると思われます。

　また，EUにおいては，2020年12月15日に欧州委員会が「デジタル・サービス法（Digital Services Act）」及び「デジタル市場法（Digital Markets Act）」の立法提案を公表しました。前者は，デジタル・サービスの利用者の権利保護を内容とするものであり，後者は「ゲートキーパー（gatekeeper）」機能を果たす大規模な中核的プラットフォーム事業者を対象とする行為規制を内容としています。デジタル市場法が定める行為規制に違反すると，全世界売上高の10％を上限とする制裁金が課され，繰り返しの違反に対しては構造的な措置を採ることもできるようです。

　専ら反トラスト法の活用や強化を目指そうとする米国，競争法の執行に加えて強力な新規立法を目指すEUとの間にあって，我が国が採ることとした措置，すなわち，特定デジタルプラットフォーム取引透明化法の制定や公正取引委員会による消費者個人情報等優越的地位濫用ガイドラインの策定，消費者庁において検討中の消費者保護の観点からの新法の立案等を内容とする政策パッケージはどのように評価されるのでしょうか。いずれにせよ，各法域における動きから目が離せません。

　4　前回（2020年12月）の月例研究会以降の独占禁止法を巡る動きについて，重要なものをいくつか紹介します。

　第1に，入札談合に関する刑事的執行及び行政的執行です。前回，地域医療機能推進機構発注の医薬品納入を巡る入札談合事件の告発・公訴提起について詳しく紹介しましたが，年末にJR東海発注リニア中央新幹線品川駅及び名古屋駅新設工事を巡る受注調整事件について公正取引委員会が排除措置命令及び課徴金納付命令を行いました（令和2・12・22）。刑事事件としては，既に2社に対する有罪判決が確定しておりますが，違反自体を争っている2社及び2名に対する判決が3月1日に言い渡される予定です【令和3・3・1有罪判決（控訴）】。違反を争う2社は，排除措置命令に対しても取消訴訟を提起するものと予想されます（なお，2社は関係工事を受注しておらず，課徴金納付命令は受けていません）【2021・3・1，6・12排除措置命令取消訴訟提起】。入札談合・受注調整事件は，かつてに比べると件数が大きく減少していますが，これが重大な違反行為が根絶されてきていることの表れであることを願っています。

　第2に，デジタル市場における競争問題への対応です。この点については，本日のテーマの一つでもあり省略しますが，実効的な取組を期待したいと思います。なお，公正取引委員会のホームページに「デジタル市場における公正取引委員会の取組」をまとめたサイトが最近設けられており，一覧性があって大変便利です。

　第3に，各種のガイドラインの作成や改定が進められており，意見募集が行われています。特に，スタートアップとの事業連携やフリーランスに関するガイドラインの作成は政府一体としての取組の一環として，関係省庁との連携によるものであり，また，フランチャイズのガイドラインの改定は昨年（2020年）9月公表のコンビニ本部・加盟店間取引実態調査報告書を受けたものです。気になるのは，これらのガイドラインが主に優越的地位濫用規制に依拠したものであることです。また，ガイドラインに依存した独占禁止法の運用が「安上がり」で，一面で「効果的」であり得ることは事実ですが，過度の依存に問題はないのか，注意していく必要があります。本日の上杉先生の前半のテーマである，山陽マルナカ事件東京高裁判決（令和2・12・11）とそれを受けた公正取引委員会の対応（排除措置命令及び課徴金納付命令を取り消す審決令和3・1・27）が今後の優越的地位濫用規制，更には独占禁止法規制全般の展開にどのような意味を持つのかを考えることが必要であると思います。

　第4に，国際的な企業結合事案2件の審査結果が公表されました（IDC／BASF〔令和2・12・24〕，グーグル／フィットビット〔令和3・1・14〕）。いずれも問題解消措置が採られた事案であり，一見，公正取引委員会が国際合併に実効的に取り組んでいるようにみえます。しかし，欧州委員会もこれらの審査を行い，条件付きで承認しており，問題解消措置も実質的には同じようです。見方によっては，欧州委員会の審査にいわば「ただ乗り」した成果ではないかという疑問も出てきます。そうした疑問を払拭するような，海外競争当局の審査にも貢献するような国際的執行に期待したいと思います。

　なお，国際的企業結合審査については，昨年（2020年）3月に第2次審査が開始された韓国の造船会社の統合事案（韓国造船海洋／大宇造船海洋）の行方が気になります。本件については，欧州委員会も審査しており，また，韓国政府の造船支援措置がWTO補助金・相殺措置協定に違反するとして，日本政府が

WTO紛争解決手続を要請し，政府間の協議が行われています。造船業においては，日本でも事業統合が行われてきており，本件は外交的にも大変難しい案件になっているのではないかと危惧しています。【韓国造船海洋／大宇造船海洋統合事案については，欧州委員会が2022年1月13日に禁止決定を行ったことから，この統合計画は水泡に帰したようです。「令和3年度における企業結合関係届出の状況」（令和4・6・22公表）の参考3によれば，2022年1月14日に届出が取り下げられ，同年3月8日に当事会社らが本件株式取得に係る契約を解除したことから，公正取引委員会は審査を終了しています。】

　　5　上杉先生の本日の講演資料には，「令和3年の競争政策の注目点―多難の時代の幕開け」というタイトルが付されています。どういう意味で「多難の時代」であるのか，身を引き締めて講演を拝聴したいと思います。

16　最近の独占禁止法関係の動き（2021年3月9日第285回月例研究会冒頭挨拶）

　　1　今月（2021年3月）は，志田至朗先生に「確約制度」の運用状況と今後の展望について解説していただきます。確約制度の施行から2年余り経過しましたが，既に6件の確約計画認定事例があり，先週も，優越的地位濫用に係る審査事件について，確約計画の認定申請がなされたという報道がありました（BMW事件【令和3・3・12確約計画認定】）。確約手続による違反事件処理は審査実務にとって極めて重要な意味を持つに至っており，認定事例がある程度蓄積された現時点で，これまでの運用状況を分析し，制度の評価や実務上の対応を考えておくことは極めて有意義であると思います（本書344頁）。

　　2　振り返りますと，独占禁止法の平成17年（2005年）改正により事前審判から事後審判に移行しましたが，当時，事後審判に対しては厳しい批判があり，また，審査手続上の問題点も指摘されるなど，独占禁止法の違反事件処理手続に関する様々な議論が行われていました。そうした中で，競争法研究協会では，伊従寛会長（当時）のイニシアティブにより，2008年夏に「独禁法手続研究会」を組織して集中的な検討を行い，同年10月に「独占禁止法違反事件処理手続意見書」を公表しています[注1]。

　私も，この手続研究会において「競争法違反事件処理における和解（略式）手続の現状と課題」と題して報告する機会をいただき，2005 年改正後の独占禁止法違反事件処理手続が硬直的であり，米国反トラスト法の「同意（consent）」手続や EU 競争法の「確約（commitment）」手続をモデルにした柔軟な和解的手法を導入する必要があることを指摘しました。そして，意見書の提言項目の一つに「略式の同意命令手続」の導入が含まれており，この意見書が先駆的かつ実践的なものであったことを示していると思います。

　実際に導入された確約手続の仕組みや運用は，意見書で提言していたものとは異なる面があり，重大な欠陥を抱えていると考えておりますし，また，個々の確約計画認定事例についても，月例研究会で配布している「競争法関連の動き」の中で批判的に紹介してきています。本日の志田先生の分析を伺い，私自身，改めて考えてみたいと思っています。【志田先生の講演を振り返りながら，2021 年 3 月末時点で確約手続の課題に関する論稿を執筆しました^(注2)。】

　3　前回（2021 年 2 月）の月例研究会以降の独占禁止法・競争政策関連の出来事について，いくつか簡単に紹介しておきます。

　まず，政府の「成長戦略会議」における競争政策の在り方に関する議論を紹介します。成長戦略会議の有識者委員である竹中平蔵氏のイニシアティブで始まった議論では，公正取引委員会による競争唱導（アドボカシー）の重要性が指摘され，公正取引委員会のアドボカシー機能の強化が必要であると強調されており，それ自体は適切なものであると考えています。市場における競争のルールである独占禁止法の執行だけでなく，その前提となる市場の構築や参入促進，イノベーション等に関わる競争政策の展開が重要であることは言うまでもありません。しかし，アドボカシーが法執行に代替できるわけではありません。伊従先生は，違反事件の個別的な処理の積み重ねを通したルール形成という判例法的な性格を独占禁止法が有していることを常に強調されていました。地道な違反事件審査ではなく，設計主義的・介入主義的な政策対応は副作用やリスクも大きいことに留意する必要があります。また，公正取引委員会がアドボカシーに力を入れる反面，法執行が二の次になってしまう事態も懸念されます。

　なお，成長戦略会議では，経済界の有識者委員から企業結合規制に対する注

文が出ています。実効性を欠く企業結合規制が集中度の高まりをもたらし，参入障壁の形成につながっているのではないかという問題意識が世界的に強まっている中で，どこまで正当性を持つ議論であるのか疑問ですし，政策や制度を論ずる場において法執行問題を取り上げるセンスも理解し難いところです。

　4　次に，法執行の関係で2点申し上げます。一つは，排除型私的独占に係る初めての課徴金納付命令が2月19日に出たことです。排除型私的独占に係る課徴金制度は平成21年（2009年）改正で導入されましたので，何と10年以上かかったことになります。空港における航空燃料の販売事業への新規参入者を排除しているという事案であり（マイナミ空港サービス事件），排除措置命令自体は昨年（2020年）7月に行われています（排除措置命令令和2・7・7）。排除措置命令に従って違反行為の取りやめ等の措置が採られたことで違反行為は終了し，違反行為期間が認定され，所定の方法で計算された612万円の課徴金の納付が命じられました（課徴金納付命令令和3・2・19）。なお，本件排除措置命令については取消訴訟が提起されていますが，課徴金納付命令についても提起されるようです【令和4・2・10東京地裁判決（請求棄却：控訴）】。

　昭和52年（1977年）改正で不当な取引制限に係る課徴金制度が創設され，その第1号の課徴金事件の審査を担当しましたが，小規模な地域的な価格カルテル事件で，課徴金の総額は500万円余りであったと記憶しています。小さな額でスタートした排除型私的独占に係る課徴金制度が，今後，EU競争法のように1000億円単位のものに発展していくのか，それとも，確約手続その他の処理手法の多用により「抜かずの宝刀」になるのか，今後の運用に注目したいと思います。

　もう一つは，最後の審判事件となっていた段ボール価格カルテル事件の2審決が2月8日に出て（審判審決令和3・2・8），係属する審判事件がなくなったことです。東京高裁に係属する審決取消請求事件で公正取引委員会に差し戻す判決が出る可能性もありますので，審判制度が完全な終焉を迎えたわけではありませんが，かつて審判官を務めた者としてはある種の感慨を覚えます。事前審判の時代を含め，公正取引委員会において何らかの総括が行われること，特に，なぜ審判制度が廃止されるに至ったのかを記録にとどめることを是非お願いしたいと思います。

（注 1）　その概要が松下満雄「公正取引委員会審判制度改革の方向」NBL898号（2009年）
　　　　14-19頁において紹介されています。

（注 2）　栗田誠「独占禁止法上の確約手続の課題」同志社法學 73巻 6号（2021年）317-353
　　　　頁。

第3章　2021年度における挨拶・コラム

1　2020年度の審査事件の動向（2021年4月16日第286回月例研究会冒頭挨拶）

1　新型コロナウイルスの感染拡大は第4波に入ったともいわれており，収束の兆しが見えない中，2021年度に入りました。引き続きビデオ配信方式による研究会を継続することといたします。2021年度最初の月例研究会では，根岸哲先生に「違法性判断基準——一定の取引分野における競争の実質的制限」について講演していただきます（本書159頁）。

2　前回（2021年3月）の月例研究会以降の独占禁止法・競争政策関連の出来事について，いくつか簡単に紹介しておきます。

3月の月例研究会では確約手続の運用状況を取り上げましたが，3月中に新たに2件の確約計画認定事例が出ています。1件はBMWの輸入車の押し込み販売による優越的地位濫用が疑われた事件であり（令和3・3・12認定），もう1件はコンタクトレンズの価格広告やインターネット販売の制限の疑いであり，3社同時の立入検査事案で，最後の3社目の確約計画の認定に至ったものです（令和3・3・26認定）。

従来，年度末や人事異動を控えた6月には比較的多くの審査事件の結果が公表され，排除措置命令が相次いで出ていましたが，近年では，審査期間が長期化していることもあってか，審査事件に関する発表は随分少なくなった印象があります。2021年（令和3年）に入ってからの3か月半で，審査事件関係の公表は，マイナミ空港サービスの課徴金納付命令（排除措置命令は2020年7月）と前述の確約計画認定2件にとどまっています。コロナ禍の審査業務への影響ということも気になる点です。

　また，2021年3月末に「デジタル市場における競争政策に関する研究会」の「アルゴリズム／AIと競争政策」に関する報告書が公表されました。この報告書については，事務総長定例会見（令和3・3・31）において興味深いやり取りがありました。記者から，この報告書が理論的な整理にとどまっており，公正取引委員会の実態調査や事件審査を期待する観点からの質問が出ています。それに対する事務総長の応答は，何とも歯切れの悪いものになっているという印象を受けました。私も，月例研究会で公正取引委員会の動きを紹介する中で，「公正取引委員会には，実態調査ばかりやっていないで，事件審査をやってほしい」という思いを度々申し上げているわけですが，今回の報告書は，実態調査報告でもなく，その前の理論武装の段階ということです。新たな問題に対しては，走りながら考えるという姿勢も必要なように感じます。

　今週の事務総長定例会見（令和3・4・14）では，クラウドサービスに関する新たな実態調査を始めるという発表があったと報道されていますが，是非審査事件にも力を入れてほしいと思います。今週火曜日（2021・4・13）には，公正取引委員会が電力会社同士の大口顧客の争奪制限の疑いで立入検査を行ったというニュースが飛び込んできました。大変インパクトのある事件であると感じており，審査の行方を注視したいと思います【その後も立入検査の報道があり，地域や被疑行為を拡大して審査が行われているようです】。

　3　年度初めですので，2020年度（令和2年度）の審査事件の動向を簡単に振り返ってみます。2020年度中に公表された審査事件の処理状況を行為類型と措置区分により分類すると，次表のようになります。

措置区分 行為類型	排除措置命令・課徴金納付命令・ （告発）	確約計画認定	その他（警告・注意・審査終了）
ハードコア・ カルテル	山形県警制服 愛知県立高校制服 地域医療機構医薬品（告発） JR東海中央新幹線駅舎工事		
私的独占	マイナミ空港サービス		大阪ガス
優越的地位濫用		ゲンキー アマゾンジャパン BMW	

その他の不公正な取引方法			クーパービジョン シード 日本アルコン	電通
その他 （事業者団体）				日本プロ野球組織

（注）公正取引委員会の公表資料を基に作成。

　2020年度の審査事件の状況について，次のような感想を持ちました。

　①ハードコア・カルテルでは，地域医療機能推進機構発注医薬品入札談合事件の刑事告発と，これも刑事告発されたJR東海発注中央新幹線駅舎工事受注調整事件の排除措置命令・課徴金納付命令を除くと，小型の入札談合・価格カルテル事件（制服）が2件にとどまりました。2019年度には大型の価格カルテル事件（アスファルト合材，飲用缶）が相次いでいたこともあり，少し寂しい状況です。

　②排除型私的独占について，マイナミ空港サービス事件の排除措置命令（令和2・7・7）がJASRAC事件（排除措置命令平成21・2・27）以来，11年振りに出て，初めての課徴金納付命令（令和3・2・19）も行われたことは特筆されますが，大阪ガス事件（令和2・6・2：自発的措置による審査終了）の処理には疑問もあります。

　③優越的地位濫用事件が確約手続で処理される流れが明確になってきているように思われます。なお，ラルズ事件審決が東京高裁で全面的に支持されたこと（東京高判令和3・3・3〔請求棄却〕）が今後どのような意味を持つのか注視する必要があると考えています。

　④電通や日本プロ野球組織のような，社会的に注目された事件の処理が公表されましたが，その他の事件はどのように処理されているか気になります。

　⑤法的措置（排除措置命令及び確約計画認定）はこのところ，年間10数件程度という状況にあります。また，全体に審査件数が減少してきているのではないかと感じられます。

　4　世界に目を転じますと，Big Techに対する競争法審査の動きが目立ちます。米国やEUにおける動きについては，これまでも紹介してきましたが，ここへきて中国が自国のハイテク企業に対して強硬姿勢を見せています。中国

国家市場監督管理総局（SAMR）が今月（2021年4月）10日，ネット通販最大手のアリババに対して，出店企業に競争者との取引を禁止していること（いわゆる「二者択一」）が市場支配的地位濫用に当たるとして，約3000億円の制裁金を課したと発表しました。アリババ集団については，昨年から金融当局との関係も取り沙汰されており，今回のSAMRの処分も純粋に競争法の観点からのものなのか，様々な報道や論評もなされています。もっとも，アリババがSAMRの処分に異を唱えることはあり得ないわけで，この点は米国やEUにおいて厳しく長い法廷闘争が展開されている状況とは様相が全く異なります。

また，米国では，バイデン大統領が3月5日，競争政策担当の大統領特別補佐官にティム・ウー（Tim Wu）コロンビア大学教授を任命し，連邦取引委員会委員にリナ・カーン（Lina Khan）コロンビア大学准教授を指名しました【カーン氏は後に委員長に指名され，2021年6月に就任しました】。両氏とも，企業分割も辞さないという強硬論者であり（米国では一般には使われない"anti-monopoly"という用語を常用します），ウー教授の近著 "The Curse of Bigness"（今月，邦訳『巨大企業の呪い』〔朝日新聞出版・2021年〕が刊行されました）やカーン准教授の "Amazon's Antitrust Paradox"（126 Yale L. J. 710-805（2017））はこの分野のバイブルのようになっています。40年前のレーガン政権下ではバクスター（William Baxter）司法省反トラスト局長をはじめ，スタンフォード大学関係者が多数登用され，「スタンフォード旋風」と呼ばれましたが，バイデン政権下ではコロンビア大学が人材供給源でしょうか。

日本でも，昨年（2020年）制定された特定デジタルプラットフォーム取引透明化法が本年2月に施行され，4月1日には，アマゾンジャパン，楽天，ヤフー，アップル，グーグルの5社が同法の規制対象となる事業者として指定されました。今後，こうしたBig Techに対する独占禁止法をはじめとする各種の法令による取組がどのように展開していくのか，引き続き注視したいと思います。

2　競争法・競争政策に関する新刊：『競争政策の経済学』と『競争法ガイド』（2021年5月10日第287回月例研究会冒頭挨拶）

　1　今回の月例研究会では，石田英遠弁護士及び山田篤弁護士に，国際カルテル事件を中心に海外競争当局の調査実務とその対応について講演していただきます。国際カルテルに対する欧米競争当局の執行活動は2015年頃をピークに低下してきているようにみえます。昨今の旬のテーマは，何といってもデジタル・プラットフォーム問題であり，支配的地位濫用や企業結合に注目が集まりがちです。しかし，世界中の競争当局の最優先課題がハードコア・カルテル規制であることに変わりはなく，国際カルテル審査への対応を改めて点検しておくことは重要なことであると考えています（本書323頁参照）。

　2　4月に入ってずっと，公正取引委員会から新たな公表案件がなく，このままでは今月の月例研究会で最近の動きとして報告する事案がないという事態に陥るのではないかと本気で心配しておりました。幸い，4月28日になって，フランチャイズ・システムガイドラインの改定が公表され，一安心しました。4月27日に内閣官房から公表された「デジタル広告市場の競争評価」の最終報告と併せて紹介しておきます。

　それにしても，独占禁止法違反事件の排除措置命令が2021年に入って1件も出ていないという状況が続いています。3月に2件の確約計画認定はありましたが，審査事件数自体が減少していることやコロナ禍での審査活動への影響も考えられます。特に，令和元年度の年次報告によれば，令和元年度の新規着手審査事件数が前年度までに比べてかなり減少しており，審査事件のパイプラインが細くなっているのではないかと危惧しています。今月末か来月初めには，令和2年度（2020年度）の審査事件処理状況が公表されると思いますが，注意深く分析する必要があると考えています。審査事件数や措置件数の減少が，独占禁止法の抑止力や運用の強化とそれに伴う独占禁止法コンプライアンスの高まりの反映であると単純に評価することができるとは思えません。

　3　昨年（2020年）12月の月例研究会では，東京大学の大橋弘先生に「転換点を迎える競争政策—人口減少とデジタル化のもたらす課題と政策の方向性」について講演していただきましたが（本書147頁），大橋先生は最近，『競争政策の経済学　人口減少・デジタル化・産業政策』（日本経済新聞出版・2021年4月）を出版されました。本書は，次のように構成されています。

　序　章　転換点を迎える競争政策

　大橋先生にはこれまでも，市場画定やデータ，デジタル経済といった，同書で扱われているテーマについて講演していただいてきております。このことは，本書で取り上げられている様々な政策課題に私どもではいち早く触れることができていたことを意味しますし，また，大橋先生におかれても思索を深める機会として当協会の月例研究会の場を活用していただけたのではないかと拝察いたします。

　大橋先生の新著の内容を詳細に紹介するだけの能力も時間もありませんが，体裁こそ啓蒙書的なスタイルであり，読みやすく著述されているものの，内容的には正に研究書であると感じました。ここ 10 年程の間に発表されてきた研究論文を基に，実証分析や政策研究の成果を盛り込みつつ，競争政策が直面する課題を取り上げ，「競争政策を問い直す」同書は，独占禁止法や競争政策に関心を持つ者にとって必読の文献になることは間違いないと思います。同時に，独占禁止法の運用や競争政策の展開によって大きな影響を受ける企業やその関係者にとって，本書を紐解くことで，今後の動向を予測し，適切に対応す

るための重要な手掛かりを得ることができると考えます。

　　4　経済学，特に産業組織論からの競争政策論の新刊書を紹介しましたので，比較法的な観点からの競争法の入門書も併せて紹介しておきます。それは，比較競争法の泰斗デビッド・ガーバー（David J. Gerber）教授（米国 Chicago-Kent College of Law 名誉教授）の Competition Law and Antitrust, Oxford University Press, 2020の邦訳であり，デビッド・ガーバー著／白石忠志訳『競争法ガイド』（東京大学出版会・2021年）として，来月刊行される予定です。特定の法域に囚われることなく，競争法制度の目的や枠組，法域間の共通性と差異性，競争法の世界的潮流と変化の動向を概説する同書は，条文の細かな解釈論に陥りがちな独占禁止法のテキストとは異なり，競争法についての視野を拡げ，比較し，変化を予測する能力を高めてくれます。同書にとって東京大学の白石忠志教授が最適の訳者であることも，『独禁法講義』の読者であれば直ぐに理解できることと思います。出版社のウェブサイトによれば，白石教授による解題も付されるようですので，私自身，原書を既に読みましたが，『競争法ガイド』の出版を心待ちにしております[注1]。

　　ガーバー教授の著書の邦訳を紹介したもう一つの理由は，当協会が日本貿易振興会（JETRO）の支援を得て，2002年9月に中国・北京で開催しました「『競争政策と経済発展』に関する北京会議」にガーバー教授も参加されており，私自身，教授の広い視野と深い学識に直接触れる機会を得ていたことにあります[注2]。それ以来，ガーバー教授の著作には必ず目を通すようにしてきました。その代表的著作が Global Competition: Law, Markets and Globalization, Oxford University Press, 2010であり，滝川敏明教授が公正取引718号（2010年）83頁で紹介されています。

　　5　本日ご紹介した『競争政策の経済学』と『競争法ガイド』は，今後の競争法・競争政策を考える際の必読書になるものと思います。当協会がこうした優れた著作に間接的ながらも多少の関わりを持ち得たことは大変光栄なことであり，改めて両先生に感謝申し上げる次第です。

　（注1）　訳者の白石教授が本書の紹介を寄稿されている。白石忠志「競争法への招待　『競争法ガイド』を訳し終えて」UP 586号（2021年8月）9-13頁。

（注 2）各法域からの多彩な競争法専門家の参加を得て開催されたこの会議の模様については，栗田誠「『競争政策と経済発展』に関する北京会議」国際商事法務 30 巻 11 号（2002 年）1535-1537 頁で簡単に紹介しています。なお，会議の発表論文は，Washington University Global Studies Law Review Vol.3, No.2（2004）に収録されているほか，中国語でも出版されています。王暁曄・伊従寛主編『競争法与経済発展』（社会科学文献出版社・2003 年）。

3　独占禁止法に関する実務書の新刊（2021 年 5 月 31 日第 35 回事例研究部会冒頭挨拶）

　1　今回の事例研究部会では，多田敏明弁護士に「確約手続対象事例の検討―利用のポイントと留意点」と題して講演していただきます。2018 年（平成 30 年）12 月 30 日に施行された平成 28 年改正により導入された確約手続については，当協会の月例研究会でも度々取り上げてきており，施行前後の時期に厚谷襄児先生（2018・12・5 第 263 回），上杉秋則先生（2019・2・6 第 264 回）から制度の概要と問題点，予想される審査実務への影響等について講演していただきました。また，直近では，本年（2021 年）3 月の第 285 回月例研究会（2021・3・9）において，志田至朗先生から確約手続の評価や実務対応について解説していただきました（本書 344 頁）。多田先生は，確約事件を実際に担当されたことがあると伺っており，支障のない範囲でファーストハンドのお話をお聞かせいただければ幸いです（本書 356 頁）。

　3 月の月例研究会のコメントでも申し上げましたように，確約手続は，ハードコア・カルテル事件以外の独占禁止法違反事件処理のメインストリームになっています。5 月 26 日に「令和 2 年度における独占禁止法違反事件の処理状況」が公表され，令和 2 年度の法的措置件数は 15 件とされています。この 15 件の内訳は，排除措置命令が 9 件，確約計画認定が 6 件となっていますが，排除措置命令 9 件の中には愛知県立高校の制服の価格カルテル事件が 6 件含まれています。また，ハードコア・カルテル事件以外の排除措置命令はマイナミ空港サービス私的独占事件のみであり（命令取消訴訟提起），同事件も，違反被疑行為者が確約手続による処理を望んでいたならばそうなっていた事案ではない

かと思います（実際には，安全性確保を目的とする正当化理由の有無が取消訴訟の大きな争点となっているようです）。なお，令和2年度の審査事件の状況については，4月の月例研究会（2021・4・16第286回）において，公表された事件を中心に簡単に紹介したところです（本書78頁）。

　確約手続に対しては，実務的にも強い関心がもたれており，「公正取引」誌の2021年4月号は「確約手続の評価と課題」という特集を組んでおります。ただ，同号所収の論稿は，おそらく原稿締め切り日の関係で，本年（2021年）3月の確約認定事例2件（BMW事件及び日本アルコン事件）をカバーしていません。今回の事例研究部会において，改めて確約認定事例を検討し，確約手続の意義や利用上の留意点，あるいは問題点を考えることは，確約手続を支持し推進する側にとっても，また，確約手続やその運用に疑問を持つ側にとっても，大きな意義があるものと思います。

　2　研究会の冒頭挨拶では，独占禁止法・競争政策に関する新刊書を時々ご紹介していますが，今回も，実務家向けの新刊2冊を紹介します。2冊とも，多田先生が編著者のお一人であり，お忙しい本業の中，活発な研究・執筆活動を続けておられることに敬意を表します。

　まず，当協会の研究会にも度々登壇していただいている長澤哲也先生との共編著の『類型別独禁民事訴訟の実務』（有斐閣・2021年4月）を紹介します。同書は，両先生とそれぞれの所属法律事務所の弁護士が合同の検討会を積み重ねた上で分担執筆されているものです。書名にもありますように，独占禁止民事訴訟に関する総論を受けて，独占禁止法違反が問題となる企業活動の類型別に，違反要件を解説するとともに，民事上の請求として組み立てる際のアプローチの仕方や留意点を詳述するものです。ハードコア・カルテルを対象とする「不当な取引制限」を最初に論じ，次いで，私的独占又は不公正な取引方法との関係が問題となる企業活動を，「排他的取引以外の垂直的制限（ブランド内競争制限）」「排他的取引」「取引拒絶・差別取扱い」「低価格販売」「競争者の事業活動の妨害」「優越的地位の濫用」「需要者の選択を歪める行為」に類型化し，それぞれについて詳細に実務的な解説が加えられています。

　同書の「はしがき」に，「独禁法は，その独特の体系の理解が容易ではなく，ただでさえ使いこなすのが難しい法律である」と述べられていますが，正にそ

のとおりであると思います。実は，来月（2021年6月）の月例研究会では，私が「独占禁止法の構造的課題―なぜ，分かりにくく，使いにくく，守りにくいのか？」と題して報告させていただくことになっております（本書174頁）。独占禁止法の民事的エンフォースメントの重要性が指摘されて久しいわけですし，差止請求制度が限定的ながらも導入されて既に20年が経過したにもかかわらず，独禁民事訴訟が活用されているとは言い難い状況にあります。本書がそうした状況を改善することに役立つことを期待したいと思います。

　　3　次に，白石忠志教授との共編著である『論点体系 独占禁止法〔第2版〕』（第一法規・2021年5月）を紹介します。同書は，逐条解説書の体裁でありながら，各条項における重要な論点を実務的な切り口から取り上げて，「実際に通用しているルールを描く」（はしがき）ものです。執筆も，一部を除き，独占禁止法実務の経験豊富な弁護士が担当されており，実務家が知りたいと思う疑問点に的確に答えてくれる実務書になっていると感じます。こうした本書の特徴は初版と同様ですが，初版に比べて約100頁の増頁となっています。初版が平成25年改正（審判手続の廃止）の新旧条文両方の解説を収録していたことを考慮しますと，第2版の増頁は相当大きなものといえ，7年振りの改訂による充実振りが窺われます。

　　私も，他の研究者と共著で『条文から学ぶ独占禁止法〔第2版〕』（有斐閣・2019年）という逐条で解説する学部生向けテキストを執筆していますが，独占禁止法を逐条で解説することの難しさを実感しています。また，独占禁止法の実像を一冊の書物で描き切ることは容易ではなく，ある程度のレベルに達するためには，レベルや構成（章立て），執筆方針が異なる，定評のある書物を複数，読み解くことが有益であると思います。本書は，独占禁止法実務を深く学ぶために選択すべき書物の一つということができます。

　　4　私が冒頭挨拶で紹介する独占禁止法関係の新刊書は，このところ，実務家の手によるものばかりです。昨年11月の第282回月例研究会（2020・11・13）でも，「実務家による独占禁止法の解説書」として，越知保見先生や長澤哲也先生の新著を中心に紹介しています（本書58頁）。残念ながら，研究者による独占禁止法の概説書や体系書で評判になるものは少ないのが現状ですが，例外的に白石先生の『独禁法講義』（有斐閣）は実務家からも高い評価を得て版を

重ねています。私も，研究者として，独占禁止法を「分かりやすく，使いやすく，守りやすく」するような解釈論や説明を工夫すること，さらには立法論を提示することにも取り組みたいと考えています。

4　公正取引委員会による独占禁止法執行の停滞（2021年6月14日第288回月例研究会冒頭挨拶）

　1　今回の月例研究会では，私から「独占禁止法の構造的課題」と題して，独占禁止法は「なぜ，分かりにくく，使いにくく，守りにくいのか？」についてお話しさせていただくことにしております。私が協会の研究会にお招きいただいたことはこれまで7〜8回あったのではないかと思いますが，直近では，2017年（平成29年）7月の249回月例研究会（2017・7・11）において，「独占禁止法の行政的エンフォースメントの現状と課題」というテーマでお話しさせていただいております[注1]。今回のテーマも似た面があり，「構造的課題」という大袈裟な題名を付けていますが，独占禁止法の制度や運用を大局的に眺めようとするものです。当協会の研究会におけるテーマは，多くの場合，時宜にかなった具体的な政策課題や事例，あるいは行為類型別の動向分析といったものです。評論家的な話を実務家の皆様方にするのもいかがかと思いましたが，独占禁止法という大変重要な法制度を，一歩引いて客観的に眺めてみることも時には必要ではないかと考えた次第です[注2]。

　2　このところ毎回のように冒頭挨拶で申し上げているように思いますが，公正取引委員会の法執行活動の停滞が続いております。もしかすると，当の公正取引委員会の方では，露ほどもそのようには考えておらず，確約計画認定や実態調査・問題指摘，ガイドライン作成を含めて，活発に法目的実現に向けた活動を維持・継続しているという認識かもしれません。公正取引委員会の役割は，違反事件の調査・処分に限定されるものではなく，幅広い活動を評価してほしいということでしょう。

　しかし，独占禁止法のルール形成という観点からは，何といっても違反に対する法適用とその司法審査を通したルールの具体化・明確化を重視すべきであり，企業の立場としても「独占禁止法上問題となるおそれがある」や「競争政

策上望ましい」という一言で納得できるものではないと思います。コロナ禍にあって，従来のような審査活動に支障が出ている可能性もあり，慎重な評価が必要ですが，公正取引委員会には是非，積極的な法執行活動を期待したいと考えています。

（注1）次の論稿の内容を実務家向けに報告したものです。栗田誠「独占禁止法の行政的エンフォースメント―排除措置命令とその手続を中心に」日本経済法学会編『独占禁止法70年』日本経済法学会年報38号（有斐閣・2017年）67-89頁。

（注2）講演の概要については，本書174頁参照。この講演内容を基にした次の論稿を発表しています。栗田誠「独占禁止法の構造的課題―なぜ，分かりにくく，使いにくく，守りにくいのか―」白鷗大学法政策研究所年報14号（2022年）19-43頁。

5　米国反トラスト法の最新動向（2021年7月12日第289回月例研究会冒頭挨拶）

　　1　今回の月例研究会では，川合弘造先生に「競争法と通商法の相克」と題して講演していただきます。昨年（2020年）5月の第275回月例研究会（2020・5・15）において「企業結合審査の最新動向」を報告していただいた際に，川合先生は競争法と通商法の両分野に通暁された稀有な専門家であるとご紹介した記憶がありますが，今回，正に競争法と通商法のインターフェイスの諸問題をテーマに講演を賜ることになり，大変楽しみにしております（本書328頁）。

　　特に，中国が，国際経済ルールとは無関係であったり，無視したりしていた時代から，国際経済ルールに合わせて，あるいは合わせる振りをして国際経済社会に参入して来た時代を経て，今や国際経済ルールを変更し，自ら形成しようとする時代になってきています。中国からすれば，これまで米国が行ってきたことを中国流に行おうとしているだけということかもしれませんが，国際経済社会を大きく揺り動かす最大の要因になっています。今回の講演は，我が国の国際経済社会との向き合い方を考える上で極めて重要な意味を持つものと感じています。

　　2　先週，競争法フォーラムの年次総会がオンラインで開催され（2021・7・7），公正取引委員会の古谷一之委員長が「公正取引委員会の現状と課題」と題して

講演されました。公正取引委員会のウェブサイトを見る限り，古谷委員長の講
演録・発言録としては就任会見，年頭所感，記者との懇談会（2021·3·25）の
3つが掲載されているにすぎません。今回の競争法フォーラムでの講演のよう
に，いろんな機会に講演や挨拶等をされていることと思いますので，それを積
極的に公表されることを期待したいものです。

　古谷委員長は，先週の講演の最後に，公正取引委員会が直面する課題に対処
する上で3つの緊密な連携・協働が重要であるとして，第1に事業者サイドと
の協力，第2に関連する政策分野との連携・協働，第3に海外競争当局との連
携を挙げておられました。こうした連携・協働の成果が上がることを期待した
いと考えています。

　3　ここ1か月くらいの間に，米国では反トラスト法・競争政策を巡って
様々な動きがありましたので，いくつか紹介したいと思います。

　第1には，何といっても，連邦取引委員会（FTC）の委員長にリナ・カーン
（Lina Khan）氏が就任したことです。コロンビア大学ロースクールの准教授で
あった同氏がFTCの委員に指名されたことは4月の月例研究会の冒頭挨拶で
紹介しましたが，委員長の指名権限を有するバイデン大統領は上院の承認を得
た同氏を委員長に指名しました。

　カーン委員長率いるFTCは，早速，果敢な動きを見せています。7月1日
の初めての公開の委員会会合において，①FTCの規則制定手続の迅速化，②
FTC法5条の「不公正な競争方法」に関する2015年公表の執行方針（FTC,
Statement of Enforcement Principles Regarding "Unfair Methods of Competition"
Under Section 5 of the FTC Act, Aug. 13, 2015）の廃棄，③法執行の優先分野に
おける強制調査権限の包括的授権という重要な決定を3対2のパーティライン
（党派に沿った票決）で行いました。FTCが連邦議会から与えられている権限
を最大限活用しようということであると思いますが，共和党の委員からは，内
容面はもとより，進め方が拙速にすぎるという批判が出ています。

　特に，不公正な競争方法に関する2015年の執行方針については，長年にわ
たる議論の蓄積や判例の展開がある中で，民主党オバマ政権下のラミレス委員
長時代に妥協の産物として漸く出来上がったものであっただけに，それを廃棄
し，シャーマン法及びクレイトン法の規制範囲を大きく超える形での積極的な

不公正な競争方法規制を行うことについては今後，議論を呼びそうです。

　また，これまでも様々な事案で FTC の審査対象となってきている Amazon
は，6 月 30 日に FTC に対し，Amazon に対する FTC の意思決定手続におい
てカーン委員長は回避すべきであるとする申立てを行いました。カーン委員
長がこれまで Amazon の反トラスト法違反を論文等で主張してきており（Lina
M. Khan, Amazon's Antitrust Paradox, 126 Yale L.J. 710-805 (2017) が代表的なもの
です），明らかな予断・偏見を有しており，公正な判断が期待できないことを
理由とするものです。この点は，上院公聴会においても質問が出ており，カー
ン氏は個々の事案ごとに FTC の倫理担当者と相談すると応答していたようで
す。FTC 規則には，委員の資格喪失（disqualification）に関する手続規定があ
り，実際にも，前職における関与，個人的・金銭的利害関係，予断・偏見等を
理由とする当事者からの申立てや委員の回避がしばしば行われてきています
(注1)。FTC では Amazon による企業買収事案が審査されることになっており，
今後どのように展開するのか注目されます。

　因みに，もう一つの競争当局である司法省反トラスト局担当の司法次官補
（Assistant Attorney General）の指名は未だなされていません。進歩的な競争法
シンクタンクである AAI（American Antitrust Institute）は，6 月 24 日にバイ
デン大統領宛てに，速やかな司法省反トラスト局長の指名を求める書簡を発出
していますが，人選に際しては事件処理手続からの回避が少ないことを考慮要
因の一つとすべきことを指摘しています。FTC のカーン委員長のことを念頭
に，特に独任制である司法省反トラスト局のトップの人選に関して注意を促
したものといえます。【その後，バイデン大統領から指名された反トラスト弁
護士のジョナサン・カンター（Jonathan Kanter）氏が 2021 年 11 月 16 日に上院
の承認を得て司法次官補に就任しました。カンター氏は，Google を提訴して
きた Yelp や Microsoft の原告代理人を務めてきた経歴があり，2020 年 10 月に
司法省から提訴されている Google から忌避の申立てがなされています。2022
年 5 月 10 日付け Bloomberg は，司法省がカンター局長の回避の要否について
判断できないままであり，事実上，カンター局長が Google 事件の検討に加わ
れず，反トラスト局首席次長（Principal Deputy Assistant Attorney General）の
メッキ（Doha G. Mekki）次長が代行している状況にあると報じています。】

　第2に，7月9日にバイデン大統領は，「米国経済における競争促進に関する大統領令（Executive Order on Promoting Competition in the American Economy）」に署名しました。過去数十年間に米国経済の寡占化が進行し，経済成長やイノベーションを阻害しているとして，連邦行政機関に対して全部で72項目に及ぶ競争促進策を採るよう促すものです。特に，①司法省反トラスト局及びFTCに反トラスト法を厳正に執行することを求めるとともに，提訴されなかった企業結合に対して事後に提訴することが現行法上できることを確認し，②労働，農業，ヘルスケア，ハイテクの各分野に法執行の重点があることを表明し，③国家経済会議（National Economic Council）の委員長の下に「大統領府競争評議会（White House Competition Council）」を設けることを内容としています。大統領令を受けて，司法省反トラスト局のパワーズ局長代行とFTCのカーン委員長は，同日に連名で，現行企業結合ガイドラインが過度に許容的でないか精査する必要があり，改定に向けた共同の見直し作業を速やかに開始する旨表明しています。

　第3に，連邦議会でも，反トラスト法やその執行を強化することを内容とする法案が多数提出されています。その内容は様々ですが，6月に下院に提出された法案にはデジタル・プラットフォーム（DPF）に対するEUスタイルの事前規制アプローチを採り（法案名が「プラットフォーム独占禁止法案」，「プラットフォーム独占終了法案」等とされています），DPFに対するデータ・ポータビリティの義務付け，利用事業者と競合する事業の禁止，自己優遇（self-preferencing）の禁止，企業買収の実効的な規制等が含まれています。もっとも，こうしたDPF規制については議論が大きく分かれており，法案成立に向けての調整は容易ではないと思われます。最も確実に実現しそうなものは合併事前届出の手数料を引き上げる法案に含まれている反トラスト当局に対する予算配分の増額です。この点は，我が国のように増分主義（incrementalism）ではありませんので，競争当局のリソースは減るのも早いが，増えるのも早い，連邦議会の考え方次第であると思われます。我が国でも，公正取引委員会の体制強化が課題となっていますが，この夏の予算案編成でどのようになるでしょうか。

　4　こうした現下の動きをみていると，1970年代後半以降の消費者厚生を

重視し，ハードコア・カルテル以外の規制，特に独占行為規制に慎重であった米国反トラスト法の執行が大きく変わっていくという印象を受けるかもしれませんが，事はそう簡単ではありません。反トラスト当局が積極的に法執行を進めようとしても，1970年代後半以降に確立されてきている反トラスト判例法がその行く手を阻むことが予想されます。いわゆる「レーガン大統領の遺産」（レーガン大統領が8年間の在任中に，司法の役割を抑制的に考える比較的若手の法律家を多数連邦裁判所の判事に任命したことが司法判断に長期的な影響を及ぼし続けていること）と呼ばれてきたものであり，特に連邦最高裁の現在の構成は，トランプ政権末期の最高裁判事の駆け込み指名もあって，保守的な判断に傾きやすくなっています。そうした判例法の制約を別にしても，（非法的な手法を多用する公正取引委員会と異なり）法執行として行われる反トラスト当局の活動が裁判所による厳格な審査を受けることは当然であり，当局の方針通りに進むわけではありません。

　日本でも大きく報道されましたが，FTCが昨年（2020年）12月に提訴したFacebook事件において，DC地区連邦地裁は，FTCの訴状を却下する決定を2021年6月28日に下しました。FTCの訴状では，Facebookが60％超の支配的なシェアを有すると主張されていますが，シェアを算定する的確な方法を提示できていないこと，7年前に行われた競合アプリの排除行為について差止を請求する権限を欠いていることを理由としているようです。FTCには，訴状を出し直したり，自らの審判手続で審理したりする選択肢があるようですが，FTCの次の動きが注目されます。【2021年8月から9月にかけてFTCは修正訴状を提出し，DC地区連邦地裁は2022年1月11日，Facebookからの訴え却下の申立てを退ける決定を下しており，ディスカバリーの手続に入っています。】

　また，法執行の手段についても，連邦最高裁は，本年（2021年）4月22日，FTCの金銭的回復措置の権限を否定する判決を全員一致で下しています（AMG Capital Management, LLC v. FTC）。FTC法13(b)条は，FTC法違反行為についてFTCが裁判所に差止請求をする権限を与えており，FTCは同条を根拠に，恒久的差止請求に付随して金銭返還（restitution）や利益剥奪（disgorgement）といった衡平上の金銭的措置を請求することができると解釈し，消費者保護分

野を中心に活用してきました。反トラスト法（競争法）分野での活用に対して
は反対論も強く，FTC も実際にはほとんど用いていませんでしたが^(注2)，消
費者法分野では確立されたものと考えられてきました。今回の最高裁判決は，
消費者法に関わる事案でしたが，同条が将来に向けた差止請求の規定であっ
て，遡及的な金銭的救済のための規定ではないと明確に判示しています。判決
を受けて，FTC は，この問題の立法的解決を連邦議会に要請しています。今
後，カーン委員長率いる FTC が積極的に進めようとする規則制定による法執
行についても，根強い反対論があり，裁判所が重要な鍵を握ると思われます。

　　5　　今回は米国の動きを紹介しましたが，EU でも様々な動きがあります。
我が国企業の関心も高い垂直的制限協定に関しては，2022年5月末までの有効
期限とされている一括適用免除規則や垂直的制限協定ガイドラインの改定案が
7月9日に公表されました。今月30日の当協会の競争政策研究部会では上杉秋
則先生に垂直的制限の問題を取り上げていただく予定です（本書249頁）。【欧
州委員会は，2022年5月10日に新しい垂直的制限協定一括免除規則及び垂直
的制限協定ガイドラインを公表しました（2022年6月1日施行）。】

　（注1）　少し古いのですが，栗田誠「米国連邦取引委員会における委員の資格喪失」同
　　　　『実務研究　競争法』（商事法務・2004年）183-198頁参照。
　（注2）　これも大変古いのですが，栗田誠「連邦取引委員会による『不公正な競争方法』
　　　　の規制の新展開(5)」公正取引517号（1993年）52-60頁において，FTC による FTC
　　　　法13(b)条の活用に関する当時の動きについて紹介しています。

6　垂直的制限行為規制の革新（2021年7月30日第16回競争政策研究部会冒頭挨拶）

　　1　　今回の競争政策研究部会では，上杉秋則先生に「わが国の垂直的取引制
限に対する伊従論文の指摘の検討─我々はどのように受け止めるべきか」と題
して講演していただきます。ここで「伊従論文」とは，当協会の会長を長年務
められました故伊従寛先生（弁護士・元公正取引委員会委員・元中央大学法学部
教授）が2016年から2017年にかけて「国際商事法務」誌に12回にわたり連載

された「米国における垂直的制限協定の規制とその変遷〜2007年のリージン判決の検討と評価を中心にして」と題する長大な論文を指します。伊従先生が昨年（2020年）6月末にお亡くなりになって早くも1年余りが経過する中，伊従先生の最晩年の論稿を素材に，独占禁止法による垂直的取引制限規制や不公正な取引方法規制の全体，更には独占禁止法規制の在り方を考え直すという大きなテーマを取り上げていただくことは，この競争政策研究部会に相応しいものと考えております（本書249頁）。

　2　垂直的制限行為の問題は，知的財産権，国際的課題あるいは適正手続問題等と並んで，伊従先生が最も強い関心や熱意をもって取り組んでこられたテーマであったと思います。伊従論文の副題にある米国連邦最高裁のリージン事件判決(Leegin Creative Leather Products, Inc. v. PSKS, Inc., 551 U.S. 877 (2007))についても，いち早くその紹介や分析をされてきました[注1]。現在，独占禁止法違反行為の諸類型の中で，最も国際的整合性を欠き，また，法執行とガイドラインとの乖離が大きい分野が垂直的制限であろうと思います。公正取引委員会による垂直的制限規制の考え方が旧態依然としたままであることによって大きな費用が発生しているのではないかと懸念されますが，それを具体的に示すことは容易ではありません。また，公正取引委員会に生じる費用は小さく，自発的に修正しようとするインセンティブは乏しい一方で，法適用事例が稀であることにより司法審査の機会自体が極めて少なく，昭和50年の粉ミルク再販事件最高裁判決が基本先例となったままです[注2]。本日の講演がそうした現状を変える契機となることを期待したいと思います。

　3　実は，上杉先生の本日のテーマが垂直的制限であることを当協会事務局から伺った際には，今月（2021年7月）9日に公表されましたEUの垂直的制限協定に関する一括適用免除規則やガイドラインの改定案を素材にして，公正取引委員会の垂直的制限規制を批判的に検討するという内容ではないかと予想しておりました。この予想は外れましたが，従来からEUの垂直的制限規制に対しては我が国でも高い関心が寄せられてきており，今後，来年5月までに最終化されることになる規則やガイドラインの改定案の分析が行われることと思います。EUのように，規則の有効期限を設定して定期的に見直すことを制度化しておく手法には見習うべき点があると感じます。公正取引委員会が流通・取

引慣行ガイドラインを見直す自発的行動を採らずに，外部からの要求によって
2015年から2017年にかけて3回にわたって小出しに改定するに至ったことが
思い起こされます。

　また，内容面でも，EUの今回の改定では，Eコマース・オンライン取引の
急拡大，プラットフォーム・ビジネスの隆盛という実態を直視し，これらに関
する指針を提供することが大きな目的とされています。比較的最近に改定され
ている流通・取引慣行ガイドラインでは，「インターネットを利用した取引か
実店舗における取引かで基本的な考え方を異にするものではない」といった抽
象的な説明が冒頭に置かれているほか，ネットワーク効果に関する注記がある
にすぎません。公正取引委員会でも，デジタル分野に大変力を入れて取り組
んできており，法適用事例ではありませんが，拘束条件付取引等の審査事例も
蓄積されているはずです。しかし，現状は優越的地位濫用規制に大きく依存し
た法運用となっており，垂直的制限としての捉え方が希薄なようにみえること
は残念です。EUの今回の改定に向けた動きが公正取引委員会の姿勢を変える
きっかけとなることを期待したいと思います。

　4　新型コロナウイルスの感染拡大が止まりませんが，昨年（2020年）4月
23日に公正取引委員会は，「マスクのような商品について，小売業者が不当な
高価格を設定しないよう期間を限定して，メーカー等が小売業者に対して一定
の価格以下で販売するよう指示する行為」は独占禁止法上問題とはならない旨
公表しました。この問題を緊急事態の下での例外的取扱いと考えてはならない
と思います。垂直的制限の分析枠組に的確に位置付けられるような検討が求め
られています。本日の上杉先生の講演は，これまでの幾多の論稿と合わせて，
そうした検討を先導するものであると考えています。

(注1)　伊従寛「米最高裁，再販売価格維持契約を原則合法と判決[2007.6.28]」国際商業
　　　40巻9号（2007年）22-27頁，同「再販協定に関する米国最高裁リージン判決と流通
　　　問題」国際商業41巻2号（2008年）92-97頁。私も本判決を分析・紹介したことがあ
　　　りますが，判決から2年半後のことです。栗田誠「最近の判例　Leegin Creative
　　　Leather Products, Inc. v. PSKS, Inc.」アメリカ法2009-2号（2010年）404-413頁。
(注2)　再販売価格拘束に関する久し振りの審決取消訴訟となったハマナカ（毛糸）事件
　　　の東京高裁判決（東京高判平成23・4・22）では，原告の「正当な理由」に関する主張

が「中小小売業者の生き残り」や「産業としての，文化としての手芸手編み業の維持」という視点によるものにとどまったこともあり，議論が深まることはなかったといえます。

7　新型コロナによる審査活動への影響（2021年9月6日第290回月例研究会冒頭挨拶）

　1　今回の月例研究会では，鈴木満先生に「優越的地位濫用規制と下請法との交錯」と題して講演していただきます。下請法や優越的地位濫用規制は，独占禁止法の実務にとって極めて重要であり，特に，大多数の事業者にとっては，独占禁止法一般よりは下請法の方が日常的に気になる，気にしなければならない法律であると思われます。また，優越的地位濫用規制は，近年，その適用される分野や範囲が格段に広がりつつあります。当協会の月例研究会等でも，優越的地位濫用規制や下請法の問題を度々取り上げてきておりますが，特に今回は，独占禁止法上の優越的地位濫用規制と下請法との「交錯」ということで，両者が相互に関連し合ってどのように発展してきたか，両者の適用関係をどう考えるかといったことに重点を置いた内容であると拝察いたします（本書300頁）。

　私自身は，公正取引委員会在職中に取引部に勤務した経験がなく，下請法や（2009年〔平成21年〕9月に消費者庁が設置されるまで公正取引委員会が所管していた）景品表示法の実務経験は全くありませんが，講師の鈴木先生は，これらの分野で豊富な経験をお持ちであり，また，退官後の大学での研究や弁護士としての実務の経験を併せ持つという稀有な存在であり，独占禁止法や下請法に関する実務書を多数著しておられます。今回の講演は，会員各社の独占禁止法・下請法実務にとりまして極めて有意義なものになると考えています。

　2　新型コロナウイルスによる日常生活への影響が出始めてから早くも1年半が経過していますが，公正取引委員会の業務への影響という観点から少し考えてみたいと思います。公正取引委員会の業務で対面によるコミュニケーションが最も重要視されてきたものは違反事件審査であろうと思います。立入検査や事情聴取といった調査手法が必須のものと考えられてきました。

2020年1月以降に新聞報道で確認できた公正取引委員会の立入検査は，次の
ものに限られています。報道されていない事案，あるいは立入検査を行うこと
なく審査が進められている事案もあるとは思いますが，それにしても立入検査
が少なくなっていると感じます。

① 2020・2・10　楽天「送料込み」問題（優越的地位濫用）【2021・12・6審査終
了】

② 2020・9・9　ウィルソン（テニスラケットの並行輸入妨害）【2022・3・25確約
計画認定】

③ 2020・9・30　北関東地区官公庁警備（入札談合）【2022・2・25排除措置命
令・課徴金納付命令】

④ 2020・10・13　広島県内学校用PC（入札談合）

⑤ 2020・11・25　配管部品（価格カルテル）

⑥ 2021・4・14　電力会社等（顧客争奪禁止）

公正取引委員会審査局が用いている審査手法は，立入検査で入手した物件を
精査し，関係者からの供述聴取で綿密に裏付けを取って証拠化するというもの
ですが，特に緊急事態宣言が発令されている最中に立入検査を行ったり，事
情聴取のために来庁をお願いしたりするといったことは難しいのではないかと
思います。そのため，違反事件審査の停滞は避けられず，それがこのところ違
反事件処理の公表事案が全く出ていないという結果に現れていると推測できま
す。本年（2021年）3月に2件の確約計画認定事例が公表されて以降，本年8月
末までに審査事件関係の公表事案は全くありませんでした。

これまでも立入検査を実施することなく法的措置を採った事例が少ないなが
らありますし，また，かねてから供述に過度に依存した審査手法に対しては問
題が指摘されてきました。コロナ禍にあって，物理的に立入検査や供述聴取が
できないことを逆手に取って，審査手法の見直しや新たな工夫を行うことも必
要ではないかと思います。また，デジタル分野における事案は，伝統的な審査
手法に依存することなく調査を進めやすいように感じます。現下の重要課題で
あるデジタル分野における競争制限行為に対して，新たな審査手法を駆使して
違反事件として取り組むことを是非期待したいと考えています。

これに対し，企業結合届出受理・審査や実態調査においては，新しい手法も

用いながら，それなりの成果を出せてきているのではないかと思います。企業結合の事前届出については，全ての届出書類等を電子メールで提出できるようになっておりますし，様々な実態調査に対する回答や情報提供もウェブ上で，あるいは電子メールで行えるように設計されています。下請法による書面調査も，今年度から公正取引委員会担当分もオンラインで回答する方法で実施されています。こうした手法は業務の効率化や企業の負担軽減にもつながるものであり，引き続き推進されることが望まれます。

　現状では，公正取引委員会の活動が違反事件審査以外の方法にウエイトを置くことになるのはやむを得ない面があると考えられます。公正取引委員会には，経済・取引の実態把握や理論的分析を進める好機と捉えて，コロナ禍を乗り切ってほしいと願っています。

　3　昨年（2020年）9月に古谷一之委員長が就任されて間もなく1年が経過しようとしています。コロナ禍にあって，その活動評価は難しいのですが，目立った動きや新たな取組は余りなかったように感じます。就任時に杉本和行前委員長の取組を引き継いでいくと述べておられたとおりであろうと思いますが，一つ気が付いた点として，古谷委員長が主要な競争当局のトップと精力的にウェブ会談を開いておられることがあります。欧州委員会のベステアー副委員長，オーストラリア競争・消費者委員会のシムズ委員長，ドイツ連邦カルテル庁のムント長官，英国競争・市場庁のコッセリ CEO といった方々です。米国連邦取引委員会のカーン委員長や連邦議会上院の承認待ちの司法省反トラスト局のカンター局長とも，いずれ会談されるものと思われます。こうした各国競争当局のトップとの会談を通じて競争法・競争政策の世界的潮流を肌で感じて公正取引委員会の活動を牽引していただくことを期待しています。

　4　最後に，9月1日にアップルが運営するアプリストアにおける課金方法に関するガイドラインについて，公正取引委員会の審査を受けて改定するというニュースが入ってきました。公正取引委員会の公表資料は9月2日付ですが，アップルの公表時間に合わせたのか，公正取引委員会も Facebook 上で9月1日午後10時36分に公表したようです（私が知ったのは9月2日朝ですが）。というわけで，この公正取引委員会のアップルに対する審査結果の紹介とコメントを別途，会長コラムとして作成しましたので，参照いただければ幸いです（本

書100頁）。

8　アップル（リーダーアプリ）事件（2021年9月6日会長コラム）

　1　公正取引委員会の審査事件に関する発表が本年（2021年）4月以降皆無であり，コロナ禍の審査業務への影響が大きいことを心配していたところ，9月に入り，デジタル・プラットフォーム（DPF）による違反事件として，米国アップル（Apple）のアプリストアに係る審査事件の処理結果が公表された（9月2日）。杉本和行前委員長が最重点課題として取り組んでこられた巨大DPFに対する違反事件審査がようやく成果を上げたものといえ，これまでの実態調査の報告書とは異なる意味合いを有すると思われる。本件について簡単に紹介するとともに，いくつか感想を述べてみたい。

　2　まず，アップル（リーダーアプリ）事件の概要を紹介する。

　（1）本件は，アップルが運営するアプリストア（App Store）におけるデジタルコンテンツの販売等（音楽，電子書籍，動画等の配信事業）を巡る事案であり，2016年10月に審査が開始されている。アップルに対するMNO（携帯キャリア3社）とのiPhoneの取引契約に係る事件と同時期であるが，後者の審査が先行して行われ，2018年7月11日に処理結果が公表されている（アップルから一部の契約の改定の申出があり，これにより拘束条件付取引の疑いは解消されたとして審査終了）。本件については，2021年9月2日に処理結果が公表されており，自発的改善による審査終了（今後，改善措置の実施を確認した上で終了）という点でiPhone取引契約事件と同じである。

　（2）公表資料によると，本件の審査事実は次のとおりである。

①自らが運営するiPhone向けアプリを掲載するApp Storeにおいてアプリを提供する事業者（デベロッパー）の事業活動を制限している疑いがある（私的独占又は拘束条件付取引等）。

　ⓐデベロッパーがApp Storeに掲載するアプリ内でデジタルコンテンツを販売等する場合に，アップルが指定する課金方法（IAP：in-app payment system）の使用を義務付けている。

　ⓑデベロッパーに「アウトリンク」（消費者をIAP以外の課金による購入に

誘導するボタンや外部リンクをアプリに含める行為）を禁止している。ア
ウトリンク禁止行為は，IAP以外の課金による販売方法を十分機能し
なくさせたり，デベロッパーがIAP以外の課金による販売方法を用意
することを断念させたりするおそれがある。

② App Storeに掲載できるアプリの遵守事項を定めたガイドラインの記載
や「リジェクト」（ガイドラインを遵守していないと判断されることをいい，
リジェクトされるとApp Storeへの掲載ができない）の理由が不明確である
と指摘されている。これにより，特定のデベロッパーを排除し，また，デ
ベロッパーの事業活動上の予見可能性を損ない，新規参入や投資を制限す
る効果を与えるものであり，競争に悪影響を与える可能性がある。

（3）これに対し，アップルは次のような申出を行った。

①については，音楽配信事業等，雑誌配信事業及びニュース配信事業におけ
るリーダーアプリ（ユーザーがウェブサイト等で購入したデジタルコンテンツを専
ら視聴等するために用いられるアプリ）についてアウトリンクを許容することと
し，ガイドラインを改定する。

②については，ガイドラインの明確化・アプリ審査の透明性向上の取組を進
め，その取組状況について，3年間にわたって年1回，公正取引委員会に報告
する。

（4）公正取引委員会は，アップルの申出について，アウトリンクの許容によ
り，デベロッパーは，リーダーアプリを活用することで自らのウェブサイトへ
のリンクなどを表示できるようになり，IAP以外の課金による販売方法の適
用が妨げられる懸念が解消されることから，音楽配信事業等における独占禁止
法上の問題を解消するものと認められると評価し，今後，アップルが申し出た
改善措置を実施したことを確認した上で本件審査を終了することとした。

なお，アップルの発表資料では，2022年の早い時期に（in early 2022）ガ
イドラインの改定が発効するとされている。【アップルは2022年3月30日に，
リーダーアプリについて，全世界を対象に外部リンクを認める旨発表してい
る。】

3　今回の公正取引委員会による本件の処理について，若干の感想を述べる
とともに，特に手続面に重点を置いて検討してみたい。

（1）本件の審査及び処理

本件について5年近い審査期間を要したことになるが，公正取引委員会では「調査期間が長いとは考えていない」（2021・9・2日経速報ニュース）と説明している。いわゆる「アップル税」問題への関心が高まったのは2019年3月11日にSpotifyが欧州委員会に申立てを行い，2020年6月16日に音楽配信サービスについて調査が開始され（2021年4月30日に異議告知書が発出されている〔支配的地位濫用〕），また，2020年8月にEpic GamesがAppleを反トラスト法違反で提訴したことによるものであり，iPhone事件の審査を先行させてきた公正取引委員会の本件審査もこの頃から本格化したのかもしれない（両事件の担当は同じようである）。2020年9月に杉本委員長（当時）は，アプリ課金問題を検討していることを認めていた（2020・9・3日経記事）。

公正取引委員会にとって，アップルは1980年代末から度々審査対象としてきたものの，法的措置には至っておらず，苦杯をなめてきた相手であるが，今回も法的措置を採ることはできなかった。

公正取引委員会は，1989年10月3日，アップルコンピュータジャパンや販売元のキヤノン販売に対して並行輸入妨害や再販売価格拘束の疑いで立入検査を行ったが，1991年2月に両社に注意を行って審査を終了した。当時は，内外価格差が大きな政策課題となっており，また，公正取引委員会は流通分野や輸入総代理店による競争制限行為に関するガイドラインの作成を検討していた時期であり，日米構造問題協議において独占禁止法・競争政策の強化を米国から求められていた最中であったが，逆に，米国側からは独占禁止法の運用強化の第1号が米国企業相手なのかという指摘もなされていた。

公正取引委員会は，1999年12月7日，アップルコンピュータに対して再販売価格拘束の疑いで立入検査を行ったが，2000年10月3日に同社に警告を行った（担当官解説・公正取引603号〔2001年〕82-84頁）。

その後も，アップルの流通取引が独占禁止法上問題となり得るのではないかという報道が度々なされてきたが，公正取引委員会が審査事件として処理結果を公表したものはiPhoneの取引契約を巡る2018年7月11日の公表事例（自発的改善等による審査終了）までなかったようである。

・家電量販店のインターネット販売サイト経由の販売の制限（2010・4・28日

経）

- ・iPhone の中古端末の再販売の制限（2016・7・28日経）
- ・ヤフーのゲーム配信に対する妨害（2018・8・16日経）
- ・部品供給業者に対する知的財産権侵害（2019・8・7朝日）

　今回，アップルが公正取引委員会との合意により世界全体に適用されるガイドラインを改定すると発表したこともあって，巨大 IT 企業に公正取引委員会が初めてチャレンジして成功した事例と受け止められがちであるが，実は公正取引委員会は2000年代には様々な先端的な事案を各国競争当局に先駆けて審査事件として取り上げてきた実績があることを忘れてはならない（その結果は必ずしも成功したものばかりではないにしても）[注1]。こうした取組が2010年代に途絶えていたことが悔やまれるのであり，今回のアップルに対する審査事件を機に更に積極的な審査活動を期待したい。

　今後，欧州委員会が音楽配信サービスについて，アップルに対して違反認定及び制裁金賦課決定を行うことになると，公正取引委員会の今回の先駆的取組が埋もれてしまうおそれもあり（インテル事件の二の舞[注2]），欧州委員会の動向が注目される。また，公正取引委員会が欧州委員会とどのような執行協力を行ってきたのかも気になるところである。

（2）実体面

　審査対象が音楽配信等に限定され，改善措置の対象は雑誌・ニュース配信に拡大されているものの，App Store の売上げの3分の2を占めるとされるゲームアプリは対象外である。公正取引委員会は，「音楽配信，動画配信，電子書籍といった市場では著作権の負担が大きい。…30％の手数料を乗せるとほとんど利益が出ない。アプリ開発者の努力で圧縮することが難しいため着目した」（2021・9・2日経速報ニュース）と説明しており，App Store におけるゲームアプリの問題については，「コメントを控える」と応答している。リーダーアプリへの限定には根拠がないとする指摘もあるところ（2021・9・3日経記事における池田毅弁護士コメント），今後の公正取引委員会の動向が注目されるが，ゲームアプリ等に審査対象を拡大することにはならないのではないかと思われる。なお，グーグル等の同様の問題を指摘されている事業者に関しても，公正取引委員会では「その他の企業のことは差し控える」と応答している。

アウトリンクの禁止が私的独占又は不公正な取引方法（拘束条件付取引等）に該当する疑いがあるとされ，公表資料では，アウトリンクの禁止が「IAP以外の課金による販売方法を十分に機能しなくさせたり，デベロッパーがIAP以外の課金による販売方法を用意することを断念させたりするおそれ」があるとのみ説明されている。しかし，もう少し明確に，いわゆるセオリーオブハーム（theories of harm）を説明することが必要ではないか。アウトリンクの禁止がどこの市場における競争をどのようなメカニズムで損なうおそれがあると公正取引委員会が考えているのかを具体的に示すことが望まれる。欧州委員会の異議告知書のプレスリリース（2021・4・30）の方が詳しいという状況には問題があると思われる。また，App Store の実態等に関する関連事実をより詳細に説明することが望ましい。特に，「デジタル・プラットフォーマーの取引慣行等に関する実態調査報告書」（令和元・10・31公表）を引用するのではなく，本件審査の結果を示すべきであった。

【私的独占として法適用する場合には，他の事業者の事業活動の「排除」又は「支配」のいずれに該当するのかを明らかにするとともに，当該行為により一定の取引分野における競争の実質的制限が生じていることを示す必要がある。日本メジフィジックス事件（確約計画認定令和2・3・11）においては，違反被疑行為が「排除」であることが明記されている。また，大阪ガス事件（令和2・6・2：自発的措置による審査終了）においても，「競争事業者を不当に排除している疑い」と明記されている。しかし，本件では，公表資料にはこの点の記載がなく，本件担当官解説（公正取引853号〔2021年〕67-72頁）にも説明がない。本件評釈（林秀弥・TKC 新・判例解説 Watch 経済法 No.80〔2022・1・7掲載〕，伊永大輔・令和3年重要判例解説・経済法4・ジュリスト1570号〔2022年〕216-217頁）でも具体的な検討はされていないようである。

アウトリンクの禁止が取引相手であるアプリ提供者の「販売方法」あるいは「販売先」ないしは「販売ルート」の拘束であり，これによる価格維持効果が問題になるとされていることからは，アプリ提供者の事業活動の「支配」として捉えているようにみえる。他方，公表資料には，「アップルは，音楽配信事業等において自らが運営するアプリを提供し，自らもデジタルコンテンツの販売等を行っている」ことが明記されており，「排除」を問題にしているのかも

しれない（前掲林3頁は「IAP以外の販売ルーツを遮断することにより，ライバルであるコンテンツ販売事業者の販売費用を引き上げたと見ることができる」と指摘する）。本件担当官解説71頁注12が本件審査の参考にしたとする東洋製罐事件（勧告審決昭和47・9・18）は，競争会社の株式所有等を通じた事業活動の「支配」（販売先の制限が含まれる）及び自家製缶を図ろうとした缶詰製造業者の事業活動の「排除」の両方が違反とされた事例である。従来の運用では，一つの行為が「排除」と「支配」の両方に該当するとされた事例はなく，また，取引先に対する排他的「拘束」の事案（例えばノーディオン事件〔勧告審決平成10・9・3〕）は「排除」として法適用されていることを考えると，本件は「排除」の事案として捉えられているのかもしれない。いずれにしても，公正取引委員会がより具体的に説明することが求められる。】

　公正取引委員会は，アウトリンクの許容により独占禁止法上の問題は解消されると評価している。「アプリストアの使用の対価を手数料として徴収すること自体は，独禁法上問題にはただちにはならない」と説明しており（2021・9・2日経速報ニュース），手数料率が30％（一定範囲では15％）という水準であること自体は問題にしないという立場であると思われる。他方，デベロッパーの不満は30％という手数料の高さにもあるように思われ，前記引用の杉本委員長のインタビュー記事においても，優越的地位濫用規制による対応の有効性が指摘されていた。公正取引委員会の公表資料では，「拘束条件付取引等」と記載しており，「等」に優越的地位濫用が含まれ，その観点からも審査した可能性はあるが，価格設定自体には介入しないという伝統的立場を維持したものと思われる。

　(3)　手続面

　本件審査に関する立入検査の報道はなく，アップルの協力を得つつ，報告命令（依頼）や供述聴取といった手法を用いた審査であったと推測される。「対面やオンラインで聴取を重ね」，「利用者アンケートを行い，ルールが消費者行動に与える影響なども分析」したとされ（2021・9・2朝日），また，公正取引委員会も「外国企業は言語の問題もある。国内の通常事件を処理するのとは色合いが違う」（2021・9・2日経速報ニュース）と審査の難しさを吐露している。どの程度内部資料の分析（デジタル・フォレンジックを含む）が実施されたのか分か

らないが，今後の事件審査への示唆は大きいと思われる。

　アップルは，公正取引委員会との「合意」によることを強調しているが，公正取引委員会の手続上は，アップルが申し出た改善措置が「（独占禁止法違反の）疑いを解消するものと認められたこと」から，「今後，…改善措置を実施したことを確認した上で本件審査を終了することとした」と説明されている。公正取引委員会は，アップルが今後実施する改善措置により問題は解消すると評価している点で，大阪ガス事件（平成2·6·2公表：自発的措置による審査終了）とは異なっている。大阪ガス事件の公表資料には「公正取引委員会が当該措置により違反の疑いが解消されると判断した……旨の記載がなく，将来的には改善後の同社の行為が審査対象となる可能性があると思われる」（大阪ガス事件担当官解説・公正取引838号〔2020年〕82頁）と解説されている。いずれにせよ，アップルが定めているガイドラインがどのように改定されるかにかかっている面もあると思われ，公正取引委員会の十分な確認が求められる。

　アップルのプレスリリースだけを読むと，公正取引委員会が確約計画認定を行ったような印象を受けるが，上記のとおり，そうではない。なぜ公正取引委員会は確約手続によらなかったのかという疑問が当然出てくる。公正取引委員会は，「確約手続きを使うと，詳細な事実について審査を行う必要があり，さらに時間がかかる。アプリ開発者への影響を一日でも早く取り除くということに重きを置いて，確約手続きをとらず，審査を終了する判断をした」（2021·9·2日経速報ニュース）と説明している。

　「確約手続は，排除措置命令又は課徴金納付命令…と比べ，競争上の問題をより早期に是正し，公正取引委員会と事業者が協調的に問題解決を行う領域を拡大し，独占禁止法の効率的かつ効果的な執行に資するものである」（確約手続対応方針1）が，同時に，措置内容の十分性及び措置実施の確実性が認定要件となっている。また，確約計画の不履行に対する制裁等の仕組みがなく，公正取引委員会にできることは改めて審査を行い，排除措置命令等を行うことにとどまるから，公正取引委員会としては相当の密度の審査を行っておくことが必要と考えられているのかもしれない。今回の措置により，公正取引委員会が，確約手続以外に，従来からの「自発的措置による審査終了」という処理方法を引き続き用いていく方針であることがはっきりしたといえる。

　公正取引委員会は排除措置命令を目指していたとされており（2021・9・2朝日），少なくとも「法的措置」として位置付けている確約計画認定を行うことが目指されていたものと推測される。しかし，確約手続の利用については，アップル側が応じなかった可能性もある。アップルとしては，公正取引委員会との間の問題だけではなく，欧州委員会をはじめとする各国競争当局の手続や民事訴訟を抱えているだけに，なるべく非公式な方法による決着を望むことは自然なことであるし，公正取引委員会としても，確約手続通知を一方的に行っても確約認定申請を強制できない以上，排除措置命令を行えるだけの理屈や証拠が得られる見込みが薄いとすれば，自発的改善による審査終了という処理を選択せざるを得なかったということかもしれない。

　アップルのプレスリリースには，「この合意は日本の公正取引委員会との間の合意によりされたもの」，「Apple は日本の公正取引委員会に深い敬意を表し，これまでの共同の努力に感謝いたします」といった表現が含まれている。こうした賛辞をどのように受け止めればよいか。さすがに，マイクロソフトが1998年のブラウザ事件（平成10・11・20警告：OSとブラウザの一体化）について，「反トラスト法（米独禁法）より厳密な日本の独禁法で違法性が認められなかったのは，大きなニュース。勇気づけられた」（1998・11・24日経産業）とコメントし，インテルがCPU排他的リベート事件（勧告審決平成17・4・13）について，公正取引委員会の勧告を応諾しつつ，「独禁法違反にあたる事実はない」が，「措置に従っても取引に問題は生じない。審判手続きに入れば取引先に迷惑がかかる可能性もあるため」（2005・4・1日経夕刊）と説明していた頃とは少し違うようである。しかし，このアップルの賛辞には，違反を認定されなかったこと，特に私的独占と認定されなかったこと，対象がリーダーアプリに限定されることへの安堵が含まれているのではないかと感じられる。

　【第36回競争政策研究部会（2021・10・25）において，隅田浩司教授が本件を取り上げ，米国の Epic Games 事件連邦地裁判決と比較しつつ詳細に分析されている（本書257頁）。】

（注1）栗田誠「排除行為規制の現状と課題」金井貴嗣・土田和博・東條吉純編『経済法の現代的課題（舟田正之先生古稀祝賀）』（有斐閣・2017年）175-195頁において詳述

した。

(注2)　公正取引委員会は，インテルの排他的リベートについて世界の競争当局に先駆けて法的措置を採ったが(勧告審決平成17·4·13)，インテルの日本法人を対象にしていたこと，排除措置のみ命じた(当時，排除型私的独占は課徴金対象ではなかった)こともあり，国際的な注目を集めることはなく，その後に巨額の制裁金を課した欧州委員会の措置(2009·5·13決定)ばかりが注目された。【なお，この欧州委員会のインテルに対する制裁金賦課決定は，紆余曲折を経て，2022年1月26日の一般裁判所判決により取り消された。】

9　バイデン政権下の米国反トラスト当局の動き（2021年10月4日第291回月例研究会冒頭挨拶）

1　今回の月例研究会では，厚谷襄児先生に「独占禁止法の変遷・そして今」と題して講演していただきます。昭和22年の制定以来の独占禁止法の法制度の変遷を振り返り，近時の新たな課題を整理して，今後を展望するという壮大な内容になっています。厚谷先生は，60年以上に及ぶ独禁法人生の前半の30年ほどは公正取引委員会事務局において要職を務められ，特に事務局長として法を執行する側におられました。ご退官後は北海道大学において独占禁止法・経済法の教育・研究に勤しまれ，さらに，北海道大学教授を定年で退任されてからは弁護士として独禁法実務に携わってこられました。

厚谷先生が公正取引委員会におられた時期は，昭和30年代の骨抜き改正の動きや昭和52年の強化改正という動きはありましたが，ある意味で独占禁止法が制度として安定していた時代であったようにも感じます。しかし，1990年代に入ってからの独占禁止法は様々な時代的要請の中で，「経済憲法」と呼ばれる割には頻繁に改正されてきており，目先の問題に目を奪われた近視眼的な改正もあったように思われます。先生は，こうした改正に批判的な見解を示されたこともあったと思いますが，今回，改めて独占禁止法制度の変遷を大局的にお話しいただくことは大変意義があるものと考えています（本書176頁）。

2　このところの月例研究会で毎回申し上げているように思いますが，違反事件関係の発表がほとんどなくなっていることを大変危惧しております。令和3年度上半期における処理結果公表事件は，アップル（リーダーアプリ）事件

（令和3・9・2：自発的改善措置による審査終了）の1件にとどまりました。9月10日に令和2年度年次報告が国会に提出・公表されましたが，確約計画認定事例が6件あり，法的措置は全部で15件と，表面的には多く見えます。しかし，そのうち，価格カルテル命令事件6件は愛知県立高校の制服の事件であり，高校ごとに事件処理されているために，いわば「水増し」された件数になっています。現状では，令和3年度の年次報告では紹介する違反事件がほとんどないという事態になりかねず，危機的状況ではないかと思います。

　　3　日本のことについて余り申し上げることがありませんので，米国の反トラスト当局の動きを少し紹介します。まず，連邦取引委員会（FTC）では，6月15日にリナ・カーン委員長が就任され，精力的な動きを見せています。主だったものとして，次のような点が挙げられますが，多くは3名の民主党の委員の賛成によるものです。

①「不公正な競争方法」の執行方針声明（2015年）の廃棄（7/1）

②FTCの法執行活動の優先度・審査権限付与に関する決議（7/1）

③FTCの規則制定権限の活用方針（7/1）：1980年代以降の個別事件審査の手法を重視する方針の転換

④製品の修理制限への取組（7/21）：5名一致

⑤合併審査手続に関する1995年方針の廃棄（7/21）

⑥Facebookに対する修正訴状の提出（8/19）：6/28の地裁決定を受けたもの

⑦垂直的合併ガイドライン（2020年・司法省と連名）の廃棄（9/15）：司法省も見直しを公表

⑧FTCのビジョンと優先政策に関するメモの発出（9/22）：カーン委員長単独

　カーン委員長の強いリーダーシップの下に，次々と従来の方針が廃棄され，あるいは新しい考え方が提示されています。共和党の委員からは，十分な検討時間が与えられないまま，多数決で物事を進めようとする姿勢に強い批判が出ています。また，カーン委員長は「FTCのイカロス」になるのではないかという論評もあります。イカロスとは，ギリシア神話に出てくる人物で，蝋で固めた翼によって自由自在に空を飛ぶ能力を得たものの，太陽に接近し過ぎて蝋

が溶けて翼がなくなり，墜落してしまいます。人間の傲慢さが自らの破滅を導くという戒めと理解されていますが，カーン委員長の強引さ，性急さの行く末を危ぶむものです。また，これでは独任制の官庁と変わらず，独立行政委員会としての意味がないという指摘もあります。

　反トラスト法の執行においては，経済分析の活用や判例法の制約もあり，党派性が薄れてきていると考えられてきましたが，ここ数年間の反独占のうねりは，在来の理論や判例には囚われない斬新さがある半面，もろさも併せ持っているのかもしれません。8月に連邦地裁に提出されたFacebookに対するFTCの修正訴状は，当初のものに比べて構成がかなり変わり，市場画定など明快な記載になっています。こうした実務的な積み重ねこそが重要なのであって，目新しい方針やアイディアを打ち出すだけでは何も生まれないようにも感じます。

　4　他方，司法省については，これまで目立った動きがありません。反トラスト局担当司法次官補（AAG）に指名されているカンター（Jonathan Kanter）弁護士の上院承認手続（confirmation hearing）がようやく今週始まるようです。9月下旬には，歴代の反トラスト局長9名が党派を超えて，カンター氏の早期承認を求める書簡を上院に提出していました。カンター氏は，Googleの競争相手の代理人としてGoogle批判を展開してきた弁護士ですが，承認に際して特段の問題はないだろうとみられています。

　FTCのカーン委員長に対してもAmazon等から忌避申立てがなされていますが，承認されればカンター反トラスト局長に対しても様々な申立てがなされると予想されることから，司法省内部で，あるいは上院司法委員会において十分なチェックが行われてきたものと思われます。

　10月13日から15日にかけてICN（International Competition Network）の年次会合がオンラインで開催されますので，それに間に合うとよいのですが，いずれにせよ，米国競争当局の両トップが揃い，フル稼働を始める日も近いと思われ，今後の動きが注目されます。【カンター反トラスト局長は2021年11月16日就任した。】
《参考1》米国におけるGAFAに対する反トラスト事件（公的執行のみ）
　〔Google〕

①司法省及び11州が汎用検索・検索広告市場における独占行為について提
　訴（2020・10・20；審理は2023年9月からの予定）

②10州によるオンライン広告に関する提訴（2020・12・16）

③38州による検索エンジンに関する提訴（2020・12・17）：ディスカバリー手
　続は連邦訴訟と併合

④37州による携帯アプリストアに関する提訴（2021・7・7）

〔Facebook〕

① FTC が，Instagram 及び WhatsApp の買収とその後の独占維持行為に
　ついて DC 地区連邦地裁に提訴（2020・12・9）；連邦地裁の訴状却下の決定
　（2021・6・28）を受けて，FTC が修正訴状を提出（2021・8・19）；【連邦地裁が
　Facebook の訴え却下の申立てを却下（2022・1・11）】

②州司法長官による提訴（2020・12・9）は却下されており（2021・6・28），州側
　が控訴する見込み【DC 巡回区連邦控訴裁に上訴（2022・1・14）】

〔Apple〕

○司法省が App Store における競合アプリの排除行為を審査中（2019年6月
　報道）

〔Amazon〕

○ FTC が Market Place における利益相反行為（競合品の排除）を審査中

《参考2》Epic Games v. Apple 事件カルフォルニア北部地区連邦地裁判決
　　　　（2021・9・10）

　ゲーム開発業者が App Store でユーザーにゲームを提供しようとする場合
に，Apple が他のチャネルの利用を禁止するとともに，外部課金の利用も制限
して，30％の高額手数料を徴収していることが問題となっている。連邦地裁判
決は，連邦やカリフォルニア州の反トラスト法違反（不当な取引制限，独占行
為）は認定しなかったものの，カリフォルニア州の不正競争法違反として，ア
プリ開発業者がユーザーに App Store 外での支払方法の利用を促す誘導措置
を用いることを禁止している行為を差し止める命令を下した。

　連邦地裁判決は，市場画定について，Epic Games が主張した Apple の App
Store システムだけでも，Apple が主張したゲーム市場一般でもない，「デジ
タル・モバイルゲーム取引市場（digital mobile gaming transactions）」を画定し

た。Appleは同市場で55％以上のシェアを有し，高収益を上げているが，それだけで反トラスト法違反になるわけではないとし，結論的には，プライバシー・安全保護のための措置として正当化理由があると判断している。

他方，30％の手数料は不透明で，ユーザーには高価格を，ゲーム開発業者には高費用をもたらしており，Appleはユーザーが代替的な支払方法を認知することを不当に妨げている（ユーザーのinformed choiceを妨げている）と判断し，「不公正な（unfair）」行為に当たると結論付けた。

しかし，Epic Gamesが求めた広範な差止は認めず，Appleが（ゲームアプリだけでなく）全てのアプリ開発業者によるリンク張り，メール連絡等により他の支払方法をユーザーに伝える誘導行為まで禁止している条項（anti-steering provisions）について，（Appleが主張したカリフォルニア州限定ではなく）全国ベースで差し止めるにとどめた。

判決に対して，Epic Gamesは控訴する意向である。Appleは反トラスト法違反が認定されなかったことを強調するコメントを出したが，不正競争法違反には言及していない。【Appleが求めていた規約変更命令の執行停止について，第9巡回区連邦控訴裁は，2021年12月8日，控訴審係属中の執行停止を認める決定を下した。】

なお，公正取引委員会によるアップル（リーダーアプリ）事件の公表資料（令和3・9・2）はわずか4頁であるが，米国の連邦地裁判決は185頁あり，市場画定や独占行為の有無に関する詳細な事実認定と法適用が示されている。

10　公正取引委員会の実態調査手法と市場調査の「制度化」（2021年10月25日第36回事例研究部会冒頭挨拶）

1　今回の事例研究部会では，隅田浩司先生に「デジタルプラットフォームに対する不公正な取引方法の適用について」と題して講演していただきます。2021年（令和3年）9月2日に公正取引委員会から処理結果が公表されましたアップルに対する独占禁止法違反被疑事件について，直後の9月10日に出ました米国のEpic Games v. Apple事件DC地区連邦地裁判決と比較しながら，詳細に分析するものです。デジタル・プラットフォーム（DPF）を巡る競争法上

の課題について，日本では優越的地位濫用の観点からの取組が大きなウエイトを占めてきていますが，本件では，私的独占又は不公正な取引方法（拘束条件付取引等）の違反の疑いとされており，また，アップルに対して世界で初めて是正措置を講じることを求めたこともあり，大変注目されている事案であり，本日，隅田先生から詳細な分析を伺うことを大変楽しみにしております（本書257頁）。

　2　アップル事件は，同社の自発的改善措置により審査を終了するという処理であり，違反の認定や確約計画認定には至っていないのですが，曲がりなりにも違反事件審査という法執行手続により処理された事案です。しかし，2021年度（令和3年度）に入ってからの違反事件の審査結果の公表はこのアップル事件の1件だけですし，新たな立入検査の報道もほとんど見られません（電力・ガスの顧客争奪の制限を巡る事件が報道されている程度です）。このままでは，公正取引委員会の違反事件審査は先細りです。

　近時の公正取引委員会は，従来に増して，実態調査とそれに基づく問題指摘・改善指導という手法を多用していると思われます。このところの実態調査を巡る新たな動きとして，次のようなものがあります。

①クラウドサービスに関する取引実態調査の開始（令和3・4・14事務総長定例会見）【令和4・6・28報告書公表】

②国及び地方公共団体による情報システム調達に関する実態調査（2021・6・5朝日）【令和4・2・8報告書公表】

　・「情報システム調達に関する意見交換会」の開催（令和3・9・1公表）

③新規株式公開（IPO）に際しての価格形成に関する実態調査（2021・8・12日経）【令和4・1・28実態調査結果公表】

　・成長戦略実行計画（令和3・6・18）において，「IPO時の公開価格設定プロセスの在り方について，実態把握を行い，見直しを図る。」と明記されている。

④モバイルOS等に関する実態調査の開始（令和3・10・6事務総長定例会見）

　・「デジタル市場競争会議」で議論されてきたものであり，同会議が主体となって調査すると報道されていた（2021・6・13，7・1日経）。なお，成長戦略実行計画（令和3・6・18）においても，「スマートフォンなどのオペレー

ティングシステム（OS）を供給するプラットフォーム事業者が，デジタル市場における競争環境に与える影響について，欧米の動向も注視しつつ，競争評価を行う。」とされている。

⑤ソフトウェア制作業等における取引適正化に関する実態調査の開始（令和3·10·20事務総長定例会見）【令和4·6·29実態調査報告書公表】

　また，10月13日の事務総長定例会見では，「携帯電話市場における競争政策上の課題について（令和3年度調査）」（令和3·6·11公表）に基づき，端末購入サポートプログラム及び販売代理店との取引に関する点検及び改善とその結果の報告を公正取引委員会がMNO3社に要請していたことについて，3社から点検結果及び改善内容の報告があったことが明らかにされており，大きく報道されました。

　ほかにも，コンビニ本部と加盟店との実態調査に基づく問題指摘（令和2·9·2公表）を踏まえてコンビニ本部と加盟店との取引の改善が漸次進められており，また，フィンテックを利用した金融サービスに関する報告書（令和2·4·21公表）で指摘された銀行間送金手数料の高止まりについて引下げの動きが出ているなど，迅速な改善につながっており，こうした公正取引委員会の活動は一般的には高く評価されていると思います。現在実施中の実態調査についても，いずれ結果が公表され，何らかの改善の動きへとつながるものと期待されます。

　3　このように，近時の公正取引委員会の活動は，実態調査ばかりが目立ち，違反事件審査は見る影もありません（排除措置命令は2020年12月のJR東海発注中央新幹線駅舎工事受注調整事件が最後です）。こうした状況をどのように評価したらよいのでしょうか。

　10月の月例研究会（2021·10·4第291回）において，厚谷襄児先生は，審判手続の廃止によって公正取引委員会は「準司法的機関」から「合議制行政機関」に変質したと評価されました。抽象的な独占禁止法の規定を個別の違反事件審査を通じて詳細な事実認定と厳密な法適用によって具体的なルール形成を進めていくのが公正取引委員会の大きな役割であると考えるならば，こうした状況を手放しでは評価できません。

　特に，近時の実態調査に基づく問題指摘が「独占禁止法上の問題」を具体的

に指摘するものが多く，本来，違反事件審査として行われるべきものではない
かという疑問を拭えません。また，公正取引委員会の実態調査では，独占禁止
法40条の調査権限を用いるとそれが話題になるくらい，関係者の任意の協力
を得て行われています。情報収集の方法として，それで十分であるかはケース
バイケースであると思いますが，実効的な情報収集に基づく厳密な事実認定と
それに関する合理的な経済分析や緻密な法的検討が不可欠であることは言うま
でもありません。また，現在の公正取引委員会の実態調査の実務が実効的で，
かつ，関係者にとって公正で透明なものになっているか，事件審査の安易な代
替手段となっていないか，振り返ってみる必要があると感じています。

　4　私はかねてから，公正取引委員会が多用している実態調査の手法を「制
度化」することを提案しています。事件審査ではなく，また，単なる提言・唱
導活動でもない，特定の市場や取引の実態を調査・分析し，必要に応じて問題
点を指摘する競争当局の活動は，一般に「市場調査（market study）」，あるい
は「分野調査（sector inquiry）」と呼ばれます。独占禁止法には，こうした活
動の手続や権限を定める規定はありません。わずかに，調査のための強制権限
（40条）や必要な事項の公表（43条）を定める規定が置かれているだけです（こ
れに対して，事件審査の手続や権限については，45条以下に多数の条文を置いてい
ます）。私は，市場調査の仕組みを制度化して，その実効性を確保するととも
に，関係者の手続的保障に配慮すべきであると考えています。

　こうした市場調査の手法については，OECD競争委員会やICN（International
Competition Network）において度々議論されてきており，次のような成果物に
まとめられています。公正取引委員会は，こうした成果も参照しつつ，少なく
とも公正取引委員会規則ないしはガイドラインとして，実態調査の具体的な実
施方法を明文化することが必要です。特に，実態調査で得られた情報を基にし
て，違反事件審査に接続する仕組みを構築することが不可欠であると考えてい
ます。

・ICN Advocacy Working Group, Guiding Principles for Market Studies,
　2016.
・ICN Advocacy Working Group, Market Studies Good Practice Handbook,
　2016.

・OECD Competition Committee, Market Studies Guide for Competition Authorities, 2018.

【公正取引委員会は，2022年6月16日，「デジタル化等社会経済の変化に対応した競争政策の積極的な推進に向けて—アドボカシーとエンフォースメントの連携・強化—」と題するステイトメントを公表し，「アドボカシーの実効性の強化」や「アドボカシーとエンフォースメントの連携の促進」に向けた具体策を明らかにしました。そこでは，「任意の調査では情報収集が困難な場合は，当該調査の目的を達成するために必要かつ相当な範囲において，独占禁止法第40条に基づく調査権限を行使する」，「報告書やガイドラインにおいて指摘した独占禁止法上の問題点について，自主的な改善等が行われず，独占禁止法に違反する行為が認められる場合には，エンフォースメントによって当該行為を排除する」，「エンフォースメントにおいて，実態調査を通じて得られた最新の知見や分析結果を活用する」可能性があること等を明記しています。

また，2022年6月30日にサイネックス及びスマートバリューの2社の確約計画が認定されました（競争者に対する取引妨害に該当する疑い）。2社それぞれの違反被疑行為は，市町村等向けのホームページ管理用コンテンツ管理システムについて，オープンソースソフトウェアではないものにすることが情報セキュリティ対策上必須である旨記載した仕様書等の案を市町村等に配付するなどして，オープンソースソフトウェアによる同システムを取り扱う事業者が受注競争に参加することを困難にさせる要件を盛り込むよう働き掛けていることです。本件は，官公庁における情報システム調達に関する実態調査が実施されている最中の2021年11月2日に立入検査が行われていたものであり（報道による），実態調査結果が先行して発表されていました（「官公庁における情報システム調達に関する実態調査報告書」〔令和4・2・8公表〕）。実態調査から違反事件審査に発展したという点からも注目される事案です。

こうした近時の取組は，前述した実態調査の「制度化」や違反事件審査への接続に関する私見に沿うものであると考えています。】

5　現在の公正取引委員会の活動を大胆に区分すると，ハードコア・カルテルについては違反事件審査により排除措置命令・課徴金納付命令（更には刑事告発）を目指す一方，それ以外の行為類型については排除措置命令以外の法目

的実現手法を駆使して迅速で実際的な問題解決を目指すという方向性が明確になっていると感じます。具体的には，違反事件審査における確約手続（これは「法的措置」ですが）の活用や自発的措置による審査終了，企業結合審査，実態調査に基づく問題指摘・改善要請，事前相談に対する回答といった多彩な手法です。こうした現状把握が的確なものであるのか，また，それをどのように評価するのかについては，引き続きの課題としたいと考えています。

　6　最後に，本日のテーマとは直接関係しませんが，当協会の月例研究会にも度々ご登壇いただいている長澤哲也先生の優越的地位濫用規制・下請法規制に関する著書の最新版が近く出版されますので，紹介しておきます。長澤先生の『優越的地位濫用規制と下請法の解説と分析〔第4版〕』（商事法務・2021年）は2011年の初版以来，単に公正取引委員会の実務を解説するのではなく，公正取引委員会の解釈・運用を体系的に整理するとともに，時にはそれを批判的に分析しつつ優越的地位濫用規制の基本的な考え方を提示し，また，その具体的内容を体系化する，真に実務に役立つ必携書として版を重ねてきています。特に，近年の優越的地位濫用規制の射程の拡大や民事判決を含めた司法判断の蓄積が進む中で，この度の第4版では，濫用行為に係る部分が全面的に書き改められており，実質的な新著といえる内容になっています。また，旧版に収録されていた法令・運用基準等の資料部分が削除され，解説・分析部分を大幅に増やしていることからも，第4版の充実ぶりが窺われます。「取引上の格差に起因する諸問題への処方箋として，優越的地位濫用規制が積極的に活用されようとしている」（第4版はしがき）現在，「多方面から政策的な『期待』が集まるからこそ」「独禁法や下請法の解釈を一層精緻化していかなければならない」という強い思いで執筆・刊行される本書が広く活用されることを願っています。

11　独占禁止法・競争政策にとっての難問（2021年11月8日第292回月例研究会冒頭挨拶）

　1　今回の月例研究会では，宮川裕光先生に「競争政策の国際的展開と企業活動」と題して講演していただきます。宮川先生には競争法研究協会の理事を

務めていただいており，かねてから国際的な動向についても研究会のテーマに取り入れることを提案していただいておりました。私が当協会の会長を拝命して2年半余りになりますが，国際的な競争法・競争政策をテーマとした研究会としては，第272回月例研究会（2019・11・15）の川島富士雄神戸大学教授による中国独占禁止法，第287回月例研究会（2021・5・10）の石田英遠・山田篤両弁護士による国際カルテル以来ではないかと思います。宮川先生には4年前に同様のテーマで登壇いただいて以来ということでありますが，私も国際的な競争法問題に関心を持っており，今回の講演を大変楽しみにしております（本書335頁）。

　2　衆議院議員選挙も終わり，岸田政権が本格的に始動しましたが，「新しい資本主義」の具体化に向けた作業が始まっています。2021年10月26日に第1回の会合が開催された「新しい資本主義実現会議」では，「成長と分配の好循環」を創り出すための施策が検討されようとしていますが，その中には，競争政策に関わる様々な課題が含まれています。安倍政権の「未来投資会議」，菅政権の「成長戦略会議」の流れを受け継いだ面もあり，それほど目新しいものはないようにも感じますが，看板の架け換えに終わらないような取組を期待したいと思います。

　3　1990年代以降の独占禁止法・競争政策は，大局的にみれば，その経済社会における意義や役割が認識され，政府の政策形成や企業活動における重要性が高まってきていると考えてよいと思います。独占禁止法，あるいは公正取引委員会の活動に何を期待するかについて，考え方が一致しているわけではないとしても，「新しい資本主義」の実現に向けても一定の役割があるものと思います。

　しかし，ここ数年の間に，独占禁止法・競争政策にとっての新たな課題ともいうべきものが出てきていることも認識する必要があると思います。順不同ですが，独占禁止法・競争政策にとってのチャレンジをいくつか挙げてみます。いずれも避けて通れない，容易に解答は得られない課題です。

　第1に，人口減少・縮小経済における競争の在り方に関わることです。2020年に地域基盤企業（乗合バス会社及び地域銀行）の共同経営協定・経営統合に関する独占禁止法特例法（適用除外法）が制定されましたが，市場において複数

の企業が競争すること自体が成り立たないという事態は他の分野においても生じ得ることです。

　第2に，活発な競争を通した産出量の拡大・価格の低下という経済効率の実現が持続可能性の観点から否定的に評価されるという事態です。気候変動対策にとって競争法が障害になるのか，解決策になるのかが盛んに議論されていますが，国連のSDGs（持続可能な開発目標）が多面的な内容であることを思い起こせば，あらゆる問題に関連してきます。

　第3に，経済安全保障の問題を挙げたいと思います。国際経済法の分野では，「安全保障例外」（GATT21条等）という仕組みがあり，安全保障を理由とする貿易制限措置が正当化される可能性があります。これまでは，貿易・投資の自由化こそが国際的な相互依存関係を強化し，安全保障上の利益にも資すると考えられてきました。しかし，現下の「米中競争」の時代にあって，グローバル・サプライチェーンが構築され，国内と国際の区別がなくなってきている経済取引に対する安全保障上の制限は国内外の市場における競争に大きな影響を及ぼします。

　4　独占禁止法の解釈・適用という局面においては，「正当化理由」という考え方が広く支持されています。競争制限効果をもたらす企業行動であっても，何らかの正当化理由があり，他の代替的手段がない場合には，そうした競争制限行為であっても違法と判断しないというものです。上述した独占禁止法・競争政策にとっての新たな課題について，正当化理由の類型として捉え，独占禁止法上の違法性判断の枠組に適切に取り込んでいけるのか，それとも，競争制限効果の分析方法や更には「競争」の捉え方自体を見直していく必要があるのか，検討を要すると思われます。

　他方，競争政策のレベルでは，事案ごとの違法性判断とは異なり，より難しい検討が必要になると考えられます。地域政策，環境政策，安全保障政策等の立案・実施において，競争政策的な考慮がどこまで有効であるのか，競争当局がいかなる役割を果たし得るのか，容易に解が得られるとは思われません。

　公正取引委員会は，デジタル市場への取組，優越的地位濫用問題への対応に追われている状況にあると思いますが，こうした新たな課題にも中長期的に取り組むことを期待したいと考えています。

5　ところで，公正取引委員会の古谷一之委員長は，2021年10月28日の記者との懇談会において，デジタル分野への取組を紹介される中で，独占禁止法の「執行」以外の手法，すなわち，事件審査における確約手続や事業者の自発的措置による審査終了，実態調査を踏まえた問題指摘・改善要請といった手法が，リソースの制約の下で，デジタル分野のような変化の激しい分野における迅速な問題解決に資することを強調しておられますが，公正取引委員会に求められる機能・役割にも関わる重要な問題を含んでいると思います。

今回のテーマである「競争政策の国際的展開」においても紹介されると思いますが，世界中の競争当局は，ハードコア・カルテルのような伝統的な競争制限行為だけでなく，デジタル市場における巨大プラットフォームの行動に対しても，また，労働市場，環境やヘルスケアといった新しい分野においても，競争法の執行という手法を用いて果敢に取り組んでいることを強調しておきたいと思います。

12　公正取引委員会の非公式措置（2021年11月22日会長コラム）

1　2021年11月18日に「アジア競争協会（Asia Competition Association：ACA)」という，日本，中国及び韓国の競争法関係の弁護士や研究者で組織する団体の年次会合がウェブ方式で開催されました。因みに，現在の会長は上杉秋則氏（元公正取引委員会事務総長）が務めておられます。今回の会合では，次の3つのセッションが組まれ，日中韓のそれぞれのパネリストからの報告と討議というプログラムでした。いずれのセッションでも，デジタル経済に対する競争法の取組を考えることがモチーフとなっています。

セッション1　デジタル・プラットフォームによる支配的地位濫用の規制

セッション2　デジタル経済における企業結合規制の市場画定と競争制限効果の認定

セッション3　ソフトな是正措置手続（確約と調停に関連する課題）

私は，セッション3において「独占禁止法による公正取引委員会の非公式措置—法執行機関の死？（Informal Measures by the JFTC under the AMA—Death of Law Enforcement Agency?)」と題して報告しました。今回のコラムで

は，私の報告の概要や会合の感想を紹介します。

　2　私の報告では，公正取引委員会が，①違反事件審査よりむしろ，実態調査手法を多用していること，②違反事件審査を行う場合にも，排除措置命令ではなく，確約計画認定や自発的措置による審査終了といった措置を多用していることを指摘し，これでは「法執行機関としての死」を意味するのではないかという問題提起をしました。公正取引委員会が重点的に取り組んでいるデジタル分野における活動は現下の世界的傾向にも合致し，大きな成果を上げていると評価されていると思います。しかし，その内容をみると，問題点の迅速な解消・改善を優先し，その前提となる事実認定や競争上の弊害の把握，法適用等に関する詰めが十分ではなく，少なくとも公表資料からはそれらを十分に窺い知ることはできないと感じます。

　デジタル分野では様々な取引形態や細分化された分野に関する実態調査が行われてきており，また，クラウドサービスやモバイルOSなど，新たな調査の開始が公表されています。違反事件の処理についても，改めてここ数年のデジタル分野の違反事件を概観すると，排除措置命令は皆無であり，確約計画認定又は自発的措置による審査終了が目立ちます。アマゾンやアップルの事件も含まれており，グローバル企業（ないしはその子会社）を相手に一見大きな成果を上げているように受け止められがちですが，中途半端，腰砕けという評価もできるでしょう。

　なお，アップル（リーダーアプリ）事件について，公正取引853号（2021年）に担当官解説が掲載されていますが，それを読んでも，なぜ排除措置命令や確約の手続が採られなかったのかを理解することはできませんでした（「アップル（リーダーアプリ）事件」〔2021年9月6日会長コラム〕本書100頁参照）。

　3　公正取引委員会自身も，法適用（違反認定による排除措置命令・課徴金納付命令）に至っておらず，不十分な（妥協的な）処理になっているのではないかという批判を気にしているようです。例えば，確約計画認定事例に関する担当官解説には，排除措置命令では従来命じられていない措置が迅速に採られていることを強調する記述が目立ちます。また，従来，実態調査報告書を公表して関係事業者の自発的改善に委ねるにとどまることが多かった実態調査手法について，関係事業者に対して明示的に見直しとその結果の報告を要請するとい

121

う対応を採り，その旨公表するという積極的な動きが増えているように感じます（コンビニ本部と加盟店との取引，携帯大手3社と販売代理店との契約など）。

　最近では，公正取引委員会の古谷一之委員長が2021年10月28日の記者との懇談会において，デジタル分野への取組を紹介される中で，独占禁止法の適用以外の手法，すなわち，事件審査における確約手続や事業者の自発的措置による審査終了，実態調査を踏まえた問題指摘・改善要請といった手法が，リソースの制約の中で，デジタル分野のような変化の激しい分野における迅速な問題解決に資することを強調しておられます。これも，公正取引委員会の現状や方針を率直に説明されたものと受け止めました。

　なお，古谷委員長は，「実態調査などのアドボカシー活動で得た知見や経験を法執行に反映させていく取組も大事だと考えています」（公正取引委員会ウェブサイトから引用）とも述べておられ，この点は，実態調査手法の「制度化」を提言する私見と通じるものがあると思います。しかし，これまでの公正取引委員会の実態調査報告書の末尾の「今後の取組」には，「独占禁止法上問題となる具体的な案件に接した場合には，引き続き厳正に対処していく」旨の定型的な記述が常に含まれていますが，実際には，実態調査を基にして違反事件審査に発展させるという発想は公正取引委員会には乏しかったように感じます（なお，適正手続上の問題点も考える必要があります）。

　4　公正取引委員会が規制分野を巡る独占禁止法・競争政策を巡る問題に対して，違反事件審査ではなく，実態調査や研究会による検討・報告書の公表という手法を用いてきたことは広く知られています。規制分野における違反事件は限られており，しかも，その結論は警告等の非公式措置に限られていました。これを大きく変えることになった事例がNTT東日本事件やJASRAC事件であり，いずれも最高裁判決に至った歴史的な事案です。しかし，その後の公正取引委員会の規制分野に対する違反事件審査は再び停滞して今日に至っていると思われます。

　公正取引委員会は，規制分野と同様，デジタル分野でも実態調査手法を活用し，違反事件審査を行う場合にも，排除措置命令に拘ることなく，早期の実際的な問題点の解消を優先させる方針を採っていることは前述のとおりです。バランスの問題かもしれませんが，より事件審査手法を活用し，排除措置命令を

目指す法執行活動を期待したいと考えています。

　5　ACAの会合では，韓国公正取引委員会や中国国家市場監督管理総局（SAMR）による積極的な法適用事例・制裁措置事例が報告されました。欧州委員会による活発なGAFA規制や米国反トラスト当局や私人による審査・提訴が相次いで行われ，裁判所の詳細な判決が出てきていることも周知のとおりです（米国連邦地裁のEpic Games v. Apple判決〔2021·9·10〕やEU一般裁判所のGoogle（Shopping）事件判決〔2021·11·10〕）。それに対して，我が国における状況は真逆です。「実際的な是正措置が迅速に講じられるのだから，それでよいではないか」，そんな声が聞こえてきそうです。

　ACAの研究会合の閉会挨拶では，中国のSAMRの独占禁止局を格上げして「国家独占禁止局」が当日（11月18日）発足したというニュースが紹介されました。中国や韓国の競争法コミュニティの勢いについては，2年前にも指摘したところですが（「韓国及び中国の競争法コミュニティの勢い」〔2019年10月25日第32回事例研究部会冒頭挨拶〕本書14頁），日本が今や競争法の分野においても韓国や中国を追いかける立場にあることを自覚する必要があります。そして，現状のままでは，彼我の差は拡大するばかりです。公正取引委員会の非公式措置の多用・依存を見直すことが必要ではないかと改めて感じたACAのウェブ会合でした。

13　G7エンフォーサーズ・サミット（2021年12月6日第293回月例研究会冒頭挨拶）

　1　今回の月例研究会では，志田至朗先生に「価格カルテルにおける意思の連絡の推認手法と今後の展望」と題して講演していただきます（本書204頁）。不当な取引制限における「意思の連絡」の立証は「古くて新しい問題」であろうと思います。昨年度（2020年度）にシャッター事件と段ボール事件の2件の価格カルテル事件の審判審決が出て，いずれも審決取消訴訟が東京高裁に係属しています。近年のハードコア・カルテル事件の大部分は課徴金減免申請を端緒とする事案と推測され，意思の連絡が本格的な争点になるような事件は少なかったと思いますが，これら2事件に関する東京高裁の判断が待たれます。

　2　2021年度も12月に入りましたが，依然として排除措置命令が1件も出ておりません。ハードコア・カルテルについては昨年（2020年）12月のJR東海発注中央新幹線駅舎工事受注調整事件を最後に，丸1年近く法適用事案が出ていない状況が続いております。コロナ禍にあって，特に関係人からの対面での事情聴取が必要になるハードコア・カルテル事件の審査に少なからず影響が出ているものと推測されます。地域医療機能推進機構発注医薬品入札談合事件の行政調査の結果がいずれ出てくると予想されますので【排除措置命令・課徴金納付命令令和4・3・30】，2021年度に1件も排除措置命令事件がないという事態は回避できると考えていますが，それにしても寂しい限りです。

　先週，インターネット葬儀サービス事業者による，取引先の葬儀業者に対する自己の競争業者との取引禁止に関する審査事件の処理結果が公表されました（審査事件の公表としては，9月のアップル事件に次いで本年度2件目です）。本年6月に審査を開始した事案で，関係人が自発的改善措置を講じたことを理由に審査終了とされました（令和3・12・2公表）。前回の月例研究会でも古谷委員長と記者との懇談会（令和3・10・28）について紹介しましたが，11月19日に公表された懇談会の質疑応答記録をみますと，古谷委員長は，特にデジタル市場のような変化が早い分野では，スピーディーに「答えを出す法執行」が重要であると強調されています。また，実態調査の結果を単に公表して啓発するだけにとどめず，「行政指導的なこと」も行っていくことが必要ではないかと述べておられます。前回の月例研究会で指摘し，また，「公正取引委員会の非公式措置」（2021年11月22日会長コラム）でも述べていますように（本書120頁），非公式措置にはメリットもデメリットもあると思います。古谷委員長の下の公正取引委員会が非公式措置の活用姿勢を明確化していることについて，引き続き注視していきたいと考えています。なお，先週の審査事件の公表資料が比較的詳細に審査事実を説明していることは評価できると思います。

　3　前回は宮川裕光先生に競争政策の国際的展開について講演していただきましたが，先週，G7サミットの今年の開催国である英国の競争・市場庁（CMA）が主催して「G7エンフォーサーズ・サミット」が開催されました。G7各国競争当局と欧州委員会，そしてオーストラリア，インド，韓国及び南アフリカの競争当局のトップが出席して，デジタル市場における競争問題に

ついて議論が行われたということです。会合に際して，「デジタル市場における競争を改善するための取組の要約（Compendium of approaches to improving competition in digital markets）」が共同で公表されており，各競争当局のデジタル分野における活動や共通の取組が要約されています。公正取引委員会が公表している日本語版は全体の概要部分のみですが，英語版には各国競争当局が提出した次の4項目に関する国別レポートが添付されています。提出した競争当局により記述に精粗はありますが，主要な法域における動向を概観する上で便利です。【公正取引856号（2022年）69-72頁に公正取引委員会担当者による紹介があります。】

①デジタル分野における法執行活動又はその他の活動（個別事件を含む）

②デジタル競争問題に取り組む組織的能力を高める措置

③デジタル競争問題に取り組むための法制上の改革又は改革提案

④競争当局以外の関係機関や関連する政策との協力

公正取引委員会のレポートには，①において，審査事件としてアマゾンジャパン（優越的地位濫用・確約）事件とアップル（リーダーアプリ）事件が紹介されています。いずれも大変意義のある事件であることは言うまでもありませんが，正式に違反認定や制裁措置の賦課を行った事件ではありません。他の法域における競争当局の活動や裁判所の判決をみるにつけ，我が国における様々な動きが何か曖昧・不透明であり，また，実効性を欠くのではないかという印象を持ってしまいます。古谷委員長が強調される「答えを出す法執行」の行方を注意深く見守りたいと思います。

14　エンフォースメントとアドボカシー（2022年2月7日第294回月例研究会冒頭挨拶）

1　今回の月例研究会では，上杉秋則先生に「日本の競争政策の持続可能性—優越的地位の濫用規制へのシフトが提起する問題は何か」と題して講演していただきます。月例研究会では，会員の関心も高い「優越的地位濫用」の問題を繰り返しテーマとしてきています。昨今の公正取引委員会の活動の多くが優越的地位濫用を根拠とするものであることは周知のとおりですし，その傾向を

益々強めているといえます。これは，独占禁止法の執行（エンフォースメント）のみならず，競争唱導（アドボカシー）においてもいえることです。

　こうした動向に対して，私自身は批判的であり，優越的地位濫用規制の「濫用」に繰り返し注意を促してまいりましたが，本日の上杉先生の講演のご趣旨も同様の視点を含むものと思います（本書314頁）。

　2　公正取引委員会は，最近，「エンフォースメント」と「アドボカシー」を車の両輪とするという説明をよく用いています（下図参照。また，古谷一之公正取引委員会委員長の2022年「年頭所感」も参照）。従来は「法執行」と「政策立案」という表現が用いられており，これは，例えば「21世紀にふさわしい競争政策を考える懇談会」提言書（平成13・11・14）で「独占禁止法の執行力の強化」と「政策提言機能の強化」が挙げられていたことを受けたものといえます。しかし，2021年6月18日に閣議決定された「成長戦略実行計画」において「競争の活性化に関する唱導（アドボカシー：提言）」という表現が用いられたこともあり，「アドボカシー」の用語が多用されるようになりました。なお，「アドボカシー」という用語自体は，競争法の分野では「競争唱導（competition advocacy）」として世界的に古くから用いられてきており，目新しいものでは

公正かつ自由な競争の促進を通じた
企業の活力向上，消費者の効用拡大，イノベーションの活性化

（出典：公正取引委員会「競争政策の最近の動向」（令和3年3月25日））

ありません。

　問題は，エンフォースメントとアドボカシーの両輪がバランスよく機能しているかということです。両輪のバランスを欠いては，車は真っ直ぐに進まないばかりか，転覆しかねません。公正取引委員会の昨今の活動をみると，明らかにアドボカシーにウエイトがあり，エンフォースメントは極めて限られています。特に独占禁止法のエンフォースメントが2年に及ぶコロナ禍による審査活動上の制約に大きく影響されていることは明らかでしょう。「公正取引」の2022年1月号に掲載されている井上朗弁護士の「EU競争法における最近の調査手続」を拝読しましたが，公正取引委員会も審査手続・審査手法の革新を図る必要があると感じられます。

　また，エンフォースメントとアドボカシーの区別が曖昧になってきていることにも注意が必要です。違反事件の審査結果が，排除措置命令（違反認定・法適用）ではなく，確約計画認定でもない，自発的措置による審査終了という処理が続いています。他方，アドボカシーの一手法としての実態調査においては，制度面を含む競争政策的課題の指摘よりは，独占禁止法上の具体的な問題点の指摘に重点があり，さらに，単に問題点を指摘するにとどまらず，自主的な点検結果の報告を求めるという手法により，実質的な行為規制となっています。こうした違反事件処理や実態調査に基づく是正指導は，関係事業者にとって手続的保障を欠き，司法審査を受ける機会自体を奪うものであり，逆に，公正取引委員会にとっては「安上がり」で，裁判所に行かなくて済み，リスクを完全に回避できる便利な手法です。関係事業者においても，違反認定・法適用に比べれば受入れ可能であり，最小限の対応で上手く収めようとしているように感じられます。しかし，こうした手法が独占禁止法のルール形成の機会をなくし，長期的に見て，独占禁止法の発展を損なうことになり，大変大きなコストを払うこととなりかねません。上杉先生の講演タイトルにある「日本の競争政策の『持続可能性』」という視点にもつながる問題であると感じます。

　3　岸田内閣では「新しい資本主義」の実現に向けた取組として，「転嫁円滑化」を重要課題として，関係省庁による施策パッケージを取りまとめていますが，その内容は優越的地位濫用に係る独占禁止法及び下請法の運用強化が太宗を占めています。消費者優越ガイドラインにおいて，公正取引委員会は優越

的地位濫用の「相手方」には消費者も含まれるという解釈を示しましたが，現状では，優越的地位濫用規制は中小企業保護策といってよいと思われます。10年余り前の消費者庁の創設に伴い，公正取引委員会は景品表示法の所管ではなくなり，消費者政策の権限と責務を失いました。公正取引委員会は，この頃から，優越的地位濫用規制や下請法規制に大きくシフトするようになっていったと感じます。それは，日本の経済社会が求めるものであったとは思いますが，競争当局としての本来の役割であったかについては疑問があります。そして，この優越的地位濫用規制へのシフトが加速している現状に対しては，大きな危惧を覚えています。本日の上杉先生の講演は，こうした動きに対して理論的な批判を加えるものといえます。

【公正取引委員会は，2022年6月16日，「デジタル化等社会経済の変化に対応した競争政策の積極的な推進に向けて―アドボカシーとエンフォースメントの連携・強化―」と題するステイトメントを公表しました。2022年6月7日に閣議決定された「経済財政運営と改革の基本方針2022」や「新しい資本主義のグランドデザイン及び実行計画」において，公正取引委員会の「アドボカシー（唱導）機能の強化」が明記されたことを受けたものであり，アドボカシーとエンフォースメントのそれぞれの強化と相互の連携促進のための具体策が盛り込まれています。エンフォースメントとアドボカシーを真に「車の両輪」として，公正取引委員会が積極的に取り組むことを期待しています。】

15　最後の月例研究会（2022年3月18日第295回月例研究会冒頭挨拶）

　1　今回の月例研究会では，村上政博先生に「今後の法改正課題―行政制裁金制度の創設と不公正な取引方法の再構築」と題して講演していただきます。独占禁止法の実体面とエンフォースメントに関わる重要課題について，一貫した立場から研究を深め，積極的に提言してこられた村上先生ならではのテーマであり，競争法研究協会最後の月例研究会に相応しいものと考えています（本書180頁）。

　2　2022年に入ってからの独占禁止法の執行については，2月末から3月初

めにかけて2件の入札談合の法適用事件が公表されました。特に，日本年金機構発注データプリントサービスに係る入札談合事件（排除措置命令・課徴金納付命令令和4・3・3）については，発注側の日本年金機構に対して談合情報の取扱い等について改善要請がなされています。今から30年近く前に，日本年金機構の前身に当たる社会保険庁の発注に係るシール談合事件の刑事告発に関わった者としては，印刷業界は何も変わっていないのか，発注側も組織は変わっても体質は変わっていないのかという感想を抱いてしまいました。

　既に刑事事件が確定している地域医療機能推進機構発注医薬品入札談合事件の行政処分も近く出るのではないかと予想されますが【排除措置命令・課徴金納付命令令和4・3・30】，年金とか医療といった国民生活に密接に関わる分野における入札談合が相次いでいることには懸念を持たざるを得ません。

　かつて入札談合といえば建設業が大宗を占めましたが，近年はサービスや物品調達関係が目立ちますし，また，先般，情報システム調達の実態調査報告書が公表され（令和4・2・8），種々の問題点が指摘されています。しかし，建設談合の摘発がなくなっていることが公共調達における建設工事の発注が競争的に行われていることを直ちに意味するものではありません。談合という明示・黙示の協調行動を伴うことなく，（独占禁止法違反ではないが）非競争的な調達が行われている可能性もあり，入札制度やその運用の不断の見直しが必要です。

　3　2021年度（令和3年度）も残りわずかですので，1年の動きについても簡単に振り返っておきたいと思います。年度末に重要な発表が相次いで行われることがありますので，その留保付きです。

　まず，法適用事件としては，先ほど触れた2件の入札談合事件に限られます。2020年度には6件あった確約計画認定事件もずっとありませんでしたが，一昨日，Booking.com事件について公表されましたし（令和4・3・16認定），他にも確約認定申請中の事案が報道されています【ウィルソン（テニスラケット）並行輸入妨害事件（確約計画認定令和4・3・25）】。これらのほか，単独行為に係る自発的改善による審査終了事件が3件あり，アップル（リーダーアプリ）事件，楽天（送料込み）事件といった大きな注目を集めた事案が含まれています。

　また，実態調査としては，携帯電話市場，IPOにおける価格形成プロセス，情報システム調達に関する実態調査結果が公表されたほか，クレジットカー

ド，クラウドサービス，ソフトウェア制作，モバイル OS 等のデジタル分野関連の実態調査が進められています。

　法適用事件をはじめとする違反事件ばかりに注目することが適切であるとはいえませんが，法執行機関としての公正取引委員会の存在意義にも関わることであり，年度内の残された期間に新たな法的措置事件の発表があることを期待したいと思います。

　4　手続面の問題についても簡単に触れておきます。国際的には競争法の執行における適正手続と透明性の確保が重要な課題となっていますが，公正取引委員会は手続問題に関する国際的議論を国内向けに適切に紹介しているようにはみえません。例えば，公正取引委員会は，OECD や ICN の活動を積極的に紹介し，大きな貢献をしていることを強調しています。しかし，そこでは，専ら競争法の実体問題や競争唱導に関することが扱われています。ICN が2019年5月に採択した CAP（競争当局の手続）フレームワークや，OECD が2021年10月に採択した「競争法執行における透明性と手続的公正に関する理事会勧告」について，公正取引委員会が具体的に紹介する記事等を拝見したことはほとんどありません。わずかに，OECD 競争委員会2021年11月・12月会合等の紹介論文（公正取引856号〔2022年〕62-68頁）に「その他」として上記理事会勧告の採択が紹介されています（68頁）。

　こうした国際的な手続問題への公正取引委員会の消極姿勢には，次のような背景があるのではないかと考えています。一つは，独占禁止法の執行手続やその運用には国際的視点からみて問題があり得ることを公正取引委員会が意識して，国内で議論が高まることを警戒している可能性です。もう一つは，公正取引委員会が法執行・法適用という手法を重視しなくなってきていることの反映ではないかということです。

　こうした見方や評価がどこまで正鵠を射ているかは別にして，公正取引委員会の独占禁止法運用の大きな考慮要因が司法審査のリスク回避にあることは否定できないと思われます。「絶対に負けない」ような事案しか，違反認定（排除措置命令）の選択はなされないのが現状であると見受けられます。これでは，独占禁止法のルール形成は進化せず，公正取引委員会の曖昧な行政的介入の根拠にはなっても，経済取引の基本ルールとしての機能を果たすことはできませ

ん。

　5　国際的な動きも 1 つ簡単に紹介します。今月初めの ABA（米国法曹協会）のあるセミナーで，米国司法省のパワーズ（Richard Powers）反トラスト局次長（Deputy Assistant Attorney General in charge of criminal enforcement）が質問に答える形で，シャーマン法 2 条違反（独占行為）の有責者に対する刑事訴追の可能性を認めたことが大きな衝撃をもって受け止められています。シャーマン法 2 条違反の刑事訴追は過去 50 年行われたことがなく，特にレーガン政権以降の司法省反トラスト局は刑事訴追の対象をハードコア・カルテルに限定する方針を維持してきました。司法省は，2016 年 10 月に，従来民事提訴されてきていた雇用に関わる競争制限協定を刑事訴追することがある旨表明し，これも大きな方針転換でしたが，シャーマン法 2 条違反に対する刑事訴追が実行されるとすれば，比較にならないくらいの大転換になります。そして，司法省は，2016 年の方針転換の際には連邦取引委員会と連名のガイドライン（Antitrust Guidance for Human Resources Professionals）を公表しましたが，今回は公式には何も発表されていません。パワーズ次長の発言が，単に法制上刑事訴追が可能であることを指摘したにすぎないのか，本気で刑事訴追を目指しているのか，企業にとっては不確実性が増しています。【シャーマン法 2 条違反に対する刑事訴追については，パワーズ次長の個人的発言ということではないようです。2022 年 4 月 4 日，カンター反トラスト局長のスピーチにおいても言及されています。こうした発言に対しては，当然のことながら，厳しい批判も出ています。また，労働に関わるカルテルとして刑事訴追した事件でも，司法省の敗訴が相次いでいると報道されています。】

　6　最後になりますが，村上先生が編集代表として編纂されました『条解独占禁止法〔第 2 版〕』（弘文堂・2022 年）が先月刊行されました。2014 年末に出た初版に比べ 200 頁も増え，益々充実した内容になりました。同じ逐条解説でもタイプが異なる白石忠志・多田敏明編著『論点体系 独占禁止法〔第 2 版〕』（第一法規・2021 年）と使い分けると有益ではないかと思います。

　また，金井貴嗣先生古稀祝賀の『現代経済法の課題と理論』（弘文堂・2022 年）が 1 月末に出版されており，基礎理論，実体面（行為類型）からエンフォースメントまで，現下の独占禁止法を巡る主要な課題が幅広く取り上げられてい

ます。

　こうした研究や分析が可能になるのも，公正取引委員会が違反事件として取り上げ，あるいは被害者が訴訟を提起するという営みがあってこそのことであり，現状では研究の先細り（研究の素材自体がなくなってしまうこと）も懸念されます。理論と実務を架橋し，理論と実務が相乗的に発展することが求められる中で，公正取引委員会の審査活動の一層の奮起を期待したいと思います。

16　Booking.com事件の確約計画認定（2022年3月18日会長コラム）

　1　公正取引委員会が2022年3月16日，Booking.comに対する確約計画の認定を公表した。宿泊予約サイト運営事業者3社に対し，宿泊施設運営業者との契約における同等性条項（最恵待遇〔MFN〕条項ともいう）が不公正な取引方法（拘束条件付取引）に該当する疑いがあるとして立入検査が行われたのは2019年4月10日である（報道による）。半年後の同年10月25日には，3社のうちの楽天（楽天トラベル）に対する確約計画の認定が行われたが，その後長らく特段の動きが見られなかった。今回のBooking.comの決着により，残るはエクスペディアのみとなった【エクスペディアに対する確約計画認定令和4・6・2（後述）】。

　確約手続第1号として早期の問題解決のメリットが強調された楽天事件の処理とは異なり，今回は立入検査から3年近い審査期間を要しており，確約手続の趣旨に沿った処理とは言い難いように思われる。

　2　宿泊予約サイト運営事業者による「同等性条項」とは，宿泊施設運営業者との間で締結する契約において「宿泊料金及び部屋数については，他の販売経路と同等又は他の販売経路よりも有利なものとする条件」(楽天事件公表資料)を付す条項のことである。この場合には，同等性が求められる内容としては宿泊料金及び部屋数，同等性を比較する競合先としては「他の販売経路」全て，すなわち競合する宿泊予約サイト及び宿泊施設運営業者の自社サイトの両方を対象としていることになる。

　こうした同等性条件のうち，競合する全ての販売経路との同等性を要求す

る条件を「ワイド同等性条件」，宿泊施設運営業者の自社サイトとの同等性を要求する条件を「ナロー同等性条件」という。大雑把に整理すれば，「ワイド」については競争制限効果が強く，競争法違反となるが，「ナロー」については相対的に弊害が弱く，宿泊施設運営業者によるフリーライド（宿泊予約サイトで情報を得た予約希望者を自社サイトに誘導して直接予約を獲得すること）を防止する上で必要となり得ることから，欧州諸国においても直ちに競争法違反とはいえず，あるいは確約による禁止の対象から除外されてきている^{（注1）}。

　楽天に対する認定確約計画では，「宿泊料金及び部屋数については，他の販売経路と同等又は他の販売経路よりも有利なものとする条件を定めている行為を取りやめること」（楽天事件公表資料）とされており，担当官解説（公正取引832号〔2020年〕80頁）では，ナロー同等性条件も禁止される旨示唆されている^{（注2）}。

　これに対し，今回のBooking.com事件では，違反被疑行為が「宿泊料金及び部屋数について，他の販売経路と同等又は他の販売経路よりも有利なものとする条件（ただし，当該契約において定めている，<u>当該宿泊料金について自社ウェブサイト等の販売経路と同等又は当該販売経路よりも有利なものとする条件〔以下「宿泊料金のナロー同等性条件」という。〕を除く。</u>）」を定めていることとされており（同事件公表資料2。下線追加），宿泊料金について宿泊施設運営業者の自社サイトとの同等性を要求する条件（宿泊料金のナロー同等性条件）は確約手続による処理の対象から除外されている。この除外については，「契約において定めている宿泊料金のナロー同等性条件について，当該宿泊施設運営業者によって必ずしも遵守されていない現状から，確約手続による処理の対象としなかった」と説明されている（同事件公表資料6）。

　拘束条件付取引の行為要件（拘束性）自体が充足されていないということかもしれないが，行為要件を含めて違反の疑いのある行為を早期に是正するのが確約手続であり，除外の妥当性や説明の適切性・十分性には検討すべき点があると思われる。ナロー同等性条件について「ただ乗り」問題に言及する報道もあり（2022・3・17朝日），実質的な説明が求められる^{（注3）}。

　宿泊料金のナロー同等性条件の除外が本件処理のポイントであり，楽天事件と同様にナロー同等性条件も禁止したい公正取引委員会と，ナロー同等性条件

が多くの法域で容認されている^(注4)として難色を示す Booking.com との折衝
が難航し，審査が長期化していたのではないかと思われる。結局，宿泊料金の
ナロー同等性条件については確約手続の対象外とし，将来の審査の余地を残す
ことで公正取引委員会が譲歩した，ということかもしれない。公正取引委員会
が Booking.com に対して行った確約手続通知において，「違反被疑行為の概要」
として初めから宿泊料金のナロー同等性条件が除外されていたのか，気になる
ところである（確約手続に関する相談により事前に決着していた可能性も高いが）。

3　Booking.com 事件の公表資料3は，「違反被疑行為による影響」として，
宿泊料金に係る同等性条項による影響について，「当該宿泊施設運営業者は，
……例えば，Booking.com サイト以外の宿泊予約サイトに掲載する宿泊料金を
Booking.com サイトに掲載するものよりも引き下げた場合，引き下げた宿泊
料金と同等又はそれより低額の宿泊料金を Booking.com サイトにも掲載する
必要が生じることとなる。」「このため，Booking.com B.V. の……行為により，
同社と競争関係にある宿泊予約サイトの運営業者において，例えば次のとお
り，自らの事業活動に影響が生じた事例が認められた」として，2事例を挙げ
て説明している。

同等性条件がもたらし得る競争効果は多面的であり，例えば，アマゾンジャ
パン（マーケットプレイス同等性条件）事件（平成29・6・1公表：自発的改善措置に
よる審査終了）の公表資料では，次のように整理されている（下線追加）。

電子商店街の運営事業者が出品者に価格等の同等性条件及び品揃えの同
等性条件（略）を課す場合には，例えば次のような効果が生じることによ
り，競争に影響を与えることが懸念される。

[1] 出品者による他の販売経路における商品の価格の引下げや品揃えの拡
大を制限するなど，<u>出品者の事業活動を制限する効果</u>

[2] 当該電子商店街による競争上の努力を要することなく，当該電子商店
街に出品される商品の価格を最も安くし，品揃えを最も豊富にするな
ど，<u>電子商店街の運営事業者間の競争を歪める効果</u>

[3] 電子商店街の運営事業者による出品者向け手数料の引下げが，出品者
による商品の価格の引下げや品揃えの拡大につながらなくなるなど，<u>電</u>

子商店街の運営事業者のイノベーション意欲や新規参入を阻害する効果

　また，有力な宿泊予約サイト運営事業者3社が並行的に同様の同等性条件を付している（た）とみられる本件では，宿泊施設運営業者間の料金競争への影響も考えられる。

　前述したとおり，今回のBooking.com事件の公表資料では，宿泊料金に係る同等性条件が及ぼす競合宿泊予約サイト運営事業者に対する影響のみに言及している。宿泊料金のナロー同等性条件が確約手続の対象から除外されたこともあり，このような説明になっている面もあると思われるが，物足りなさが残る。もっとも，楽天事件の公表資料では一切説明されていなかったことからすれば，一歩前進といったところかもしれない。

　4　米国製テニスラケット「ウィルソン」の輸入総代理店による並行輸入妨害事件（2020・9・9立入検査報道）について，確約認定申請がなされたと報道されている（3月15日【令和4・3・25確約計画認定】）。単独行為については排除措置命令を行うことはもはや想定されていないのかもしれない。今後も多用されると見込まれる確約手続について，制度及び運用の改善が望まれる[注5]。

　【公正取引委員会は，2022年6月2日，残る1社となっていたエクスペディアについて，確約計画を認定した。違反被疑行為の概要，違反被疑行為による影響，確約計画の概要，ナロー同等性条件に係る今後の対応を説明する報道資料の内容はBooking.comに対するものとほぼ同一であり，Booking.com事件の処理に関する問題点が同様に当てはまる。

　また，エクスペディアに対する確約計画認定が6月2日になったことについて，EUの新たな垂直的制限協定一括免除規則が2022年6月1日に施行になったことと関係しているのかもしれない。旧規則では，同等性条項全てについて一括適用免除の対象であったが，新規則では，競合プラットフォームとの同等性条項は「除外された制限（excluded restrictions）」とされており（新規則5条(1)(d)），EU競争法101条に違反するかどうかは個別判断されることになる。ナロー同等性条項を含むその他の同等性条項は，シェア30％以内等の条件を満たす限り，引き続き一括免除の対象になる。しかし，ナロー同等性条項であっても，当該市場におけるプラットフォームの累積シェアが相当高いような

場合には，適用免除を受けられないおそれがある（垂直的制限協定ガイドライン6.2.4及び8.2.5に詳述されている）。エクスペディアとしては，旧規則が有効である間は，ナロー同等性条項が除外されるとしても，同等性条項の取りやめを受け入れず，新規則が施行されるのを待って，確約計画の認定に至ったという事情があるのではないかとも思われる。

　同時に調査対象となったオンライン宿泊予約サイト3社のうち，楽天のみがナロー同等性条項を含む同等性条項の利用を禁止されるとすれば，バランスを欠くようにも思われる。もっとも，楽天に対する確約計画認定は2019年10月25日であり，あと半年足らずで3年の履行期間が過ぎることになる。むしろ問題は，3年経過後には競合するオンライン予約サイトに係る同等性条項を実施しても構わないのか，それとも事実上，引き続き自制することになるのかという点である。3年という比較的短期の履行期間をデフォルトとしている運用についても検討する必要があると思われる。】

(注1)　例えば，伊永大輔・寺西直子・小川聖史「連載講座 デジタル・エコノミーと競争法 第4回 最恵国待遇（MFN）条項と競争法」公正取引808号（2018年）45-52頁参照。

(注2)　この点に関し，平山賢太郎「楽天株式会社から申請があった確約計画を公正取引委員会が認定した事例」新・判例解説 Watch 経済法 No.70（2020・5・22掲載）注16も参照（ナロー同等性条件が除外されている可能性を指摘）。

(注3)　朝日新聞デジタル（2022・3・16 18:23）では，更に詳しく次のように報じており（下線追加），公表資料では全く言及されていないことがプレスには説明されていることを窺わせる。「公正取引委員会は今回，調査の結果，「ただ乗り」の影響は限定的だと判断。問題性があると結論付け，同社にも伝えた。（改行）一方，日本では条項を守らずに価格を決める施設が多く，同社も厳格に対応しておらず，「現状は問題ない」と説明。撤廃を求めて同社と争えば解決に時間がかかるとして，同社が今後，対応を変えれば厳正に対処するとしている。（改行）担当者は「事業者の価格設定を拘束する行為には特に厳しい対応が必要になる」という考えを示した」と話し，自社サイトの価格について圧力を受けているとの情報があれば，提供してほしいとしている。」

(注4)　伊永ほか・前掲注1，50頁参照。

(注5)　栗田誠「独占禁止法上の確約手続の課題」同志社法學 73巻6号（2021年）317-353頁参照。

17　企業結合案件に対する事件審査の可能性（2022年3月31日会長コラム）

　1　競争法研究協会の活動の最後の日に，最後の会長コラムをお届けする。コラムでは独占禁止法の審査手続をはじめとするエンフォースメントに関することを度々取り上げてきたが，最終回も企業結合審査の手続や態勢を巡るものである。

　2　企業結合審査は，公正取引委員会事務総局の経済取引局企業結合課が担当しているが，正式に排除措置命令を行おうとする場合には，独占禁止法8章2節に定められた事件審査手続により行う必要がある（17条の2）。事件審査を行うに当たっては，審査局長が委員会に報告し，必要に応じて審査局職員を審査官に指定し（審査官指定政令），独占禁止法47条1項に定められた権限を用いるなどして審査を行い，意見聴取手続を経て排除措置命令を行うこととなる。確約手続を用いる場合も同様である。「企業結合審査の手続に関する対応方針」（手続対応方針）には具体的に記載されていないが，こうした手続が必要になると考えられてきたのであり，実際には，企業結合課職員を審査局併任とする方法が用いられるものと想定されていた。企業結合案件で正式に事件審査が行われた数少ない事例の一つが八幡製鐵・富士製鐵合併（新日鐵）事件（同意審決昭和44·10·30）であるが，上記のような手続が採られている[注1][注2]。また，私自身，実務家向け解説書において，そのように説明してきた[注3]。

　3　しかし，ちょうど1年前の2021年（令和3年）3月31日に関係法令の改正が行われ（同年4月1日施行），企業結合課において企業結合案件に対する事件審査を行うことができるようになっていることをつい最近知った。公正取引委員会事務総局組織令や審査官指定政令，公正取引委員会審査規則の改正を伴っており，当然，官報による公布が行われているのであるから，不明を恥じるほかないが，公正取引委員会は積極的にこの改正を公表していないようである。なお，令和2年度公正取引委員会年次報告には，組織令及び審査官指定政令の改正に関するごく簡単な記述がある（30頁）。

　具体的な改正事項は，次のような点である（地方事務所の所掌に係る改正は省略）。
①公正取引委員会事務総局組織令（政令）の改正：経済取引局の所掌事務（3

条）や企業結合課の所掌事務（14条）に，「独占禁止法第4章の規定に係る」事件の審査，排除措置計画の認定，排除措置命令，告発・緊急停止命令の申立て，合併等の無効の訴え及び排除措置計画の認定後・排除措置命令の執行後の監査に関することを加える。

②審査官指定政令の改正：審査官指定の対象となる職員を「審査局（犯則審査部を除く。）又は地方事務所の職員」に限っていた点を改め，官房審議官及び企業結合課の職員を加える。

③審査規則の改正：審査手続の開始について，「審査局長は，事件の端緒となる事実に接したときは，審査の要否につき意見を付して委員会に報告しなければならない。」（7条1項）とする規定の主語を「経済取引局長又は審査局長」に改める。審査結果の報告に関する23条についても同様である。

　要するに，企業結合事案については，全て企業結合課において完結的に担当し，処理できるようにするという改正である。

　4　この改正は何のために行われたのであろうか。次のような相反する見方が可能である。

　この改正をポジティブに捉えるならば，公正取引委員会としては，企業結合案件を必要に応じて正式に審査事件として取り扱い，例えば，追加の情報提供を「報告命令」により求めたり，確約手続により排除措置計画を認定し，あるいは排除措置命令によって排除措置を命じたりすることがあることを明確にするとともに，その都度，審査局に移管したり，職員に併任の発令をしたりするといった事務手続なしに，企業結合課において機動的に正式に事件として処理することを可能にするための改正である。

　他方，この改正をシニカルにみれば，公正取引委員会の企業結合審査が独占禁止法の定める審査手続によらないで非公式に処理されており，そもそも企業結合課では追加の情報提供を求める権限を有しておらず，第2次審査においても「報告等の要請」をしているにすぎず，実効性を欠いているという批判[注4]に対応して，企業結合課で事件審査ができる，法的権限を発動することができるという「形を整える」ための改正である。

　公正取引委員会がこの改正を積極的に公表していないこと，施行後1年が経過しようとするが，事件審査として処理された案件があるようにはみえないこ

と^(注5)を考えると，後者の「形を整える」ための改正であって，公正取引委員会としては企業結合案件を審査事件として取り扱うようなことはそもそも想定していないとみるのが妥当であろう。

　　5　公正取引委員会の企業結合審査の現行実務は，当事会社にとっては居心地の良いものであると想像される。実務家からは，企業結合審査手続や実務慣行に対する不満や異論はほとんど聞かれなくなっているように思われる^(注6)。また，研究者は，企業結合規制の実体面には興味があっても，手続や審査態勢については関心が湧きにくいようである^(注7)。私は，企業結合審査制度には実効性を欠く面があり，その改善が急務であることをかねてから主張してきているが（注4参照），今回の改正がそのための第一歩となるものかどうか，確信が持てないでいる。

【公正取引委員会が2022年6月16日，独占禁止法・競争政策の強化に向けて重要な取組を公表した。「デジタル化等社会経済の変化に対応した競争政策の積極的な推進に向けて―アドボカシーとエンフォースメントの連携・強化―」と題するステイトメントには，アドボカシーとエンフォースメントのそれぞれの強化と相互の連携促進のための具体策が盛り込まれている（エンフォースメントとアドボカシーについては，「エンフォースメントとアドボカシー」〔2022年2月7日第294回月例研究会冒頭挨拶〕本書125頁参照）。以下では，「エンフォースメントの強化」として挙げられている企業結合審査に関わる取組を紹介する。

　　第1に，「デジタル市場の案件を中心に，複雑かつ急速に変化する市場状況において，より広く第三者からの意見を収集する必要があると考えられるような企業結合案件については，第2次審査の開始の如何を問わずに，必要に応じて，第三者から意見聴取する旨公表し，情報・意見を募集する」とされている。そして，早速，同日付で，グーグル又はマイクロソフトを当事会社に含む米国会社同士の企業結合2案件について，情報・意見の募集を開始している。

　　第2に，「企業結合審査においても，当該審査の目的を達成するために必要かつ相当な範囲において，必要に応じて，独占禁止法第40条の規定に基づく調査権限を行使する」ことを表明している。なお，2022年6月17日に独占禁止法40条の権限行使に関する公正取引委員会規則案の意見募集が行われ，同年8月12日に制定・公布されている。

　第3に,「審査の初期段階から取締役会における資料や社内の競争分析に係る資料などの内部文書の提出を求め,企業結合審査を実施していく」ことを改めて表明し(このこと自体は,2019年12月の手続対応方針の改定において明記されていた),2022年6月22日に「企業結合審査における内部文書の提出に係る公正取引委員会の実務」を作成・公表している。

　第4に,エンフォースメントにおける経済分析の活用を強調しており,この点については既に2022年5月31日に「経済分析報告書及び経済分析等に用いるデータ等の提出についての留意事項」が公表されている。

　また,公正取引委員会は,2022年6月22日に「令和3年度の企業結合関係届出の状況」を公表するに当たり,「(参考2)最近におけるデジタル分野の企業結合審査への対応について」を併せて公表し,企業結合審査の体制の強化とエンフォースメントの強化について紹介している。

　こうした企業結合審査の実効性を高める取組が効果を上げることを期待しているが,次のような疑問も抱いた。一つは,取組の中には,第1次審査における第三者からの意見聴取のように,手続対応方針の改定につながるものが含まれると考えられるにもかかわらず,なぜ改定しないのかという点である。企業結合審査の手続・実務について,各種の資料を参照しないと全貌が分からないということになってしまう。

　もう一つは,企業結合審査を事件審査として行うことがある旨をなぜ公表しないのかという点である。また,より根本的には,独占禁止法40条の一般的調査権限を用いるという方法は,いわば便宜的なものであり(八幡製鐵・富士製鐵合併の事前相談の段階で,本条に基づいて資料要求をしたとされている。根岸哲編『注釈 独占禁止法』(有斐閣・2009年)632頁[平林英勝執筆]),企業審査審査に相応しい,実効的な仕組みを構築することが適切である。】

(注1)　毎日新聞社経済部編『新日鉄誕生す　独禁政策と巨大企業合併の記録』(毎日新聞社・1969年)116頁,公正取引委員会事務局編『独占禁止政策三十年史』(1977年)197頁参照。

(注2)　比較的近年に違反事件として審査された企業結合として,BHPビリトンによるリオ・ティントの株式取得事件(平成20・12・2審査打切り)がある。2007年2月に公表されたオーストラリアの鉄鉱石等の産出企業間の株式取得について,当時の独占禁止法の下では株式取得の事前届出制度はなく,10条1項違反被疑事件として

審査が行われたものである。当事会社が任意の協力を拒否し，さらに，報告命令書の領事送達も拒否するに及んで，公示送達が行われたが，当事会社が2008年11月に計画を撤回するに至り，審査は打ち切られた。公正取引委員会の公表資料（平成20·12·3）には，「問い合わせ先」が企業結合課と記載されており，審査局で審査を行う形式を採りつつ，実質的には企業結合課が審査に当たったものと推測される。本件については，川合弘造「域外企業の企業結合に対する日本の独占禁止法の適用― BHP Billiton-Rio Tinto事件を題材として」NBL905号（2009年）47-55頁参照。

(注3)　村上政博・栗田誠・矢吹公敏・向宣明編『独占禁止法の手続と実務』（中央経済社・2015年）382頁［栗田執筆］参照。

(注4)　栗田誠「公正取引委員会による企業結合審査の見直しの意義と課題」M&A Review Vol.25, No.5（ポリグロット　インターナショナル・2011年）8-15頁，栗田誠「実効的な企業結合規制制度の確立に向けた課題」日本経済法学会編『企業結合規制の新たな展開』日本経済法学会年報33号（有斐閣・2012年）62-79頁，村上ほか編・前掲注3, 376-384頁。

(注5)　公正取引委員会内部の事務処理として，例えば，第1次審査で問題解消措置が提示された案件や第2次審査に移行した案件については，自動的に「事件の審査」として扱っている（ただし，報告命令等の権限を行使したり，確約手続や意見聴取手続を採ったりする必要はないと判断している）可能性はある。

(注6)　日本経済団体連合会経済法規委員会競争法部会が2022年3月31日に「デジタル化とグローバル化を踏まえた競争法のあり方 – 中間論点整理 –」と題する報告書を公表し，企業結合規制についても，審査体制の強化，審査手続・調査方法の透明性の向上，事例公表の在り方に関して問題を提起しているが，要するに，問題ないという結論を早く出してほしいという要望に尽きるようである。【髙橋友樹「グローバル化・人口減少時代における競争法への期待―企業結合審査を中心に―」商事法務2295号（2022年）35-39頁に紹介されている。】

(注7)　ただし，次のような問題指摘論文もあることを付言する。田平恵「企業結合規制における審査と手続のあり方」日本経済法学会編『独占禁止法のエンフォースメント―新たな課題に対して』日本経済法学会年報41号（2020年）50-63頁，Vande Walle, Simon「デジタルプラットフォーム事件における問題解消措置と確約措置の実効性」日本経済法学会編『デジタルプラットフォームと独禁法』日本経済法学会年報42号（2021年）77-97頁。

18　競争法研究協会の活動を閉じるに当たって（2022年3月31日〔同月18日収録〕）

1　競争法研究協会は，本年（2022年）3月末をもちまして活動を閉じるこ

とといたしました。30年にわたり協会の活動を支えてくださいました会員の皆様方に厚くお礼を申し上げます。最後の3年間を名ばかりの会長として務めたにすぎない私がこのご挨拶をさせていただくことは誠に僭越ではございますが，ご容赦いただければ幸いです。

　　2　当協会は，ちょうど30年前の1992年3月7日に，公正取引委員会及び経済界からのご支援を得て，独占禁止法・競争政策に関する中立的・民間非営利独立のシンクタンクとして設立されました。当初は「独禁法研究協議会」と称しておりましたが，2000年1月に「独禁法研究協会」，さらに2002年8月に「競争法研究協会」と改称し，現在に至っております。

　創設者であられる初代会長齋藤栄三郎先生が2000年7月にご逝去された後，伊従寛先生が第二代会長を長年務められ（2015年3月まで），その後，矢部丈太郎先生が2015年4月から2019年3月まで務められ，そして2019年4月からは私が会長を仰せつかってまいりました。

　その間，当協会の活動にご理解をいただき，一貫して支援を惜しまれなかった会員企業・団体やその関係の皆様，研究活動に参画し貢献してくださいました内外の競争当局等の政府関係者，法曹・企業法務関係者，研究者等の方々に深く感謝申し上げます。また，歴代の理事や参与等の役員の方々に加え，協会事務局に対してお礼申し上げます。特に，設立以来，業務執行担当理事として実務を一手に担ってこられた鈴木啓右理事と現在の澤登かおる様に至るまでの事務局の皆様方の献身的なご尽力なしには，当協会の活動は遂行できなかったのであり，長年にわたるご労苦に対しまして深く感謝の意を表します。

　　3　当協会は，次の二つの目的達成を念頭に活動を進めてきたとされています[注]。

　一　現行独禁法の運用について，官・学・産・研の周知を集め，3年，5年，10年の単位で自由な学問的政策研究を推進し，正確な情報収集と科学的分析を基礎とした提言を行って日本の経済発展に努める。

　二　伝統，文化，商習慣，モラルなどの異なった国際経済社会の中で，独禁政策・競争政策に関連して日本が世界の一員としてどの様に貢献できるかにつき，日本と米国を初めとする諸外国・諸地域との間の『懸橋』としての役割の一旦を担う。

　思い起こしますと，当協会が設立されました1992年当時は，1989年から1990年にかけての日米構造問題協議を受けて，独占禁止法・競争政策の強化や公正取引委員会の機能強化が進められようとしていた時期であります。同時に，規制を受ける側の企業・団体におきましても，企業や業界の存亡に関わる重大問題として認識されるようになり，経営トップがリーダーシップをとって取り組むことが求められていた時期でした。そうした状況下で活動を開始した当協会は，前述しましたように，独占禁止法に関する研究と提言，競争政策に関する世界との懸橋としての役割を果たすべく，時代に先駆けて様々な活動を進めてまいりました。これまで295回に及ぶ月例研究会はいうに及ばず，海外調査の実施，国際シンポジウム・コンファレンスの開催，特定テーマに関する特別セミナーの開催，研究成果の公刊，政策提言の公表など，様々な手法を用い，多彩な発表者・参加者を得て，多様なテーマに取り組んでまいりました。

　内容面をみましても，初期の頃には独占禁止法の基本的な考え方や基礎の習得，海外競争法の紹介に重点がありましたが，次第に，より専門的，あるいは実務的な内容へと高度化し，時には当局の運用を批判的に分析するようになりました。また，独占禁止法の実体面・手続面に関する提言活動が積極的に展開された時期もありました。

　4　その間，独占禁止法は累次の改正により執行力が格段と強化され，公正取引委員会の組織・陣容も大幅に拡充されるなど，この30年間における我が国の独占禁止法・競争政策の発展には目を見張るものがあります。また，企業・団体や法律事務所におきましても，我が国独占禁止法はいうに及ばず，欧米のみならず，発展著しい韓国・中国，ASEAN等の競争法に関しても的確に対応できる実務能力・体制を構築するに至っております。そして，手前味噌ながら，当協会もそうした発展の礎となり，一定の貢献ができたものと自負しております。

　個人的には，独占禁止法の法制度には改善の余地が残されており，また，現在の公正取引委員会のエンフォースメントの在り方には種々の問題があると考えており，まだ遣り残したことがあるのではないかという思いがないわけではありませんが，独占禁止法・競争政策の研究・提言と国際的な懸橋としての活動という，当協会の大きな目的は相当程度達成できたのではないかと考えてお

ります。

　こうしたことから，役員会での熟議を経て，先般の総会における決議により，当協会は本年3月末をもちまして活動を閉じることとし，残余財産につきましては慶應義塾大学法科大学院に寄付することにより，競争法に秀でた法曹の養成に役立てていただくことといたしました。独占禁止法を中心とする「経済法」は司法試験論文式試験の選択科目の一つになっており，これも協会設立当時には想像もつかなかったことであろうと思います。独占禁止法が我が国の経済社会に根付き，「経済活動に関する基本法」として発展していくためには，独占禁止法に習熟した法曹の存在が不可欠であることに鑑みますと，この度の選択は大変意義のあるものと考えております。

　5　私個人のことを少し付け加えさせていただきますと，2001年に公正取引委員会から千葉大学に移って間もないころから，協会の月例研究会その他の活動に度々お招きをいただき，あるいは国際的な交流に参画する機会をいただくなど，協会に研究者として育てていただいたという思いを強くしております。特に，長年会長を務められました故伊従寛先生からのお誘い，お導きがなければ，私の研究の幅はずっと狭いものになっていただろうと感じております。伊従先生から卓抜なアイディアや研究上のヒントをいただいたことが多くの研究発表や論文執筆につながりました。協会の活動に参加してくださいました研究者・実務家の方々の多くも，同じような思いを共有しておられるものと確信しております。ここに改めて伊従先生の協会の活動や独占禁止法・競争政策へのご貢献を思い起こし，心からご冥福をお祈り申し上げます。

　6　最後に，改めまして30年にわたる当協会の活動に関わってこられました全ての方々に感謝を申し上げ，また，活動を支えてくださいました会員の皆様方にお礼を申し上げて，私の挨拶とさせていただきます。ありがとうございました。

　（注）　松下満雄執筆代表『国際化時代の競争政策―独占禁止法制定50年』（有斐閣・1997年）「あとがき」による。

第2編　研　究

第1章 総 論

1 競争政策の転換点

大橋 弘東京大学教授「転換点を迎える競争政策──人口減少とデジタル化のもたらす政策の方向性」（2020年12月11日第283回月例研究会）
《参考文献》大橋弘『競争政策の経済学』（日本経済新聞出版・2021年）

［講演の概要］

　月例研究会では，独占禁止法の研究者や実務家の先生方，あるいは公正取引委員会，経済産業省，消費者庁等の行政実務担当者から最新の運用事例やガイドライン作成，制度改正等に関して講演していただくことが多いが，今回は少し違った視点からの大局的な話を伺うことができた。

　講師の大橋弘先生は，公正取引委員会の競争政策研究センター（CPRC）の主任研究官を長年務められ，また，政府・関係省庁の各種委員に就かれている。独占禁止法・競争政策の理論面に通暁されているだけでなく，政策面・実践面での貢献も大きく，本日の講演内容にもそうした知見が反映されていると感じられた。

　本日の講演内容は，①世界的な寡占化の動き，②人口減少時代の競争政策，③デジタル・プラットフォームと競争政策の3つの部分から構成されている。寡占化が進行している現状において，人口減少とデジタル化という大きな環境変化が競争政策に突きつける課題は何か，競争政策が今後どのような方向を目指していくべきか，その方向性や具体的内容を誰がどのように判断し，課題を解決していくのか，という大きな問題が提起されている。「『転換点』を迎える競争政策」という演題が全てを物語っている。

［総括的な感想］

　排除措置命令の法適用を検討したり，ガイドラインの文言や論理を分析したりという，いわばミクロ的な検討に慣れている者に本日の講演内容に対する的確なコメントができるとは思えないが，競争政策の立案にとって極めて重要であるのみならず，個別事案を判断する際に考慮すべき視点を提示していただいたと感じた。

　競争法（日本では独占禁止法）は，競争を通じた経済発展を目指し，いわば成長経済を前提としている。小規模経済における競争法に関する研究はあるが[注1]，縮小経済における競争法はこれまで想定されてこなかった。成熟産業・衰退産業を巡る問題は活発な競争を通した資源移動によって解決されるものと考えられてきた。また，競争法は製造業を典型的な適用対象として発展してきており，サービス業にはそのままでは適合しない面が多々あると感じられるが，その究極がデジタル・エコノミーであるといえる[注2]。

　菅政権の下で新設された「成長戦略会議」が2020年12月1日に成長戦略を具体化する「実行計画」を取りまとめているが，「競争政策の在り方」という短い一章が設けられている。そこには，「成長戦略の鍵は，これまで実施してきている規制改革の推進と併せ，競争環境の整備を図る競争政策の強化である。」，「国内での競争政策の強化は，海外企業と競争していく上でも強い武器であるとの指摘があった。」，「成長戦略会議においては，競争政策の在り方を独禁当局や関係省庁の協力の下，重要課題として取り組むこととし，幅広い分野について議論するための検討の場を設ける。」とされている。成長戦略会議における今後の議論にも注目したい。

［世界的な寡占化の動き］

　世界的な寡占化の動きについて，米国では大変大きな関心が持たれているという。米国では，大統領経済諮問委員会が2016年4月に米国における集中度の上昇に警鐘を鳴らす報告書（The Benefits of Competition and Indicators of Market Power）を公表していた。集中度の上昇の要因や対策が活発に議論される中で，反トラスト法・政策との関連では，統計上の集中度の上昇が反トラスト法の市場分析にとって意味があるのかどうか，また，集中度の上昇が反トラ

スト法・政策の失敗に起因するのかどうかについて，次のような対立する考え方が見られる。一方で，集中度の上昇自体は市場競争の在り方に直結するものではなく，反トラスト法の執行にとって特段の意味はないとする立場がある。他方，集中度の上昇を不十分な反トラスト法・政策の結果と捉えて，その再活性化を求める立場がある。後者の立場の代表例が，Jonathan B. Baker, The Antitrust Paradigm, Harvard University Press, 2019である。そして，デジタル化の進展とその象徴としてのGAFA問題が相まって，デジタル経済下の反トラスト政策に対する強い関心につながっている。

　この議論の過程では，より詳細なデータの収集・分析の必要性が指摘されてきたが，違反事件に伴うものではない，継続的かつ網羅的な市場データの収集は，米国では1980年代に中止されている（連邦取引委員会〔FTC〕によるLine of Business調査）。また，日本の公正取引委員会による生産・出荷集中度調査は平成25年・26年調査が最後である。集中度調査の中止は，日本における経済力集中問題への関心の低下の反映でもあり，公正取引委員会のリソース配分上やむを得ない面があるにせよ，1990年代末以降に進展した事業再編・業界再編の大きな潮流の結果を把握する上で必要な基礎データの入手を困難にしたといえるかもしれない（もっとも，製造業中心のデータ収集にどれだけの意味があるのかという問題もある）。日本でも様々な産業・業種で主要事業者の数が目に見えて減少しており，集中度の上昇が明らかであると思われるにもかかわらず，余り関心を集めてこなかったという印象もある。それはなぜであろうか。

　大橋先生は，「集中度」と「マークアップ率」の両方に着目し，それを日米比較するという方法を用いて，日本においては，集中度の上昇にもかかわらずマークアップ率が低迷していることがどのような要因によるものであるかを分析し，そこから得られる示唆を今後の競争政策の方向性を考える手掛かりにしようとされている。日本で集中度の上昇に関心・懸念が持たれてこなかった背景には，デフレ経済下で利益率が低迷しており，集中度の上昇の弊害が顕在化してこなかったという事情もあると思われる。このマークアップ率の低迷にこそ，今後の競争政策の方向性を考えるヒントがあるのかもしれない。

　また，John Kwoka, Controlling Mergers and Market Power, CPI, 2020は，米国における競争の減退について，①集中度の上昇，②新規参入率の低下，③

利益率の上昇の3点から分析しているが，日本における新規参入（起業）率の低迷は夙に指摘されてきていることであり，この点も今後の競争政策にとって重要なポイントになる。

［人口減少時代の競争政策］
（公共サービスの確保）

　公共的なインフラサービスの提供をどの範囲で，誰が行うのかという問題が人口減少社会では大きく圧し掛かってくる。かつては公共インフラサービスを厳重な公的規制の下に置き，法的に，あるいは事実上の供給義務を課すとともに超過利潤の獲得をある程度容認することで，内部補助によるサービス供給が確保されてきた。しかし，こうした仕組みは，不採算地域（不採算ユーザー）における欠損を補填するために採算地域（採算ユーザー）における利益をもって内部補助するものであり，競争導入によって採算地域（採算ユーザー）限定のクリームスキミング的な新規参入が生じることに伴って，また，人口減少等による不採算地域が拡大することによって維持可能ではなくなってきている。様々な公共インフラサービスを不採算地域において（不採算ユーザー向けに）どのように維持していくのかが問われている。

　例えば電気通信分野では，競争の進展に対応して，2002年にユニバーサル・サービス基金制度を設けて全ての利用者が少額の負担をすることで，NTTに課されている「あまねく」提供義務に伴う赤字を補填することとされている。しかし，「あまねく」サービスの範囲が現行の加入電話及びそれに相当する光IP電話と公衆電話等に限定したままでよいのか，制度の在り方が問われている。

　こうした課題の解決に伴う競争問題の例として，豊北町福祉バス事件（山口地下関支判平成18・1・16審決集52巻918頁）がある。本件は，地域の住民の公共交通手段を確保するために地方公共団体が始めた無償又は低料金による「福祉バス」の運行について，タクシー会社が不当廉売に当たるとして損害賠償と差止を求めた民事事件である。判決は，地方公共団体によるバスの運行に独占禁止法の適用があることを認めつつ，公共性の観点から無償又は低料金の設定には正当化理由があるとしてタクシー会社の請求を棄却している。このように，

従来，私企業による提供が行われてきた公共インフラサービスについて，私企業が撤退した後に地方公共団体が直接的にサービスを提供するという方法があり得る。

　ここ数年，大きな議論を呼んでいる方法は，従来，複数の事業者がサービスを提供してきたが，人口減少等による需要減退等の影響で個別には採算が取れない地域が増えてきて，複数の事業者間で事業再編，例えば，合併や共同経営協定を行うというものであるが，ここには独占禁止法規制が支障になるのではないかという問題が提起されてきた。

　例えば，モータリゼーションの進展と人口減少により乗客が減少する乗合バスについて，複数のバス会社間でバス路線の再編成や共同運行・運賃プール等を行おうとすると，競争事業者間の価格カルテル・供給制限カルテルになりかねないとして，具体化策の検討が暗礁に乗り上げた事例があるとされている。

（地域銀行の経営統合と独占禁止法）

　同様の問題が金融分野でも生じている。かつての都市銀行が2000年前後の時期に再編統合されて，少数のメガバンクが誕生したのに対し，地域銀行の経営統合は進展してこなかった。しかし，現下の金融情勢の下で地域銀行の経営が極度に悪化してきており，地域で有力な2つの銀行が経営統合を計画したところ，細分化された地理的範囲における中小企業向け貸出の市場において統合後の市場シェアが極めて高くなることもあり，公正取引委員会から独占禁止法上の問題が指摘され，最終的には条件付きで容認されたものの，実現まで長期間を要した事例があった（ふくおかフィナンシャルグループによる十八銀行の株式取得〔平成30・8・24審査結果公表〕）。

　ふくおかFG／十八銀行経営統合事案の紛糾を契機に，独占禁止法規制が地域基盤サービスの安定的な提供の支障になりかねないとして，この問題がある意味で政治問題化し，安倍政権下で「未来投資会議」の議題として取り上げられた。外部からは政府部内の調整の経緯は不明であるものの，割とすんなり（公正取引委員会が強い抵抗を示すことなく），乗合バス会社と地域銀行に限定して（「地域基盤企業」と総称される），かつ，10年間の時限的措置として，主務大臣の認可を得て行う経営統合（乗合バス会社にあっては共同経営協定を含む）について独占禁止法の適用除外とする特例法が立案され，本年（2020年）5月に

成立し，11月27日に施行された。この問題については，本年（2020年）5月の月例研究会（2020・5・15第275回）における川合弘造弁護士の「企業結合審査の最新動向」においても重要なトピックとして取り上げられている（本書231頁）。

大橋先生からは，公正取引委員会の企業結合や事前相談の事例集の記述内容が結論に合わせて結論を説明するものにすぎず，公正取引委員会の本音の考え方がよく分からないことに問題があり，事業者側，あるいは主務官庁にとって有用なものになっていないおそれがあると指摘された。また，時間の要素を重視する必要があり，ふくおかFG／十八銀行経営統合事案では（公正取引委員会と当事会社のどちらに問題があったのかは別として）時間がかかりすぎたという問題があり，禍根を残したのではないかと指摘された。さらに，乗合バスの路線再編に関する相談に対して，公正取引委員会の担当者が形式的な回答をしてその取組を断念させてしまったという事例が尾を引いていた節があると紹介された。大橋先生は，「未来投資会議」の下でこの問題が議論された「地方施策協議会」の委員を務めておられた。

独占禁止法の分析枠組として，［反競争性 ＋ 正当化理由なし］を効果要件とする考え方がほぼ確立している。独占禁止法の違法性判断に競争以外の要素を取り込みつつ，野放図な拡張を抑制する分析枠組であり，今回の地域基盤サービスの提供確保の問題についても，この枠組に位置付けて処理する方策があり得たようにも思われる。この枠組では狭すぎて，実際上意味のある解決策にはならないと判断されたのか，それとも，経営統合の成否が主務官庁ではなく，公正取引委員会の判断に委ねられることへの不安や権限争い的な考慮が勝ったのか。

大橋先生からは，この点について，独占禁止法審査の過程で事後的に「正当化理由」が認められるかを議論するのではなく，事前に考え方を整理しておくことが必要ということではないかと指摘された。

（地域基盤企業経営統合等特例法）

この地域基盤企業の経営統合等に係る適用除外立法が本当に必要なものであったかどうかについては様々な意見があり得る[注3]。一方で，独占禁止法は抽象的な実体規定を有しており，経済実態に応じた柔軟な適用により，一見競争制限的に見える経営統合であっても，「競争を実質的に制限することとなる」

とはいえないと結論付けることができるのが通例であり，適用除外規定を設
ける必要はなかったという考え方があり得る。他方で，経済実態に応じた柔軟
な適用とは結局のところ，独占禁止法の分析枠組と事実認定からの逸脱であっ
て，競争政策とは離れた別途の政策的要請により経営統合を認める必要がある
のであれば，明示的な適用除外として制度化することこそが独占禁止法の論理
に基づく一貫した法執行を保障することになるとして，適用除外立法を必要と
する考え方も成り立つ。

　どちらの考え方が適切かを述べることは容易ではないが，企業結合に限って
言えば，適用除外は不要ではなかったかと考えている。特例法は，乗合バス会
社の共同経営協定をも対象としており，こちらは不当な取引制限，すなわちカ
ルテルとの関係であり，企業結合と同列には論じられない問題を孕んでいる。
共同経営協定といっても，実質的に企業結合に近いものもあれば，実質的に
ハードコア・カルテルに近いものまで千差万別であろう。従来の適用除外立法
のほとんどが共同行為規制との関係を整序する必要から設けられてきているこ
とを考慮すれば，乗合バス会社の共同経営協定の締結を促進するためには適用
除外規定が必要になると考えられる（もちろん，そうした適用除外規定が必要に
なるような類型の共同経営協定は認めないという選択肢もあり得たわけであるが）。

　いずれにせよ，特例法が既に施行され，乗合バスについては，施行日当日に
岡山市の両備グループが特例法による認可申請に向けた協議を国土交通省に申
し入れたと公表している（もっとも，両備グループ内の会社間の共同経営協定の
ようであり，実質的に意味がないようにも感じられる。グループ内の調整であれば，
不当な取引制限の問題を恐れる必要はないと考えられるからである）。また，地域
銀行については，経済誌等で特集が組まれ，各地での水面下の動きが報じられ
ている。菅政権下で設けられた「成長戦略会議」が 2020 年 12 月 1 日に取りま
とめた「実行計画」では，「乗合バス事業者及び地域銀行（特定地域基盤企業）
については，独占禁止法特例法の期限である 10 年間の間に効率性・生産性，
サービスの質の向上を進める。」とされており，その成果が期待される。

　今回の特例法は，乗合バスと地域銀行に限定した，しかも 10 年という期間
限定であるが，これが期間の限定がなくなり，また，対象が拡大されていくお
それはないであろうか。10 年という期間内に地域銀行の統合が急速に進むか

どうかはよく分からない。10年経過により自動的に特例法が失効するわけではなく，廃止法を制定する必要があることから，おそらく（かつてのカルテル適用除外立法がそうであったように）引き続き必要という判断により存続することになるようにも思われる。また，その対象についても，新たに適用除外が必要となる業種・分野・サービスが出てくることも考えられ，今回の特例法は蟻の一穴（乗合バスと地域銀行の二穴というべきか）ということかもしれない。

（競争政策と産業政策の調整スキーム）

大橋先生は，この問題を一般化して「競争政策と産業政策のリバランス」の必要性を指摘された。特に，いわゆる「3条委員会」[注4] としての公正取引委員会と一般の行政機関との政策調整のシステムの在り方について問題を提起された。これまで，主務官庁と公正取引委員会との連携はうまくいかなかったが，今回の特例法による主務官庁と公正取引委員会との調整スキームは適切なものになっていると評価され，公正取引委員会がその考え方を明確に発信していくことが重要であると指摘された。

筆者は，1996年から1998年にかけて公正取引委員会の調整課長を務めたが，その際の経験から，公正取引委員会と関係省庁との「調整」の難しさや不透明さを実感してきた[注5]。2001年の中央省庁改革により内閣や内閣総理大臣の権限が強化され，内閣府に一段高い位置付けが与えられており，また，昨今の官邸主導，内閣官房・内閣府の調整機能の拡大・強化の中で，現在の政府部内の調整がどのように行われているのか知る由もないが，特例法案の作成は内閣官房日本経済再生総合事務局が担当しており，政府部内の調整過程での軋轢や異論はほとんど聞こえてこなかったように思われる。

内閣官房が主導する迅速な政府部内の調整については，功罪両面，両刃の剣といった表現が当てはまるのではなかろうか。「調整」という文言を用いたが，実質的には，関係省庁等から情報や意見を収集して，「政治主導」の下，内閣官房において決定する仕組みであるとすれば，「調整」の実質はないようにも思われる。公正取引委員会の令和元年度年次報告には，特例法に関する記述が一切ないことも示唆的である[注6]。

特例法による主務官庁と公正取引委員会との調整スキームが実際にどのように運用されていくのかについては今後の展開を待つ必要があるが，特例法案の

作成過程のような一方的，あるいは形式的なものではないと信じたい。しかし，この点を具体的に検証することには困難を伴うであろう。政府部内の調整がブラックボックスであることは，中央省庁改革の前後を問わず，一貫している（より強まっているということかもしれない）。当事会社を代理する弁護士等が主務官庁と公正取引委員会との調整においても一定の役割を果たすと思われることから，当事会社の立場からの発信に期待したいと考えている【(注7)】。

［デジタル・プラットフォームと競争政策］
（デジタル化がもたらす影響と競争当局に求められる対応）

講演の後半では，まず，デジタル化がもたらす市場制御のための「ガバナンス」の変化が取り上げられ，その上で，デジタル・プラットフォーム（DPF）への対応が検討された。要約すると，次のような点である。

デジタル化によって，あらゆる局面で，「人間が決定するだけでなく，Botsも決定する」，「リアルタイムで継続的に調整が行われる」，「人間と機械が結び付いている」。このようにガバナンスの前提が変化している。市場に関わるガバナンスは，「政府が市場の失敗を矯正する」政府規制（産業政策の優位）の第1ステージから，「市場の方が政府より効率的である」として市場に委ねる自由競争（競争政策の優位）の第2ステージを経て，「市場がよりよく機能するためには政府が必要である」とする両政策のハイブリッドの第3ステージへと進化してきている。

そうした中でデジタル化経済における競争政策を担う競争当局は，健全な競争行動と有害な行動とを識別する必要があり，そのためには，技術進歩のペースについていけないという問題（pacing problem）や，従来の枠組・分担や市場の取り方が機能しないという問題（coordination problem）に対応する必要がある。例えば，多面市場，無料，ビッグデータ，アルゴリズム・AI，技術進歩の不確実性といった課題である。

日本におけるマークアップ率の低さは，DPFの利益が国外に流出していること，国内企業（特にDPFに依存する中小企業）の利益獲得機会がDPFによって抜き取られていること，DPFは複雑なエコシステムを通した個人情報の収集・利用によって暴利を得ることができることによる。

　DPF やその収集・利用するデータにとっては，行政機関の所管，分野・産業，そして国境は関係ない。競争当局は，デジタル化に対応して，境界を越える協働作業を強化していく必要がある。DPF は，規模の経済性やネットワーク効果により，独占化することで効率性を実現するから，DPF の独占化はある意味で不可避である。また，DPF は物々交換でデータを入手できるから，情報面（＝交渉力）において優位に立つ。例えば，DPF への出品者は，高い手数料を要求され，ランキングには不透明さがあり，取引情報を抜き取られ，一方的に不利益を受けるにもかかわらず，DPF に依存せざるを得ない。自由な意思による選択肢を確保すれば競争基盤が確立するという前提が崩れてきているおそれがある。他方で，情報面で劣位にある競争当局は，こうした問題点を立証することには困難がある。

　こうした中で，立証責任の転換や共同規制（co-regulation）の途を探っていく必要がある。具体的には，① DPF に自ら取り組んでもらい，対策を提案・約束してもらう（プレッジ），②政府がそれを評価する（その過程では両者間のコミュニケーションが重要になる），③ DPF がそれをコミットする，④実施状況をレビューし，公表する，というプロセスを実践していく。現に，DPF では外部の意見を取り入れつつ自主ルールを作成する動きが具体化してきている。もちろん，約束違反に対するサンクションをどうするか，独占禁止法規制をどのように位置付けるか，といった問題が残されている。特定 DPF 取引透明化法は，こうした考え方に沿って制定されたものである。そして，独占禁止法が後ろに控えているということが重要な意味を持つ。事前のスキームが有効に機能するためにも，事後の執行が重要である。

（DPF 問題への日米欧の取組方の違い）

　大橋先生の講演の後半部分を伺いながら，DPF に対する政府としての取組方が，米国，EU，そして日本の間でかなり大きく異なっていると感じた。

　米国では，具体的な規制という意味ではプライバシー保護，消費者保護の観点からの取組を除くと，ほとんど手付かずであった（FTC はかつて Google について基本的に競争法上の問題はないという結論を出していた〔2013・1・3公表〕）。数年前から競争当局の姿勢が変わり，本年（2020年）10月には司法省や州当局が Google を，12月には FTC や州当局が Facebook を反トラスト法違反として提

訴した。10月に公表された連邦議会下院司法委員会反トラスト小委員会のスタッフ・レポートも，反トラスト法の適用や法改正でDPF問題に取り組むことを提言している。

EUでは，欧州委員会がいち早く，Googleに対して支配的地位濫用として累次の違反決定及び巨額の制裁金賦課決定を行ってきており，その他のDPFに対しても果敢に調査を行っている。同時に，欧州委員会では，事後的な競争法適用による取組だけでは不十分であるとして，DPFに対して自社のDPF上での自社サービスの有利な取扱いやDPF上で入手した他社データの自己に有利な利用を禁止する（違反に対しては重い制裁金を課す）規則（デジタル市場法）の制定を目指している。

日本では，特定DPFに一定の情報開示や内部統制体制の整備を義務付け，それを主務大臣がモニタリングし，実施状況をレビューするという緩やかな規制枠組を採用した。また，競争当局（公正取引委員会）も，実態調査に基づく問題指摘やガイドラインの作成というソフトな手法を多用してきており，違反事件審査という手法を用いる場合にも，確約手続を活用するなど，和解的手法といえる。優越的地位濫用という行為類型の問題として取り上げられることが多い点も特徴的である。なお，2020年12月1日に取りまとめられた「成長戦略実行計画」では，「デジタルプラットフォーム事業者による反競争的行為があった場合に積極的に法執行できるようにするため，外部人材の活用を含めたデジタル分野・経済分析分野の専門的知見に係る人的基盤を整備するなど，公正取引委員会の体制を強化する。」とされており，具体的な成果が期待される。

業種や分野を問わず適用される独占禁止法を執行する公正取引委員会は，一般の行政機関のように「所管」を気にすることなく，産業融合や新規分野にも柔軟に対応できる強みを持っていると単純に考えてきた。しかし，考えてみれば，独占禁止法の分析枠組では，基本的に市場画定を起点とし，画定された当該市場における競争への悪影響の有無を分析することになる。他の市場との相互的な影響を分析することには不得手であり，また，そもそも当該市場の画定自体，あやふやな面を残している。Ohio v. American Express事件の米国連邦最高裁判決（2018年）を再読する必要もありそうである。

競争当局による境界を越える協働作業が重要であるという大橋先生の指摘を

伺い，かねてからの思いを強くした。公正取引委員会事務総局の組織が審査局と経済取引局とに分断されていること，審査局が実質的にハードコア・カルテルと優越的地位濫用しか取り上げていない（排除措置命令を行わない）現状もあり，業種・分野的な専門性を蓄積できていないことには問題があると考えてきた。例えば，DPFを巡る問題について，違反事件も担当し，実態調査や他省庁との調整も担当するような組織に改編することが適切ではないかと考えている。大橋先生からも，審査局と経済取引局との一体化は人材育成の観点からも重要であると指摘された。

[まとめ]

　講演の最後に，大橋先生から次の諸点が強調された。構造改革・規制緩和は重要であるが，それだけでは人口減少及びデジタル化という社会的な課題を解決することはできなくなっており，多様なステークホルダー（利害関係者）の視点が様々な場面で求められている。競争政策においても，競争当局と他の利害関係者との間の事前のすり合わせの必要性が高まっている。また，持続可能な競争政策を構想・実践する上で，現下の競争当局は追い風と逆風の両方を受けており，どのように対応していくかが問われている。

　前述したように，筆者は1990年代後半の規制改革が緒に就いたばかりの時期に，公正取引委員会で政府規制や独占禁止法適用除外の見直しを担当していた。当時から，単なる「規制緩和」ではなく，「規制改革」こそが必要である（必要に応じて新たな規制が必要になることもある）と考えてきたが，本日の中心的なテーマである人口減少やデジタル化という重大な環境変化への対応という面では認識不足や政策実現の難しさを改めて痛感した。

　旧稿「『競争政策』雑感」（注5参照）でも論じたことであるが，競争政策は公正取引委員会だけが担うものではなく，全ての政策担当機関その他の利害関係者に競争政策が根付き，むしろ公正取引委員会の競争唱導活動が不要になることが理想であると考えてきた。本日の大橋先生の講演は，競争政策に関わる様々な課題の発見と解決に向けて取り組む上で，政府部内における組織編成や合意形成プロセスの在り方を含め，「望ましい競争政策のガバナンスを構築する」という大変大きな課題を突き付けている。

(注1)　Michal S. Gal, Competition Policy for Small Market Economies, Harvard University Press, 2003.

(注2)　もっとも，こうした課題は競争法に限ったものではなく，例えば，租税法においても，巨大IT企業に対する国際課税が実効性を欠いているとして重大な問題になっている。諸富徹『グローバル・タックス：国境を超える課税権力』（岩波新書・2020年）参照。

(注3)　川合弘造「地域銀行の企業結合のための独禁法適用除外立法は必要だったのか？」金融法務事情2020年9月25日号（2146号）1頁も参照。

(注4)　「3条委員会」とは，国家行政組織法3条に定められた委員会をいい，国家意思を決定し，外部に表示する権限を有する国の行政機関である。これに対し，同法8条に定められた審議会等を「8条委員会」という。公正取引委員会は，国家行政組織法の適用を受けない内閣府の外局として置かれているが，内閣府設置法に基づき設置され，同様の権限を有するものも慣用的に「3条委員会」と呼称されている。

(注5)　その経験を踏まえて執筆した栗田誠「『競争政策』雑感」厚谷襄児先生古稀記念論集『競争法の現代的諸相〔上〕』（信山社・2005年）113-135頁参照。

(注6)　「公正取引委員会年次報告（独占禁止白書）—令和元年度年次報告に記載されていないこと」（2020年9月8日会長コラム）本書44頁参照。

(注7)　競争法（競争当局）と規制法（規制当局）の関係を論じた栗田誠「公的規制の下にある産業に対する法的規整の枠組」栗田誠・武生昌士編著『公的規制の法と政策』（法政大学出版局・2022年）167-207頁において，地域基盤企業経営統合等特例法についても簡単に検討した（188-193頁）。

2　「一定の取引分野における競争の実質的制限」再考

根岸 哲神戸大学名誉教授「違法性判断基準——一定の取引分野における競争の実質的制限」（2021年4月16日第286回月例研究会）
《参考文献》根岸哲「現行独禁法の体系に係る3つの異聞」甲南法務研究14号（2018年）1-9頁（以下「根岸・異聞○頁」として引用）

[講演の概要]

　根岸哲先生の講演は，独占禁止実体法における最も基本的な問題，すなわち，「一定の取引分野における競争の実質的制限」を共通の効果要件とする違

反行為類型について，独占禁止法の体系的・整合的な理解を重視する観点から，現行の公正取引委員会の実務やそれを支持する学説の問題点を指摘し，厳しく批判するものである。講演の最後において，競争の実質的制限と公正競争阻害性との関係についても検討されているので，不公正な取引方法を含む，全ての違反行為類型に関する体系的な違法性判断基準を提示しようとするものといえる。

　根岸先生は，近年，独占禁止法の実体規定を体系的に把握するととともに，公正取引委員会の強大な権限の適正な行使を確保する観点から，現行の実務や多数説に疑問を呈する論稿を相次いで発表されており，今回の講演では，最近の新たな事件・事例や公正取引委員会のガイドラインの改定等の動きを踏まえて，更にパワーアップした議論を展開されたものと受け止めている。

　故伊従寛先生は，「一定の取引分野における競争の実質的制限の解釈」（今村成和教授退官記念『公法と経済法の諸問題（下）』〔有斐閣・1992年〕177-201頁，伊従寛『独占禁止政策と独占禁止法』〔中央大学出版部・1997年〕154-178頁所収）において，この問題を詳細に検討されている。根岸先生の見解と伊従先生の見解には対立する部分もあるように思われるが，伊従先生が長らく会長を務められた競争法研究協会の月例研究会において，根岸先生がこの問題を改めて取り上げられたことは大変感慨深い。

　今回の報告について，個人的には，同感できる部分もあれば，異なる意見の箇所，別の見方・視点を提示できる部分もあると考えている。

［法解釈の方法］

　今回の講演資料の「はじめに」において，「独禁法は，基本的に，金銭の強制徴収を含む行政権力の行使を根拠付けるものであり，場合によっては，刑罰をも科すことを根拠付けるものであり，その体系的理解に基づき，法文に忠実に解釈されるべきものである」（下線追加）という基本的な立場が提示されている。

　根岸先生の独占禁止法解釈の基本的立場が，独占禁止法違反に対して課される課徴金が累次の改正を経て非常に重いものとなっていること，ハードコア・カルテルに事実上限定されるが，刑事罰を受ける現実的な可能性があることを

踏まえたものであることは明らかである。違反要件の解釈とサンクション（課徴金）との関係について，私は，1か月余り前に根岸先生が座長を務められた研究会で，優越的地位濫用の違反要件の解釈が義務的課徴金制度のために歪められているのではないか，課徴金という「尻尾」が違反行為という「本体」を振り回すという，倒錯した状況に陥っているのではないかという問題提起をしたところ[注1]，根岸先生や厚谷襄児先生から手厳しい批判をいただいた[注2]。両先生のご批判にはもっともな面があり，また，予想したとおりではあったが，私の主旨は義務的課徴金制度を見直す必要があることを強調するところにあった。

　独占禁止法の「体系的理解」が必要であるという点には同感ではあるが，そもそも，独占禁止法の実体規定には整合性を欠く点や体系的な歪みが少なからず存在し，それを解釈上どこまで補えるかが問われることになる[注3]。同時に「法文に忠実に解釈されるべき」という点を貫こうとすると，実体規定上の歪みや矛盾がそのまま表面化してしまうことになりかねない。むしろ，抽象的な文言で規定された違反要件を解釈・適用する上では，独占禁止法上の違反行為類型ごとに，更には，同じ違反行為類型であっても，行為態様に応じて異なる取扱いが必要になってくるのではないか。

　また，独占禁止法解釈の方法論について，最近，川濵昇先生が「経済法解釈の特徴について─競争法におけるルールとスタンダード」（山本敬三・中川丈久編『法解釈の方法論─その諸相と展望』〔有斐閣・2021年〕125-158頁）という刺激的な論文を公表された。川濵論文の内容を咀嚼して紹介するだけの能力や準備はないが，次のような点に注目したい。

　第1に，一般的・抽象的な規定で広範な行為を規律する競争法においては，様々な行為類型ごとに多様な具体的規範を形成することが求められ，「スタンダード」としての抽象的な規範（特に効果要件に関わる規範）を特定された「ルール」として具体化していく作業が不可欠である。

　第2に，「ルール」の設定に際しては，①個別事例に即した判断による限定的な射程の狭いルールの形成，②典型事例を出発点に他の事例に応用していく理論的なルール形成，③事例の蓄積を通した判断基準の明確化によるルール形成など，多様な方法があり得る。

161

　第3に，「ルール」の形成には，判断基準の精緻化・明確化という方法に加えて，考慮要因の具体化・ウエイト付けや推定則の設定のようなものを含めて考えることができる。

　川濱論文でも指摘されているように，こうしたルール形成を進めていく上での最大の障害は，公正取引委員会の法的判断が質・量ともに乏しく，司法判断につながっていかないことである。一時期急増した審判事件，そして審決取消訴訟事件の多くはハードコア・カルテル事案であり，しかも，実質的な争点が課徴金の計算方法に関わるものであって，多様な違反行為類型に関するルール形成にはつながってこなかった。審判制度廃止後の排除措置命令取消請求事件も多いとは言えず，また，見るべき判決も少ない。確約手続の導入がそうした状況を更に悪化させることとなりつつある【（注4）】。

[「一定の取引分野における競争の実質的制限」の解釈]

　以下では，個別的なコメントを述べるが，「一定の取引分野における競争の実質的制限」の要件を単に「本要件」という。

　本要件が「いずれの行為類型であっても，基本的に共通しているものと捉えられるべきである」という指摘について，条文上の規範として共通していることは当然であるが（なお，企業結合にあっては，「こととなる」の文言がそれ以上の追加的な意味を持ち得ることについては後述する），同じ違反行為類型（例えば不当な取引制限）であっても，具体的な態様に応じて，より具体的な特定された規範が形成されることがあり得ることは当然であり，それが求められている。

[一定の取引分野]
（企業結合ガイドラインにおける本要件の解釈）

　企業結合ガイドラインが本要件の解釈方針として，「『一定の取引分野』は，『競争を実質的に制限することとなる』か否かを判断するための前提として，その判断に先行して，画定される」旨明記しているわけではない。確かに，企業結合ガイドラインは，企業結合審査の枠組として，企業結合審査の対象性の判断→一定の取引分野の画定→競争の実質的制限の蓋然性の判断→（必要に応

じ）問題解消措置の設計という審査手順を示しているが，これは企業結合審査の論理的な順序を整理して記述しているものであって，実際にはこれらの各段階には「行きつ戻りつ」の関係があると思われる。山崎恒・幕田英雄監修『論点解説　実務独占禁止法』（商事法務・2017年）（以下「山崎・幕田監修○○頁」として引用）78頁は，企業結合審査では一定の取引分野の画定が競争の実質的制限の「判定のための前提として，それに先行して別途行われている」と述べるが，これも論理的な関係を述べるものとして理解できる。

（本要件の判断における企業結合との対比―多摩談合事件最判との関係）

本要件の判断における公正取引委員会の実務が不当な取引制限・私的独占の場合（特にハードコア・カルテル）と企業結合とで異なるアプローチを採ることは，近時の段ボールシート・ケース価格カルテル（東日本地区）事件審決（審判審決令和3・2・8審決集67巻138頁）に明記されている。特に，委員会による審決の理由中に記載されており（審決集67巻140頁），山崎・幕田監修ⅱ頁にいう「執筆者の個人的な見解」ではなくなっている。

前記審決における次の記載は，被審人が異議申立書において，当該共同行為が対象とする取引及びそれにより影響を受ける範囲を検討して取引分野を画定するという本件審決案が採用した見解は多摩談合（新井組）審決取消請求事件最高裁判決（最判平成24・2・20民集66巻2号796頁）において明確に否定されていると主張したことに応答したものであり，かねてから種々議論のある論点について，公正取引委員会としての統一見解を示したものといえる（審決集67巻140頁。下線追加）。

　　（多摩談合（新井組）事件最判は，公正取引委員会が限定した範囲の取引分野を認定したのに対し）より広い範囲の取引分野を認定した上で不当な取引制限の成立を認めたものである。……同判決は，被審人らが主張するような手法により，当該合意の内容から離れてより狭い範囲の取引分野を画定すべきことを判示したものでないことは明らかである。（中略）
　　企業結合審査の場合には，特定の商品又は役務を対象とした競争制限行為が存在するものではないから，企業結合による市場への影響等を検討する際には，商品又は役務の代替性等の客観的な要素に基づいて一定の取引

分野を画定する必要があるのに対し，<u>価格カルテル等の不当な取引制限に</u><u>おいては，当該共同行為自体が一定の取引分野における競争の実質的制限</u><u>をもたらすことを目的としてされるものであるから</u>，商品又は役務の代替性等からみて重層的により狭い範囲の取引分野を画定することが可能とみられるような場合であっても，<u>違反行為者が合意した範囲を一定の取引分</u><u>野として認定すれば足りるのが通常である</u>。それゆえ，このような場合には，取引の対象・地域・態様等に応じて，違反行為者のした共同行為が対象としている取引とこれにより影響を受ける範囲を検討して一定の取引分野を画定するのが相当と解されるのである。これについては，多摩談合（新井組）最高裁判決後の下級審裁判例（中略）においても，同様の立場から一定の取引分野の画定がされているのである。

　企業結合と不当な取引制限とで市場画定のアプローチが異なるとする理由として，公正取引委員会は「企業結合審査の場合には，特定の商品又は役務を対象とした競争制限行為が存在するものではない」（審決集67巻140頁）というが，特定の商品役務を対象にした合弁会社の設立といった事案では対象が特定されているともいえる。逆に，不当な取引制限に関しても，業務提携が不当な取引制限に該当するかが問題となるような事案では企業結合と連続的であって，「当該共同行為自体が一定の取引分野における競争を実質的に制限することをもたらすことを目的としてされるもの」（同）ばかりとはいえないであろう。要するに，典型的な事例では説示されているような対比ができるとしても，企業結合全体と不当な取引制限全体とを対比できるような議論ではないと思われる。

　私もかつて，市場画定について，企業結合と不当な取引制限とを対比して，次のように論じたことがあるが，重点の置き所の違いであると考えている（栗田誠『実務研究 競争法』〔商事法務・2004年〕12-13頁）。

　　一定の取引分野は，当該行為に対する次の4つの観点からの事実認定及び価値判断として画定される。

① 行為の対象・内容（行為者の主観的な意図・目的）

② 行為の客観的な競争制限効果が及ぶ範囲

③ 有効な排除・制裁措置の可能性

④ 違反の立証の難易

　どの観点がより重要であるかは，行為類型ごとに異なるのであって，前記のとおり，カルテルについては①が，合併については②が，それぞれ決定的なウエイトを占める。

　なお，上記引用の②は分かりにくいが，現時点からみれば，市場画定要素（商品範囲，地理的範囲等）に係る代替性の程度ということになる。

　また，広範囲に行われている疑いのある入札談合行為を「適切に『切り取り，事件として構成する』」作業が「談合の対象範囲の限定にとどまらず，一定の取引分野の画定に直結することになり，また，課徴金の額を左右することになる。この作業を行うに当たっては，関係事業者の意図や認識はもちろん，立証の難易や投入できる審査リソース，措置の実効性等を考慮に入れることになる」と論じたこともある[注5]。

（ハードコア・カルテルにおける一定の取引分野）

　根岸先生は，上記のような公正取引委員会の実務，すなわち，「価格カルテル等の場合には，それが維持されているのであれば，その行為により競争に与える影響が及ぶ範囲である『一定の取引分野』の画定と『競争を実質的に制限』しているか否かとは，同時・一体的に判断される」（山崎・幕田監修80頁）という解釈が，米国シャーマン法1条におけるハードコア・カルテルに対する当然違法原則を採用するものであり，昭和28年改正で削除された旧4条（特定の共同行為の禁止）を法改正によらずに事実上復活させるものであり，法解釈の枠を超え，許されないと強調されている。

　しかし，多様な類型・態様の共同行為を包括的に対象とする「不当な取引制限」の抽象的な規定の解釈として，例えば，ハードコア・カルテルと業務提携とで異なる具体的規範を解釈により定立することができないと考える必要はない。もちろん，米国法におけるような，例外を認めない当然違法の取扱いができないことは明らかであるが，ハードコア・カルテルを的確に識別し，合意の内容から対象商品役務を特定して一定の取引分野として画定し，特段の事情が

ない限り，競争の実質的制限を認定していく手法を採用することに問題はないと考える。ただし，その手法を採用する場合の留意点については後述する。

　なお，米国やEUの競争法にはハードコア・カルテルを当然違法ないしは原則違法とする法文上の根拠があると指摘される（根岸・異聞2頁注6）。確かに，条文の構造上の違いはあるが，それが決定的な支障になるとは考えていない。本要件の充足をどのように認定するかという問題であり，本要件を充足しなくてよいとするものでない。シャーマン法1条の文言上は全ての取引制限を違法とするようにみえるが，それを不合理な制限に限定して違法とする判例法が形成され，さらに，一定範囲の類型については当然違法とする取扱いが確立されてきたが，当然違法の範囲には変遷があり，現在の判例法ではいわゆるハードコア・カルテルに限定されている。これに対し，独占禁止法では，本要件を充足する共同行為のみが違法と規定されているが，本要件の充足をどのように判断し認定するかについての実務慣行が形成され，それが裁判所によって支持されているといえる。

（シール談合刑事事件東京高判の先例性）

　かつてハードコア・カルテル事件が審判になることはほとんどなく，公正取引委員会が一定の取引分野の画定手法を明らかにすることはなかったが，1970年代から，公正取引委員会の実務が事実上合意の対象をもって一定の取引分野として画定しており，実質的に当然違法原則を採っているとする批判があった[注6]。

　公正取引委員会は，課徴金制度が導入された昭和52年改正以降，価格カルテル等の対象商品や対象地域をもって一定の取引分野を画定する実務（＝課徴金算定対象とする実務）を採ってきたと思われるが，それを明示的に主張するようになったのは比較的最近のことである。ハードコア・カルテルを違法とする審決やそれを支持する判決の蓄積，経済社会におけるハードコア・カルテルの違法性に対する認識・理解の高まりを受けたものと思われる。

　これに対し，根岸先生は，比較的近時の塩ビ床シート等価格カルテル事件（排除措置命令・課徴金納付命令平成18・5・26審集53巻878・936頁）の担当官解説（公正取引673号〔2006年〕73-77頁）の記述を引用して，公正取引委員会が価格カルテル事件でも代替性の観点から一定の取引分野を画定してきたという議論

を展開された。確かに，本件の担当官解説は，「本件の排除措置命令は，①塩
ビ床シート汎用品，②2.8ミリ厚複合塩ビ床シート，③汎用タイルカーペット
の別に発せられており，……それぞれ一定の取引分野が認定されている」理
由について，それぞれの製品特性や用途，価格帯等から具体的に説明してい
る（76頁）。しかし，担当官解説は，「前記3製品については，それぞれ別々に，
最低販売価格が設定されあるいは実施時期が異なっているなど，関係人が行っ
ていた本件違反事実からもこれら3製品についてはそれぞれ別個の一定の取引
分野が認められたものと考えられる」（76頁）とも述べている。いずれにせよ，
排除措置命令書には一定の取引分野の画定に係る具体的な記述はなく，本件担
当官解説はいわば後付けの説明をしているようにもみえる。

　他方，公正取引委員会は，ハードコア・カルテルに係る一定の取引分野の画
定手法について，シール談合刑事事件東京高判（東京高判平成5・12・14高刑集46
巻3号322頁）を引用してその根拠にしようとしている。しかし，同判決の該当
部分は，公正取引委員会の実務を支持するものとは必ずしもいえない。判決
は，次のように述べている（高刑集46巻3号336頁。下線追加）。

　　『一定の取引分野』を判断するに当たっては，……取引の対象・地域・態
　　様等に応じて，違反者のした共同<u>行為が対象としている取引</u>及び<u>それによ
　　り影響を受ける範囲</u>を検討し，その競争が実質的に制限される範囲を画定
　　して『一定の取引分野』を決定するのが相当である。

　これに対し，公正取引委員会の近時の段ボールシート・ケース価格カルテル
（東日本地区）事件審決は，「違反行為者が<u>合意した範囲を一定の取引分野とし
て認定</u>すれば足りるのが<u>通常</u>である」（審決集67巻140頁。下線追加）と説示し
ている。シール談合事件判決と公正取引委員会の実務を単純化して図式化する
と，次のようになり，同判決が公正取引委員会の実務を支持するものとは言い
難いと思われる。

　　判決：行為が対象としている取引 ＋ それにより影響を受ける範囲
　　　　→ 一定の取引分野

　　実務：行為者が合意した範囲　=　一定の取引分野

　　シール談合刑事事件東京高判の上記引用部分に対しては，「一見してもわか
るように循環論法であり，かりに譲って循環論法ではないとしても抽象的にす
ぎ，市場画定の具体的基準を示すものではない」（白石忠志『独占禁止法［第3
版］』（有斐閣・2016年）50頁。同頁注63も参照）と指摘されている。ただし，公
正取引委員会の実務も，行為が対象とする取引の範囲が一定の取引分野と一致
するのは，あくまで「通常」であり，それで「足りる」というにすぎず，常に
一致するとは述べていない（上記引用参照）。前掲山崎・幕田監修80頁注15に
も同趣旨が述べられている。前掲白石50-51頁も，公正取引委員会の「合意の
範囲＝市場」という定式が，その背後にある思考回路を省略して結論だけを摘
出したものであって，「ハードコアカルテルの場合には（対象商品の代替性に関
する〔筆者注〕）厳密な検証をする必要が乏しい旨を指摘して，『通常の場合に
は』合意の範囲が市場となる，などの表現を用いるのが通常である」と述べて
いる。

　　公正取引委員会には，白石教授が言う「背後にある思考回路」を明示的に記
述すること，「通常」ではない場合やその条件を明らかにすることが求められ，
また，公正取引委員会の実務による一定の取引分野の画定を争う事業者には，
公正取引委員会がそうした作業をせざるを得ないような主張・立証を展開する
ことが求められる。

　　他方，多摩談合事件最判が，公正取引委員会の「実務が採用する解釈方針を
明確に否定し」たものとまではいえないのではないか。調査官解説（ジュリス
ト1448号〔2012年〕89-96頁）にはそうした趣旨が記述されているが，最判自体
は市場画定の方法を示しておらず，今後の実務の展開に委ねるとともに，公正
取引委員会が画定した「公社発注の特定土木工事」が人為的・技巧的にすぎ，
その前提としての本件基本合意の対象範囲としても不自然であることを考慮し
て，より広い「公社発注の特定土木工事を含むＡランク以上の土木工事に係る
入札市場」を取引分野として画定したものと理解できる。

［競争の実質的制限］

（競争機能侵害説）

　「競争の実質的制限」について「当該取引に係る市場が有する競争機能を損なうこと」をいうとする多摩談合事件最判の判示に対して，「その意味内容が不明瞭且つ希薄となり，そのために融通無碍に用いることができるようになる」とする根岸先生の指摘は適切であると考える。私見では，「競争機能を<u>かなりの程度</u>損なう」といった文言を加える必要がある。そうでないと，「実質的に」の趣旨が含まれないし，無限定という批判を免れない。

　しかし，同時に，当該判示部分が，原審東京高判が競争の実質的制限を個々の競争者の競い合いの制限・抑制自体を意味すると捉えたことを否定するためのものにすぎないと考えることも適切ではないと考える。ブラウン管国際カルテル事件・最判平成29・12・12民集71巻10号1958頁には，多摩談合（新井組）事件最判では加えられていた市場支配力に関わる記述がないことも指摘できる。

　多摩談合（新井組）事件及びブラウン管国際カルテル事件の最判を契機に，全ての「一定の取引分野における競争の実質的制限」を要件とする違反行為類型について，従来からの実務・通説である市場支配力説を否定し，競争機能侵害説を主張する学説が現れている（村上政博教授，越知保見教授）。市場機能侵害説は，排除型私的独占や非ハードコア・カルテルのような，市場支配力説では効果要件充足のハードルが高いと思われる行為類型を積極的に取り上げ，法適用を目指す観点からは有用なものである。反面，競争の実質的制限に至らない，軽微な競争制限効果を要件とする違反行為類型を定めている独占禁止法の体系的理解という観点からは問題が残る。私自身は，市場機能侵害説に魅力を感じつつも，踏み切れないでいる。

（閉鎖型市場支配）

　根岸先生が，競争の実質的制限を閉鎖型市場支配として捉えた判審決として挙げられているものは，別途の理解が可能であり，更には，別途の理解がより適切なものが含まれていると思われる。日本遊戯銃協同組合事件・東京地判平成9・4・9審決集44巻635頁が本件行為について8条5号のみならず，同条1号にも該当すると判示したことについては，請求を認容する上で必要であったわけではなく，論証不足の感は否めない。これを閉鎖型市場支配の考え方を採用し

たものと理解することには躊躇を覚える。

　また，NTT東日本私的独占事件（最判平成22・12・17民集64巻8号2067頁），パラマウントベッド事件（審判審決平成10・3・31審決集44巻362頁），有線ブロード事件（審判審決平成16・10・13審決集51巻518頁），ニプロ事件（審判審決平成18・6・5審決集53巻195頁）のいずれも，行為者の支配的な地位が明らかな事案であり，効果要件に関わる考慮要素を意識的に取り込んで「排除」該当性を限定的に認定した上で，市場支配的状態にある中で行為者が当該「排除」手段を用いたことが市場支配的状態の維持・強化に当たると判断しているものと理解することができる。

　排除型私的独占ガイドラインにおいても，行為者の市場地位と「排除」該当性の判断が決定的に重要であり，それが肯定される以上，本要件に関わる判断は形式的なものにならざるを得ない[注7]。また，公正取引委員会は，流通・取引慣行ガイドラインの共同ボイコットに関する箇所（第2部の2（2））において限定的な閉鎖型市場支配の考え方を採用しているという評価もできる。この点については，同ガイドラインの作成当時から種々議論があったところである[注8]。

　企業結合における市場の閉鎖性・排他性の観点から問題解消措置が採られた事例は，いずれも法適用事例ではなく，公正取引委員会の問題指摘に対応して当事会社から措置の申出がなされ，公正取引委員会がそれにより問題は解消すると判断した事例である。公正取引委員会の問題指摘も，市場の閉鎖性・排他性の問題が生じる「可能性」や「蓋然性」の指摘であり，中には，ユーザーからの懸念を伝えるというレベルのものも含まれている。最近のグーグル／フィットビット（令和3・1・14公表）は第1次審査の段階で措置の申出があったものであり，エムスリー／日本アルトマーク（令和元・10・24公表）は事前届出対象外の事後審査の事例であり，こうした事情が公表資料の精粗や微妙な表現の違いにつながっていると思われる。

　例外的にエムスリー／日本アルトマークでは，「市場の閉鎖性・排他性が生じるおそれ」があり，その他の事情も考慮して「競争が実質的に制限されることとなる」旨明確に指摘されている。他の事例にはみられない記述であるが，「市場の閉鎖性・排他性のおそれ」から「競争の実質的制限の蓋然性」へのつ

ながりが全く説明されていないことは，根岸先生が指摘されたとおりである。

　企業結合規制では，「こととなる」の文言の柔軟な解釈の結果として，市場の閉鎖性・排他性の観点からの問題指摘とそれに対応して採られた問題解消措置を説明できる可能性がある。すなわち，公正取引委員会では，市場の閉鎖性・排他性をもたらすおそれ（事例によっては「可能性」「蓋然性」と表現されている）があることが，ひいては競争の実質的制限につながることとなると判断して，市場の閉鎖性・排他性に関する問題を指摘し，当事会社がそれを受けて問題解消措置を申し出たものと理解することができる。ここでも，市場の閉鎖性・排他性から競争の実質的制限へのつながりは説明されない。そうであるならば，こうした事例をもって閉鎖型市場支配の考え方を採るものと理解する必要はなく，また，適切でもないと思われる。

（競争の実質的制限と公正競争阻害性）

　流通・取引慣行ガイドラインが垂直的非価格制限行為の公正競争阻害性について，市場閉鎖効果と価格維持効果の2つの観点から説明していること（第1部3 (2)）に関して，確かに，排除型の不公正な取引方法に係る「市場閉鎖効果」を「閉鎖型市場支配の前段階ないし萌芽の段階」として評価し，また，拘束型の不公正な取引方法に係る「価格維持効果」を「統合型市場支配の前段階ないし萌芽の段階」として評価することにより，独占禁止法の体系的理解が可能になるとする根岸先生の指摘は，閉鎖型市場支配と統合型市場支配の2つの類型があるとする立場からは合理的である。

　しかし，閉鎖型市場支配の考え方を支持しない立場からは，市場閉鎖効果も価格維持効果も，市場支配が生じる前段階ないし萌芽の段階で評価するための道具概念であり，市場支配が生じるおそれがある典型的なメカニズムを示すものである。

　流通・取引慣行ガイドラインは，価格維持効果については競争の実質的制限の意味内容を示す際に用いられる慣用表現（「価格をある程度自由に左右し，当該商品の価格を維持し又は引き上げることができるような状態をもたらすおそれが生じる場合」）で記述しつつ，市場閉鎖効果については競争者の排除自体を問題視するような表現（「新規参入者や既存の競争者が排除される又はこれらの取引機会が減少するような状態をもたらすおそれが生じる場合」）を用いている。公正取

引委員会が閉鎖型市場支配の考え方を採っていないと考えられていることからすれば，これらの記述は平仄が合わないと思われる。

　閉鎖型市場支配の考え方を採らない場合に，市場閉鎖効果により公正競争阻害性（市場支配のおそれ）を導く上では，まず，①「新規参入者や既存の競争者が排除される又はこれらの取引機会が減少するような状態をもたらすおそれが生じる場合」であることが必要であり，次いで，②それにより市場支配をもたらすおそれがあることが必要になるはずである。流通・取引慣行ガイドラインの市場閉鎖効果に関する記述には②が明記されていないところ，「公正な競争を阻害するおそれ」における「おそれ」の文言に二重の意味で依拠しているといえる。この②がガイドライン上明記されていないことが，閉鎖型市場支配の考え方を採用しているかのごとき外観を持たせているといえる。

　前述したように，流通・取引慣行ガイドラインは，部分的に閉鎖型市場支配の考え方を取り入れているものとも評価できる一方，「おそれ」の文言に依拠して市場閉鎖効果から市場支配のおそれへの推論の途中段階を省略したものともいえ，論理的に曖昧な部分を残している。

［まとめ―本要件に関する私見］

　事業者間の水平的制限行為（共同行為）が一律に本要件を課されていることについては，現行の本要件の解釈を前提にすると，過小規制となるおそれがある。ハードコア・カルテルについては，実務上の工夫により対応しているが，それ以外の業務提携，自主規制活動等については本要件のハードルは高い。現行実務では，ハードコア・カルテル以外の競争者間の共同行為については警告等の非公式な処理，あるいは事前相談レベルでの解決に委ねざるを得ない。ハードコア・カルテル以外の法適用事例がほとんど存在しない理由はここにある。今後は，確約手続の利用も検討されることになろう。

　また，本要件の伝統的な解釈が「市場支配」という重大な競争上の弊害を要求していることが独占禁止法規制を難しくしている面は否定できない。多摩談合（新井組）事件及びブラウン管国際カルテル事件の最判が，「競争の実質的制限」を「当該取引に係る市場が有する競争機能を損なうこと」と解釈したことを逆手に取って，本要件を共通の効果要件とする全ての違反行為類型につい

て，競争機能侵害説に立って実効的な規制を目指すという解釈・執行方針はあり得るものと考える。その場合には，不公正な取引方法規制自体が抜本的な見直しを迫られることになる（村上政博教授の「国際標準の競争法体系」の議論参照。本書180頁も参照）。

　現状は，本要件を共通の効果要件とする私的独占・不当な取引制限等の規制が，「市場支配」の呪縛から逃れられずに，また，義務的課徴金の賦課を回避する必要が生じる場合もあって，過小執行に陥ることを，公正競争阻害性を効果要件とする，「おそれ」に依拠した不公正な取引方法規制によって補っている状況にあると評価することができる。

　このように，独占禁止法規制には様々な問題があり，実体規定の全体を見通した議論が必要である[注9]。今回の根岸先生の講演は，体系性と文理を重視した整合的な解釈論を展開するものとして，今後の議論を喚起するものである。是非，本講演の内容を論文として公表されることを期待したい。

（注1）　この研究会における報告を基に，次の判決評釈を執筆した。栗田誠「山陽マルナカ事件東京高裁判決」NBL1198号（2021年）97-103頁。

（注2）　根岸哲「優越的地位の濫用規制の来し方・行く末：覚書」商学討究71巻臨時号（2021年）27-44頁も参照。

（注3）　栗田誠「独占禁止法の構造的課題―なぜ，分かりにくく，使いにくく，守りにくいのか―」白鷗大学法政策研究所年報14号（2022年）19-43頁で概括的に論じた。

（注4）　栗田誠「独占禁止法上の確約手続の課題」同志社法學73巻6号（2021年）317-353頁で詳論した。

（注5）　栗田誠「独占禁止法による入札談合規制の展開―公取委敗訴事例を素材に」ジュリスト1438号（2012年）30-35頁，31頁。

（注6）　例えば，阿部芳久「『一定の取引分野における競争を実質的に制限すること』の現代的意義(1)」公正取引295号（1975年）2-7頁参照。

（注7）　栗田誠「排除型私的独占ガイドラインの検討」千葉大学法学論集31巻3・4号（2017年）278(1)-242(37)頁参照。

（注8）　例えば，根岸哲「共同ボイコットと不当な取引制限」正田彬教授還暦記念『国際化時代の独占禁止法の課題』（日本評論社・1993年）431-445頁，山田昭雄「共同ボイコットに関する一考察」同書447-473頁参照。

（注9）　前掲注3の拙稿参照。

3　独占禁止法の構造的課題

栗田　誠白鷗大学教授（競争法研究協会会長）「独占禁止法の構造的課題
—なぜ，分かりにくく，使いにくく，守りにくいのか？」（2021年6月14
日第288回月例研究会）

（前注）　第288回月例研究会では，一研究者としての立場から，独占禁止法の
「構造的課題」について報告した。本書にはその概要のみ収録するが，
この報告を基に次の論稿を発表した。栗田誠「独占禁止法の構造的課
題—なぜ，分かりにくく，使いにくく，守りにくいのか—」白鷗大学
法政策研究所年報14号（2022年）19-43頁。

[講演の概要]

　独占禁止法が施行されて既に70数年が経過し，また，独占禁止法や公正取
引委員会の役割が再認識され，制度や運用を大きく変える契機となった日米構
造問題協議からはや30年以上になる。独占禁止法の様々なテキストが公刊さ
れ，司法試験の選択科目の一つ（「経済法」）にもなっている。

　しかし，独占禁止法が禁止する違反行為類型について，体系的な理解が容易
ではない部分，合理的ではない部分や，その解釈が法適用を通して明確になっ
ていない部分が残されている。そのため，独占禁止法を総体として理解する上
での支障になるばかりでなく，公正取引委員会が独占禁止法を執行しようとす
る際に使いにくく，また，企業が同法を遵守しようとしても遵守しにくいとい
う問題が生じている。表現を変えると，独占禁止法による企業活動に対する規
律が過剰になっている部分と過小になっている部分がある。こうした問題は，
独占禁止法の実体規定だけではなく，エンフォースメントの仕組み（違反に対
するサンクションやサンクション賦課の手続や公正取引委員会の活動様式）も大き
く関わっており，その意味で独占禁止法の構造的課題である。

　今回の講演では，独占禁止法の実体規定がなぜ分かりにくいのか，どこに問
題があるのかを体系的に考え，具体例によって示すこととしたい。そして，実
体規定を巡る問題がエンフォースメントの仕組みや運用と密接に関わっている
ことを明らかにしたい。

　独占禁止法の分かりにくさの第1の要因は，その実体規定の複雑さ，体系性・整合性の欠如にある。具体的には，①事業者の共同行為規制と事業者団体規制の不整合，②私的独占と不公正な取引方法の二重規制の問題が大きい。

　①については，立法経緯によるところが大きいが，法制上，事業者団体の活動として行うと違反になるが，同じ活動を事業者の共同行為として行うと違反にはならないものが存在する。この不均衡が事業者団体活動への過大執行と事業者間の共同行為への過小執行をもたらしてきたし，これを運用で補うために事前相談等の非公式な法実現手法が多用されてきている。その結果，非ハードコア・カルテルに対する法適用は事実上期待できず，分析枠組自体が確立できていない（業務提携ガイドラインの不存在に端的に現れている）。

　②については，規制基準が異なる私的独占と不公正な取引方法の二重規制により，質的にも量的にも効果要件が緩やかな不公正な取引方法規制への過度の依存が生じている。特に，「おそれ」に依拠した法運用や優越的地位濫用規制の多用が著しい。

　こうした実体規定における二重基準は，必然的に「競争の実質的制限」要件の厳格解釈につながり，不当な取引制限や私的独占の規制に対するハードルを高めている。

　分かりにくさの第2の要因は，エンフォースメントの仕組みと運用によるルール形成の機能不全にある。義務的な課徴金制度は，特に排除行為規制の停滞を招いてきたし，また，優越的地位濫用規制においては課徴金賦課の運用費用のゆえに，法適用が断念される状況にある。従来から，ガイドラインの作成を含めて非公式な法実現手法が多用されてきたが，特に確約手続の導入により，違反認定なしの「法的措置」として位置付け，積極活用しようとする動きが顕著である。規制産業やデジタル市場における取組においては，実態調査の結果を踏まえた問題指摘によって自発的な改善を促す手法が専らである。

　このように，実体規定の不具合が法適用によって明らかにされることなく，非公式な手法により曖昧な解決を目指す運用が蔓延っている（「独占禁止法上問題となるおそれ」「競争政策上望ましい」の多用）。独占禁止法は，法執行機関としての公正取引委員会にとっては使いにくいものとなっている。

　特に，非ハードコア・カルテルに対する法適用のためには使いにくく，ま

た，排除行為に対しては緩やかな要件の不公正な取引方法規制を活用しやすい反面，優越的地位濫用に対しては課徴金制度のゆえに実際には法適用できないものとなっている。

こうした制度面や運用上の問題は，企業が独占禁止法を自発的に遵守しようとすることを困難にしてきている。我が国の企業は，競争者間のハードコア・カルテルに直結しかねない行動に対して無頓着にすぎる反面，事業者団体の正当な活動，業務提携，垂直的制限行為については過度に慎重になってきたと思われる。独占禁止法上問題となり得る活動を網羅的に挙げる事業者団体ガイドライン，未だに作成できていない業務提携に関するガイドライン，流通構造の変化についていけなかった流通・取引慣行ガイドラインが背景にあることは明らかである。

実体規定の改正は容易なことではないから，当面の改善策としては，①積極的な法執行とその司法審査を通したルール形成，②違反行為類型に共通する分析枠組と分析手順の構築を通して，法適用事案と非公式処理事案との乖離を小さくすることが必要である。また，実情に合わないガイドラインを改訂すること，業務提携に代表される企業間協力行為に関するガイドラインを策定することが求められる。非法的手法による事案処理については，法的統制を強化する必要があり，確約手続の導入はその第一歩として評価できるが，制度・運用とも改善が必要である。

独占禁止法及びその運用が企業活動に対して明快な指針を提供し，本来の機能を果たし得るように進化できるのか。公正取引委員会の真価が問われている。

4　独占禁止法の変遷と課題

厚谷襄児北海道大学名誉教授・弁護士「独占禁止法の変遷・そして今」
（2021年10月4日第291回月例研究会）

[講演の概要]

厚谷襄児先生の講演は，独占禁止法の制定から始まり，最新の改正に至るま

での変遷や近時の課題を整理して，今後を展望しようというものである^(注1)。私は，独占禁止法の法制度を，①実体規定，②措置規定，③手続規定，④組織規定の総体として捉え，相互に関連させつつ，制度全体として進化させていく必要があると考えており^(注2)，今回の「独占禁止法の変遷」の大局的な把握が大変有意義なものであると感じた。

　講演を受けて，私からのコメントとしては，独占禁止法の法制度やその運用，あるいは公正取引委員会の活動に関して私が抱いている，いくつかの認識や疑問点を「問題提起」としてお示ししたい。余り細かな点ではなく，独占禁止法の全体像や公正取引委員会の本質に関わるような，大きな課題を取り上げてみたいと考えている。

[公正取引委員会の独立性・内閣との関係]

　厚谷先生の講演では，公正取引委員会は，審判手続が廃止されたことによって，「準司法機関」から「合議制行政機関」に変質したという評価が示された。近年の公正取引委員会の活動（主に違反事件審査以外の実態調査やガイドラインの作成等の活動を念頭に置く）の中には，政府（あるいは官邸）の方針に沿って，いわば政府の「調査機関」として，主務省庁（内閣官房を含む）の政策実現を後押しするようなものが目立つように感じられる^(注3)。見方によっては，公正取引委員会は官邸ないしは関係省庁の下請機関と化しているようにも映る。

　特定デジタルプラットフォーム取引透明化法では，経済産業大臣による公正取引委員会に対する不公正な取引方法に係る「措置請求」制度が設けられている（13条）。こうした状況や措置請求制度は，公正取引委員会の職権行使の独立性や政府との関係という観点からどのように評価されるか。

[独占禁止法適用除外の新設]

　地域基盤企業（乗合バス・地域銀行）の経営統合等に係る独占禁止法特例法が大きな議論もなく，2020 年に制定された。長崎県の地域銀行の統合審査事案（ふくおかFG ／十八銀行）が政治問題化し，安倍政権下の「未来投資会議」のテーマとされたことの帰結であったが，新たな適用除外制度の創設に対して公正取引委員会が目立った抵抗をしたようには見えなかった（抵抗しても無駄

ということであったのかもしれないが）。もっとも，これまでのところ，特例法による認可事例は，乗合バス会社の路線・ダイヤ調整等の共同経営協定ばかりである。【地域銀行の経営統合に係る初めての事例として，青森銀行・みちのく銀行の経営統合が2022年3月23日に認可された。】

　近時，経済学者の一部から，企業が値上げを実施しやすい環境が必要であり，一時的に価格カルテルを容認することも考えられるという発言がなされている^(注4)。独占禁止法適用除外制度の廃止に向けて 1980 年代から 90 年代にかけて取り組んできた経緯もあり，こうした状況をどのように評価するか。

[実体規定の体系的整合性]

　独占禁止法の実体規定は，昭和28年改正の後，一般集中規制や適用除外関係を除くと，実質的な改正を受けていない。また，実体規定の不備を正面から指摘する見解は余りないように見受けられる。しかし，個人的には，次のような点は体系的な不備であると考えており，長期的には立法的な解決が必要になるのではないかと感じている。

　①事業者の共同行為について，「競争の実質的制限」を一律に要件としていること（いわゆる非ハードコア・カルテルに対する法適用が実際上できないこと）

　②事業者の共同行為規制と事業者団体規制の要件に齟齬があること（事業者が共同して行っても違反にならない活動を事業者団体が行うと違反になってしまうことがあること）

　③私的独占と不公正な取引方法の二重の規制基準（「競争の実質的制限」対「公正競争阻害性」）は合理的ではなく（私的独占の違反にはならなくても，不公正な取引方法の違反になることから，結局，不公正な取引方法の広範な規律が及ぶこと），課徴金制度の不備と相まって，過小執行や過大執行をもたらしていること

　こうした不備をそのままにして，一方で抑制的に運用し，他方で非公式処理（確約手続を含む）を多用することが適切なのか，疑問である。

[優越的地位濫用規制への依存]

　近時の実態調査報告書や各種ガイドラインにおける独占禁止法上の問題点の指摘の根拠は優越的地位濫用であることが多い。優越的地位濫用規制においては，従来，定型的に優劣関係にある取引における不利益行為の類型（典型的には大規模小売業者による納入業者に対する類型化された不利益行為）を取り上げてきており，しかも，その解釈が十分に成熟したものとはいえない中で，様々な取引について優越的地位濫用の「おそれ」を根拠に，広範な規律を及ぼそうとする取組が目立っている。

　こうした手法は，劣位にある事業者（場合によっては消費者）の支持を得やすく，公益的な観点からの介入として正当化されがちであるが，本来，他の政策手段を用いるべき課題に優越的地位濫用規制を転用しているという面があるのではないか。

［非公式処理の多用］

　現状では，排除措置命令及び課徴金納付命令が目指されている違反行為類型は事実上ハードコア・カルテルに限定されている。それ以外の違反行為類型が審査事件として取り上げられる場合にも，確約手続，警告手続，自発的措置による審査終了といった，司法審査リスクがない処理が目指されているようにみえる。

　実態調査報告書では，様々な独占禁止法上の問題点が指摘されており，「独占禁止法上問題となる具体的な案件に接した場合には，引き続き厳正に対処していく」といった定型文言が記されているものの，具体的な審査事件につながることはほとんどないように見受けられる。

　違反事件審査の衰退，非公式処理の多用・依存という現状について，どのように評価するか。公正取引委員会は，自らのリソースの限界を認識し，また，費用対効果を考慮して，こうした運用を行っているものとして好意的に評価することが適切なのか。

［審判手続の廃止の影響］

　厚谷先生の講演では，公正取引委員会の審判手続の意義について，審査官・被審人双方の主張・立証を受けて，法律上の抽象的な概念・要件を具体化し

て，判断基準を提示してルール形成を図っていく機能が強調された。

　審判手続が廃止され（平成27・4・1施行），係属していた審判事件も令和 2 年度中に全て審決が出て終了した。審判手続の廃止はどのような影響をもたらしているか。例えば，公正取引委員会が司法審査を回避しようとするあまり，命令手続を採らない事件処理（確約手続への依存を含む）が強まっているのではないか。

　審判手続では被審人が勝つことは期待できないという事業者側の不満や，公正取引委員会の手続の公正さの外観を確保する必要があるという理屈，さらには，私見では公正取引委員会自身が審判手続を負担に感じていたこと^(注5)が審判手続の廃止をもたらしたといえるが，現行の命令手続が公正で，東京地裁の抗告訴訟手続が原告にとって実効的なものになっているのか，疑問もある。

（注 1）厚谷先生は，少し前になるが，独占禁止法の「変容」を指摘する論稿を発表されている。厚谷襄児「独占禁止法の変容(上)(下)」ジュリスト1381号（2009年）68-78頁，1382号115-121頁。
（注 2）栗田誠「日本の独占禁止法制度の行方と東アジア競争法への示唆」千葉大学法学論集29巻 1・2号（2014年）408(215)-349(274)頁参照。
（注 3）具体的には，①携帯電話料金の引下げ，②働き方改革とフリーランス問題，③スタートアップの支援，④デジタル・プラットフォーマーと取引する消費者の個人情報等の保護，⑤オンラインモール・アプリストア，デジタル広告，⑥デジタル化の推進と情報システム調達といった，近時の政府の方針・政策に関わる公正取引委員会の様々な活動を念頭に置いている。
（注 4）「Interview 渡辺努東京大学大学院教授『物価上昇にカルテルの一時容認を』」週刊エコノミスト 2021.10.5, 18頁参照。
（注 5）栗田誠「公正取引委員会の審判制度の意義とその廃止の帰結」日本経済法学会編『独禁法執行のための行政手続と司法審査』日本経済法学会年報31号（有斐閣・2010年）33-48頁。こうした見方が荒唐無稽ではないことについて，「公正取引委員会の実像」(2020年8月20日会長コラム)本書40頁も参照。

5　独占禁止法の立法的課題

　村上政博一橋大学名誉教授・弁護士「今後の法改正課題─行政制裁金制度の創設と不公正な取引方法の再構築」（2022年3月18日第295回月例研

究会）

《参考文献》村上政博『独占禁止法の新たな地平』（弘文堂・2019年）

村上政博『独占禁止法の新たな地平Ⅱ』（弘文堂・2020年）

［講演の概要］

　村上政博先生の講演は，①行政制裁金制度の創設，②不公正な取引方法規制の再構築という，独占禁止法に残された大きな立法課題について，独占禁止法が「国際標準の競争法」へと発展するための最終段階と位置付けて，その実現に向けた構想を具体的に展開されたものである。前回（2022年2月）の月例研究会では，上杉秋則先生に「日本の競争政策の『持続可能性』」という，大変大きなテーマについて，近時の「優越的地位の濫用規制へのシフト」を素材に，理論，歴史，条文解釈，政策判断など，様々な視点から縦横に分析していただいたところである（本書314頁）。当協会の活動を締め括るに当たって，両先生に独占禁止法・競争政策の今後を展望する大きなテーマを取り上げていただいたことに改めてお礼申し上げたい。

　平成17年改正以降の累次の独占禁止法改正の検討作業において大変重要な役割を果たしてこられた村上先生ならではの内容であったと改めて感じるとともに，2つの大きな立法課題については，立法課題として指摘する段階はとうに過ぎており，具体的な制度設計を提案して実現に向けた議論を喚起したいという趣旨のものであると受け止めた。また，行政制裁金については，実現可能性にも配慮した提案になっていると考えている。

　こうした立法課題の解決に向けた具体的な検討を始める機運がそれほど遠くない時期に盛り上がってくるかについて，個人的にはやや悲観的であるが，村上先生が著書の中でこれまでの法改正について述懐されているように（村上政博『独占禁止法の新たな地平Ⅱ』〔弘文堂・2020年〕ⅱ頁），思ったよりも早くそうした時期が来るのかもしれない。

［総括的な感想］

　独占禁止法制度の基本的な枠組に関する私の考えについては，昨年（2021年）6月の月例研究会において「独占禁止法の構造的課題—なぜ，分かりにくく，

使いにくく，守りにくいのか？」と題して報告したところであり（本書174頁），村上先生の年来の主張とも基本的に一致するものである^(注1)。

　行政制裁金制度の導入（現行義務的課徴金制度の廃止）と不公正な取引方法の再編の問題は相互に関連しているが，現在の公正取引委員会実務では大きな支障が出ないように運用されている。義務的課徴金の対象になっている行為類型は事実上ハードコア・カルテルに限定されており，ハードコア・カルテルに関する限り，現行制度の問題点は必ずしも重大とはいえない。法律上義務的課徴金の対象になっている他の行為類型については，基本的には課徴金対象とならないような手法により問題解消を図ることが目指されている（確約手続の利用，自発的措置による審査終了のほか，そもそも審査事件として取り上げないで実態調査により改善を指導するという手法）。こうした状況が中長期的に望ましいものではないことは明らかであるが，公正取引委員会にはそういった意識はなく，迅速に「答えを出す法執行」（古谷委員長の記者懇談会〔令和3・10・28〕における表現）を重視していると考えられる^(注2)。

　不公正な取引方法についても，公正取引委員会にとっては大変便利な規定であるから，これを手放すという発想はそもそもないと思われる。私的独占と不公正な取引方法との重複についても，（法適用件数が少ないので断定はできないが）課徴金を課すべき事案には3条（私的独占）を，課すべきではない事案には19条（不公正な取引方法）を，それぞれ適用することにより，問題点は実際上解決され，立法的解決を必要とする事態には至っていないと考えていると思われる。なお，前述したように，そもそも私的独占及び不公正な取引方法について法適用を目指そうという発想自体が乏しくなってきていると感じられる。

　また，独占禁止法の実体規定の改正は，昭和28年改正を除くと，持株会社等の一般集中規制に限られており，逆にいうと，エンフォースメント規定よりはるかにエネルギーを要する作業になるのかもしれない。

[行政制裁金]

（行政制裁金制度の必要性）

　令和元年改正後の課徴金制度の下で大きな支障なくハードコア・カルテル規制が行われるとすれば（この点は改正法の運用を見守る必要がある），憲法的論点

もある行政制裁金制度を導入しようとするインセンティブや熱意は湧きにくいと思われる。行政制裁金制度が必要であることを説得的に示す必要がある。村上先生が提案されている具体的制度については，課さないという裁量が可能になる点を除くと（この点も事実上の裁量で対処できる部分も相当ある），現行課徴金制度と大きく変わるものではないようにも見受けられ，なお更，行政制裁金制度の必要性を示すことが重要であると感じる。

（上限方式）

高い上限の範囲内で具体的な制裁金額を決定する裁量的な制度を導入することに賛成するが，上限の設定に「違反行為対象商品」や「継続期間」といった個別事情を関わらせることは適切ではないと思われる。高い上限を設定することの意義を考える必要がある。なお，村上先生の提案がEU競争法型の上限方式が採用できるまでの過渡的な（現実的な）提案であることは理解している。

提案されている上限方式では，現行課徴金制度における理論上の最多額（実行期間・違反行為期間10年上限，再度・主導の算定率20％）をそのまま上限とするものといえるが，これでは個別金額の決定が現行の上限からの一方的な減額となってしまう。この方式で設定される上限では，個別の制裁金額が上限に達する可能性はほとんどなく，個別の制裁金額決定方法だけを定めることと変わらないと思われる。

「想定継続期間」について，「10までの数値から選択される」とあるが，これは具体的に立案する際の裁量に委ねる趣旨と見受けられる[注3]。しかし，現行課徴金制度では実行期間（違反行為期間）が最長10年であるから，10より低い数値を選択する場合には行政制裁金の「上限」がそれより低いということになってしまう。

上限設定の際に乗じる20％（カルテル）又は6％（カルテル以外）の数字は，現行課徴金制度における算定率をそのまま用いているものと思われるが，こうした割合を乗じることの意味をどのように説明するのかが問われる。また，カルテルとそれ以外とで区別する理由は何か。EUで巨額の制裁金が課されている事案はカルテルではなく，支配的地位濫用である。

（個別金額の決定）

提案内容は，基本的には不当な取引制限に係る現行課徴金制度に沿ったもの

であるが，そうであるなら，「課徴金」から「行政制裁金」に名前を変えるだけになってしまうようにも思われる。重要な検討課題は算定基礎であり，通常，対象商品売上額となる。そして，その算定を巡って公正取引委員会の審査実務に大きな負担がかかり，（事業者にとっては重大であるが）独占禁止法の発展にとってはほとんど意味のない審判・訴訟が多数係属し，公正取引委員会の審査リソースが浪費されてきた。これを解決するためには，対象商品売上額の概算による算定を取り入れることが適切であり，また，対象商品売上額に代わる算定基礎を設定することも必要である。

（二重処罰問題〜罰金額との調整）

　課徴金と刑事罰の併科について，比例原則の問題を除くと，理論的には二重処罰問題はないと整理されており（独占禁止法研究会報告書〔平成29・4・25〕6頁），金額調整は不要であると考える。なお，「現行制度の下では，課徴金と罰金は違反行為を抑止するという機能面で共通する部分があるため，両者を併科する場合はこの共通部分に係る調整として，課徴金から罰金の2分の1を控除する規定が政策判断として設けられている」（独占禁止法研究会報告書43頁）。

　また，政策的には，罰金上限を大幅に引き上げて事件単位で振り分ける方法や，刑事罰は個人のみを対象にする運用とする方法を採用することも検討に値する。さらには，行政制裁金制度の導入に伴い，刑事罰（あるいは両罰規定）を廃止するという選択肢もあり得る。ただし，我が国では，法令違反に対する措置として刑事罰を設ける仕組みが一般的であり，刑事罰の廃止には法務当局の同意が得られないと思われる。

（行政制裁金の対象行為類型）

　競争の実質的制限を効果要件とする私的独占及び不当な取引制限を行政制裁金の対象行為類型とする場合に，垂直的価格制限が不当な取引制限あるいは支配型私的独占として法適用されるような事案が実際上出てくるのか疑問もある。ブランド間市場を画定する限り，違反行為者のシェアはそれほど高くなく，不公正な取引方法として違反になるというレベルの事案ばかりではないかと思われる。また，垂直的価格制限を不当な取引制限として規制しようとする場合に，共同する「他の事業者」を具体的に特定することなしに法適用することは難しいと考えられる。

（履行強制金制度の導入）

　現行課徴金制度を行政制裁金制度に改めることに加え，あるいはそれ以上に緊急の課題として，「履行強制金」制度の導入が挙げられる。調査のための強制処分，排除措置命令や企業結合事前届出義務の履行を刑事罰で担保する仕組みが実効的に機能していない中で，具体的な制度設計が早急に検討されるべきである。確約計画認定の履行確保措置が用意されていない点も同様である。

[不公正な取引方法規制]
（自由競争減殺型の不公正な取引方法規制の廃止を必要とする理由）

　不公正な取引方法規制を再編する必要があるという基本的な視点は同感であるが，実際上，その実現は大変難しいと感じる。

　自由競争減殺型の不公正な取引方法は私的独占・不当な取引制限の禁止規定で全てカバーされるという前提であると思われるが，その前提は必ずしも成立していないと思われる。現行実務は，私的独占・不当な取引制限には該当しないが不公正な取引方法には該当する行為が存在するという前提に立っている。この点は，両方の規定があるから，差を設ける運用になっているともいえる。競争の実質的制限について，競争機能侵害の立場を採るにしても，「おそれ」に依拠する不公正な取引方法規制が広範囲に独自の機能を有することは否定できない。特に，公正取引委員会のガイドラインや実態調査に基づく改善要請は不公正な取引方法に該当する「おそれ」があることを根拠とすることが多く，広範囲な緩やかな行政介入の根拠となっている。

　自由競争減殺型の不公正な取引方法の規制を廃止する場合に，私的独占・不当な取引制限の禁止規定ではカバーされないが禁止すべき行為を具体化して検討する作業が必要になる。自由競争減殺型の不公正な取引方法の規制の廃止を必要とする理由（メリット）が無駄な時間・労力を省くというだけでは説得力が乏しいと思われる。「行為類型ごとのルールは判例法で定められる」（『独占禁止法の新たな地平Ⅱ』135頁）というが，それは違法要件が実質的に定められていないシャーマン法1条・2条や連邦取引委員会法5条が前提となっている。日本の独占禁止法では，「一定の取引分野における競争を実質的に制限する」や「公正な競争を阻害するおそれ」といった明示的な効果要件が設定されてお

り，同一には論じられない。

（競争の実質的制限）

　行為者のシェア（合計シェア）が40％程度以上あれば「競争の実質的制限」が事実上推定されるという趣旨の記述があるが（『独占禁止法の新たな地平Ⅱ』139頁，145頁），これはどのような根拠・経験則によるものであろうか。現行実務では，より高いシェアを要求するのが一般的であるが，この実務は不公正な取引方法規制の存在を前提としたものであるから，「40％程度以上」はレベル感としては適切なのかもしれない。学説上少なくともシェア50％程度以上，判例上70％程度以上を要求する米国の単独行為規制が過小になっているという判断によるものとすれば，それも適切なことと思われる。

　特定ブランド市場を「一定の取引分野」として画定することを認める点（『独占禁止法の新たな地平Ⅱ』140頁，143頁）でも，米国判例の傾向とは異なると思われる。日本の現行実務では，特定ブランド市場は不公正な取引方法規制では受け容れられているが，私的独占規制では受け容れられていないと思われる。ただし，この点は必ずしも理論的なものではない。

[次回の改正内容]

　①行政制裁金制度の創設，②不公正な取引方法規制の再構築に関する今回の講演において，具体的な改正内容に関する提案部分はやや技術的な部分に入り込みすぎている印象を受けた。これは，根本的な論点（立法的解決を必要とする理由を含む）については，これまで村上先生の幾多の著作において論じ尽くされており，今回の講演ではより具体的な改正内容を提示するという趣旨によるものであると理解できる。具体的な提案になればなるほど異論が出てくることは避けられず，私も忌憚のない意見を述べさせていただいた。今後の独占禁止法制度を考える上で村上先生の基本的な考え方や具体的な提案が議論の出発点になることは言うまでもなく，各方面で活発な議論が行われることを期待したい。

　　（注1）この報告を基にした栗田誠「独占禁止法の構造的課題—なぜ，分かりにくく，使いにくく，守りにくいのか—」白鷗大学法政策研究所年報14号（2022年）19-43頁参照。

(注2)「公正取引委員会の非公式措置」（2021年11月22日会長コラム）本書120頁。

(注3)『独占禁止法の新たな地平Ⅱ』182頁では，これまでのカルテルの平均実行期間を考慮して「5年が最有力な数値」とされていた。

第2章　共同行為

1　水平的業務提携の分析枠組

多田敏明弁護士「水平的業務提携と独占禁止法」（2020年5月29日第33回事例研究部会）

《参考文献》多田敏明「業務提携の判断枠組み：水平的業務提携を中心として」公正取引829号（2019年）25-33頁

［講演の概要］

　今回の多田敏明弁護士による「水平的業務提携と独占禁止法」の講演は，実務対応と理論研究の両面で優れた業績を積み重ねてこられた実務家による，「理論を踏まえた実践」であるとともに「実践から生まれた理論」でもある。多田先生は，公正取引委員会・競争政策研究センターが開催した「業務提携に関する検討会」における検討に参画され，議論をリードしてこられたところ，最終的な報告書（令和元・7・10公表）にも先生の知見が活かされているものと拝察する。なお，多田先生は，これも大きな関心を集めた「人材と競争政策に関する検討会」の委員も務められたことを付言する（その報告書は2018年2月15日に公表されている）。

　今回，企業法務の実務家向けに業務提携に係る独占禁止法問題のチェックポイントを極めて説得的かつ分かりやすく解説していただいたが，私からは，日頃感じていることを中心にコメントや質問をしたい。講演内容そのものへのコメント・質問というよりは，公正取引委員会の実務に対する疑問であり，多田先生には，そうした疑問が的を射ているかどうか，また，検討会で関連する議論があったかどうかといった点について説明していただければ幸いである。

　本論に入る前に，業務提携に関連したエピソードを一つ紹介する。村上政博先生の『独占禁止法』（弘文堂）という大部の基本書の第9版がこの春（2020年3月）に出版された。ちなみに，独占禁止法のテキストで第9版というのは，単著では白石忠志先生の『独禁法講義』（有斐閣）と並ぶものである。独占禁止法上の違反行為類型に囚われずに，村上先生の競争法体系論に沿って独占禁止実体法を概説しており，個人的には大変好みの章立てになっている。しかし，かねてから，同書に業務提携，あるいは非ハードコア・カルテルについての記述がほとんどないことを残念に思っていた（そのことを論文で指摘したり，著者に直接お伝えしたりしたこともある）。しかるに，第9版では，「事前相談によって違法性判断基準が形成されてきた業務提携を新たに実体法に組み込んだ」（同書「第9版　はじめに」）として，業務提携に関する記述が追加されており，同書の価値を一層高めるものとなっている。

［業務提携ガイドラインの必要性］

　公正取引委員会のウェブサイト上の「相談事例集」にアクセスすると，多数の相談事例が掲載されている。従来，年度ごとや行為類型別に分類されていたが，最近，産業分類によっても区分されるようになり，また，キーワード検索ができるようになっている。毎年6月ごろに前年度の主要な相談事例を集めた事例集が公表されており，年々厚みを増している。

　しかし，問題はここにあるというか，ここからである。公正取引委員会が行うべきことは，個々の相談事例に適切に回答するにとどまらず，多数の相談事例の蓄積を踏まえて，その分析枠組や分析手法を提示することである。主要な違反行為類型の中で，公正取引委員会がガイドラインを作成できていないものは非ハードコア・カルテルであり，特に業務提携である。米国司法省・連邦取引委員会の競争者間連携ガイドライン（2000年），欧州委員会の水平的協力協定ガイドライン（2011年。現在，改訂作業中）に相当するものを持たないまま，公正取引委員会は個々の業務提携に係る相談を処理している。共同研究開発ガイドラインは1993年という早い時期に作成されており，その後も，リサイクル共同化ガイドラインが2001年に，標準化ガイドラインが2005年に作成されるなど，特定の類型の事業者間協力ガイドラインは作成されてきているも

のの，業務提携に関する共通の分析枠組を構築・提示するものは作成されてこ
なかった。公正取引委員会は，2002年に業務提携に関する実態調査結果を公
表し，ガイドラインを作成する意向を表明していたにもかかわらず[注1]，20年
近くが経過した今も作成できていないし，今回の検討会報告書の公表に際して
も，業務提携ガイドラインを作成する方針は示されていないようである。正式
のガイドラインとするには未だ蓄積が不十分と考えているのかもしれないが，
理論先行で作成されたガイドラインはいくつもある。公正取引委員会はなぜ業
務提携ガイドラインの作成に消極的なのか。また，検討会ではこういった議論
があったのかどうか。

［業務提携に関する事前相談］

　かつては「業務提携＝カルテル」的な見方や発想が強かったが，現在では公
正取引委員会でも業務提携をカルテルと同視することはなくなっているという
説明であった。確かに，近年の事前相談の回答の中には，公正取引委員会も随
分物分かりがよくなったなと感じさせるものがある。しかし，現在でも，事業
者間の共同行為に係る事前相談に対する公正取引委員会の回答の中には，厳し
い取扱いを維持しているものもある。また，「そのまま実施すると違法となり
得る」というレベルよりは，「問題となり得る」という程度のレベルで回答し
ていたり，過剰な限定や条件が付されたりしている印象もある。公正取引委員
会としては，事業者の共同行為について事業者団体の活動規制と大きく乖離す
るような回答はしたくないというのが本音かもしれない。

　さらに，相談事例の公表資料は，相談者の了解を得る必要があるためか，か
なり簡略化されているように見受けられる。個別具体的な判断であるだけに，
詳細な相談内容と具体的な分析が公表されることが望ましい。企業結合事例の
公表資料が相当詳しいだけに，その落差が大きいことが気になる。法定の事前
届出に基づく審査と行政サービスとしての相談という違いはあるにせよ，是非
見直しを求めたい点である。最近では，相談事例の分析も行われるようになっ
てきており，例えば，『経済法判例・審決百選〔第2版〕』（2017年）にも相談事
例が2件収録されているほか，『実務に効く　公正取引審決判例精選』（2014年）
には多数の相談事例が取り上げられているように，実務上の重要性は明らかで

ある。

公正取引委員会の事前相談に対する回答は，過小執行（独占禁止法上の問題があるものを問題ないと判断してしまう誤り）を恐れるあまり，過大執行（独占禁止法上の問題がないものを問題ありと判断してしまう誤り）が事業者にもたらす費用を十分考慮していないきらいがある。これは，公正取引委員会という組織レベルでも，事前相談の担当者レベルでも生じ得ることである^(注2)。ガイドラインを作成することにより，公正取引委員会の事前相談担当者ごとの判断のぶれをなくし，また，事業者（相談者）側が，公正取引委員会が示す回答を予測し，適切な事業計画を立案することに役立つはずである。

［業務提携規制と企業結合規制の平仄］

独占禁止法上，業務提携と企業結合を実質的に同じように扱うことが適切である。必要の都度市場から調達する市場取引と会社が法的にも一体化する合併という両端の間に，継続的取引契約，業務提携，株式取得・役員兼任等が連続的に位置付けられる。グラデーションをもって変化するのであって，截然と区別できるものではない^(注3)。もちろん，独占禁止法の適用という観点からは区別する必要が出てくるわけであるが，実質的に同じものは同じように，異なるものは異なるように取り扱うことが重要である。両者は「事業活動の一体化」の程度が異なると指摘されることもあるが，典型的な企業結合（合併を念頭に置けばよい）と業務提携を比較すればそのとおりであるとしても，これも程度問題である。企業結合の大部分が完全な一体化をもたらす合併であった時代とは異なり，特定の商品・サービスや特定の業務を対象とする部分的な結合の事案が増えている。また，従来，結合関係ありと認定されると，完全な一体化が生じることを前提に分析していた審査実務が，場合によっては，結合関係を認定しつつ，部分的な競争圧力として評価することもあるというように変化してきている^(注4)。このように，実態面からも，審査実務の面からも，企業結合と業務提携の違いは小さくなってきている。

付言すれば，垂直的制限との関係も同様に捉えていく必要がある。違反行為類型として，垂直的統合は企業結合として，また，取引先との業務提携は不当な取引制限又は不公正な取引方法として，垂直的制限は不公正な取引方法とし

て，それぞれ検討されることになるが，先に述べたことと同様に，これらは企
業にとって代替的な組織編成・活動の選択肢であり，整合的な取扱いが必要で
ある。我が国の独占禁止法の実体規定には不整合な面があり，制度的に異なる
取扱いになってしまい，規制の中立性を損なうおそれがある。これを，どこま
で解釈上補整できるのか（あるいは，できないのか）が問われている。

[事業者の共同行為規制と事業者団体活動規制の不整合]
　独占禁止法の実体規定の問題点としては，事業者の共同行為規制と事業者団
体活動規制の不整合という難問がある。業務提携は，通常，特定の事業者間で
行われるものであり，事業者団体が行うものは規格・基準の設定やいわゆる自
主規制活動が中心である。しかし，事業者団体がリサイクル事業その他の共同
事業を行う場合もあり，業務提携との関連でも検討すべき課題がある。
　私見では，公正取引委員会が業務提携ガイドライン，一般化すれば，事業者
間協力ガイドライン（更に言えば，非ハードコア・カルテルの分析枠組）を作成
できていない最大の理由は，この事業者の共同行為規制（不当な取引制限規制）
と事業者団体活動規制の不整合にある。我が国の独占禁止法制では，事業者団
体が主体となって行うと違法となる活動であっても，事業者の共同行為として
行えば違反にならない（逆に言うと，事業者が共同で行うことができる活動であっ
ても，事業者団体として行うことはできないものがある），ということが生じ得る。
こうした法制には，歴史的経緯があり，合理的な側面も，また，そうした規制
を必要としてきた実態もあることは理解しているが，整合的な規制にしていく
解釈上の努力はもちろん，将来的には立法的な解決も必要になると考えてい
る。
　公正取引委員会のガイドラインのうち，「公共的な入札に係る事業者及び事
業者団体の活動に関する独占禁止法上の指針」（入札ガイドライン）は，事業者
の共同行為規制と事業者団体活動規制を一体的に扱う点で例外的なものであ
る[注5]。事業者団体ガイドラインを事業者間協力ガイドラインに発展解消させ
る方向を探るべきなのか，また，それが可能であるのか，検討すべき時期に来
ていると考えている。更に話を広げると，独占禁止法の実体規定の不整合はこ
れにとどまらない。私的独占規制と不公正な取引方法規制の関係も重要かつ困

難な課題である。独占禁止法の改正は専らエンフォースメントに関わる規定を対象に行われてきたが，実体規定にも様々な問題点があることは明らかであり，長期的な課題として残されている^(注6)。

[まとめ]

　最後は話がやや大きくなりすぎたが，今回の多田先生の講演は，特に水平的業務提携に焦点を合わせて，業務提携分析の枠組を独自の分析手法を交えて解説するとともに，その分析枠組や分析手法を当てはめて近年の相談事例を読み解くという，競争法研究協会の事例研究部会にふさわしいものであったと実感しており，改めてお礼申し上げる。

(注1)　公正取引委員会「業務提携と企業間競争に関する実態調査報告書」(平成14·2·6公表)において，「競争を制限することのない業務提携の実施を抑制することなく，また，独占禁止法に違反するような業務提携を未然に防止するために，今後，研究開発や技術以外の分野も含め，業務提携全般に関する独占禁止法上の考え方(ガイドライン)を作成することとする」と明記されていた。

(注2)　栗田誠「事業者団体相談事例集(平成7年度)の検討」(栗田誠『競争法研究ノート』(2004年・非売品)28-34頁)の前書きで，次のように指摘していた。「事前相談については，事業者や事業者団体にとって大変有用なものであることは間違いないとしても，その回答内容は基本的に大変保守的なものになりがちである。公正取引委員会(の担当者)には，事前相談において，独占禁止法上の問題がある行為・活動について問題がないと回答してしまうという第二種の過誤(過小執行)を恐れるとともに，実際には独占禁止法上の問題がない行為・活動を誤って阻止してしまうという第一種の過誤(過大執行)のコストを軽視するという傾向があると考えられ，公正取引委員会が事業者・事業者団体に示す事前相談の回答は，必然的に大変慎重な(ときには曖昧で，ガイドラインの文言の繰り返しにすぎない)ものになるのではないか。私はこうした仮説を持っているが，これを実際の回答状況の分析から実証的に検証したいと考えており，本節はその試みでもあった。」(28頁)。

(注3)　かつて今井賢一先生が伊丹敬之・小池和男両氏との共著で『内部組織の経済学』(東洋経済・1882年)を出版された。「組織の経済学」の先駆的な業績であり，「市場」と「組織」の間の様々なタイプの「中間組織」に着目し，その意義や機能を分析したものであり，私は同書に大きな影響を受けてきた。

(注4)　新日本製鐵／住友金属工業合併(「平成23年度における主要な企業結合事例」事例2)では，新日本製鐵と結合関係にあると判断された2社について，価格戦略を共有していないとみられること，顧客の奪い合いがみられることから，一定程度

の競争関係を維持していると判断された。1998年以来指摘してきたことがようやく実現したものと評価している。1998年企業結合ガイドラインを検討した栗田誠『実務研究 競争法』(商事法務・2004年)129, 143頁参照。

(注5)　1994年7月に作成された入札ガイドラインは，入札談合の防止が喫緊の課題とされる中で，担当課長(公正取引委員会団体課長)であった小川秀樹氏が苦労して立案されたものである。小川秀樹編著『入札ガイドラインの解説』(商事法務研究会・1994年)参照。

(注6)　これらの問題について，「独占禁止法の構造的課題」(2021年6月14日第288回月例研究会)本書174頁参照。この報告を基に執筆した栗田誠「独占禁止法の構造的課題—なぜ，分かりにくく，使いにくく，守りにくいのか—」白鷗大学法政策研究所年報14号(2022年)19-43頁も参照。

2　不当な取引制限に対する審査実務の動向

志田至朗弁護士「不当な取引制限に係る公正取引委員会の審査実務の方向性について」(2020年6月26日第277回月例研究会)

[講演の概要]

今回の志田至朗弁護士による講演は，不当な取引制限事件を巡る最近の動向を概観することから始まり，近年の入札談合事件を素材にして，不当な取引制限の違法要件を巡る様々な論点のほか，違反行為者の範囲や課徴金の問題も含め，不当な取引制限に関わる重要なテーマを網羅的に取り上げ，最後に，不当な取引制限の要件に関する実務の現状と方向を明快に提示するという，中身の濃いものであった。

講演においても言及された社会保険庁シール談合事件(勧告審決平成5・4・22審決集40巻89頁，東京高判平成5・12・14高刑集46巻3号322頁)については，平成4年から平成5年にかけての審査事件であるが，私自身，公正取引委員会の当時の審査部監査室(刑事告発に関する業務も所掌していた)に在籍しており，個人的に少し関わっていたこともあり，特に興味深く拝聴した。

不当な取引制限，具体的には価格カルテルや入札談合・受注調整といった，いわゆるハードコア・カルテルの審査・処分が一貫して公正取引委員会の事件審査の中心であり，事業者側としても，違反認定が重い課徴金に直結し，更に

は刑事罰につながる可能性もあるだけに，最も注意しなければならない問題である。違反の予防の観点はもとより，現実に審査対象となっている場合の対応の観点からも検討すべき重要な論点を提示して，公正取引委員会の審査実務の動向と方向性を詳細に解説していただいた。

特に，最後の「第5　最近の実務における不当な取引制限の構成要件の考え方」の部分は，不当な取引制限の要件解釈が的確に整理されており，極めて有益なものと考える。昭和28年の新聞販路協定事件東京高裁判決（東京高判昭和28・3・9高民集6巻9号435頁）から始まる「事業活動の相互拘束」を巡る論争やその後の事件処理の歴史からも分かるように，本日取り上げていただいた論点は，古くて新しい問題である。特に，事件の捉え方や違反認定の範囲が課徴金の有無や金額に直接的に関わってくるだけに，事業者側，あるいはその代理人としても，ある意味で本気にならざるを得ない。平成17年改正により，課徴金の算定率が大きく引き上げられたこともあり，実質的に課徴金の額を巡る審判や訴訟が急増し，一面では，一定の取引分野の画定や違反行為者の範囲など，不当な取引制限の要件解釈が精緻になり，大きく進化したという評価もある。

他方，違反要件の解釈と違反事実の認定の結果として課徴金の有無や額が決まるという関係にあるはずであるのに，課徴金の算定を意識して事実認定や法適用を行うこととなり，課徴金という尻尾が違反事実という本体を振り回しているという，逆の評価も可能である。私自身は後者の見方を重視しており，課徴金の算定方法を抜本的に見直すことが必要であると考えている。

蛇足ながら，課徴金算定を巡る審判事件が急増し，時間がかかり煩雑な審判制度に公正取引委員会自身が魅力を感じなくなったことが審判制度の廃止に至った重要な背景事情になっているのではないかと考えている。

[近年の入札談合事件]
（東京都個人防護具入札談合事件）

最初に取り上げられた東京都個人防護具入札談合事件（排除措置命令平成29・12・12審決集64巻247頁）については，私も評釈を執筆したことがあり（公正取引816号〔2018年〕98-105頁），特に関心をもって拝聴した。排除措置命令書

からは，個人防護具の入札において何十万セットという単位で調達されていることが分かるが，当時はこんな大量に調達してどうするのだろう，使いきれずに困ってしまうのではないかと感じたのであるが，昨今の新型コロナウイルス感染拡大の中で，個人防護具の不足が指摘され，改めて感染拡大の怖さを感じた次第である。

（制服入札談合・受注調整事件）

防衛庁発注繊維製品事件（排除措置命令平成29・3・10審決集63巻171頁）を嚆矢として，制服関係の入札談合・受注調整事件が連続して法的措置の対象となってきた。JR東日本及びJR西日本（排除措置命令平成30・1・12審決集64巻268・272頁），NTT東日本（排除措置命令平成30・2・20審決集64巻284頁），全日空（排除措置命令平成30・7・12審決集65巻第2分冊8頁），ドコモショップ（排除措置命令平成30・10・18審決集65巻第2分冊35頁）と，特に米国でみられるような，芋づる式の摘発ということと思われる。【その後も，山形県警察官制服（排除措置命令令和2・6・11審決集67巻341頁），愛知県立高校制服（排除措置命令令和2・7・1審決集67巻345頁）と続いた。】

（活性炭入札談合事件）

入札談合事件について，発注者向けの納入分野として取引分野を画定する公正取引委員会の実務は，社会保険庁シール事件勧告審決でも採用されており，取引分野の画定が刑事事件と行政事件とで微妙に異なっている。取引分野の画定に際して，取引段階で輪切りにする実務は新聞販路協定事件東京高判の悪しき影響ということかもしれないが，行政実務においては，社会保険庁シール事件東京高判以降も基本的に維持されてきたと思われる。

その結果，物品納入を巡る入札談合事件では，違反行為者であっても，納入実績がないことから課徴金を課すことができないという問題が頻発してきた（社会保険庁シール事件における日立情報システムズ）。これに対し，活性炭事件（排除措置命令令和元・11・22審決集66巻318頁）では，供給予定者の決定という構成を採り，取引分野も，窓口業者による受注の取引分野ではなく，川上の販売業者による供給の取引分野として画定しているものと考えられる。これにより，販売業者や割り振りを担当していた事業者の売上額を基礎として課徴金の納付を命ずることが可能になった。

[多摩談合（新井組）事件最高裁判決の影響]

　本日の講演では直接的には言及されなかったが，不当な取引制限の要件解釈については，多摩談合（新井組）事件最高裁判決（最判平成24・2・20民集66巻2号796頁）が網羅的な判断を示しており，その後のブラウン管事件最高裁判決（最判平成29・12・12民集71巻10号1958頁）においても同様の判断が示されている点がある。多摩談合（新井組）事件最判が判示した事項は，「共同して…相互に」，一定の取引分野，競争の実質的制限，「当該商品又は役務」と多岐にわたる。現行実務の到達点が多摩談合最判によってどのように影響を受けているのか，あるいは受けていないのかについて検討してみたい。

（「共同して…相互に」）

　新聞販路協定事件東京高判の「拘束内容の共通性のドグマからの解放」という，明快な表現で説明された現行実務に対して，多摩談合（新井組）事件最判は影響しているのか，あるいは，既にあった流れを後押ししたものか。多摩談合（新井組）事件最判が，従来の学説が独占禁止法2条6項の「他の事業者と共同して」と「相互に…拘束」を分けて論じていたのに対して，「共同して…相互に」と一気に読むという解釈を示したことが，実質的に新聞販路協定事件東京高判を否定したいと考えてきた学説・実務に文言解釈上の根拠を与えてくれたものと理解できる。

（一定の取引分野）

　多摩談合（新井組）事件最判自体は，一定の取引分野について，審決とは異なる画定をしているが，画定方法については特段述べていない。しかし，調査官解説（ジュリスト1448号〔2012年〕89-96頁）は，伝統的な実務，すなわち，合意の対象範囲をもって取引分野を画定する実務について，順序・論理が逆であると批判し，この最判がそうした方法を採用していないと明確に述べている。ところが，多摩談合（新井組）事件最判以降の公正取引委員会実務はもちろん，審決取消訴訟における東京高判や排除措置命令取消訴訟における東京地判も従来通りの方法を維持しているようにみえる（最近のものとして，電解コンデンサ事件・東京地判平成31・3・28審決集65巻第2分冊301頁）。この点では，多摩談合（新井組）事件最判は影響を及ぼしていないということになりそうであるが，調査官解説が勇み足であったということかもしれない。

(競争の実質的制限)

　多摩談合（新井組）事件最判は，「一定の取引分野における競争を実質的に制限する」とは「当該取引に係る市場が有する競争機能を損なうこと」をいうと判示している。多摩談合（新井組）事件最判では，その判示に続けて，「入札談合にあっては」として，従来からの市場支配力（ないしは市場支配的状態）の形成・維持・強化の観点からの判示も加えていたが，ブラウン管事件最判では，前段部分のみが判示されている。

　学説においては，前段部分は単に，原審判決（東京高判平成22・3・19審決集56巻第2分冊567頁）が事業者間の顧客争奪をもって競争制限と理解しているきらいがあったことから，そうではなく，「市場における競争」への弊害が必要であることを確認的に述べたものにすぎず，従来の市場支配力説を否定するものではないと解する立場が多数ではないかと思われる。これに対しては，最判の判示を文字通りに理解すべきであり，市場支配力ではなく，市場機能の毀損で足りること，これを独占禁止法違反行為に共通する効果要件とすべきであり，さらに，自由競争減殺の観点からの公正競争阻害性も同一に解することで，統一的な違法性判断基準を確立できると主張する学説もある（代表的な論者として村上政博教授）。

　その後の公正取引委員会の審決（例えば，ニンテンドー DS 事件・審判審決平成25・7・29審決集60巻第1分冊144頁）や排除措置命令に係る東京地裁判決（例えば，前掲電解コンデンサ事件・東京地判平成31・3・28）では，多摩談合（新井組）事件最判の文言をそのまま引用しているが，実務に具体的に影響を及ぼしているかは不明である。

　ハードコア・カルテルに関する限り，どちらの解釈を採っても実質的な違いは出てこないと思われるが，非ハードコア・カルテルとの関係では大きな違いが出てくると考えられる。我が国では，非ハードコア・カルテルに係る不当な取引制限適用事例が事実上皆無である背景には，市場支配力基準による競争の実質的制限の解釈があることは否定できない。そして，事業者団体の活動に対しては，8条4号を適用することにより，事業者間の共同行為に比べてより厳しい基準で規制できることになり，これが有益な事業者団体活動に対する不当な介入になっているおそれがあるとする指摘も古くからある（例えば，松本恒

雄「法実現のための監視体制」ジュリスト1139号〔1998年〕101-109頁）。

　更には，排除型私的独占に係るNTT東日本事件最判（平成22・12・17民集64巻8号2067頁）においても，「競争の実質的制限」について，市場支配力基準が採用されているところ，私的独占と不当な取引制限という，独占禁止法上一対のものとして規定されている違反行為類型における共通の効果要件を異なるように解釈することが適切であるのかという議論にもつながる。

（「当該商品又は役務」）

　入札談合事件における「当該商品又は役務」の解釈として，長年に亘って形成されてきた「具体的な競争制限効果」を必要と解する実務を多摩談合（新井組）事件最判は追認した。そして，多摩談合（新井組）事件最判の前から，実質的な争点は「具体的な競争制限効果」をどのように立証するのかという点に収斂していたが，多数の審決・判例の積み重ねの中で，かなり緩やかな（公正取引委員会にとって楽な）立証基準がほぼ確立しているといえる。

　私見では，「具体的な競争制限効果」を必要とする文言上の根拠はないし，理論的にも実際上もそうした追加的な要件を課すべき理由はないと考えている（詳細については，村上政博・栗田誠・矢吹公敏・向宣明編『独占禁止法の手続と実務』（中央経済社・2015年）242-252頁［栗田執筆］参照）。例えば，そもそも「具体的な競争制限効果」とは何を意味するのか（実際には，「効果」というより，個別調整への関わり方の有無・程度が検討されている）。入札談合も「対価に係る」不当な取引制限として課徴金対象になると解されていることと整合的なのか。個別調整に失敗した物件を課徴金の算定基礎から除外するのであれば，売上高営業利益率を参考にして設定されてきた課徴金算定率はより高いものにしないと辻褄が合わないのではないか。疑問は次々に出てくる。

　多摩談合（新井組）事件最判がどのような理由から「具体的な競争制限効果」を必要であると解したのかは明らかではないが，実務上は既に確立しており，独占禁止法研究会報告書（平成29・4・25公表）の提言に沿って立法的な解決を図ることが適切であると考えている。令和元年改正がこの点を含んでいないことは残念なことである。

3 業務提携と独占禁止法

根岸 哲神戸大学名誉教授「業務提携に関する独禁法上の課題─垂直型・
混合型業務提携を中心として」（2020年7月20日第279回月例研究会）

[講演の概要]

　根岸哲先生の講演は，業務提携を巡る独占禁止法上の課題について，特に垂
直型・混合型業務提携を中心に，詳細に分析・紹介する内容である。

　最初に「業務提携と企業結合の異質性と類似性」が解説されていることで，
業務提携と企業結合をトータルに把握することができ，また，独占禁止法の体
系における位置付けも理解しやすくなる。特に，公正取引委員会競争政策研究
センター（CPRC）が開催した「業務提携に関する検討会」（根岸先生が座長を
務められた。以下単に「検討会」という）の報告書（令和元・7・10公表）の紹介に
とどまらず，報告書の公表以降の動きも含めて説明されることで理解が深まっ
た。検討会における検討成果を取り込んだような公正取引委員会の成果物，例
えば，企業結合ガイドラインの改正（令和元・12・17）や各種の実態調査報告書
等を拝見していると，検討会が果たした役割が業務提携の検討にとどまらな
い，幅広い射程のものであることが理解できる。

　加えて，業務提携を考える上での重要な先例として，米国のアスペン事件最
高裁判決（1985年）が有する意味合いや，日本のグーグル／ヤフー業務提携相
談事例（平成22・12・2公表）が紹介・解説されたことで，この問題をより具体的
に，また，比較法的な見地からも理解することができた。

　さらに，検討会報告書の目玉の一つが「業種横断的データ連携型業務提携」
と呼ばれている新しいタイプの業務提携であるが，これについても異業種間
の標準必須特許（SEP）ライセンスという具体例を基に説明されたことで，イ
メージがつかみやすくなり，また，最先端の事例に触れることができ，さら
に，知的財産利用ガイドラインとの関連にも言及されたことで，実務的にも意
義深いものになったと感じている。

[「業務提携に関する検討会」発足時の疑問]

　検討会は2018年12月に第1回会合が開催され，9回の会合を経て，2019年7月に報告書が公表されている。約半年という比較的短期間の検討といえるが，従来のCPRCの検討会と同様である。

　最初に業務提携に関する検討会の開催を知ったとき，「どうしてCPRCで検討会を開くのか」「業務提携ガイドラインの策定作業をどうして始めないのか」という2つの関連する疑問を持った。CPRCの検討会では，それまでデータや人材という新しいテーマを取り上げてきており，これらはCPRCで取り組むにふさわしいと感じられたが，業務提携は古くからのテーマである。第1回会合に提出された事務局作成の「論点案」には，「業務提携に関する独占禁止法上の考え方に係る体系的整理」と「従来あまりみられなかった業務提携類型に関する独占禁止法上の考え方」の2つの大きな項目が示されている。前者には6項目挙げられているのに対し，後者には2項目しかなく，前者が検討会の中心テーマのように思われたこともあり，余計に，今更CPRCで検討するのではなく，公正取引委員会自身が業務提携ガイドラインの作成に向けて取り組むべきではないかという印象・感想を持ったのである。

　実際には，前者の課題についても，従来，水平的業務提携中心の検討が行われてきていた中で，垂直的・混合的業務提携についての考え方が整理され，また，業務提携の競争評価における重要な論点である情報共有，コスト構造の共通化，イノベーションに与える影響について理論的に解明・整理されていることをみると，CPRCでの検討にふさわしいものであったことが分かる。また，後者の課題，報告書では「第6　業種横断的データ連携型業務提携に関する独占禁止法上の考え方」として整理されている部分については，正にCPRCで取り上げるにふさわしいテーマであることは明らかであり，検討会においても第5回から第7回の議論は専らこの点に充てられている。その意味で，当初抱いた「どうしてCPRCで検討会を開くのか」という疑問は氷解した。

　他方，もう一つの「業務提携ガイドラインの策定作業をどうして始めないのか」という疑問に関しては，今も釈然としないものを感じている。2002年2月に公表された業務提携実態調査報告書には，「業務提携全般に関する独占禁止法上の考え方（ガイドライン）を作成することとする」と明記されていたことを思い出す。それ以降，公正取引委員会がなぜ業務提携ガイドラインを作

成しようとしないのか，内部の事情は知らないが，残念なことであると感じて
きた。検討会報告書の公表に際しても，また，その後も，公正取引委員会から
業務提携ガイドラインの作成という話は出てきていないと承知しているが，当
面，水平的業務提携に関するガイドラインを作成することが喫緊の課題ではな
いかと考えている。

[検討会報告書公表後の公正取引委員会の動き]

　検討会における検討やその成果である報告書は，業務提携にとどまらない，
大きなインパクトを与えたように感じられる。

　一つは，昨年（2019年）12月に公表された企業結合ガイドラインの改定作業
への貢献である。この改定では，垂直型及び混合型の企業結合に関する部分が
ほぼ全面的に書き改められており，検討会における垂直型・混合型の業務提携
に関する検討が大いに役立っていると思われる。また，全体にわたり，デジタ
ル・サービスの特徴を踏まえた記述や研究開発に関わる記述が追加されている
が，これらも検討会で重点的に検討された論点である。

　もう一つは，デジタル経済を巡る実態調査における分析の視点の提供であ
る。特に，業種横断的データ連携型業務提携に関する問題点の検討が，政府一
体となって進めているデジタル市場における競争環境の整備への取組の一環と
して，公正取引委員会が各種の実態調査を実施する上での理論的なバックボー
ンになっていると感じられる。本年（2020年）4月21日に公表されたフィン
テックに関する報告書や6月12日に公表された「共通ポイントサービスに関す
る取引実態調査」はその典型例である。こうした実態把握と独占禁止法・競争
政策上の問題点の検討は，検討会報告書の理論的な枠組を肉付けし，より強固
で精緻なものへと発展させる基盤となる。

[業務提携ガイドラインの作成を妨げるもの]

　業務提携に関する独占禁止法ガイドラインをなぜ公正取引委員会は作成しよ
うとしないのかという疑問をかねてから持っている。私見では，この問題の背
後には，事業者の共同行為規制と事業者団体規制の齟齬という立法論的な課題
がある。

　独占禁止法の実体規定の問題点として，事業者の共同行為規制と事業者団体活動規制の不整合という難問がある。業務提携は通常，特定の事業者間で行われるものであり，事業者団体が行うものは規格・基準の設定やいわゆる自主規制活動が中心である。しかし，事業者団体がリサイクル事業その他の共同事業を行う場合もあり，業務提携との関連でも検討すべき課題がある。

　私見では，公正取引委員会が業務提携ガイドライン，一般化すれば，事業者間協力行為ガイドライン（更に言えば，非ハードコア・カルテルの分析枠組）を作成できていない最大の理由は，この事業者の共同行為規制（不当な取引制限規制）と事業者団体活動規制の不整合にある。我が国の独占禁止法制では，事業者団体が主体となって行うと違法となる活動でも，事業者の共同行為として行う場合には違反にならないということが生じ得る。こうした法制には，歴史的経緯があり，合理的な側面も，また，そうした規制を必要としてきた実態もあることは理解しているが，整合的な規制にしていく解釈上の努力はもちろん，将来的には立法的な解決も必要になると考えている。

　このこととの関連で，本年（2020年）6月23日に公表された令和元年度の相談事例集をみると，事業者団体からの相談について，8条1号の観点からの検討と同条4号の観点からの検討を明確に分けて記述されているものがある（事例12「レジ袋の有料化に伴う事業者団体による単価統一等の取組」）。これは，法的分析を可視化する上で望ましいことであるが，同時に，事業者の共同行為（不当な取引制限）と事業者団体の活動との間の二重基準の問題を再認識させるものでもある。従来の事前相談の回答では，この点を曖昧にしたまま，事業者の共同行為の事例においても，8条4号レベルでの検討・回答をしてきたものと思われる。

　今後，事業者の共同行為に係る相談事例であれば，「当該取引に係る市場が有する競争機能を損なう」（競争の実質的制限に関する最高裁の判示）ものでない限り，「問題となるものではない」と回答されることになり，また，事業者団体の活動に係る相談事例であれば，8条1号の観点からは問題ないが，同条4号の観点から「問題となるおそれがある」と回答されるものが出てくることも考えられる。現に，事業者団体の活動の相談事例の中に8条4号の観点からのみ検討されているものがあり，それらは内容的にみて8条1号の観点からの

検討は不要であることを示していると考えれば，仮に同じ内容を事業者の共同行為として相談していれば（構成事業者の数が少ない団体であれば可能であろう），「問題となるものではない」という回答にならざるを得ないことになる。そうであるとすれば，今後，事業者団体の活動としてではなく，事業者の共同行為として相談するという対応が生まれるおそれがある。こうした事態をどのように受け止めるべきであろうか。

　公正取引委員会が事業者間協力行為に関する分析枠組を構築できていない実質的理由は上記の点にあるというのが私の見立てである。この点をいかにしてクリアしていくか，公正取引委員会の工夫が求められている。

　なお，公正取引委員会のガイドラインで，事業者の共同行為と事業者団体の活動を一体的に取り扱っているものとして「入札ガイドライン」（公共的な入札に係る事業者及び事業者団体の活動に関する独占禁止法上の指針）がある（平成6・7・5作成）。入札ガイドラインは，入札談合というハードコア・カルテルを対象とするものであり，基本的に3条（不当な取引制限の禁止）又は8条1号（事業者団体による競争の実質的制限行為）を念頭に置いていることから，上述したような問題点を顕在化させることなく，記述することができた。しかし，業務提携を含む非ハードコア・カルテルにあっては，8条4号を巡る問題が正面から立ちはだかってくる。

4　価格カルテルにおける意思の連絡の立証

　　志田至朗弁護士「価格カルテルにおける意思の連絡の推認手法と今後の展望」（2021年12月6日第293回月例研究会）

[講演の概要]

　不当な取引制限における「合意」ないしは「意思の連絡」の認定は，独占禁止法における「古くて新しい問題」である。独占禁止法施行直後の合板入札価格協定（湯浅木材ほか）事件（審判審決昭和24・8・30審決集1巻62頁）では，次のように述べられている（審決集1巻82-83頁）。

　特に問題となるのは，共同行為ありといわんがためにはどの程度の主観的意思の連絡が必要であるかの判断であるが，当委員会は共同行為の成立には，単に行為の結果が外形上一致した事実があるだけでは未だ十分でなく，進んで行為者間に何等かの意思の連絡が存することを必要とするものと解するとともに，本件におけるがごとき事情の下に，或る者が他の者の行動を予測しこれと歩調をそろえる意思で同一行動に出でたような場合には，これ等の者の間に右にいう意思の連絡があるものと認めるに足るものと解する。

　私自身は，公正取引委員会審判官在職中には担当審判事件の関係で必要に迫られて多少の勉強をしたものの，担当事件で意思の連絡の認定が大きな争点になるものがなかったこともあり，深く考えたことがない。また，研究者になってからも，これは実務そのものであって，研究者が外からできることは限られると思い，研究テーマとして取り組んだことはない。そのため，的確なコメントができるか心許ない面はあるものの，感じたことを述べてみたい。

［公正取引委員会の法執行方針］
　現在の公正取引委員会の法執行方針（明示的には示されていないが，実質的には方針であると見受けられるもの）は，次のようなものであると考えている。
①ハードコア・カルテルについては，排除措置命令（及び課徴金納付命令）を目指した審査を行う（事案によっては刑事告発も目指す）。
②その他の違反被疑行為類型については，自発的な改善措置による迅速な問題解消を目指す。そのため，確約手続その他の処理方法を柔軟に選択する。
③しかし，関係人が自発的措置を採る意向がない事案であって，証拠や理屈が十分なものについては，排除措置命令を行う。
　公正取引委員会（特に審査局）にとっては，ハードコア・カルテル審査が唯一，本来の機能を果たし得る類型であり，特に意思の連絡の立証に力を入れてきたし，裁判所の支持を得てきていると考えていると思われる。数少ない公正取引委員会（審査官）敗訴事例は，特定の事業者の合意への参加が否定さ

れたものがほとんどであり（技研システム事件・審判審決平成12・8・8審決集47巻224頁［千葉県発注測量業務に係る入札談合：違反事実なし〔被審人のみが審判で争った事案〕］；大森工業事件・東京高判平成23・6・24審決集58巻第2分冊11頁［岩手県発注建築一式工事に係る入札談合：違反事実なし〔途中参加の有無が争われた事案〕］；加藤化学事件・審判審決令和元・9・30審決集66巻1頁［段ボール用でん粉の価格カルテル：違反事実なし〔追加参加の有無が争われた事案〕]）^(注1)，例外はエレベータ保守料金カルテル事件（審判審決平成6・7・28審決集41巻46頁：違反事実なし）である。

[近年のハードコア・カルテル規制の動向]

　ハードコア・カルテルの法的措置件数を見る場合に，一つの審査事件が最終段階で商品等を細分化することで件数が水増しされることがある点に注意する必要がある。令和2年度の価格カルテル6件は，愛知県立高校6校の制服に係る価格カルテル事案（排除措置命令令和2・7・1審決集67巻345頁）である。

　近年の法的措置事件の全てが課徴金減免制度の適用事例であり，特にその大部分で調査開始前の減免申請がなされたものとみられる。こうした事件では，違反事実の認定上，減免申請事業者からの情報が大きく役立っていると推測され，逆に，減免申請がなされていない法的措置事件では審判・訴訟への移行という状況もみられる（シャッター事件・命令平成22・6・9審決集57巻第2分冊28頁→審判審決令和2・8・31審決集67巻1頁［取消訴訟係属］；段ボール事件・命令平成26・6・19審決集61巻108頁→審判審決令和3・2・8審決集67巻138頁［取消訴訟係属]）。令和元年改正による調査協力減算制度の導入により，公正取引委員会の事件審査が減免申請に依存する状況が益々強まり，減免申請なしには違反の端緒の入手はもとより，違反の立証ができないという事態に陥ることが懸念される。

[意思の連絡が大きな争点となった価格カルテル事件]

　公正取引委員会や裁判所における価格カルテルにおける「意思の連絡」の立証に関するルール形成は，いくつかの合意形成のパターンが浮かび上がっているものの，余り進展してきていないという印象もある。昭和52年改正による課徴金制度の導入後においても，意思の連絡の有無が大きな争点となる価格カ

ルテル事件はほとんどなく，また，平成3年改正による課徴金強化の後にもそれほど多いわけではなく，次のような事件に限られている。

①エレベータ保守料金カルテル事件（審判審決平成6·7·28審決集41巻46頁：違反事実なし）：一般的には，要証事実や立証水準を高く設定すぎていると指摘されている（他にも争点があったことにもよる）。

②東芝ケミカル（差戻審）事件（審判審決平成6·5·26審決集41巻11頁→東京高判平成7·9·25審決集42巻393頁）：リーディング・ケースではあるが，1社のみが争った事案であり，後述するように，過剰に参照されていると思う。

③元詰種子事件（審判審決平成18·11·27審決集53巻467頁→東京高判平成20·4·4審決集55巻791頁）：合意の抽象性を容認し，また，合意の形成過程の立証を不要とする判決を評価する見方が一般的であるが，公正取引委員会が採ったような構成の妥当性には疑問もある。

④モディファイヤー事件（審判審決平成21·11·9審決集56巻第1分冊341頁→東京高判平成22·12·10審決集57巻第2分冊222頁）：いわゆるプライス・シグナリングの事案である。

平成17年改正後においては，多くのハードコア・カルテル事件が課徴金減免申請による事案であって，意思の連絡自体が本格的な争点となった価格カルテル事件は少ない。審判・訴訟になった事件は談合事件が多い。価格カルテル事件で審判・訴訟になった事件でも，中心的な争点は課徴金の計算であり，その前提として違反事実についても争われていたと思われる。

平成17年改正後に意思の連絡が大きな争点となった価格カルテル事件として，ニンテンドーDS事件（審判審決平成25·7·29審決集60巻第1分冊144頁）がある。本件は，2社間の1需要者向け提示価格に関する情報交換を通した合意形成を不当な取引制限として認定した事案である。

事案の積み重ねの中で，多様な合意形成の方法やその過程の具体例が明らかとなり，事案に応じた適切な立証ルールも形成されていくと考えられるが，限られた事例しかない現状には問題があると思われる。もっとも，これは日本に限ったことではなく，米国においても大部分の刑事事件は有罪の答弁であり，EUでも和解手続が採られていることが少なくない。また，米国では，私訴事

件が判例法の形成に重要な役割を果たしている。

[東芝ケミカル事件東京高判の大きすぎる影響]

　東芝ケミカル事件東京高判が意思の連絡に関するリーディング・ケースとされ，その判示がその後の審判・訴訟に大きな影響を及ぼしていると考えられる。多くのハードコア・カルテル事件の審決において同判決が参照されている。審査官と被審人の双方が同判決を引用しつつ，自己の主張・立証を展開していることが少なくない。

　しかし，そもそも東芝ケミカル事件では，同判決が提示した立証ルールが必要な事案であったのか疑問である。東芝ケミカルのみが争った事案であり，他の7社の合意に同社も加わっていたかが争点であり，複数の事業者間で合意が形成されたかが争点となった事案ではない。また，同判決が提示した推認ルールは，価格カルテルの形成の典型的なパターンに沿ったものであるが，一つのパターンにすぎない。その他のパターンとして，モディファイヤー事件におけるプライス・シグナリング，ニンテンドー DS 事件における特定の需要者に提示する予定の価格に関する2社間の情報交換，（談合事件であるが）郵便区分機事件（審判審決平成15・6・27審決集50巻14頁→東京高判平成20・12・19審決集55巻974頁）における郵政省からの情報の提示（「内示」），マリンホース事件（排除措置命令平成20・2・20審決集54巻512頁）における「コーディネーター」の介在といった特徴的な事案がある。価格カルテル事案である東芝ケミカル事件東京高判が入札談合の事案においても参照されてきたことも指摘できる。

　なお，東芝ケミカル事件東京高判が提示した推認ルール（「三分類説」と呼ばれることもある）に関する論稿の中には，事前の（価格に関する）情報交換と事後の行動の一致の両方が揃っていることが必要であるという趣旨に読めるものがあるが，適切ではないと思われる。例えば，「東芝ケミカル事件差戻審判決が示した3条件は，絶対的なものではなく，……情報交換における競争制限的な目的が明確な場合であれば，事後の行動の一致がなくても，「意思の連絡」を推認できる場合がある」（幕田英雄『公正取引委員会実務から考える独占禁止法』〔商事法務・2017年〕65頁）というべきである。

［シャッター事件審決に対する批判的見解］

　村上政博教授が近時の一連の「合意と意思の連絡」に関する論稿において，シャッター事件審決（令和 2・8・31 審決集 67 巻 1 頁）における「全国合意」の推認を批判的に論じておられる。村上教授は，シャッター事件審決について，「審判審決の認定事実からは意思の連絡を推認することは難しい」と評価されている（国際商事法務 49 巻 8 号 997 頁）。村上教授の批判は，簡単にいえば，事前の価格に関する情報交換，事後の実施に向けた一致した行動の両面とも，これまでの意思の連絡が推認された事案に比べて事実認定が手薄であることを指摘するものである。これまでの事案に比べて認定事実が薄いことだけで意思の連絡の推認が難しいと判断することはできないが，推認を支える具体的な事実認定が薄いことは推認を否定する方向に作用することも当然である。「並行的な同一価格設定……について，ここまで緩やかに共同行為に該当するとして競争法違反とした事例は見当たらない」（国際商事法務 49 巻 7 号 864 頁）という記述については，判断材料を持ち合わせていないが，この批判は米国や EU における先例からは支持されないようにも思われる。リニエンシーの活用による和解的手法が一般化している中で，限界的な事例がなくなってきていることを指摘するものとすれば，そのとおりであろう。

［東芝ケミカル判決における「特段の事情」］

　東芝ケミカル判決が提示した推認ルールの「特段の事情」について，具体的に論じたものは少ないが，渡邉惠理子「価格カルテル事件における防御方法再考」（川濵昇・泉水文雄・土佐和生・泉克幸・池田千鶴編『競争法の理論と課題─独占禁止法・知的財産法の最前線（根岸哲先生古稀祝賀）』〔有斐閣・2013 年〕125-138 頁）が代理人弁護士の立場から丁寧に分析しており，「『対価引上げ行為に関する情報交換』の結果として『同一又はこれに準ずる行動』がとられたことを基礎付ける経験則の適用を妨げるべき要素として，例えば」次のような場合があると指摘する（前掲 131-132 頁）。また，こうした事情が相まって，情報交換や同一の行動自体を否定する方向に作用するという。

　①圧倒的な価格交渉力を有する需要者が，違反行為を疑われる事業者（供給者）に対して，競合他社の提示価格を伝え，これに応じない場合の取引量

の減少を示唆するなどして，一定の価格に誘導する価格交渉を行っていたような場合

②情報交換がなされた価格が，事業者が需要者に対して提示した多数ないし複数の価格の選択肢にすぎない場合

③価格交渉がある程度長期にわたるような場合，需要者との交渉などの報告やこれに基づく対応のため，ある程度の情報交換や対応の協議が必要であるにもかかわらず，こういった行動がみられないこと

④接触そのものが単発的であり，通常履践される合意に至るプロセスがみられないこと

⑤基本合意の存在が認定されないにもかかわらず，「合意等」に至ったとされる情報交換の回数・頻度が需要者との価格交渉の回数・頻度に比して僅少である場合

⑥特段の事情もないにもかかわらず，同じ内容の複数回の情報交換のうち，価格の一致をみた回数が僅少である場合

　こうした場合が，「特段の事情」，あるいは推認ルールの前提となっている経験則の適用を妨げる事情といえるのかについては更に検討が必要であるが（例えば，接触回数が少ないことに意味があるといえるのか疑問もある），今後の議論を喚起する重要な問題提起である。

［米国判例法の参照］

　米国のハードコア・カルテルの合意の立証は私訴事件でこそ問題になる。米国の私訴事件の判例を日本の独占禁止法の行政事件における立証において参照する意味があるのかという問題はあるものの，3倍額賠償請求訴訟であり，制裁的な効果があることを考慮すれば，参考にしてもよいと思われる。

　米国反トラスト私訴の原告は，並行行為の存在と「プラス・ファクター」を主張することになる。次の論文は，プラス・ファクターを分類するとともに，様々なプラス・ファクターの総体的な評価により，積極的に合意を推認すべきことを主張する。Christopher R. Leslie, The Probative Synergy of Plus Factors in Price-Fixing Litigation, 115 Nw. U. L. Rev. 1581 (2021). この論文においては，プラス・ファクターが次のように分類されている。

① Cartel Susceptibility（カルテルが行われやすい市場構造）

② Cartel Formation（関係者間のコミュニケーション：動機と機会）

③ Cartel Management（価格情報の交換，プライス・シグナリング，競争者の価格情報の保有）

④ Cartel Enforcement（モニタリングと制裁）

⑤ Cartel Markers（市場指標：価格・在庫・シェア動向，製品規格，取引慣行の変化）

⑥ Suspicious Statements and Silences（カルテルがなければ考えにくい言動）

⑦ Multipurpose Plus Factors（過去の違反歴，他の市場〔外国を含む〕での違反歴，自己の利益に反する行動）

　同論文は，合意を否定した判決では，それぞれのファクターを他のファクターと切り離して個別に評価する方法，すなわち，各ファクターについて，当該事件における具体的な状況を○（合意認定に向けてプラスに働く），×（マイナスに働く），△（中立）といったように単純に区分して，○が多い場合に合意を認定し，そうでない場合には認定しないといった機械的な手法を用いることにより，合意が認定されにくくなっていると批判する。同論文は説得的であり，更に吟味する価値があると感じている。

［（談合事件ではあるが）郵便区分機事件審決及び東京高判の比較］

　郵便区分機事件審決（審判審決平成15・6・27審決集50巻14頁）は，次の4つの要素を総合勘案するという方法を採用した。

　①当事者が属する市場構造，製品特質，過去の市場行動等

　②当事者間の事前の連絡交渉の有無やその連絡交渉の内容

　③結果としての行動の一致

　④事後の市場行動，市場成果の変化等

　これに対して，同事件東京高裁判決（東京高判平成20・12・19審決集55巻974頁）は，次のような特徴を有していると指摘されている。

　①市場環境を重視していない。

　②一般競争入札の導入という大きな変化にもかかわらず，従来の協調的行動が維持され，「結果としての行動の一致」の不自然さが大きいことが重視

されている。

③合意とされる内容が単純であることもあり，事前の連絡交渉は重視されていない。

審決が市場構造を考慮したことについて，それが意識的並行行為を裏付ける要因にもなり得ることから，東京高判はそれを避けたものであるとして，東京高判を支持する見解が多いようである^(注2)。しかし，こうした審決批判は，市場構造要因を独立に（他の要因と切り離して）評価することによるものであり，適切ではないと思う。（日立が参入するまで）2社しか存在しない市場であることが本件合意の大きな背景になっていることは明らかであると思われる。

［課徴金制度との関係］

課徴金制度を含むサンクション制度の違いが立証の違いをもたらす。課徴金制度の導入前，さらには平成3年改正による課徴金強化までは，明示の合意による価格カルテルが広く行われ，事業者側も直接的な証拠を残すような事案（それを基に容易に供述を引き出すことができる事案）が多かったと思われる。しかし，重い課徴金を前提とするカルテル審査では，一方で，状況証拠による意思の連絡の推認が不可欠となるが，他方で，制裁賦課に相応しいレベルの立証や適正手続が求められることとなる。公正取引委員会が現行課徴金制度について，あくまで「行政上の措置」であることを強調し，制裁性を正面から認めていない理由の一端はここにあると思われる。

非裁量的な課徴金制度がカルテルの立証に影響を及ぼすことも考えられる。現行課徴金制度の下では，明示の合意か黙示の合意かといった事情は課徴金額の算定には影響しないから，具体的な認定事実が反映されることもない。排除措置命令書には，「決定」や「合意」といった文言が定型的に用いられてきている。合意の態様（広くいえば，違反行為の重大性・悪質性の一要素になり得る）が課徴金の額に影響するのであれば，より詳細な事実認定が求められることになる。現状では，合意の抽象性を容認し，合意の形成過程の立証を不要とする判決^(注3)を盾に，具体的に認定できる証拠があると思われる事案であっても，排除措置命令書にはあえて記載しない方針が採られているようにすら見受けられる。

　しかし，不当利得剥奪型課徴金から制裁型課徴金への改革を展望する場合には，行政処分における立証の方法や程度といった問題も考慮する必要が出てくると思われる。公正取引委員会自身，必ずしも裁量型課徴金を望んでいないようにも見受けられる背景には，こうした事情があるのかもしれない。米国反トラスト法では，外形的に価格カルテルとみられる共同行為について，司法省が民事提訴する場合や連邦取引委員会が取り上げる場合があることに思いを致し，日本の独占禁止法が硬直的な仕組みを採っていることを自覚する必要がある。

[村上政博教授の「合意」と「意思の連絡」の二分論]

　村上政博教授は，10年程前から，不当な取引制限における「合意」と「意思の連絡」を区別することを提唱されてきており，近時，その関連の論稿[注4]を相次いで発表されている。

　村上教授の整理は，「相互拘束」を明示的な「合意」と推認による「意思の連絡」に二分し，合意が認定できないときに「意思の連絡」を推認するものとして位置付ける。公正取引委員会の排除措置命令書では，両者を区別せずに漫然と「合意」と表現し，また，審決では，状況証拠による推認の場合には「意思の連絡」と表現される。単なる用語法の違いにもみえるが，分かりやすさの観点からは村上教授の整理が支持される。排除措置命令における事実認定が簡略化・パターン化されすぎていることの弊害でもある。

　また，不当な取引制限の行為要件について，従来，「共同して」において共同性（意思の連絡）が，「相互に……拘束し」において「相互性」や「拘束性」が議論されてきた。しかし，多摩談合（新井組）事件最判は，「共同して……相互に」と続けて読む柔軟な解釈を示唆したと解されている。村上教授は，教授のいう「合意」や「意思の連絡」が相互拘束に関わる問題であることを強調している。この主張がどのような実際的な意味を有するのか，更に検討したいと考えている[注5]。

（注1）栗田誠「独占禁止法による入札談合規制の展開―公取委敗訴事例を素材に」ジュリスト1438号（2012年）30-35頁参照。なお，筆者は技研システム審判事件の担当審

判官であった。

(注2) 簡単には，多田敏明・本件東京高判解説『経済法判例・審決百選［第2版］』(2017年)23事件(48-49頁)参照。また，日本経済法学会編『不当な取引制限の現代的展開』日本経済法学会年報37号(有斐閣・2016年)所収の各論稿参照。

(注3) 入札談合事件では，早い段階から，違反行為の開始時期について「遅くとも○年△月□日以降」といった認定により，合意の形成過程を認定することなく，合意の存在を立証するという便法が用いられてきたが，価格カルテル事件においても，この「遅くとも」方式により基準価格に関する合意の「存在」を認定した審決(元詰種子価格カルテル事件・審判審決平成18・11・27審決集53巻467頁)を支持する判決が現れた(東京高判平成20・4・4審決集55巻791頁)。

(注4) 村上政博「独占禁止法と国際ルールへの道—カルテル規制における合意と意思の連絡」NBL1195号(2021年)52-58頁，同「独占禁止法の新潮流(第26回)不当な取引制限における意思の連絡」国際商事法務49巻7号(2021年)861-867頁，同「独占禁止法の新潮流(第27回)カルテル規制における合意と意思の連絡」国際商事法務49巻8号992-998頁。

(注5) 意思の連絡ないしは合意の認定に関する近年の文献として，次を挙げておく。

・萩原浩太「不当な取引制限の行為要件とその立証」上杉秋則・山田香織編著『独禁法のフロンティア—我が国が抱える実務上の課題』(商事法務・2019年)第4章(92-122頁)所収。

・幕田英雄『公正取引委員会実務から考える独占禁止法』(商事法務・2017年)第2章第3節 「意思の連絡」(合意)に関する問題

・日本経済法学会編『不当な取引制限規制の現代的課題』日本経済法学会年報37号(有斐閣・2016年)所収の各論稿

・宮井雅明「独占禁止法における合意の概念」川濱昇他編『競争法の理論と課題—独占禁止法・知的財産法の最前線(根岸哲先生古稀祝賀)』(有斐閣・2013年)91-108頁

・武田邦宜「企業間コミュニケーションとカルテル合意の立証」川濱昇他編『競争法の理論と課題—独占禁止法・知的財産法の最前線(根岸哲先生古稀祝賀)』(有斐閣・2013年)109-124頁

・越知保見『独禁法事件・経済犯罪の立証と手続的保障』(成文堂・2013年)第1部

第3章　企業結合

1　実務家からみた企業結合審査の動向

川合弘造弁護士「企業結合審査の最新動向」(2020年5月15日第275回月例研究会)

[講演の概要]

　川合弘造弁護士の講演資料は6項目から構成されているが，大きく3つのパートに分けることができる。まず，資料の1・2の部分では，M&Aの戦略的な観点や企業法務全体の視点からの企業結合規制の位置付けについて説明された。次いで，資料の3・4の部分では，企業結合規制への対応のプランニングについて実践的に解説された。最後に，資料の5・6の部分で，日本の公正取引委員会による企業結合審査実務の特徴と傾向，そして，注目される近時の事例について詳細に分析された。独占禁止法しか知らない者にとっては，資料の1から4までの部分，特に2（企業法務全体から見た企業結合規制）に大変興味を覚えた。もちろん，公正取引委員会の企業結合審査実務に関する部分も，数々の重要案件に携わってこられた講師ならではの切り口や的確な問題指摘があり，公正取引委員会の公表資料しか見ていない者にとっては極めて新鮮であり，正に企業結合審査の最新動向を理解することができた。

　資料の1・2の部分は，会社の経営幹部や経営戦略・経営企画部門，法務部門にとって極めて有益なものであるが，特に企業法務担当者や法律実務家の悩ましさの部分は，公正取引委員会の企業結合審査担当官においても理解しておくべき内容であると感じた。また，資料の3・4の部分は，特に複数の競争当局への対応が必要になる事案において心得ておくべき重要なポイントが示され

ている。企業戦略としてベストな時期に円滑に実行できるように手を打っておくことの重要性がよく理解できる。4の個別論においては，米国やEUを取り上げずに，中国・韓国・台湾等を中心に整理されていることについては意外であったが，これらの法域の重要性や法運用の透明性の低さへの懸念の表れであろうと理解した。

[公正取引委員会の企業結合審査実務全般]

　公正取引委員会の企業結合審査の現況については，まもなく2019年度（令和元年度）の届出状況や主要事例が公表されるものと思われるが，私自身は，公式に発表される届出等の件数のほかに，主要事例の記載からカウントして，問題解消措置が採られた事例や断念された事例の件数を重視している（下図参照）。本当は，第1次審査で終了した案件や届出が撤回された事案の内容や内訳（公正取引委員会からの問題指摘を受けて断念した事案）が分かるとよいのであるが，当事会社との関係上それは難しいのであろう。

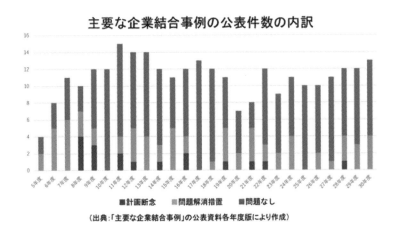

主要な企業結合事例の公表件数の内訳

■計画断念　■問題解消措置　■問題なし
（出典：「主要な企業結合事例」の公表資料各年度版により作成）

[日本の企業結合規制制度]

　「日本の企業結合規制の特徴」として，制度面・手続面に分けて指摘されている点に特に関心を持っているが，「特徴」というよりは「欠陥・不備」というべき点も少なくないと考えている。例えば，類型別の届出制度，情報提供義

務の曖昧さ，虚偽情報の提供に対する制裁の弱さ，公表内容といった点である[注1]。

　「全般的な動向」で挙げられている韓国の造船案件（韓国造船海洋による大宇造船海洋の株式取得：令和 2・3・19 第 2 次審査開始）については，WTO 補助金協定上の紛争処理手続が係属しており，公正取引委員会としても大変難しい判断を迫られるのではないかと感じている。【本件については，欧州委員会が 2022 年1 月 13 日に禁止決定を行ったことから，この統合計画は断念された。「令和 3年度における企業結合関係届出の状況」（令和 4・6・22 公表）の参考 3 によれば，2022 年 1 月 14 日に届出が取り下げられ，同年 3 月 8 日に当事会社らが本件株式取得に係る契約を解除したことから，公正取引委員会は審査を終了している。】

　また，「幾つかの視点」として挙げられている，国内市場の収縮への対応として行われる企業結合の評価，企業結合審査を迅速に進める方策，新しい産業と市場画定の流動性といった項目は，一つ一つが大変重要かつ難しい問題である。

　「海外当局による公正取引委員会審査への影響力」について，公正取引委員会は外国企業同士の事案に積極的に取り組んで問題解消措置を採らせたように公表事例において記載しているが，実態は外国当局が当事会社と合意した措置に相乗りしただけではないかとかつて指摘したことがある。それと同様のことを実務家としても感じておられるものと理解した。公正取引委員会は，当事会社から入手した秘密情報を外国競争当局と交換するためのウェイバーを得るという方法をどの程度活用しているのであろうか[注2]。

［近時の企業結合審査事例］

　以下は，近時の企業結合事例に関する寸評である。

（令和元年度事例 8　エムスリー／日本アルトマーク）

　現行実務では，競争制限につながる事案であっても，排除措置命令は行わずに，当事会社が採ることになる問題解消措置を届出書に記載することを求め，その不履行の場合には再度事後的に審査を行うことができる仕組みを設けることで，かろうじて実効性を確保していることになっている（独占禁止法 10 条9 項・10 項）。本件のような届出要件を満たさず，実行後に審査した事案では，

継続的な行為措置を含む問題解消措置の実効性をどのように確保するのであろうか。

　企業結合手続ガイドラインが2019年12月に改定されたが，日本では，ドイツのように法改正して企業結合自体の取引額を基準とすることにより届出範囲を拡張するのではなく，一定の目安を示して公正取引委員会への事前相談を促している。こうした方法は，法改正までの時間稼ぎなのか，法改正は適切ではない，あるいは実現が難しいという判断なのか。この点は，経済界や法曹界にも多様な意見があったと記憶している。また，かつての事前相談の実務に逆戻りしかねないという問題をどう考えるか。

（地域銀行）

　これまで，金融関係の統合事案については統合後のモニタリングを金融規制当局が行うことで容認してしまう結果になっていると感じる（平成24年度事例10 東証／大証，平成30年度事例10 ふくおかFG ／十八銀行）。また，いわゆる離島例外を企業結合の分析枠組にどのように位置付けるかについては，更に検討する必要があるように思う。

（国内市場の収縮・成熟製品）

　統合後の高いシェア自体はもはや障害ではないという印象があり，それ以外の要素が重要になってきている。かつても統合後の合算シェアが100％になる案件が問題なしと判断されたことがあるが（平成21年度事例7 パナソニック／三洋電機〔自動車用ニッケル水素電池〕），市場画定や隣接市場からの競争圧力の評価とも関わる問題である。

（破綻会社）

　解約違約金条項の撤廃という特殊な措置を条件に認められた事案（平成30年度事例7　USEN-NEXT HOLDINGS ／キャンシステム）については，公正取引委員会の考え方を読み解くことは容易ではないが，破綻会社の考え方ではなく，因果関係の問題として説明できるとする分析がある。

（問題解消措置としての商権譲渡）

　商権譲渡という問題解消措置は行動措置なのか，構造措置なのか。この種の問題解消措置が多用されてきているが，どのような効果があったのか，事後検証が必要である。

（迅速なクリアランスのための問題解消措置の早期提案）

　第1次審査の段階における問題解消措置の提案については，情報が乏しい中で，必要十分な問題解消措置であるかの判断が難しくなるおそれがあると感じる。また，問題解消措置が採られた事案が全て公表されるわけではなく，透明性の観点から問題が残る。

（平成28年度事例10　キヤノン／東芝メディカル）

　キヤノンの一連の行為が「事前届出制度の趣旨を逸脱し，独占禁止法第10条第2項の規定に違反する行為につながるおそれがある」として，注意を行うにとどまった（平成28・6・30公表）。届出義務違反に対する措置が刑罰しか制度化されておらず，実際上発動が困難であり，重大な欠陥がある。また，企業結合の手法別の現行規定に漏れ（隙間）がないのかについても，かねてから指摘がある。本件については，中国，米国，EUで制裁が課されていることに思いを致すべきである。【キヤノンは欧州委員会の制裁金決定を一般裁判所で争っていたが，2022年5月18日，一般裁判所は訴えを退ける判決を下している。】

［企業結合審査に関する関心事項］

　日本の企業結合審査制度の不備な点とその改善策について，当事会社の代理人の立場からは言いにくい点もあろうが，是非積極的な発言を期待したい。特に，公正取引委員会がどのような法的権限に基づいて当事会社等から情報を収集しているのかという点が謎である。【公正取引委員会は，2022年6月16日に公表した「デジタル化等社会経済の変化に対応した競争政策の積極的な推進に向けて―アドボカシーとエンフォースメントの連携・強化―」において，「企業結合審査においても，当該審査の目的を達成するために必要かつ相当な範囲において，必要に応じて，独占禁止法第40条の規定に基づく調査権限を行使する」旨表明している。】

　また，公正取引委員会（企業結合課）と日常的に接触されている中で，かねてから指摘されてきた企業結合審査を担当する「職員間のばらつき」の問題は改善されているのであろうか。

　地域銀行・乗合バス経営統合等の特例法案の評価について，長崎案件（平成30年度事例10　ふくおかFG／十八銀行）が政治問題化したことは残念であっ

たが，解釈で乗り切れる問題なのか，やはり特例法が必要なのか。【川合弘造「乗合バス・地域銀行の企業結合と特例措置」ジュリスト1547号（2020年）36-42頁，同「地域銀行の企業結合のための独禁法適用除外立法は必要だったのか？」金融法務事情2020年9月25日号（2146号）1頁参照。】

　公正取引委員会に対する企業結合の事前届出を英語でできるようにすることについて，個人的にこういうアイディアないしは予測を述べたことがあるが，海外の実務家を含め，何か議論はなされているのであろうか。グローバル企業にとっては，主要な法域のうち，中国を除けば，全て英語での届出が可能になることには大きなメリットがあると思う。【金融庁では，2021年1月から順次，日本市場に新規参入する海外ファンドや外国証券会社の登録等の手続を全て英語で対応する取組を行っており，必要な内閣府令の改正等を済ませている。金融庁「金融行政の英語化及びワンストップ化について」（令和2・11・6）参照。】

(注1)　栗田誠「実効的な企業結合規制制度の確立に向けた課題」日本経済法学会編『企業結合規制の新たな展開』日本経済法学会年報33号（有斐閣・2012年）62-79頁，村上政博・栗田誠・矢吹公敏・向宣明編『独占禁止法の手続と実務』（中央経済社・2015年）376-384頁［栗田執筆］参照。
(注2)　公正取引委員会の「企業結合」のサイトには，「他の競争当局との情報交換のためのウェイバー（秘密性の権利放棄）」に関する簡単な説明がある。

2　公正取引委員会の企業結合規制

　岩下生知公正取引委員会企業結合課長「企業結合規制と審査―令和元年企業結合ガイドライン等の改定及び主要な企業結合事例」（2020年11月13日第282回月例研究会）
《参考文献》岩下生知「平成元年度における主要な企業結合事例について」公正取引839号（2020年）41-51頁
　　　　　岩下生知・加納友希子・大宮俊吾「Ｚホールディングス株式会社及びLINE株式会社の経営統合に関する審査結果について」NBL1181号（2020年）13-21頁

[講演の概要]

　企業結合規制は独占禁止法規制の主要な柱の一つであり，月例研究会においても，本年（2020年）5月，川合弘造弁護士に「企業結合審査の最新動向」について当事会社を代理する弁護士の立場から講演していただいた（本書215頁）。今回の岩下生知企業結合課長による「企業結合規制と審査」は，企業結合審査に当たる競争当局の立場から，ガイドラインや事例を基に審査実務の詳細を解説するものである。

　もっとも，当事会社・代理人の立場，競争当局の立場というように対立的に捉えることは，特に企業結合審査においては適切ではない。2011年（平成23年）に企業結合審査対応方針（企業結合手続ガイドライン）が策定された際に強調されたように，当事会社と公正取引委員会との「コミュニケーションの充実」が図られており，現在の企業結合審査に対してはおおむね好意的な評価がなされているものと考えている。ただし，個人的には，企業結合審査において制度的に実効性を欠く面があり，改善を要すること，良好なコミュニケーションが第三者にとっての不透明感につながらないようにする必要があることを併せて指摘しておきたい。

　講演の内容は，大きく分けて，①企業結合審査の基本的な考え方及び手続の流れ，②昨年（2019年）12月に改定された企業結合ガイドライン（企業結合審査の実体面），③同時に改定された企業結合手続ガイドライン（企業結合審査の手続面），④本年（2020年）7月に公表された令和元年度の主要企業結合事例の2件，⑤本年8月に個別公表されたZホールディングス／LINEの経営統合事例と，盛り沢山である。特に，実体面では垂直型・混合型企業結合に対する分析枠組・手法が詳細に提示され，Zホールディングス／LINE事例で実践され，50頁近い資料が公表されている（令和2・8・4公表）。

　手続面では，届出義務の範囲外の企業結合に対する審査方針が明示され，また，いわゆるホットドキュメントの提出を求めることが明記されるなど，制度的には従来から可能であった事柄ではあるものの，実務に大きな影響を及ぼす内容を含んでおり，これらが実践されている。こうした動きは，企業結合審査の国際的な動向にも沿うものであり，グローバルな企業結合事例が増加し，企業結合審査もグローバル化する中で，当事会社として注意を要する点である。

【公正取引委員会は，2022年6月16日に「デジタル化等社会経済の変化に対応した競争政策の積極的な推進に向けて―アドボカシーとエンフォースメントの連携・強化―」を公表し，企業結合審査に関しても次のような重要な取組を明らかにしている。

①広く第三者からの意見を収集する必要があると考えられる企業結合案件については，第2次審査の開始の如何を問わず，必要に応じて，第三者から意見聴取する旨公表し，情報・意見を募集する。

②企業結合審査においても，必要に応じて，独占禁止法40条の調査権限を行使する。

③企業結合審査の初期段階から取締役会における資料や社内の競争分析に係る資料などの内部文書の提出を求め，審査を実施する。

なお，2022年5月31日には，「経済分析報告書及び経済分析等に用いるデータ等の提出についての留意事項」が公表されており，また，同年6月22日には，「令和3年度における企業結合関係届出の状況」の参考2として「企業結合審査における内部文書の提出に係る公正取引委員会の実務」が公表されている。】

[企業結合審査に関する感想・疑問]

企業結合審査がますます高度化・精緻化してきており，実務経験もなく，経済学的な知見もない身には，従来以上に縁遠くなってきたと感じてしまう。

企業結合と業務提携の境目が低くなってきており，昨年（2019年）7月に，競争政策研究センターで開催された業務提携に関する検討会の報告書が公表されたことは大変時宜を得たものと考えている。競争法研究協会でも，本年（2020年）5月に多田敏明弁護士（本書188頁），7月に根岸哲先生（本書200頁）と相次いで業務提携について講演していただいたが，企業結合に関する今回の講演と相まって，企業の経営戦略の立案にとって極めて有益なものになったと考えている。

以下では，本日の講演内容とは直接的には関わらない事項を含めて，企業結合審査について個人的に疑問に思っていることを問題提起したい。重点は，企業結合規制の実体面というよりは，その手続や実効性確保の観点であり，ま

た，企業結合に関わる幅広い政策的な課題にある。

[企業結合審査の実体面〜基本的には問題解消措置に関するもの]

(令和元年度事例8　エムスリー／日本アルトマーク)

　本件は，感覚的には，事前審査を行っていれば排除措置命令により禁止すべき事案ではないかと思う。届出不要案件であり，実行後の審査であることが影響している可能性があると感じた。

(令和2年度事例10　Zホールディングス／LINE)

　本件公表資料（令和2·8·4）には，結論が次のように要約されている（44-45頁。下線追加）。

　　　以上のことからすれば，消費者を需要者とした又は加盟店を需要者としたコード決済市場において，現時点において，単独行動又は協調的行動によって，<u>直ちに競争を実質的に制限することとなるとまではいえないとしても</u>，前記（1）〜（3）で記載したような事情を踏まえると，排他的な取引条件の取り扱い，データの利活用等の統合後における当事会社グループの行動や今後の市場の状況等によっては，当事会社グループが，<u>ある程度自由に，価格等の条件を左右することができる状態が容易に現出し得るおそれがあるという懸念を払拭しきれない</u>と考える。

　この結論について，「違反と断定する際に公正取引委員会に課せられる立証責任を，早期に企業結合を行いたい当事会社側の『時間』という価値と引き換えに，緩めているもの，と分析することも可能であろう。」（白石忠志·公正取引839号〔2020年〕61頁）という評価もある。これまでに同様の結論を出した事例があるのであろうか。

(当事会社に対する問題指摘の表現)

　公表資料から判断する限り，公正取引委員会から当事会社に対する問題指摘に当たっては，問題の重大性の程度にいくつかの段階があるようにみえる。問題解消措置が採られることを前提に問題なしと判断した事例の中には，端的に競争の実質的制限の蓋然性を指摘する場合（平成30年度事例4 新日鐵住金／山陽

特殊製鋼，同事例10 ふくおかFG／十八銀行，令和元年度事例8　エムスリー／日本アルトマーク）もあれば，市場の排他性・閉鎖性の問題が生じる<u>蓋然性</u>を指摘する場合（平成30年度事例6 JXTG／スタルク），市場の排他性・閉鎖性の問題が生じる<u>可能性</u>を指摘する場合（令和元年度事例2 ネオジム磁石合金，同事例6 リチウムイオン電池）もある。また，どのような問題指摘をしたかが判然としない事例（平成30年度事例7 USEN-NEXT HOLDINGS／キャンシステム）もある。当事会社とのコミュニケーションの過程におけるやり取りであって，文章化することが難しい面はあるにしても，考え方を整理するとともに公表内容を工夫する必要があると思われる。

［企業結合審査の手続面］

　企業結合審査の手続面については様々な疑問を持っている。まず，企業結合審査において「報告等」を求める法的根拠はどこにあるのか。事前届出義務がここにも及んでいると考えているのか。あるいは，違反事件審査に移行して報告命令等を行うことができることを前提にした任意の協力要請であり，報告等がないと審査が進まないから当事会社には報告等を行うインセンティブがあり，こうした仕組みで問題ないと考えているのか。しかし，この仕組みでは，不正確あるいは不十分な報告等をしてきた場合で，そのことが判明しないで審査が終了してしまうような事例を防止できないのではないか。【「企業結合案件に対する事件審査の可能性」（2022年3月31日会長コラム）本書137頁参照。】

　また，令和元年度において，審査終了事例のうち，当事会社が申し出た措置を前提に問題なしと判断したものが4事例あったとされているが，主要事例として公表されているものは3件であり，問題解消措置が採られた事例であっても公表されないものがあることになる。これは，手続ガイドラインに示された公表の考え方ないしは趣旨に反するおそれはないのか。また，個別事例として，あるいは主要事例として公表する際には，当事会社の了解が得られることが前提になるのか。

　ほとんどの企業結合審査が第1次審査で終了している状況にあるが，審査をフェーズ分けしている趣旨に反するのではないかと思う（田平恵「企業結合規制における審査と手続のあり方」日本経済法学会年報41号（2020年）50-63頁も参

照）。

　届出不要案件について審査して，問題解消措置を前提に問題はないと判断した事例においては，問題解消措置の履行確保をどのようにして担保することになるのか。

[企業結合を巡る政策面]
（地域基盤企業に係る特例法）

　乗合バス・地域銀行の経営統合等に関する特例法が2020年11月下旬に施行される。特に地域銀行の再編・統合に向けて，金融庁や日銀が支援策を立案しているという報道があり，今後の動きを注視したいと考えている。この特例法との関連で，いくつか問題を提起したい。

　①令和元年度の年次報告には，この特例法に関する記述はなかったが，その理由は何か（「公正取引委員会年次報告（独占禁止白書）―令和元年度年次報告に記載されていないこと」（2020年9月8日会長コラム）本書44頁参照）。

　②金融庁や国土交通省との間では，何か常設的な意見交換等の場は設けられているのか。あるいは，そうした予定はあるのか。

　③当事会社が特例対象外の他業を兼業している場合には，どのように審査されることになるのか。

　④対象を限定した特例法が他の業種にも波及・拡大していくおそれはないのか。また，10年の期間限定で廃止されることなく，事実上恒久化するおそれはないのか。

　【特例法については，柳武史「独占禁止法の特例法（令和2年法律第32号）をめぐる解釈・運用上の課題について」土田和博・山部俊文・泉水文雄・川濱昇・河谷清文編『現代経済法の課題と理論（金井貴嗣先生古稀祝賀）』（弘文堂・2022年）481-497頁が詳細に検討している。】

（その他）

　コロナ禍における企業結合審査について，海外の競争当局の中には，企業結合審査に関する特例措置等を採る旨公表しているものもあったと記憶しているが，公正取引委員会では，特段の措置を必要としないで対応できているということなのか。あるいは，内部的に工夫している事項などがあるのか。

　2020年3月に第2次審査に移行した韓国造船案件（韓国造船海洋による大宇造船海洋の株式取得）について，審査は続いているということと思うが，WTO補助金相殺措置に関する協定違反問題が日韓両政府間で協議中でもあり，政治的にも難しい事案と感じている。【本件統合計画については，2022年1月に欧州委員会が禁止決定を行ったことから，断念された。「令和3年度における企業結合関係届出の状況」（令和4・6・22公表）参考3によると，2022年1月14日に本件株式取得計画の届出が取り下げられ，同年3月8日に「当事会社らが本件株式取得に係る契約を解除したことから，公正取引委員会は審査を終了した」と説明されている。】

第4章 単独行為

1 デジタル・プラットフォームと競争法

滝川敏明関西大学名誉教授「デジタル・プラットフォームと独禁法」
（2020年7月10日第278回月例研究会）

《参考文献》滝川敏明「デジタル・プラットフォームと独禁法・競争法（上）
（下）」国際商事法務47巻11号（2019年）1337-1343頁，12号1497
-1505頁

滝川敏明「デジタルプラットフォームの独占行為に対する規制：
米国とEUの最新事件を中心として」国際商事法務49巻1号
（2021年）1-14頁

滝川敏明「Eコマースの巨大プラットフォームと独禁法・競争
法：日米EU中国の比較分析」国際商事法務50巻3号（2022年）
255-267頁

[講演の概要]

滝川敏明先生は，競争法の個別判断を要するタイプの問題について先駆的な
研究を続けてこられた。特に，政府規制や知的財産権が関わる問題，あるいは
渉外的要素を有する事案・課題について多数の研究業績がある。また，国際的
な研究交流にも積極的であり，競争法の分野で英語による発信が最も多い研究
者である。

今回の講演は，デジタル・プラットフォーム（DPF）を巡る独占禁止法・競
争法上の問題について，米国やEU，ドイツ等における最新の動きを紹介する
とともに，現在，日本で公正取引委員会が進めている取組，特に優越的地位濫

用の規定を根拠とする取組について，慎重というか，やや批判的な立場から，分析するものであった。

　滝川先生の基本的な立場は，市場競争を制限・歪曲する行為を規律する競争法の原則や考え方をこの DPF を巡る問題にも当てはめ，過剰な介入となることを回避しつつ，実効的な規制を目指すというものであると理解している。この観点から，現下の DPF を巡る問題に対しては，排除行為規制を基本とし，搾取行為規制には慎重であるべきこと，搾取行為規制を行う際にも，DPF による対事業者取引の面においては，取引条件自体への介入ではなく，手続的公正の確保に焦点を当てるべきこと，また，対消費者の面では，個人情報保護法制が整備されるまでの過渡的な役割を果たすものとして位置付けることを主張された。

　私も，滝川先生の基本的な考え方を支持する。なお，個人情報保護を含む DPF の対消費者取引を巡る問題について，「デジタル・プラットフォーマーによる個人情報の取得・利用に係る優越的地位濫用規制」（2019年9月6日会長コラム）本書9頁参照。

［GAFA に対する調査・処分］

　GAFA に対するこれまでの調査・処分の多くは EU（欧州委員会），あるいは EU 加盟国の競争当局によるものである。これまで米国における取組が弱く，あるいは遅れていたのはなぜなのか，それが今後どのように変わっていくのかが注目される。

　Google に対しては，かつて連邦取引委員会（FTC）が反トラスト法（競争法）の観点からオンライン検索等に関する調査を行った結果，若干の自発的改善措置は別として，基本的には違法ではないとして，調査を打ち切ったことがある（2013・1・3公表）。しかし，トランプ政権下で，改めて司法省反トラスト局が審査を担当しており（20年以上前の Microsoft 事件が同様の経緯を辿っていたことが想起される），この夏にも検索市場における問題について提訴すると報道されている。ほとんどの州当局もこの調査に加わっているが，更に範囲を広げた調査を行うよう主張している州当局もあると報じられている。【司法省及び11州司法長官は，2020年10月20日に Google をシャーマン法2条違反により DC 地

区連邦地裁に提訴した。】

　Facebook に対しては，企業結合の問題を除くと，個人情報保護が問題となってきている。ドイツ連邦カルテル庁が搾取的濫用として取り上げ，法廷闘争が続いている。【米国では，FTC と48州等の司法長官のそれぞれが2020年12月9日に，Facebook を DC 地区連邦地裁に提訴した。Facebook による Instagram の買収（2012年）及び WhatsApp の買収（2014年）やアプリ開発者の Facebook のプラットフォーム利用に際しての制限的な条件の強要がシャーマン法2条違反行為（独占維持行為）に該当すると主張されている。】

　Apple に対しては，最近，欧州委員会が2件の正式審査を開始した。また，Amazon に対しては，昨年（2019年）7月に欧州委員会が Marketplace における出店者情報の利用を巡る問題について正式審査を開始している。【EU では，その後様々な動きがある。】

　米国には，GAFA に問題があるのであれば，既存の反トラスト法の枠組で対応可能であり，必要に応じて解釈・運用を工夫することで足りるとする見解が主流であったと思われるが，一部には構造措置を含む別途の対応を提案する意見もあり，勢いを増している。また，既存の枠組を前提とする見解においても，現行の判例法（最近の判例として2018年の Amex 事件最高裁判決）が排除行為の提訴において原告側に過重な立証負担を課しており，競争当局の積極的な法執行を阻害しているとして，立法的な解決を求める意見もある（有力研究者12名の連名による連邦議会下院司法委員会宛て2020・4・30意見書参照）。

　米国における排除行為規制の現状をどのように評価すべきか。濫用規制を有していない米国反トラスト法の排除行為規制によって GAFA に対する実効的な規制が可能であるのか。また，今後，GAFA 問題を契機に，何らか変化がみられるのか。引き続き様々な議論が行われるであろう。

［デジタル市場を巡る法制度の設計］

　GAFA に代表される DPF に対する規制において，既存の競争法の枠組で実効的に対応できるのか。EU や英国では，新たな規制枠組の模索が始まっている（EU 欧州委員会意見募集2020・6・2，英国競争・市場庁提言2020・7・2）。欧州委員会の意見募集では，①現行競争法の厳正執行，②DPF に対する事前規制の

可能性，③競争法の新たな執行ツールの可能性が検討されている。①では，暫定措置命令（interim measure）の活用，遡及的是正措置（retroactive remedies）の活用が含まれる。②としては，DPF がプレイヤーかつレフェリーとして活動することの禁止，DPF が自己のサービスを優遇すること（self-preferencing）の禁止，DPF が蓄積した顧客情報の競争者への開示等が考えられている。③では，個々の違反事件審査ではなく，構造的問題，複数市場にまたがる課題に取り組む権限，一定の行動を義務付ける権限，企業分割を命ずる権限等が検討されている。

　これに対し，日本の特定 DPF 取引透明化法はどのような性格の法制であろうか。同法では，特定 DPF に対して取引条件等の情報開示を義務付けるとともに，自主的な手続・体制の整備を促すこと，運営状況の経済産業大臣への報告と同大臣によるレビューと公表という仕組みを設けること，独占禁止法に違反する不公正な取引方法に係る公正取引委員会の対処を要請する仕組みを設けることを内容としている。当初検討されていた，一定の行為を禁止する規定は含まれていない。【特定 DPF 取引透明化法は2021年2月に施行され，規制対象となる「特定デジタルプラットフォーム提供者」として，同年4月にオンラインモール3社（アマゾンジャパン，楽天，ヤフー）及びアプリストア2社（Apple, Google）が指定されているほか，デジタル広告分野を規制対象に加えることが2022年7月に決定されており，近く具体的な事業者が指定される予定である。さらに，政府は，次の課題として行為規制の導入についても検討している。デジタル市場競争会議「モバイル・エコシステムに関する競争評価中間報告」（令和4・4・26意見募集）参照。】

［対事業者取引における優越的地位濫用規制］

　DPF と事業者との取引に係る問題については，業法的な規制ではなく，独占禁止法による優越的地位濫用規制の延長線上で，公正取引委員会による DPF 実態調査報告書[注1]の分析内容をガイドライン化していくことを滝川先生が支持されているように受け止めた。しかし，現状では，特定 DPF 取引透明化法の施行を通じて透明性の確保を図ること，デジタル広告市場におけるルール整備を図ることが示されているが（現在検討中の成長戦略実行計画案），

公正取引委員会によるガイドライン作りの方針は示されていないようである。これは，現行の優越的地位濫用ガイドラインで対応できるという判断なのか，あるいは，もう少し時間をかけて，デジタル広告市場の問題も含めて検討していくということなのか。

　なお，楽天の「送料込み」問題について，本年（2020年）2月から3月にかけて，公正取引委員会による立入検査や緊急停止命令の申立てとその取下げといった慌ただしい動きがみられた。楽天が強行突破せずに時間をかけることにしたことで，一方的な契約変更という側面がなくなるとすれば問題はないということなのか。逆に，楽天に依存している事業者の一部に重大な不利益が生じるという場合には，全体としては効率的であり，消費者利益にかない，他のDPFとの競争促進につながる可能性があるとしても，当該事業者との関係ではやはり優越的地位濫用になるということなのか。公正取引委員会の判断が待たれる。【公正取引委員会は，令和3年（2021年）12月6日，本件の違反事件審査の終了を公表した。「『共通の送料込みライン』に参加していない…不参加店舗…を不利にする取扱いを示唆するなどして，『共通の送料込みライン』に参加すること及び適用対象外申請を行わないことを余儀なくさせることにより」，優越的地位濫用に該当する疑いのある事実が認められたが，「楽天から……改善措置の申出がなされ」，「公正取引委員会において，その内容を検討したところ，上記の疑いを解消するものと認められたことから，今後，楽天が改善措置を実施したことを確認した上で本件審査を終了することとした。」と説明されている。改善措置として，「共通の送料込みライン」への参加の強制や不参加に対する不利な取扱いの禁止，営業担当者等に対する周知，社内規程の整備，苦情等の受付，出店者に対する周知が含まれる。本件担当官解説（公正取引859号〔2022年〕68-73頁）によれば，2021年12月中に改善措置の履行が確認され，2022年1月に審査が終了されている。なお，楽天は，新規出店者には「共通の送料込みライン」への参加を条件としており，そのこと自体は問題とされていない(注2)。また，詳細な担当官解説にも，オンラインモールを利用する消費者の視点，オンラインモール間競争に及ぼす影響等に関する記述はない。】

［対消費者取引における優越的地位濫用規制］

　公正取引委員会の消費者優越ガイドラインについて，対事業者取引に係るガイドラインよりもこちらが重要・優先課題という判断はどのような考えによるものなのか不明である。また，ぎまん的顧客誘引を根拠とするアプローチもあり得たのではないか。優越的地位濫用規制の消費者取引への拡張が消費者法・消費者政策的な機能の拡大を目指す公正取引委員会にとって重要と判断されたということなのか。それとも，独占禁止法という強力かつ広範な網を全体にかけた上で，実際には個人情報保護委員会や消費者庁の取組に委ねるということなのか。

[DPF の多様性と競争問題の多様性]

　DPF といっても多様なものがあり，一括りにはできないのが実情であるとすれば，個別判断こそが必要になるのであって，業法的な規制や抽象的なガイドラインは有害無益ということにもなりかねない。その意味では，正に個別判断を本旨とする独占禁止法規制の出番かもしれない。

[公正取引委員会による DPF に対する法執行の可能性]

　実態調査の実施やガイドラインの作成と違反事件の審査・処分は別物である。公正取引委員会が DPF 問題に違反事件審査という方法で取り組むかどうかは分からない。

　楽天（送料込み）事件は，事前相談における問題ありの回答が事実上無視されたという経緯（公正取引委員会の面子）や楽天の出店者との契約変更の手順が乱暴であったといった特殊事情が存在した模様である。優越的地位濫用として構成しやすい事案であったことから，立入検査，緊急停止命令の申立てへと慌ただしく事態は推移したが，「売り言葉に買い言葉」的な対応という面も否定できない。

　GAFA に対して調査を開始するのであれば，国内 DPF を含め関係各方面からの支持も得られるかもしれないが，そうした審査は容易なことではない。公正取引委員会としては，国内 DPF だけを調査対象にすることは避けたいはずである。そうなると，これまで取り上げてきたような違反行為類型（取引先事業者に対する拘束条件付取引や優越的地位濫用）を除くと，違反事件としての取

組には相当慎重にならざるを得ないと思われる。

　【2021年1月から，公正取引委員会のウェブサイトに「デジタル市場における公正取引委員会の取組」というページが設けられ，①事件審査関係，②企業結合審査関係，③ガイドライン関係，④実態調査関係，⑤研究会・検討会関係に分けて公表資料へのリンクがある。事件審査関係では，2022年6月30日時点で，アマゾンジャパン（同等性）事件（平成29・6・1公表）から始まる15件のDPF関連事件の公表資料（楽天（送料込み）事件では複数の公表資料があるので，15件は事件数ではない。また，サイネックス及びスマートバリューの確約計画認定〔令和4・6・30〕はDPF関連ではない）が掲載されているが，全て拘束条件付取引又は優越的地位濫用の事案であり，また，4件の確約計画認定事例が含まれているものの，排除措置命令事例は皆無である。】

（注1）公正取引委員会「デジタル・プラットフォーマーの取引慣行等に関する実態調査報告書（オンラインモール・アプリストアにおける事業者間取引）」（令和元・10・31），同「デジタル・プラットフォーマーの取引慣行等に関する実態調査報告書：デジタル広告分野の取引実態に関する最終報告書」（令和3・2・17）。

（注2）取引開始時の優越的地位濫用の可能性について，舟田正之「取引開始時における優越的地位の濫用」同『独占禁止法の研究』（勁草書房・2021年）第12章所収［初出2018年］参照。

2　取引妨害の公正競争阻害性

隅田浩司東京富士大学教授「取引妨害概念の再構築と公正競争阻害性」
（2020年9月8日第280回月例研究会）

《参考文献》隅田浩司「経済法判例研究会（No.278）顧客奪取行為に関する不当な取引妨害（一般指定14項）の適用の可否と公正競争阻害性［東京地裁平成30.5.10判決］」ジュリスト1535号（2019年）100-103頁

［講演の概要］
　隅田浩司教授の講演資料には2つの検討課題，すなわち，①自由競争減殺を

考慮することなく，純粋に不正手段型として「競争者に対する取引妨害」（一般指定14項）が適用された事例は存在するのか，②公正取引委員会が自由競争減殺の立証を回避する手段として一般指定14項を拡張的に用いるという状況が生じているのか，が挙げられている。資料にはその解答は明記されていないが，講演において次のように説明された。①については，専ら不正手段に依拠して一般指定14項を適用したとみられる事例はほぼないと考えられる。②については，事実認定上曖昧なものはあるが，自由競争減殺の立証を回避するために一般指定14項を適用していると評価されるような事例は見当たらず，そうしたリスクは小さいと考えられる。

　講演の最後に，結論として次の要点が提示された。第1に，一般指定14項を自由競争減殺型の行為類型として位置付け，市場閉鎖効果を的確に認定することが独占禁止法の発展につながる。これまでの一般指定14項適用事例も，基本的にはこの観点から説明できるような事案ばかりである。第2に，この観点から説明できないような事案については，不正競争防止法や民法709条の問題として扱うことが適切である。民事法においても，市場競争への影響に着目する独占禁止法の発想を取り入れていくことが考えられ，それにより競争法と民事法との接近が図られる。

　今回の隅田先生の講演は，「競争者に対する取引妨害」（一般指定14項）に関する事例を幅広く，参考となり得る民事事件を含めて分析することにより，独占禁止法の解釈にとどまらず，債権侵害による不法行為の解釈にとっても示唆に富むものである。一般指定14項適用事件を丹念に分析することを通して，「競争手段の不公正」に安易に頼ることなく，市場閉鎖効果による自由競争減殺の観点から公正競争阻害性を示すべきであり，実際にもそれが可能であることを説得的に論じており，基本的に支持できる。

　個人的には，公正取引委員会による不正手段型の不公正な取引方法規制はやめて，被害者による独占禁止法上の民事的救済，他の法令（特に消費者法）による規制，不正競争防止法及び一般民事法に基づく民事的救済に委ねることが適切であると考えている。

[理論的な検討]

234

　一般指定14項の適用は慎重にすべきであるという点は学説が一致して主張するところであり，公正取引委員会においても認識されていると思われる。一般指定14項適用事例が散発的に出てきていることは，一面では，排除型行為に対する公正取引委員会の積極的な取組の表れであり，望ましいという見方もできる。もちろん，安易に一般指定14項に逃げ込むということではなく，まず他の類型（排除型私的独占を含む）の適用を検討すべきであることは言うまでもない。

　一般指定14項の適用事例について，他の不公正な取引方法の類型の可能性，更には排除型私的独占の可能性を検討することが有意義である。そうした検討を通して，なぜそうした他の類型ではなく，一般指定14項の適用という選択になったのか（何が足りずに14項適用になっているのか）を理解することができ，また，今後の法執行活動における指針を得ることにつながる。

　公正取引委員会が初めから専ら一般指定14項の適用を念頭に置いて審査を開始することは考えにくく，排除型私的独占を含め，不公正な取引方法の他の類型を念頭に置いているものと思われる。しかし，他の類型の適用には行為要件又は効果要件の一方又は両方に難点があり，やむなく一般指定14項の適用に落ち着くということと推測される。例えば，一般指定14項適用事例の中には，「条件を付けて」の立証に難があり，排他条件付取引ないしは拘束条件付取引としての適用を断念したとみられるものがあるのではないか（例えば，DeNA 事件・排除措置命令平成23・6・9審決集58巻第1分冊189頁）。

　また，公正取引委員会がいったん一般指定14項を適用することにした場合には，その公正競争阻害性を市場閉鎖効果ではなく（だけではなく），不正手段自体にも求めることになるのは当然ともいえる。公正取引委員会（審査官）にとって「負けない選択」である。そして，他の事業者への悪影響等を併せて主張することでダメ押しをする。近年の一般指定14項の適用事例に関する担当官解説における公正競争阻害性に関する説明（例えば，DeNA 事件に関する公正取引733号〔2011年〕91-96頁）は，こうした観点から理解することができる。

[個別具体的な検討]

（物理的妨害）

　熊本魚事件（勧告審決昭和35・2・9審決集10巻17頁）は，当時の一般指定11（競
争者に対する取引妨害〔現行一般指定14項〕）だけでなく，一般指定7（排他条件
付取引〔現行一般指定11項〕）及び一般指定6（不当な利益による顧客誘引〔現行一
般指定9項〕）も適用されていることを考慮すると，物理的妨害行為に関する限
り，妨害行為自体に着目し，競争手段の不公正に公正競争阻害性を求めたもの
と理解することもできる。しかし，市場閉鎖に関わる行為も併せて認定されて
いることを考えれば，逆に，物理的妨害行為に関しても，市場閉鎖の観点から
統一的・一体的に公正競争阻害性を捉えているといえるのかもしれない。

　これに対して，柏崎魚市場事件（勧告審決昭和38・12・11審決集12巻48頁）で
は取引妨害のみが適用されているが，独占的地位を維持するための排除・妨害
行為であり，また，誓約書の徴求を実効確保手段としており，むしろ排他条件
付取引又は拘束条件付取引として構成できたのではないかと思われる。

（一般指定14項の一般条項化に対する批判）

　一般指定14項適用事例に対しては，一方で，市場閉鎖による競争減殺効果
を必要とする類型として綿密な事実認定の上で法適用すべきであったと批判さ
れ得る事例（例えば，DeNA事件〔前掲〕）があり，他方で，不正手段としての
性格も希薄であり，不公正な取引方法としての「競争者に対する取引妨害」を
適用すべきではなかったと批判され得る事例（例えば，第一興商事件・審判審決
平成21・2・16審決集55巻500頁）があると思われる。

（市場閉鎖効果）

　講演資料にある「この市場閉鎖効果とは，取引機会の減少や競争者との取引
を抑制する程度の効果では認められない」という記述部分は，丁寧に論じない
と分かりにくいと思われる。「取引機会の減少や競争者との取引を抑制する程
度の効果」では足りないとなると，引用されている流通・取引慣行ガイドライ
ンにおける「市場閉鎖効果」の定義を適切ではないとするもののようにも受け
取れる。

　他方，土佐あき農業協同組合事件東京高裁判決（東京高判令和元・11・27審決
集66巻476頁）の「一般的抽象的な危険性」で足りるという解釈は疑問であ
る[注1]。少なくとも当該事案の市場状況の下で「具体的な蓋然性」が必要であ
ると解すべきであり，また，実際の法適用事例では「具体的な弊害」が認めら

れることが通例である。そして，土佐あき農協事件の東京地判平成31・3・28審決集65巻第2分冊363頁・東京高判（前掲）とも，実際には，市場閉鎖効果を具体的に示そうとしている（ただし，不十分ではないかという批判がある）。

逆に，マイクロソフト（非係争条項）事件審決（審判審決平成20・9・16審決集55巻380頁）は，一般論としては「量的又は質的な影響を個別に判断」すると述べつつ，結局は「おそれ」に逃げ込んだ判断になっていると思われる。

（過去の事例分析）

東芝昇降機サービス乙事件（大阪高判平成5・7・30審決集37巻195頁）[注2]及び東急パーキング事件（勧告審決平成16・4・12審決集51巻401頁）について，隅田先生の論旨からは，アフターマーケットを「一定の取引分野」として画定でき，アフターマーケットにおける排除型私的独占が成立するということになると思われる。一般化すれば，排除行為には，ブランド内の競争者排除とブランド間の競争者排除があり，ブランド内の競争者排除の典型は，アフターマーケット問題と並行輸入の不当阻害である。一般に学説は，ブランド内の競争者排除であっても，具体的な状況において当該ブランドに係る「狭い」市場をもって「一定の取引分野」として画定することが可能であるとして，排除型私的独占の成立を認めるが，公正取引委員会の法適用事例としては全て不公正な取引方法である。

ヨネックス事件（勧告審決平成15・11・27審決集50巻398頁）も，ヨネックスのシェア75％（本件担当官解説・公正取引639号〔2004年〕81頁による）を前提に，複合的な手段による排除型私的独占としての法適用が検討されるべき事案であったと思われる。そういう法適用が選択されなかった理由を探ることが必要である。また，大会への協賛の拒否という手段について，ヨネックスにとって合理性のある行為という見方の可能性を隅田先生は示されたと受け取ったが，大会主催者には，試合用にはヨネックス製，練習用には輸入シャトルと使い分けることに意味があり，ヨネックスによる輸入シャトルの使用禁止要請は輸入シャトルの普及を妨げる効果があると思われる。

DeNA事件（排除措置命令平成23・6・9〔前掲〕）については，排他条件付取引ないしは拘束条件付取引として法適用できないと判断した理由を担当官解説は示すべきであったと思われる。例えば，取引先の半分が要請に応じ，他の半分

は応じていないという場合に,「条件を付けて」といえるのか(特に,不利益措置が発動されていないとき,あるいは発動されたことによる影響がないとき)。また,取引先には「要請」にとどめ,要請に応じない取引先には「一方的に」不利益措置を採る場合にはどうか。

神鉄タクシー事件(大阪高判平成26・10・31審決集61巻260頁)は差止請求事件であり,原告が市場閉鎖効果を立証しなくて済むという観点から競争者に対する取引妨害を主張し,裁判所もその主張を認容したということではないかと思われる。原告が市場閉鎖効果を主張していれば,その立証には追加的な事実が必要になり,別の展開になったのかもしれない。

第一興商事件(審判審決平成21・2・16〔前掲〕)でも,公正取引委員会は審判で負けないような主張・立証をしたということであろう。競争者に対する取引妨害に該当すると認定されたが,違反行為は既に終了しており,排除措置を命ずる必要性も認められないと判断されたワン・ブルー事件(平成28・10・18公表)(注3)と併せて検討することが望まれる。

(顧客争奪を巡る事件)

顧客奪取の事案についても検討されている。LPガスを巡る顧客争奪については,LPガス販売業者が設置した屋内配管設備は建物本体に附合し,建物所有者に所有権があるとする解釈を前提とすれば,LPガスのユーザーがLPガス販売業者を自由に選択できるはずである。しかし,一定の先行投資をしているLPガス販売業者の立場からは,投資回収が終わっていない段階で乗り換えられると困るということになり,この顧客争奪を制限しようとする背景や動機がある。

有線ブロード事件(勧告審決平成16・10・13審決集51巻518頁)については,不当廉売の観点から論じると費用要件がハードルとなるからこそ,公正取引委員会は差別価格・差別取扱い又はそれを手段とする排除型私的独占として取り上げたものと思われ(緊急停止命令の申立てに関する公表資料〔平成16・6・30〕参照),排除型私的独占として法適用された。

一般消費者を顧客とする東京重機事件(勧告審決昭和38・1・9審決集11巻41頁)や現下の電力・ガスの「乗り換え営業」「取戻し営業」を巡る問題は,基本的には消費者法により対処することが適切であると思われる。他方,電力・ガス

の大口需要家を顧客とする「乗り換え営業」「取戻し営業」を巡る問題は，一義的には排除型私的独占の問題として検討されるべきであり，場合によっては一般指定14項の問題となることもあり得る。また，近時の大阪ガス事件（令和2・6・2公表：自発的措置等による審査終了）では，排除型私的独占のほか，一般指定14項も関係法条に挙げられていたが，中途半端な処理に終わったことは不可解である。ただし，本件は，支配的事業者が包括契約や中途解約金により顧客を囲い込んだことが問題となった防御的な事案であり（しかも，最大の競争相手は，資金力等で勝る関西電力である），有線ブロード事件のような，支配的事業者が積極的に競争者の顧客を奪いにいった攻撃的な事案とは異なる面もあると思われる【（注4）】。

（顧客奪取と自由競争）

　一方で，独占禁止法上の取引妨害について，不正手段の観点からの公正競争阻害性認定の可能性を認め，他方で，民法の債権侵害行為の判断に市場閉鎖効果の観点を取り入れることは，それぞれの法の考え方からは逆方向のようにみえ，また，事実上両者の区別をなくすことになるのではないか（これを両法の接近として肯定的に評価できるのか）。

　取引妨害事件で争われると，公正取引委員会（審査官）としては不正手段（行為者の悪意を含む）を前面に押し出し，市場閉鎖はダメ押し的に主張するということになりがちである（第一興商事件〔前掲〕が典型例である）。審査官としては，負けない選択であり，やむを得ない面はある。

　行為の悪性，行為者の悪意を強調しがちになる点は，取引妨害に限られない。公正取引委員会の不公正な取引方法の審決・命令を読むと，そうした趣旨の記述が含まれていることがある。客観的な競争制限効果をみると言いながら，実際には主観的な面も重視されている。【排除型私的独占の事案であるが，マイナミ空港サービスによる排除措置命令等取消請求事件の東京地裁判決（東京地判令和4・2・10〔公正取引委員会審決等データベース〕）は，原告（マイナミ空港サービス）の害意を詳細に認定し，「排除」該当性を肯定している。被告（公正取引委員会）の主張・立証に引き摺られたのかもしれないが，違和感のある判決である。】

　なお，2019年12月の企業結合手続ガイドラインの改定により，別添「企業

結合審査において参考とする資料の例」に「当事会社の認識を確認するために，当事会社の内部文書……の提出を求めることがある」と注記された。従来からの実務を明確化したものと説明されているが，過度に社内での情緒的な発言・表現に囚われることは適切ではないと思われる。

（入札妨害）

フジタ事件（排除措置命令平成30·6·14審決集65巻第2分冊1頁）について，一般指定14項の適用を選択した以上，公正競争阻害性を不正手段に求めることは公正取引委員会（審査官）の立場からは当然のことであろう^(注5)。

パラマウントベッド私的独占事件（勧告審決平成10·3·31審決集44巻362頁）において「排除」に当たるとされた行為は，単なる「働きかけ」を超えた，一種の偽計行為である。「排除」として違反とされた行為は，審決の事実二柱書記載の「働きかけ」ではなく，二1に具体的に記述されている行為であり，それを主文一1では，「パラマウントベッド株式会社が実用新案権等の工業所有権を有している構造であることを伏せて仕様書に同構造の仕様を盛り込むこと若しくは仕様書に他の医療用ベッド製造業者がそれに適合する製品を製造するためには相当の費用及び時間を要することが予想される同社の標準品等の仕様を盛り込むことを働きかけること」と表現されている。

【2022年6月30日にサイネックス及びスマートバリューの2社の確約計画が認定された（競争者に対する取引妨害に該当する疑い）。2社それぞれの違反被疑行為は，市町村等向けのホームページ管理用コンテンツ管理システムについて，オープンソースソフトウェアではないものにすることが情報セキュリティ対策上必須である旨記載した仕様書等の案を市町村等に配付するなどして，オープンソースソフトウェアによる同システムを取り扱う事業者が受注競争に参加することを困難にさせる要件を盛り込むよう働きかけていることである。本件は，実態調査（「官公庁における情報システム調達に関する実態調査報告書」〔令和4·2·8公表〕）から違反事件審査に発展したという点からも注目される。】

（注1）土佐あき農業協同組合事件は拘束条件付取引の事案であるが，東京高判は次のように判示している。「一般指定12項の『不当に』とは公正競争阻害性を表現するものであり，独禁法は，競争の実質的制限を生じさせる可能性が高い行為や，公正な競争秩序確保の観点から見て不適当な行為は，競争阻害の程度がさほど高く

ない段階であってもこれを禁止することにしているのであって，独禁法 2 条 9 項 6 号も公正な競争を阻害する『おそれがある』ものと規定しているように，不公正な取引方法の規制をするための要件としては，具体的に競争を阻害する効果が発生していることや，その高度の蓋然性があることまでは要件になっておらず，公正競争の確保を妨げる一般的抽象的な危険性があることで足りると解される。（改行）そして，本件行為において，公正競争阻害性（市場閉鎖効果の発生）を肯定するには，商系業者の取引機会が減少するような状態をもたらすおそれがあれば足りるのであって，その状態の生じたことを具体的な根拠をもって立証することまでは要しないものというべきである。」（審決集 66 巻 486 頁。下線追加）。

(注 2)　東芝昇降機サービス事件には，ビル所有者が部品の提供を求めた甲事件と，独立系保守業者が部品の提供を求めた乙事件からなり，大阪高裁は，甲事件は一般指定 10 項（抱き合わせ販売等），乙事件は旧一般指定 15 項（現一般指定 14 項：競争者に対する取引妨害）に該当すると判断している。

(注 3)　ワン・ブルー事件は，ブルーレイディスク（BD）規格の実施のための必須特許について，公正，妥当かつ無差別な（FRAND: fair, reasonable and non-discriminatory）条件でライセンスすることを表明している特許権者（BD 製造販売業者が含まれる）から委託を受けて管理する同社が，BD 製造販売業者であるイメーション（いわゆる willing licensee）とのライセンス交渉を促進するために，その取引先小売業者 3 社に対して，特許権者が当該取引先の特許権侵害行為について差止請求権を有していること等を内容とする通知書を送付した行為が競争者に対する取引妨害（一般指定 14 項）に該当すると判断された事件である。公正取引委員会の事件処理に先行して，イメーションが不正競争防止法及び独占禁止法に基づく差止請求訴訟を提起しており，標準必須特許の権利者が willing licensee に対して差止請求権を行使することは「権利の濫用」として許されず，これを行使できるかのように告知することは虚偽の事実を告知したものとして不正競争防止法上の「不正競争」に該当する旨の東京地裁判決（東京地判平成 27・2・18〔イメーション対ワンブルー〕審決集 61 巻 276 頁）が確定していた。世界中で標準必須特許と競争法の関係が議論され，様々な事件・訴訟が提起される中で，公正取引委員会としても違反事件として取り上げたこと自体に意味があったということであろう。

(注 4)　大阪ガス事件については，栗田誠「公的規制の下にある産業に対する法的規整の枠組」栗田誠・武生昌士編著『公的規制の法と政策』（法政大学出版局・2022 年）「補論 2 大阪ガス事件（令和 2・6・2 公表〔自発的措置による審査終了〕）の検討」（202-205 頁）で簡単な検討を行っている。

(注 5)　本件担当官解説・公正取引 819 号（2019 年）46-55 頁参照。公共調達を巡る事件でもあり，担当官解説では，事案の内容や公正競争阻害性の考え方だけでなく，本件事件を踏まえた競争入札への参加に当たっての留意点についても詳しく解説されている。

3　市場閉鎖効果を巡る事例分析

隅田浩司東京富士大学教授「市場閉鎖効果に関する最近の事例解析」
（2020年11月30日第34回事例研究部会）

《参考文献》隅田浩司「経済法判例研究会（No.288）系統外出荷制限における
　　　　　市場閉鎖効果が問題になった事件：土佐あき農協事件［東京高
　　　　　裁令和元.11·27判決］ジュリスト1550号（2020年）112-115頁
　　　　　隅田浩司「競争法における偽陽性・偽陰性に関する一考察」土
　　　　　田和博・山部俊文・泉水文雄・川濱昇・河谷清文編『現代経済
　　　　　法の課題と理論（金井貴嗣先生古稀祝賀)』（弘文堂・2022年）
　　　　　87-99頁

[講演の概要]

　隅田浩司教授の講演は，米国反トラスト法における排除型行為に関する法的
判断枠組とその基礎にある考え方の変遷を跡付けて分析する前半部分と，高知
県農業協同組合（旧土佐あき農業協同組合）事件東京高裁判決（東京高判令和元
·11·27審決集66巻476頁）を素材にして市場閉鎖効果の分析枠組を検討する後
半部分から構成される。

　講演の全体が，デジタル経済における競争法の有効性や違法性判断基準を再
考するという問題意識によるものであるが，特に前半部分は，GAFAに代表
されるデジタル・プラットフォーマー（DPF）を念頭に，現在の米国反トラス
ト法の主流をなしているシカゴ学派の分析枠組やその思想的基盤が，現下の市
場競争を巡る諸課題，特にデジタル化に伴う市場集中の進行とその弊害に対し
て的確に応答できているのかを問い直す動きを紹介し，そこから示唆を得よう
とするものであった。"Hipster Antitrust"（「今はやりの進んだ反トラスト」）と
形容される主張や動きが米国の政権交代の中でどのように具体化されていくの
か（いかないのか），今後の動きが注目される。

[日本における排除型行為の事例分析の難しさ]

　各法域における競争法の動向を把握しようとする場合に，日本では専らと

いってよいほど公正取引委員会の動きに注目し，また，EU でも欧州委員会の活動を注視し，併せて裁判所の判決を吟味するということになる。これに対し米国においては，連邦競争当局（司法省反トラスト局及び連邦取引委員会）や州司法長官といった執行当局の動きは重要ではあるが，むしろ私訴を含めて最終的に判断を下す連邦裁判所，特に連邦控訴裁判所や連邦最高裁判所の動きを注視する必要がある。保守的な判例を批判し，積極的な法執行を提唱したり，判例法を立法的に覆そうとしたりする動きも出てくるが，実際には容易なことではない。現在の連邦最高裁判所の構成からみて，1970 年代後半以降の反トラスト判例の基調を大きく揺るがすことは当面考えにくいと思われる。

　新たな反トラスト事件が次々に提起され，新たな判決が蓄積されていく米国とは異なり，我が国では，特に排除型行為が違反事件として取り上げられること自体が少なく，裁判所の判断が示されることは極めて稀である。そうした中で，土佐あき農業協同組合事件東京高裁判決（前掲）は久し振りの司法判断として一定の意味があると思われるものの，散発的に出てくる司法判断を「流れ」として理解することは容易ではなく，市場閉鎖効果の分析手法を構築し，予測可能性を高めることにつながりにくい状況にある。

　加えて，次のような事情が排除型行為に関するルール形成を妨げ，また，比較法的分析を難しくしていると感じられる。排除型行為と思われる事案であっても，公正取引委員会が優越的地位濫用の問題として取り上げることがある。また，排除型行為に対する独占禁止法規制が排除型私的独占と排除型の不公正な取引方法の二本立てになっており（加えて，不公正な取引方法に関しては不正競争的観点が入り込む），しかも，不公正な取引方法規制が多用される（土佐あき農協事件もそうである）。さらに，違反事件として取り上げられて違法と判断される領域の外側に広範囲なグレーの領域が存在し，様々な手法（確約手続のような法的措置，警告・注意，自発的改善による審査終了といった審査事件としての処理や事前相談のほか，実態調査に基づく改善指導も広範に行われており，こうした非公式な手法が事業者側のリスク回避のための過剰な自制を招く）を通して，事実上の黒の領域として機能してしまうおそれがある。

　また，講演の前半部分の米国反トラスト法の分析枠組や思想的基盤に関する検討（Ⅱ～Ⅳ）を日本法における市場閉鎖効果の判断基準・方法に関する分析

（V）に活かすことは容易ではないと感じられる。両者をつなぐためには，まず，次のような検討が必要ではないかと思われる。まず，日本法の分析で取り上げる排除型行為の事例を増やすことが不可欠であり，時間軸を遡るとともに，司法判断に限定しないことが必要になる。特に，DPF に関する事例（同等性〔MFN〕条項の事件に限られるかもしれないが）を取り上げることが有用である。また，日本では，偽陽性（フォールス・ポジティブ）・偽陰性（フォールス・ネガティブ）の議論が余り行われてこなかったが，排除型私的独占が義務的課徴金制度の対象とされたことにより重要性を増しており，この問題を更に検討する必要がある。その上で，米国における動きから得られる日本の独占禁止法・競争政策に対する示唆を示すことが重要である。

[Hipster Antitrust（今はやりの進んだ反トラスト）]

米国反トラスト法の分析枠組の一つに，単独行為と共同行為の区別があり，合理の原則の適用においても，偽陽性・偽陰性の議論との関わりでも，重要な視座を与えてくれると思われる。例えば，近時の司法省による Google の提訴（2020・10・20）はシャーマン法2条違反（独占行為）によるものであったが，Google と Apple その他のライセンス先との協定をシャーマン法1条違反と捉えることで，より容易に（現行の判例法を前提にしても）訴追することができるのではないかと指摘されている。

Hipster Antitrust について，明確に定義されたものではなく，難しい面はあるが，日本では余り紹介されていないように思うので，より具体的に説明することが期待される。一時的な「はやり」「運動」で終わってしまうのか，反トラスト法の目的から救済方法まで大きな影響を及ぼしていくのか。バイデン次期政権における動きを含め，その見極めにはもう少し時間が必要であろう。

なお，Hipster Antitrust について，本講演では偽陽性・偽陰性の議論との関連で取り上げられていることにはやや疑問もある。経済分析，特に消費者厚生への影響のみを判断基準とする分析枠組に異議を唱える点に Hipster Antitrust の共通点があるとすれば，より広い視野で取り上げる必要があるようにも感じられる。例えば，CPI（Competition Policy International）の Antitrust Chronicle Vo. 1, Spring 2018に"Hipster Antitrust"の特集があり，

Hipster Antitrust に対する様々な立場からの論稿が収録されている。

また，シカゴ学派と Hipster Antitrust の中間に，経済分析を重視しつつ，より積極的な反トラスト法執行を主張するオーソドックスな立場（ポスト・シカゴ学派と呼ばれる立場を含む）があると思うので，そうした立場についても分析の視野に入れることが有益ではないかと考える。例えば，次のような論者である。

・Jonathan B. Baker, The Antitrust Paradigm: Restoring a Competitive Economy, Harvard University Press, 2019.

・John Kwoka, Controlling Mergers and Market Power: A Program for Reviving Antitrust in America, Competition Policy International, 2020.

また，今後の動きを占う意味では，民主党の政権移行チームの反トラスト分野の中心人物とされるビル・ベアー（Bill Baer）氏（元司法省反トラスト局長・元連邦取引委員会競争局長）らが2020年11月に公表した次のレポートも注目される。穏当な立法提案と強力な法執行，そのためのリソース拡大を提言している。

・Restoring competition in the United States: A vision for antitrust enforcement for the next administration and Congress, November 2020, Washington Center for Equitable Growth.

[個別的な検討]
（米国反トラスト法と日本の独占禁止法）

講演資料の「Ⅰ　はじめに」において，ⅡからⅣの米国反トラスト法に関する分析部分をⅤの日本法の市場閉鎖効果に関する検討につなげることについて簡単に説明しておくと，より理解が深まると感じられる。また，デジタル経済における競争法問題の中心的論点が市場支配力やその行使による排除行為にあることを想起すれば，Ⅴの日本法に関する部分を拡充することにより，全体が通貫した論述になると思われる。日本における動きにおいて，現状では，公正取引委員会の目立った動きとしては優越的地位濫用に関わるものであるが，公正取引委員会による DPF の排除行為（同等性条項など）に対する規制についても言及しておくことが適切である。なお，優越的地位濫用規制が「日本独自の

規制手法」であるという捉え方について，EU競争法の搾取的濫用規制と質的な違いはなく，また，米国でも濫用規制への関心が高まっているとする白石忠志教授の立場[注1]にも言及しておくことも有益ではないかと思われる。

（米国反トラスト法の分析枠組）

「II　競争法の分析枠組み」の「米国における謙抑的な競争法運用という思想」に関して，そうした思想の前提には市場経済の健全性・強靭性への強い信頼があるということは指摘のとおりであるが，市場支配力が高まってきているのではないかという懸念もかなり広く共有されるようになってきていることも指摘できるのではないか。また，シカゴ学派の発想が反トラスト法の専門家の間に急速に普及し，コンセンサスを得たという記述について，連邦裁判所，特に連邦控訴裁判所に普及し，更には連邦最高裁判所で多数派を形成するに至ったこと（それが相当長期間継続しそうであること）を重視する必要があるのではないかと思われる。

「エラーコスト分析」についても，米国で「偽陽性」回避の重要性が指摘される背景には，3倍額損害賠償制度があると考えられる。連邦取引委員会による将来に向けた差止命令だけであれば，偽陽性の弊害は相対的に小さくなる。問題は，連邦反トラスト法判例が連邦取引委員会の法運用をも制約し，特に連邦取引委員会法5条の「不公正な競争方法」規制が実際上シャーマン法及びクレイトン法の規制範囲に限定されていること（独自領域が存在するにしても，極めて限定されていること）である。

なお，合理の原則の適用範囲の拡大について，その影響が大きいのは共同行為規制であって，DPFを巡る議論には直接的に影響するものではないと思われる。もちろん，偽陽性を重視する運用がDPF規制の在り方に大きく影響することは明らかである。

個人的には，ハードコア・カルテル規制では偽陰性（過小執行）に陥りやすく，排除行為規制では偽陽性（過大執行）につながるおそれがあることに留意する必要があると考えている。前者については，リニエンシー制度（日本では課徴金減免制度及び令和元年改正で導入された調査協力減算制度）により改善が図られたが，それは同時にリニエンシー情報がない事案の違反探知・立証能力の低下を招いているおそれもあり，経済的証拠の活用といった実践的取組，AI

カルテルに対する理論的検討などが求められる。また，日本では，排除行為規制の事例が乏しく，過小執行に陥っているのではないかと考えられる反面，法制的な特徴（効果要件が緩やかな不公正な取引方法規制）や非公式な法実現手法を含めて考えれば，むしろ過大執行につながりやすい面もあると思われる。

　「Ⅲ　偽陽性・偽陰性という競争法上のレトリック」について，偽陽性・偽陰性という一見科学的なアプローチが，実際には競争法の執行を回避・抑制するための便利なレトリックになっているのではないかという指摘はもっともな面があると感じる。しかし，同時に，単独行為規制においては，偽陽性（過大執行）の回避が重要な意味を持つと考えており，前述したように，公正取引委員会のように法適用以外の非公式な手法を活用した法実現を重視する場合には，偽陽性への警戒を怠ってはならないと考えている。

　また，Amex 事件連邦最高裁判決（2018年）のロジックに対しては疑問（合理の原則による分析枠組からの逸脱）もあるところ，事案の解決として Visa 及び Master に対しては加盟店契約における誘導禁止条項（加盟店が当該カードを使わないよう顧客に働きかける行為を禁止する anti-steering provisions）を禁止するが，Amex には容認するという結論に対しては納得できるところがある。

　Hipster Antitrust の紹介の中で，反トラスト法の積極適用を求める論者が挙げる問題の中には，既存の反トラスト法の分析枠組から取り上げることができるものがあり，例えば，巨大 DPF における運営者としての立場と出店者としての立場との利益相反の問題があると指摘された。この点では，欧州委員会による Amazon に対する支配的地位濫用による審査開始が注目される。Amazon マーケットプレイスにおける小売業者情報の利用（マーケットプレイスで得られる独立販売業者の非公開情報を自己の販売事業に有利なように用いていることが，小売競争上通常生じるリスクを回避し，マーケットプレイスサービス提供市場における支配的地位を用いることを可能にしている疑い）については，2019年7月17日に審査が開始され，2020年11月10日に異議告知書が発出されている。また，自己の小売部門及び Amazon の配送サービスを利用する小売業者を優遇する取扱い（Amazon のサイト上で目立つように表示される "Buy Box" に収載する基準において，自己の小売部門及び Amazon の配送サービスを利用する販売業者を有利に扱っている疑い）についても，2020年11月10日に審査が開始さ

れた。【これらの審査事件について，欧州委員会は2022年7月14日，Amazon
が提示した確約案を公表して一般からの意見を募集している。】

　「Ⅳ　データの利用に関する新しい動き」のフィードバック効果の説明にお
いて，米国司法省がGoogle を提訴している事件では Google によるライセンス
先に対するデフォルト要求が取り上げられており，これもフィードバック効
果が働いたことによる独占形成として捉えられることが指摘された。フィード
バック効果をビジネス・モデルに取り込んだイノベーションという側面はある
にしても，Google はデフォルト要求を受け入れる見返りに巨額の支払いを約
束しており（revenue-sharing），（そうした事実が認定されるとして）少なくとも
金銭支払いを禁止すること自体は異論が少ないのではないかと考える。

（日本法への示唆）

　「Ⅴ　市場閉鎖効果」に関し，土佐あき農協事件東京高判（前掲）が「公正
な競争を阻害するおそれ」について一般論として述べている箇所[注2]は適切
ではないと考えている。一般論としては立証のハードルを下げておいて，実際
にはより高い立証を提示して完勝を目指す被告（公正取引委員会）の立場なら
訴訟戦術として理解できなくもないが（それでも，マイクロソフト〔非係争条項〕
事件審判審決〔平成20・9・16審決集55巻380頁〕[注3]との乖離は否定できない），裁
判所はより厳格な立証基準を提示した上で，本件に当てはめるべきであったと
考える。なお，農業協同組合については，農業協同組合法の改正により系統出
荷の義務付けが禁止されたという事情があり[注4]，農協事件を一般化すること
には慎重であるべきであろう。

　「Ⅵ　結論及び残された課題」に関し，EU 競争法や日本の独占禁止法のよ
うな「濫用」規制を持たない米国反トラスト法が巨大 DPF による独占問題に
対してどのようなツールを用いて取り組んでいこうとするのか。現行反トラス
ト法の執行強化で対応できるのか，それとも反トラスト実体法の改正を必要と
するのか。また，反トラスト法以外の法や政策，そのための政策ツールを動員
することになるのか。米国の動きは，特に我が国に影響を及ぼすことになる。
公正取引委員会をはじめとする当局にとっても，DPF，あるいは DPF と取引
する事業者，DPF を利用する消費者にとっても，米国における動きから目が
離せない。公正取引委員会が現下の重要課題である DPF を巡る競争問題に対

して，どのようなツールを用いて取り組んでいくのか。就任2か月半の古谷一之委員長の下での公正取引委員会の動きにも注目したい。

(注1) 白石忠志「支配的地位と優越的地位」日本経済法学会編『優越的地位の濫用規制の展開』日本経済法学会年報35号（2014年）46-58頁。

(注2) 「不公正な取引方法の規制をするための要件としては，具体的に競争を阻害する効果が発生していることや，その高度の蓋然性があることまでは要件になっておらず，<u>公正競争の確保を妨げる一般的抽象的な危険性があることで足りると解される</u>。」（審決集66巻486頁。下線追加）。

(注3) 「不当な拘束条件付取引に該当するか否かを判断するに当たっては，被審人が主張するような具体的な競争減殺効果の発生を要するものではなく，ある程度において競争減殺効果発生のおそれがあると認められる場合であれば足りるが，この「おそれ」の程度は，<u>競争減殺効果が発生する可能性があるという程度の漠然とした可能性の程度でもって足りると解すべきではなく，当該行為の競争に及ぼす量的又は質的な影響を個別に判断して，公正な競争を阻害するおそれの有無が判断されることが必要である</u>。」（審決集55巻426頁。下線追加）。

(注4) 奥原正明『農政改革の原点』（日本経済新聞出版・2020年）「第6章　農協と独占禁止法」参照。

4　垂直的取引制限規制の課題

上杉秋則元公正取引委員会事務総長「わが国の垂直的取引制限に対する伊従論文の指摘の検討―我々はどのように受け止めるべきか」（2021年7月30日第16回競争政策研究部会）

《参考文献》上杉秋則「垂直的制限行為の公正競争阻害性に関する判例と法理論について：国際的整合性を阻むものは何か（上）（下）」国際商事法務48巻10号（2020年）1345-1351頁，11号1515-1522頁

［講演の概要］

上杉秋則先生の今回の講演は，競争法研究協会の会長を長年務められた伊従寛先生（元公正取引委員会委員）の垂直的制限協定に関する論文（以下「伊従論文」）を素材として，垂直的制限行為を論じるものであり，最初に伊従論文の出典を挙げておく。「国際商事法務」誌で合計100頁を超える大論文である。

伊従寛「米国における垂直的制限協定の規制とその変遷〜 2007年のリー
ジン判決の検討と評価を中心にして〔1〕〜〔12・完〕」国際商事法務44巻
3号（2016年）335-347頁，4号517-525頁，5号687-699頁，6号898-904頁，
7号1043-1051頁，8号1213-1221頁，9号1376-1382頁，12号1835-1843頁，
45巻2号（2017年）245-252頁，3号413-418頁，4号558-563頁，5号703-
709頁

　私も伊従論文を原稿段階で先生からいただいていたが，長文であることも
あって，特に前半の垂直的制限協定に係る米国判例の変遷を詳細に跡付ける部
分（連載〔1〕から〔6〕まで）は斜め読みしただけであり，関心をもって読んだの
は第3部の「米国独占禁止法の1960年代と現在の比較」の部分（連載〔7〕以降）
である。特にその終盤「米国反トラスト法の執行手続とその変化」（連載〔11〕）
では，垂直的制限に限らず，競争法の分析枠組や執行態勢全般に関わる伊従先
生の知見が凝縮されている。その意味で，伊従論文が「垂直的取引制限に関す
る指摘にとどまらず，日本の独禁法の進む方向を示すものであった」という上
杉先生の評価は誠に的確なものであり，実体面にとどまらず，執行手続をはじ
めとする執行態勢を含めた日本の独占禁止法全体を論じたものといえる。
　伊従論文の題名に「垂直的制限協定」とあり，前半部分がそれ自体としては
我が国でも広く知られている米国最高裁判例の詳細な紹介・分析であることか
ら，余り注目されることなく埋没してしまったものと思われる。連載の最終回
〔12・完〕（国際商事法務45巻5号〔2017年〕）には「おわりに（まとめ）」があり，
この部分だけでも読む価値がある。

［垂直的制限に関する公正取引委員会時代の経験］

　私自身は公正取引委員会在職中に取引部に在籍したこともなく，垂直的制限
規制の実務に携わった経験もほとんどないが，唯一，1980年の独占禁止法研
究会の「流通系列化に関する独占禁止法上の取扱い」の検討に末席の担当者と
して関わっていた[注1]。この報告書の原案は舟田正之先生（現立教大学名誉教
授）が起草されたものであり，流通系列化の手段となる制限条項・類型ごとに
不公正な取引方法規制の観点からの一種の色分けをするものであった[注2]。こ
れに対しては，川越憲治弁護士らから厳しい批判があったことは周知のとおり

である^(注3)。

　流通問題への取組は，当時の橋口収委員長のリーダーシップの下で公正取引委員会の最優先課題となっていたから，メーカー主導の流通系列化の手段行為に対して厳しい考え方が示されることは不可避であったと思われる。そうした中で，曖昧な記憶ではあるが，滝川敏明先生（当時取引課在籍）は，おそらく1977年のシルバニア事件連邦最高裁判決等を念頭に，慎重な意見を示されていたように思うが，大きな声にはならなかった。

　また，公正取引委員会が流通・取引慣行ガイドラインを作成した1991年の頃には，国際関係業務に携わっており，作成自体には関わっていない。特に米国等からの市場開放要求との関係で，外国産品を含む競合品や競争業者を排除する行為に対する独占禁止法上の取扱いに関する部分（作成時の流通・取引慣行ガイドライン第1部）や輸入総代理店に関する部分（同第3部）は米国やEUが強い関心を持っており，ガイドライン原案の英訳や対外的説明に追われていた記憶がある。

　今から振り返ると，1980年の流通系列化の報告書や1991年の流通・取引慣行ガイドラインの作成は，少し時機を逸したものではなかったかと思う。垂直的価格制限（再販売価格拘束）は1965年頃から多数の違反事例があり（1975年の粉ミルク再販事件最高裁判決〔最判昭和50・7・10民集29巻6号888頁〕で支持された），垂直的非価格制限についても1975年前後から違反事例がそれなりに蓄積されてきていたから，そうした法執行を継続していけば足りたようにも思われる。1980年報告書は，流通系列化に対してあえて厳しい取扱いを提示したものであり，それは一定の意義があったと思われるものの，実際にはそのとおりの運用にはならなかったし，却って流通の効率化を阻害してしまう面がなかったとはいえないと思われる。

　1991年流通・取引慣行ガイドラインは，前述したように，日米構造問題協議で米国から求められた輸入品排除につながるような行為に対する厳正な規制を重要な眼目として作成されたが，最終的に作成された流通・取引慣行ガイドラインは，競争回避型の垂直的制限に関する部分（作成時の流通・取引慣行ガイドライン第2部であり，現行流通・取引慣行ガイドライン第1部）を含み，むしろこちらに重点があるようなガイドラインとして最終化された。このころには，

第2編　研　究

非価格制限の違反事件はほとんどなく，価格制限（再販売価格拘束）について
も，大規模小売業者側の台頭と価格決定権の奪取が間近に迫っていた。しか
し，1991年流通・取引慣行ガイドラインとして集大成された垂直的制限の取
扱いは，その後の流通構造・実態の劇的な変化にもかかわらず，四半世紀近く
改正されることがなかった。垂直的制限の違反事件は少なくなり，再販売価格
拘束やその代替としての価格広告制限の違反事件が散発的に生じているにとど
まる。

[流通・取引慣行ガイドラインの改定]

　流通・取引慣行ガイドラインについては，流通実態の変化等を踏まえて，公
正取引委員会内部では2000年代後半に改定に向けた検討を行っていたとされ
ているが，自発的な改定にはつながらなかった。次に述べるように，2015年
から2017年にかけて，公正取引委員会が流通・取引慣行ガイドラインの改定
に「追い込まれた」ようにみえることが残念である。また，これらの改定がか
なり重要な変更を含んでいるとはいえ，やや中途半端になった面はあると思
う。

　2014年6月の規制改革会議の「規制改革に関する第2次答申～加速する規制
改革～」を受けて策定された「規制改革実施計画」（平成26・6・24閣議決定）に
おいて，公正取引委員会は流通・取引慣行ガイドラインの改定を期限付きで求
められた。公正取引委員会では，次のように3回に分けて改定を行っている。
2015年改定（2月5日原案公表，3月30日公表）では，垂直的制限の判断基準，
競争促進効果の考え方，再販売価格拘束行為の「正当な理由」等の明確化が行
われた。2016年改定（3月28日原案公表，5月27日公表）では，セーフハーバー
の見直し等が行われ，2017年改定（4月7日原案公表，6月16日公表）では，分
かりやすく，汎用性があり，利便性の高いものにする観点から構成等の改定が
行われた[注4]。

　2015年の最初の改定に向けた意見募集において，競争法研究協会では，伊
従会長の意見書を同年3月6日に提出している。意見書の提出に先立ち，私も
伊従先生からコメントを求められた記憶があるが，提出された長文の意見書
（協会ホームページに全文掲載）は，その後に公表される伊従論文の要約ともい

うべき内容である。2015年の改定に際して，公正取引委員会では流通・取引慣行ガイドラインの「明確化」を図るという姿勢を崩していなかったが，伊従先生の意見書は，そうした姿勢を批判し，抜本的な改定が必要であることを強調している。

[垂直的制限行為の類型]

　「垂直的制限」という用語は，再販売価格拘束その他の取引先事業者相互間の「競争回避」をもたらす類型と排他条件付取引等の「競争排除」をもたらす類型の両方を含む意味で用いられることが多い。いずれの類型も，日本の独占禁止法では，広義の拘束条件付取引（独占禁止法2条9項6号ニ参照）に該当することとなり，また，米国反トラスト法では，取引先との垂直的協定（シャーマン法1条）として捉えられることになる。

　しかし，両者は，同じ取引相手の事業活動に対する「拘束」ないしは取引先との協定・合意であっても，競争制限をもたらすメカニズムが異なり，区別して考えることが適切である。競争排除型の垂直的制限は，抱き合わせ販売等と併せて検討することが適切であると考えている(注5)。

[垂直的制限に対するガイドラインと法執行との乖離]

　垂直的制限規制の分野ほど，公正取引委員会のガイドライン等に示された考え方と実際の法執行とが乖離している分野はないと思われる。裁判所も，価格制限に関しては粉ミルク事件最高裁判決（最判昭和50・7・10民集29巻6号888頁〔和光堂〕）を維持しつつ，非価格制限に関しては化粧品対面販売事件最高裁判決（最判平成10・12・18民集52巻9号1866頁〔資生堂東京販売〕）で新機軸が出てきたようにもみえるが，それに続く違反事件自体が少なく，訴訟になる事件がほとんどないから，司法審査の機会自体がないという状況にある。しかも，再販売価格拘束について久し振りに提起された審決取消訴訟であるハマナカ事件では，粉ミルク事件最高裁判決をなぞったような東京高裁判決が出ている（東京高判平成23・4・22審決集58巻第2分冊1頁）。そして，公正取引委員会の流通・取引慣行ガイドラインに示された考え方が企業法務では基本的に尊重されている（尊重せざるを得ない状況にある）と思われる。企業法務の十分なリソースや知

見を有する事業者においては，流通・取引慣行ガイドラインの考え方を墨守することなく，実際的な解決策を見出し，実践していると思われるが，知見・蓄積に乏しい事業者では，流通・取引慣行ガイドラインを額面通りに受け取っているおそれがある。

　公正取引委員会の垂直的制限規制に対して研究者から批判が出てこないことについて，上杉先生から厳しい指摘・批判があったが，次のような事情による面があると考えている。第1に，垂直的制限事件に対する法執行がそれほど行われているわけではなく（国際的にもそうである），研究者としては，法適用事例の検討には熱心でも，非公式措置の事例や相談事例の検討には熱が入らない傾向があり，垂直的制限に対する関心は高くない。第2に，特に法科大学院で授業を担当している研究者は，現行実務の内容を教授することが期待されており，ガイドラインを含む公正取引委員会の実務を批判的に取り上げることには消極的になりがちである。

［効果要件としての「公正な競争を阻害するおそれ」］

　独占禁止法の規定上，「公正な競争を阻害するおそれ」は，公正取引委員会が不公正な取引方法を独占禁止法2条9項6号イ～への枠内で指定するための要件であると上杉先生は指摘された。ここには，これまでの通念に対する重大な問題提起が含まれているように思われる。従来，不公正な取引方法の諸類型に共通する効果要件が「公正な競争を阻害するおそれ」（公正競争阻害性）であり，法定類型（独占禁止法2条9項1号～5号）や指定類型（一般指定）に含まれる「正当な理由がないのに」や「不当に」等の文言は，公正競争阻害性を意味すると解されている（例えば，金井貴嗣・川濱昇・泉水文雄編著『独占禁止法［第6版］』（弘文堂・2018年）261頁［川濱執筆］）。この解釈を前提に，問題となっている行為の不公正な取引方法該当性を判断する際に求められる効果要件は「公正な競争を阻害する『おそれ』」であり，具体的な競争阻害効果の発生はもちろん，高度の蓋然性は要件ではなく，危険性があれば足りると解されている（前掲金井等編著267頁）。公正取引委員会も裁判所も，この「おそれ」に依拠して不公正な取引方法該当性を認めてきている。

　特に，マイクロソフト（非係争条項）事件（審判審決平成20・9・16審決集55巻

380頁）では，「ある程度において競争減殺効果発生のおそれがあると認められる場合であれば足りるが，この『おそれ』の程度は，<u>競争減殺効果が発生する可能性があるという程度の漠然とした可能性の程度でもって足りると解すべきではなく</u>，当該行為の競争に及ぼす量的又は質的な影響を個別に判断して，公正な競争を阻害するおそれの有無が判断されることが必要である」（審決集55巻426頁。下線追加）とされていたが，土佐あき農業協同組合事件東京高裁判決（東京高判令和元・11・27審決集66巻476頁）は，次のように判示し，「おそれ」を緩やかに解するに至っている（審決集66巻486頁。下線追加）。

　　　一般指定12項の「不当に」とは公正競争阻害性を表現するものであり，独禁法は，競争の実質的制限を生じさせる可能性が高い行為や，公正な競争秩序確保の観点から見て不適当な行為は，競争阻害の程度がさほど高くない段階であってもこれを禁止することにしているのであって，独禁法2条9項6号も公正な競争を阻害する「おそれがある」ものと規定しているように，不公正な取引方法の規制をするための要件としては，具体的に競争を阻害する効果が発生していることや，その高度の蓋然性があることまでは要件になっておらず，<u>公正競争の確保を妨げる一般的抽象的な危険性があることで足りる</u>と解される。

　競争減殺効果の具体的な危険性を立証する必要はないという解釈に基づき，問題となっている行為がもたらし得る競争減殺効果の発現メカニズムを明らかにせず，また，当該行為を取り巻く具体的な市場環境を吟味することなく，当該行為の外形から公正競争阻害性を認定するという実務が採られている^(注6)。これにより，競争の実質的制限が要件となる私的独占の立証に比べて，極めて安易に不公正な取引方法該当性が認定される。公正取引委員会が具体的に不公正な取引方法該当と判断した事案について，その結論の是非は別にして，判断過程には重大な問題が含まれていると思われる。

　上杉先生の問題提起からは，次のように解する余地があるのではないかと考えている。取引に関わる事業者の広範な行為のうち，独占禁止法2条9項6号列挙の枠内で，「公正な競争を阻害するおそれ」のあるものを公正取引委員会

が指定するという仕組みは，一般的な立法行為である「指定」に際して「公正な競争を阻害する」もののみに限定して対象とすることが不可能であることから，「おそれ」の文言が加えられている。しかし，個別具体的に不公正な取引方法該当性を判断する際には，実際に「公正な競争を阻害する」ことを要件とすることが可能であり，かつ，それが適切である[注7]。独占禁止法や一般指定においても，「不当に」といった文言が用いられており，このように解することの妨げとはならない。不公正な取引方法について，「おそれ」の文言に過度に依存する解釈・運用は，効果要件の意義を没却し，外形重視の法適用になりかねない。効果要件としての「公正な競争を阻害するおそれ」の「おそれ」の文言は，立法論として削除することが適切であると考えてきたが，解釈上もそれが可能であると思われる。

[米国・EU における垂直的制限規制の動向]

　主題とは外れるが，米国におけるいわゆる新ブランダイズ派の考え方は，独占行為規制・企業結合規制にとどまらず，垂直的制限規制にも何か影響してくる面があるのかが注目される。米国連邦取引委員会は，2021 年 6 月に就任したカーン委員長の主導の下，「不公正な競争方法」規制の積極化の方針を打ち出しており（特に規則制定権限の活用），垂直的制限規制にも変化が出てくる可能性はある。ただし，裁判所の厚い壁が立ちはだかるであろうことも明らかである。

　EU の垂直的制限協定に関する一括適用免除規則やガイドラインの改定案（2021・7・9 公表）については，まだ読みこなせていないが，オンライン取引・プラットフォーム取引に関わる諸類型（オンライン市場の利用制限，価格比較ツールの利用制限，同等性条件等）についての具体的記述が含まれている。公正取引委員会も，これまで蓄積してきたデジタル市場に関する実態調査や審査事件の知見を可視化することが求められている。

　【EU の垂直的制限協定に関する新しい一括適用免除規則やガイドラインが2022 年 6 月 1 日に発効した。この改定に関する関心は意外にも日本では高くなかったように感じられるが，在来型の垂直的制限の問題が現時点で国内的にも余り注目されていないことの現れであろうと思われる。しかし，上述したよう

なデジタル市場を巡る新たな問題を含んでおり，もっと注目する必要がある。】

- (注1)　当時の公正取引委員会事務局官房企画課が独占禁止法研究会の事務を担当しており，垂直的制限規制の実務を担ったということではない。
- (注2)　この報告書の基礎にある舟田先生の考え方については，舟田正之『不公正な取引方法』(有斐閣・2009年)286-346頁(「第8章　流通系列化と独禁法の規制―独禁研報告を中心に」〔初出1980年〕)参照。
- (注3)　川越憲治『流通系列化と独占禁止法』(ビジネス社・1980年)。筆者は，独占禁止法研究会報告書が公表された後，「流通系列化に関する主要な審判決の分析(1)〜(4)」公正取引 355号(1980年)20-23頁，356号 19-24頁，357号 26-31頁，358号 44-52頁を公表したが，これを読んだ川越弁護士は，公正取引委員会事務局幹部を介して前掲書を恵贈してくださった。大蔵省国際金融局(当時)に出向中であった筆者には同書を十分読み込む余裕がなかったことを悔やんでいる。
- (注4)　流通・取引慣行ガイドラインの3回にわたる改定の経緯や内容について，佐久間正哉編著『流通・取引慣行ガイドライン』(商事法務・2018年)参照。
- (注5)　栗田誠「独占禁止法違反行為類型と法科大学院教育」千葉大学法学論集32巻3・4号(2018年)62(1)-30(33)頁参照。
- (注6)　公正取引委員会の審査実務が単純に「一般的抽象的な危険性」の基準に依拠しているわけではないであろう。少なくとも当該事案，当該市場の実態に即した具体的な危険性を立証できるだけの証拠を収集しているはずである(実際には，当該行為が実施されているのであるから，競争減殺効果が発現していることを示す証拠を収集しているはずである)。しかし，意見聴取手続では，そうした内容を説明することはなく，命令取消訴訟になれば，「おそれ」の解釈を前面に押し出し，まずは立証負担の軽減を目指し，原告の主張・立証や裁判所の訴訟指揮等に対応しつつ，こうした証拠を小出しにするという対応をしているのではないかと思われる(現行手続の下での違反事件審査・訴訟の実務に携わったことがなく，全くの推測である)。
- (注7)　このように解することは公正な競争が阻害されることの結果としての外部的徴表を必要とすることを意味するものではない。私的独占や不当な取引制限における競争の実質的制限の解釈と同じである。

5　アップル（リーダーアプリ）事件

　　隅田浩司東京富士大学教授「デジタルプラットフォームに対する不公正な取引方法の適用について―アップル・インク事件の処理を中心に」

（2021年10月25日第36回競争政策研究部会）

[講演の概要]

　隅田浩司教授の講演は，公正取引委員会のアップル（リーダーアプリ）事件（令和3・9・2公表：自発的措置による審査終了）の概要とその評価，米国のEpic Games事件のカルフォルニア州北部地区連邦地裁判決（2021・9・10）の概要と分析，そして，両事件の比較検討という最新の内容であった。私などは，アプリストアを利用することもなく，イメージが掴みにくいところがあるが，多少なりとも理解が進んだと感じている。公正取引委員会の公表資料はわずか4頁にすぎず，事実認定や法的検討が極めて限られているのに対し，米国の連邦地裁判決は185頁もあり，一通り読むだけでも大変な労力を要する。判決を的確に要約して説明していただいたことにまず大きな意味があると感じている。

　公正取引委員会の本件事件審査としては，今後アップルの改善措置の実施を確認することになるが，米国の事件では引き続き控訴審で争われることになっており，また，EUでも欧州委員会による審査が続いている（2020年6月16日審査開始，2021年4月30日異議告知書発出）。新たな規制の導入の動きとして，韓国では2021年9月14日にIAP（アプリ内課金）の義務付けを禁止する電気通信事業法の改正が施行された【公正取引852号（2021年）70-75頁に解説がある】。こうした中で，GoogleがGoogle Playの手数料率を引き下げるという動きも報じられている。デジタル・プラットフォームを巡る問題が競争法のメインテーマになっている中で，アプリストアの課金システムやそのルールを巡る本件が今後どのように展開していくのか，引き続き注目する必要がある。

[公正取引委員会のアップル事件の処理]

（総括的評価）

　講演資料の「結語にかえて」に要約されているように，公正取引委員会のアップル事件の処理について，隅田教授は，①詳細な理由付けが不明であるものの，違反事件審査の結論として正式に問題を指摘したこと，②独占禁止法においては，不公正な取引方法（拘束条件付取引等）の規定を用いた取組が容易であること，③今後の積極的な法適用の可能性に期待できることを指摘して，

ポジティブに評価されたものと受け止めた。私自身は，公正取引委員会の処理手法について厳しい評価をしているが（「アップル（リーダーアプリ）事件」（2021年9月6日会長コラム）本書100頁参照），何はともあれ，アップルに改善措置を採ることを約束させたことに大きな意味があることは指摘のとおりである。

（自発的措置による審査終了）

　本件で審査対象となった音楽配信等の5事業に関しては，アップルが採ることとなる改善措置により違反の「疑いを解消するものと認められたことから，今後，アップルが改善措置を実施したことを確認した上で本件審査を終了することとした」（公正取引委員会公表資料1頁）とされている。したがって，音楽配信等の5事業に関する限り，同じ問題を再度取り上げることには一定の制約があると考えられる（一事不再理の考慮）。この点は，審査対象になっていないゲームアプリとは異なる点である。公正取引委員会は，「ゲーム分野について何ら判断を行っていない」「ゲーム分野については引き続き注視してまいりたい」（「第219回独占禁止懇話会の議事概要の公表について」〔令和3・10・18〕別紙1頁）と説明している。

（審査期間）

　公正取引委員会は本件審査に5年かけたとされており，これに対しては時間がかかりすぎという指摘もあるが，公正取引委員会では，「公正取引委員会が最初に改善措置を引き出し，国際的には一番先に処理できたという点では，迅速性は一定程度確保できているのではないか」（前掲独占禁止懇話会議事概要別紙1頁）と説明している。審査期間が5年という点については，iPhone事件の審査を先行させており（平成30・7・11審査結果公表），また，2019年（平成31年）1月には「デジタル・プラットフォーマーの取引慣行等に関する実態調査」が開始されており（アプリストア運営事業者3名から聴取調査を実施したとされており，当然アップルも含まれるであろう），同じ年の10月に報告書が公表されているところ，少なくともこの実態調査の期間中は審査事件としては動いていないと推測される。その意味で，実質的な審査期間は実態調査報告書の公表後ということになるのではないかと思われる。

（本件処理の理由付け）

　本件公表資料における「審査事実」として記載されている内容のうち，「事

実」及び「独占禁止法上の考え方」については，公正取引委員会の実態調査報
告書（令和元・10・31公表）の記述（76-77頁）を超えるものはないように見受け
られる。私的独占又は拘束条件付取引等の不公正な取引方法に該当する疑いで
審査を行ってきたのであるから（本件公表資料1頁の（注2）），本来，これらの
要件ごとの分析やそれに資するような事実認定が必要になるはずであるが，そ
うした記載は全くない。公表資料から判断する限り，公正取引委員会が違反事
件審査として行ってきたことはアップルに対して（実態調査で明らかになってい
た）問題点を指摘して改善策を提案させるための説得であったようにみえる。

（違反被疑行為）

　アップルの違反被疑行為は，App Store内での販売におけるIAPの使用義
務付けとアウトリンクの禁止の両方であると考えられるが（本件公表資料第1
の5(1)ア），「独占禁止法上の考え方」や「アップルからの申出」では専らアウ
トリンクの禁止が取り上げられているようにみえる（同第1の5(1)イ及びウ）。
IAP使用の義務付けについては，App Storeの安全性・信頼性の確保の観点か
ら不可欠ということかもしれないが，説明が必要である（Epic Games事件連邦
地裁判決における大きな争点である）。逆に，アウトリンクの禁止は，安全性・
信頼性の確保にとって不可欠の措置ではなく，それだけを取り出して是正する
ことが可能であり，必要であると判断されたのかもしれない。

（市場画定）

　私的独占についてはいうまでもなく，不公正な取引方法であっても自由競争
減殺型にあっては市場画定が前提になると解されている。しかし，公正取引委
員会の本件公表資料には，市場画定に直接関わる記述はない。ただし，スマー
トフォン市場におけるiPhoneのシェアを明記し，スマートフォンへの音楽配
信事業等を説明していること（第1の2及び4）から判断すると，スマートフォ
ン向け音楽配信等の全体，プラットフォーム間の競争を念頭に置いているもの
と推測される。

　アップルのiOSに限定しないという立場はEpic Games事件の連邦地裁判決
と同じであるが，判決は，アップルのシェアが52〜57%であり，シャーマン
法2条違反に必要な「独占力（monopoly power）」は認定できないと判断してい
る。日本におけるiPhoneの出荷台数シェアは46.5%とされており（本件公表資

料の第1の2），他の要件・事情にもよるが，私的独占の認定も可能な水準であると思われる。

　他方，欧州委員会の異議告知書では，「App Store を通じた音楽配信アプリの市場」で支配的地位にあるとされている（2021・4・30プレスリリースによる）。アップルのユーザーは，同社の「閉じたエコシステム（closed ecosystem）」の一部である App Store からしかアプリをダウンロードできず，他のブランドに乗り換えることがないことを理由とするようである（欧州委員会のプレスリリース）。隅田教授の講演資料で引用されている Geradin and Katsifis 論文^(注1)もそうした見解を展開している。欧州では iPhone のシェアが30% 程度であり，こうした狭い市場画定をしないと市場支配的地位が認定できないから，このような市場画定をしようとしているのではないかという批判もある。

（セオリーオブハーム）

　多様なセオリーオブハームが考えられることは，米国連邦地裁判決では10の訴因について個別に検討がなされていることにも示されている。しかるに，公正取引委員会の本件公表資料（3頁の「独占禁止法上の考え方」）には，実態調査報告書の関連部分（76-77頁）の要約のような記述しかなく（わずか9行にすぎない），本件違反事件審査の結果といえるのかすら疑われる。なお，実態調査報告書では，拘束条件付取引のほか，競争者に対する取引妨害も挙げられていることも考慮すると，違反被疑法条の「第19条（不公正な取引方法一般指定第12項〔拘束条件付取引〕等）」（本件公表資料1頁の（注2））の「等」は，競争者に対する取引妨害を含んでいると思われる。

　また，デベロッパーに対する過度の制約，廉価な支払方法に関する情報提供の禁止によるユーザーの選択肢の制限・不利益といった観点もあり得ると思われる。これらの様々な観点からのセオリーオブハームがあり得ることを前提に，公正取引委員会としては，具体的に明らかにしないまま事件を決着させたものといえる。

　こうした様々なセオリーオブハームの可能性があるとしても，それを明確に立証することが容易ではない本件のような事案については，非公式な行政指導により問題の軽減・解消を図るという手法を用いることもやむを得ないと考えるべきであろうか。また，隅田教授は，本件が競争者排除型なのか，搾取的な

条件設定（優越的地位濫用など）なのかについて，「後者に近い」という見方を示されているが，公正取引委員会の考え方をどのように理解するべきか。行為類型としては拘束条件付取引であっても，その弊害として相手方に対する搾取的な面を重視しているということなのか。あるいは，前記の「等」には優越的地位濫用も含まれるのか。【本件審査担当官解説（公正取引853号〔2021年〕67-72頁）には，本件改善措置の実施後に期待される効果に関する記述があり，コンテンツの「販売ルート間競争」の促進やそれを通したコンテンツの価格・販売量への影響，手数料引下げへの圧力を挙げているが（70-71頁），公表資料の記述を超えるものではない。】

（ガイドライン改定の適用範囲）

　公正取引委員会は，アウトリンクを許容するために「改定されるガイドラインは日本のみならず世界中で適用される予定である」（前掲独占禁止懇話会議事概要別紙2頁）と説明している。米国地裁判決は，米国全域での全てのアプリを対象に，リンク張りやユーザーとの連絡を禁止する行為の差止を命じている。欧州委員会では，IAPの義務付けについても問題としているから，アウトリンクの禁止だけを対象とする是正措置では決着しない可能性がある。

［Epic Games判決と公正取引委員会の本件処理の比較］

（市場画定）

　原告Epic Gamesが関連市場の画定について，「iOS市場」とそれを前提とした「iOSによるアプリ市場」ないしは「iOSのIAP市場」であると主張したことが出発点である。これに対し，被告Appleは「デジタルゲーム市場」を主張し，連邦地裁判決は「モバイルデジタルゲーム市場」（PCゲームやコンソールゲームは含まれない）として画定した（プラットフォーム間の競争があることが前提）。公正取引委員会の市場画定の考え方は不明であるが，前述したように，連邦地裁判決と同様の立場と推測される。

（30％の手数料）

　一律30％の手数料率が高いか低いかの議論は競争法上意味がないという立場からは，次のような点が指摘されている。第1に，Appleは，App Storeというプラットフォームの全体を維持している。App Storeを利用するアプリ

の大部分は無料であり，Apple には手数料が入らない。第2に，Apple は，デベロッパーに名目的な費用で開発キットを提供している。第3に，Apple は，App Store の安全性・信頼性を維持することで，デベロッパーとユーザーの双方に多大な便益を提供している。

（萌芽規制）

　独占禁止法による不公正な取引方法の規制は萌芽規制の典型であると思われるが，「ポピュリズム的な運用に陥るリスク」はないか（特に，不公正な取引方法に該当する「おそれ」があることを理由とする改善指導の多用）。なお，カーン委員長主導の連邦取引委員会が推進しようとしている「不公正な競争方法」規制の積極活用に対しては，裁判所が立ちふさがるという構図になるのではないか。

（競争法と不正競争防止法）

　「これまで，競争法において別個のものと考えられていた不正競争防止法と独占禁止法，反トラスト法との関係性」という隅田教授の指摘について，米国では不正競争と反トラスト法は別個と考えられていると思うが，日本では不正競争防止法と独占禁止法（特に不公正な取引方法）は部分的に重なり合う（エンフォースメントが異なるにすぎない）と考えられているのではないかと思われる[注2]。

（注1）　Damien Geradin and Dimitrios Katsifis, The Antitrust Case Against the Apple App Store, 17(3) Journal of Competition Law & Economics, pp.503-585, September 2021.
（注2）　田村善之『競争法の思考形式』（有斐閣・1999年）「第1章　競争法における民事規制と行政規制」（初出1996年）参照。

第5章　優越的地位濫用

1　優越的地位濫用規制の動向

矢吹公敏弁護士「近時の指針・執行動向にみる『優越的地位の濫用』規制の現在地と将来像」（2020年6月8日第276回月例研究会）

《参考文献》矢吹公敏「近時の指針・執行動向，海外比較にみる優越的地位の濫用規制の現在地と将来像」ビジネス法務 20巻7号（2020年）13-19頁

［講演の概要］

　矢吹公敏弁護士による講演は，優越的地位濫用規制の仕組みから始まり，規制の基本的考え方，公正取引委員会の執行方針（ガイドライン等）の解説に続き，審判審決の集積，実態調査による問題指摘，取引実態調査，データや人材に関する検討会報告書，そして，現下のデジタル・プラットフォーム規制を巡る様々な動きを紹介することにより，優越的地位濫用規制の「現在地」を正確に把握し，その「将来像」を多面的に展望するという，極めて内容の濃いものであった。

　優越的地位濫用規制の在り方について，私は矢吹先生が「私見」として説明された考え方に共感するものであり，更に言えば，優越的地位濫用規制は競争法としての独占禁止法から切り離した方がよいのではないかとすら考えているが，この点については様々な考え方があり得る。

　公正取引委員会による様々な動きが詳細に紹介されたことに現れているように，現在，優越的地位濫用規制が独占禁止法，あるいは公正取引委員会の活動において中核的な位置を占めており，この規制に対する考え方やこうした動き

に対する賛否は別にして，実務的にはこうした動きに的確に対応することが不可欠である。

　一口に優越的地位濫用「規制」といっても，これまで，厳密に独占禁止法に基づく法執行といえる動きとしては，大規模小売業者による納入業者向けの伝統的な濫用行為事例が大部分である。それ以外には，三井住友銀行事件（勧告審決平成 17・12・26 審決集 52 巻 436 頁），セブン－イレブン事件（排除措置命令平成 21・6・22 審決集 56 巻第 2 分冊 6 頁）くらいのものである。それ以外の様々な動きは，その手法は多様であるものの，厳密な法的検討や政策判断を経たものばかりではなく，いわば「口先介入」的な効果を狙ったものもあるように見受けられる。

　優越的地位濫用規制発動のハードルが低いだけに，個人的には，安易に優越的地位濫用規制に依存する（逃げ込む）ことなく，競争効果の客観的な分析を踏まえた取組が必要であると考えている。

［優越的地位濫用規制の位置付け］

　競争法としての独占禁止法に基づく規制である以上，優越的地位濫用として規制するためには，「市場支配的地位」までは必要ないとしても，「一定の市場における有力な地位」が前提になるのではないかと矢吹先生は指摘された。共感するところは大きいが，公正取引委員会の実務はそうした考え方を採っておらず，取引相手方との関係での相対的な優位性で足りると解されている（ただし，優越的地位の判断に当たっては，行為者の市場における地位も考慮される〔優越的地位濫用ガイドライン〕）。

　これに対し，白石忠志教授は，「市場支配的地位」と「優越的地位」の間に本質的な違いはなく，EU 競争法における「搾取型濫用」規制と独占禁止法における「優越的地位濫用」規制に「何らの相違はない」（同『独禁法講義〔第 9 版〕』199 頁）とされる。この「搾取規制説」は，白石教授の市場画定論を前提としたものであり，この立場を採ると，優越的地位濫用規制の対象は実際上かなり限定されることになると考えられ，公正取引委員会の実務を説明することは難しいと思われる。

　比較法的には，ドイツの「相対的市場力」規制，フランスの「経済的従属状

態の濫用」規制のように，「市場支配的地位」に至らない段階での競争法規制を有する法域が欧州やアジアを中心に増えてきている。また，EUでも，欧州委員会のベステアー副委員長（競争政策担当）は，2020年6月2日，現行競争法で対処できない「構造的な競争問題」に取り組むための新たな規制ツールに関する意見募集の実施を公表する中で，「市場支配的地位を有しない事業者が反競争的手段を用いて市場を独占化する一方的戦略」も念頭に置いていることを明らかにしている。

　このように，独占禁止法による優越的地位濫用規制は，一般的には，日本独自の規制として位置付けられてきたが，むしろ先駆的な意義を有しており，競争法の新しい柱として発展しつつあるという見方も可能かもしれない。杉本和行公正取引委員会委員長は，『デジタル時代の競争政策』（日本経済新聞出版社・2019年）その他において，そうした見方を示されている。

［優越的地位濫用に係る審決］

　不公正な取引方法の法定類型のうち，優越的地位濫用のみが1回目の違反から課徴金対象となる。濫用行為の相手方との取引額の合計の1%が課徴金の額とされ，エディオン事件では約30億円に達している（課徴金納付命令の40億4796万円が審判審決令和元・10・2審決集66巻53頁により30億3228万円に減額された〔審決取消訴訟係属〕）。金額がかなり大きくなることもあり，必然的に課徴金の額の計算を巡る争いが多発する。そして，課徴金の額の計算方法が優越的地位濫用という違反行為の捉え方そのものと直結しているだけに，解釈の違いの根は深い。

　優越的地位濫用に課徴金が導入されて以降，5件の排除措置命令が行われ，同時に課徴金納付命令も行われている。そして，全ての命令に対して審判請求がなされ，今年（2020年）3月までに全て審決が出ており，1件を除き，一部の相手方に対する優越的地位が否定される等により，課徴金の額が減額されている（複数の審決取消訴訟が係属している）。

　これらの法適用事件の状況からは，次のような点を指摘できる。第1に，5件の優越的地位濫用事件に係る命令が平成21年改正施行後の5年間に出ており，いずれも大規模小売業者による納入業者いじめの事案である。しかし，平

番号	事件名	命令年月日 課徴金額	審決年月日 課徴金額	主な減額理由	審決取消訴訟
①	山陽マルナカ	平成23·6·22 2億2216万円	平成31·2·20 1億7839万円	対象納入業者165社→127社（38社に対しては優越的地位にない）	東京高判令和2·12·11（手続上の理由で審決取消）→令和3·1·29命令を取り消す再審決
②	トイザらス	平成23·12·13 3億6908万円	平成27·6·4 2億2218万円	納入業者61社のうち14社について審理，うち8社について濫用行為に当たらない	提起されず
③	エディオン	平成24·2·16 40億4796万円	令和元·10·2 30億3228万円	対象納入業者127社→92社（35社に対しては優越的地位にない）；割戻金控除	東京高裁係属
④	ラルズ	平成25·7·3 12億8713万円	平成31·3·25（減額なし）	―	東京高判令和3·3·3（請求棄却）→最決令和4·5·18（上告不受理）
⑤	ダイレックス	平成26·6·5 12億7416万円	令和2·3·25 11億9221万円	対象納入業者78社→69社（9社に対しては優越的地位にない）	東京高裁係属

【2022年6月30日時点で改訂】

成26年のダイレックス事件を最後に新たな命令は出ていない。

　第2に，命令事件が6年以上出ていないことの説明として，課徴金制度による抑止効果が強力に働いて，命令を行うべき事案がなくなっているということであれば結構なことである（特に大規模小売業者による納入業者いじめに関しては抑止効果が出ているということかもしれない）。しかし，課徴金賦課のインパクトが大きすぎて，また，審判・訴訟が複数係属し，解釈が確立していない中で，公正取引委員会が命令を行うことに過度に慎重になっている可能性もあ

る。

　第3に，5件全てにおいて審判請求がなされており，基本的には課徴金の額を巡る争いであったといえる（ただし，それが違反行為の捉え方と直結している）。5件中4件で減額の審決となっており，また，4件の審決について取消訴訟が提起されている。

　第4に，最初のトイザらス事件審決が採用した「優越的地位」の認定方法（特段の事情がない限り，濫用行為の受入れの事実から優越的地位の存在を推認する方法）については，一部の学説からも主張されていたものではあったが，「優越的地位」と「濫用行為」の両要件で循環論法に陥っているとの批判があった。3年以上の時間を経て出された2件目の山陽マルナカ事件審決以降は，「不利益行為」の用語が用いられ，基本的に優越的地位濫用ガイドラインに沿った判断方法が採られている[注1]。なお，不利益行為の受入れの事実はその「経緯や態様によっては」，不利益な要請を「受け入れざるを得ないような場合にあったことをうかがわせる重要な要素となり得る」とされ，補足的な考慮要素とされている。

　第5に，課徴金減額の事由は，基本的には一部の納入業者との関係で優越的地位にあることの立証ができていないことである。そうした納入業者からの購入額が課徴金計算の基礎となる購入額から除外されることになるから，その分課徴金の額は小さくなる。なお，従業員派遣要請等が納入業者にも利益になること等から「不利益行為」からの除外が主張されることもあるが，そうした例外事由があり得ることを認めつつ，具体的には該当しないという判断になっている。

　第6に，審判でのもう一つの大きな争点は，違反行為の捉え方とも関わる「違反行為期間」の認定や「購入額」の計算であるが，審決においては一貫して，全体として一つの優越的地位濫用の違反行為であることが前提とされ，違反行為の相手方ごとに違反行為期間を認定すべきとする被審人の主張は採用されていない。審決取消訴訟では，優越的地位に関する事実認定問題よりは，この点の解釈問題が大きな争点になると思われる。【2022年6月末時点で唯一実体判断が示されているラルズ事件東京高判令和3・3・3審決集67巻444頁では，公正取引委員会の主張が支持されている（確定）。】

[その他の優越的地位濫用事件]

　優越的地位濫用は，取引が行われる場面では常に生じる可能性があり，その業種や態様も様々であると考えられるが，審査局に設けられている優越タスクフォースが取り扱う事案の多くが小売業者に対する納入取引であり，次いで物流取引である。実際にも，公正取引委員会自身が様々な業種や分野における優越的地位濫用の問題点を実態調査報告書や検討会報告書の形で公表しており，公正取引委員会にも多様な事案が持ち込まれていると思われるのに，なぜ違反事件として表面化しないのであろうか。

　違反事件として取り上げられている事案の一つに楽天による「共通の送料無料ライン施策」（後に「共通の送料込みライン施策」に名称変更）に対する件がある。公正取引委員会が立入検査をし，更に緊急停止命令の申立て（令和2・2・28）をするという事態に発展したこともあり，大変注目されている事件である。楽天が一律の実施を延期し，任意の参加としたことから，公正取引委員会では「当面は，一時停止を求める緊急性が薄れるものと判断」し，緊急停止命令の申立てを取り下げたが（実施前の行為について，緊急停止命令の申立てができるのかという論点もあり得る），審査は継続するとしている（令和2・3・10）。

　本件の優越的地位濫用の疑いは特に送料込みという価格設定方法の一律実施（取引条件の一方的変更）という点に起因すると考えられることから，任意参加ということであれば，違反という結論にはなりにくいと思われる（アマゾンジャパンのポイントサービスを巡る事案〔平成31・4・11：調査を継続しない旨公表〕も参照）。

　【公正取引委員会は，令和3年12月6日，楽天からの改善措置の申出の内容を検討したところ，違反の疑いを解消するものと認められたことから，今後，楽天が改善措置を実施したことを確認した上で本件審査を終了することとした旨公表した。「楽天（送料込み）事件」（本書275頁）参照。】

[公正取引委員会の代替的法目的実現手法]

　近時の実態調査報告書における独占禁止法上の問題指摘の中には，優越的地位濫用を根拠とするものが少なくない。LNG取引実態調査報告書（平成29・6・28：テイク・オア・ペイ条項）のほか，製造業者のノウハウ・知的財産権

優越実態調査報告書（令和元 ·6·14）やフィンテック（家計簿サービス・キャッシュレス決済）実態調査報告書（令和2·4·21）などで，様々な優越的地位濫用の問題が指摘されている。この種の報告書の末尾には，「独占禁止法上問題となる具体的な案件に接した場合には，厳正・的確に対処していく」ことが表明されるのが常である。しかし，実際に審査事件に発展することは想定されていないようにも思われる。

　公正取引委員会が用いる法実現手法として，以前から，研究会を組織して特定の分野・テーマに関する独占禁止法・競争政策上の問題点や課題を検討し，その成果を研究会報告書の形で公表するという手法が多用されてきた。典型例は政府規制関係でみられ，長年「政府規制等と競争政策に関する研究会」が競争唱導の中心的役割を果たしてきたが[注2]，平成21年度を最後に休止しているようである。その後も，様々な研究会，懇談会，意見交換会が開催され，それぞれ報告書を公表するなど，一定の成果を上げてきているが，近年，公正取引委員会が用いている手法に，競争政策研究センター（CPRC）において「検討会」を開催して，その成果を報告書として公表するというものがある。優越的地位濫用に関係するものとして，「データと競争政策に関する検討会」（平成29·6·6報告書公表），「人材と競争政策に関する検討会」（平成30·2·15報告書公表）があり，特に後者の報告書は大きな注目を集めた。これらの検討会がなぜCPRCにおいて組織されたのかについては，関係省庁からの参画を得る上で，公正取引委員会事務総局の担当部局自体ではない方が適切であるという考慮もあったのかもしれない。

[デジタル・プラットフォーマー規制]

　ここ2年程の間にデジタル・プラットフォーマー（DPF）規制の枠組作りは大きな進展を見た。公正取引委員会が杉本和行委員長の強い関心もあり，専門的な知見や実態調査も踏まえて議論を先導してきた面もあるが，同時に，政府一体としての取組（「デジタル市場競争本部」など）に加わる形で，更には政治の関心に引き摺られて，前のめりになっている面もあるように見受けられる。

　国際的にみると，DPF規制は，企業結合による競争制限や競争者排除の側面と個人情報・プライバシー保護の側面が先行していると思われるが，我が国

では，DPFと取引する中小事業者の保護＝DPFによる優越的地位濫用に対する規制に目が向きがちである。公正取引委員会の活動の重点もそこにあるように見受けられるし，特定DPF取引透明化法の制定も利用事業者の懸念に対応するものである。もっとも，EUでも，「オンライン仲介サービスのビジネス・ユーザーに対する公正性と透明性の促進に関する規則」が本年（2020年）7月12日に施行される予定であり，大きな違いは競争排除の観点からの取組の有無ということになる。

　公正取引委員会は，キーワード連動型広告市場の創成期に，グーグルの排他条件付取引の問題を審査した実績があるが（平成17・10・21公表：自発的改善措置による審査打切り），その後の動きが途絶えていることは残念である。この事件は，欧州委員会が2017年から2019年にかけて，グーグルに対して3件の排除的濫用の決定を行った取組の先駆ともいえるものである^(注3)。

　優越的地位濫用条項にDPF規制の根拠を求めようとすると，法適用しようとする場合は別としても，非公式な措置・手法やガイドラインのレベルでは思考停止に陥り，競争上の弊害を識別する努力に欠けることになりがちである。アマゾンジャパン（ポイントサービス）の事案では，出品者の任意としたことから調査を継続しない旨公表されているが（平成31・4・11公表），違反事件としてではなく，端緒処理段階での判断であって，厳密な分析には至っていないと思われる。

　他方，楽天の「送料込み」問題では，立入検査を行ったこと，そして，楽天が出品者の任意参加に変更したことにより緊急停止命令の申立てを取り下げた後も審査を継続していることは適切であると思われるが，一定の是正が図られたとして，時機を見ていずれ審査を打ち切ることになるのかもしれない。【本件の審査終了（令和3・12・6）については，前述した。】

　いずれにせよ，利用事業者の不利益ばかりに目が行き，競争への影響を客観的に分析しようとする姿勢が弱いと感じられる。

[消費者個人情報等優越ガイドライン]
　公正取引委員会が鳴り物入りで作成した消費者個人情報等優越ガイドライン（令和元・12・17）についての私見は，最終化される前の段階であるが，「デジタ

271

ル・プラットフォーマーによる個人情報の取得・利用に係る優越的地位濫用規制」（2019年9月6日会長コラム）として明らかにしている（本書9頁参照）。そこでも述べたように，このガイドラインがどこまで実際的意味を持つのか，また，違反事件として取り上げられることがあるのかについては否定的である。個人情報保護委員会という，この問題を所管する行政機関が存在する中で，公正取引委員会がこうしたガイドラインを作成したとしても，実際上の出番は想定しにくいし，むしろ，これまで所管省庁が所管法令に基づき規制権限を有する事業者の行為に独占禁止法を適用することには慎重であったとみられる公正取引委員会が，今回だけ別途の行動に出るとは考えにくい（もちろん，本ガイドラインは個人情報保護法上の「個人情報」のみを対象とするものではないことにも注意が必要である）。しかし，一般性・汎用性を有する独占禁止法がこの問題・分野に関心を持っていることを明らかにしたことの意味は大きく，ガイドラインの作成過程で大きな関心を集めたことも公正取引委員会に対する認知度の向上に貢献したことであろう。

　本ガイドラインは，消費者取引に対しても優越的地位濫用規制が及ぶことを前提としており，この点も新基軸である。そのこと自体は，独占禁止法2条9項5号の規定の文言上も明らかであるが，公正取引委員会が消費者取引における優越的地位濫用の問題を今後どの程度取り上げる意思があるのか，明らかではない。消費者問題専担の行政機関の創設が議論された十数年前に，公正取引委員会がその役割を担うというアイディアは早々につぶれたが，公正取引委員会は再起を期しているのであろうか。

　優越的地位濫用規制は，取引条件の設定・変更それ自体にも及び得るから，例えば不当な高価格に対する規制にも活用できる可能性がある。新型コロナウイルス感染拡大に伴うマスクの価格高騰に対して，政府は国民生活安定緊急措置法に基づく転売規制を実施し，また，公正取引委員会はメーカー等による上限小売価格の指示を独占禁止法上問題はないとする見解（Q&A）を示したが（令和2・4・23公表），公正取引委員会は，優越的地位濫用としての高価格設定を直接禁止することもできたのかもしれない。もちろん，そうした規制が適切か，また，そうした規制を公正取引委員会が実際に行おうとするかは別問題である。

[特定デジタルプラットフォーム取引透明化法]

　特定 DPF 取引透明化法が2020年5月に成立し，6月3日に公布されており，1年以内に施行される【2021年2月1日施行】。この法律がどのような効果を上げ得るのか，逆に，イノベーション阻害等の弊害をもたらすおそれはないのか等の様々な論点に的確に答える能力はないが，公正取引委員会幹部が述べているような，「独占禁止法違反行為の未然防止の上でも非常に意義がある」（事務総長定例会見令和2・5・27）という評価には留保が必要である。そもそも，同法の適用対象となる DPF は極めて限られており，行為規制も含まれていない。また，独占禁止法違反か否かの事前の判断は容易なことではなく，関係事業者が独占禁止法違反行為を完全に予防できるためには，違反行為の周囲に位置する，多様な違反につながり得る行為を幅広くチェックする（形式的に禁止することを含む）ことが必要になり，それは必然的に自由な取引への制約やイノベーションの阻害につながるであろう。

　特定 DPF 取引透明化法は，不公正な取引方法に限定して，経済産業大臣による公正取引委員会への措置請求権を定めている。なぜ不公正な取引方法に限定しているのか，なぜ私的独占が含まれていないのか，知りたいところである。

[優越的地位濫用規制の将来像]

　優越的地位濫用規制の位置付けについては，①例外的な規制として体系的な位置付けに苦労する今村説と，②中核的な規制として位置付ける正田説とを止揚する第三の立場（独占禁止法研究会報告書「不公正な取引方法に関する基本的な考え方」（昭和57・7・8）が提示した，自由競争基盤の侵害として捉える立場）が広く支持されているが，私的自治の原則との緊張関係を含め，独占禁止実体法の体系上異色のものであることに留意し，規制強化を求める政治的要請が強まる中にあっても，慎重な法運用がなされてきたと思われる。

　しかるに，近年，優越的地位濫用規制を重視し，活用する動きが広がっているが，その背景には様々な事情が関係していると思われる。第1には，違法要件の緩さ（単独行為に係る究極の一般条項的性格）により，（特に非公式な法実現手法における）公正取引委員会側の使い勝手がよいことである。第2に，違反

認定が課徴金賦課に直結する法制をも背景に，事業者側に自発的遵守・自発的改善への意向が強く，それを利用して公正取引委員会側が非公式措置（ガイドラインの作成，実態調査に基づく問題指摘，事件審査における自発的改善措置の慫慂）を多用していることである。第3に，伝統的な中小企業政策に加えて，格差問題に社会的関心が集まり，規制ニーズの拡大や政治的要請の高まりがみられる中で，それを利用して組織・権限の維持・拡大を図ろうとするインセンティブが公正取引委員会に生じることである。

現状では，課徴金という劇薬を伴うこともあり，積極的な法適用に踏み切るには相当の困難があると思われるが，逆に，それが自主的改善への圧力として機能することにつながっており，非公式な法実現手法が常態化している。しかし，そうした現状は，独占禁止法の発展にとって好ましいことではない。私見では，望ましい法制度とは次のようなものである。

第1に，定型的に広範囲に生じている深刻な課題に対処するためには，それに特化した枠組を独占禁止法とは切り離して，あるいは少なくとも不公正な取引方法の規定から独立させて，構築することが適切である。今回の特定DPF取引透明化法もそうした法制として位置付けることができるし，一部で主張されてきているフランチャイズ規制立法も同様である。かつて三井住友銀行事件の後に，銀行法が改正されて同種の行為が禁止された例も挙げることができる。そうした枠組を誰が担うのかについては，公正取引委員会の場合もあり得るとしても，多様な手段を用いた取組となるであろうから，一般には業所管省庁が適切かもしれない。

第2に，独占禁止法においては，現行の優越的地位濫用規制を廃止して，市場における有力事業者が行う濫用行為に対する規定を設ける。通常は，個別産業・分野ごとの規制法や上述の個別の枠組で問題解決が図られ，出番はないとしても，個別の枠組が設けられていない，あるいは機能していない場合で，他の規定によっては対応できないときには，この規定の発動が求められる。

第3に，市場において有力ではない事業者による濫用行為であって，個別の枠組が設けられていないものについては，当事者間での解決に委ねることが適切である。もしそれが機能しないのであれば，個別の枠組を設けることを検討すべきである。

　現行法を前提にすると，義務的課徴金制度には過大執行と過小執行の両方の弊害があり，早急に改める必要がある（令和元年改正やその準備作業を担った独占禁止法研究会における検討〔平成29・4・25報告書公表〕がこの点に踏み込まず，先送りとしたことは残念である）。現行課徴金制度の下では，優越的地位濫用行為の捉え方や取引額の計算の方法について公正取引委員会の実務を支持するが，むしろ，より簡便な取引額の計算方法を許容すべきである。この点は，ハードコア・カルテルに対する課徴金においても同様の問題を抱えている。

　また，現行の実務では，排除措置命令において優越的地位濫用の相手方に対する損害回復措置を命ずることは行われていないが，むしろこの点を検討すべきである。そうした措置を命ずることはできないと考える場合には，確約手続により（課徴金は課さずに）相手方への金銭的価値の回復措置を採らせることが有効である。【その後，ゲンキー事件（確約計画認定令和2・8・5）やアマゾンジャパン事件（確約計画認定令和2・9・10）において，金銭的価値回復措置が採られている。】

（注1）　山陽マルナカ事件審決（審判審決平成31・2・20審決集65巻第1分冊95頁）とその1か月後のラルズ事件審決（審判審決平成31・3・25審決集65巻第1分冊314頁）は，審判官作成の審決案を引用する形式ではなく，委員会が自ら審決を書き起こすものである。

（注2）　筆者の公正取引委員会調整課長在任中にも，政府規制等と競争政策に関する研究会において電気事業分野及びガス事業分野に関する検討が行われ，「電気事業分野における規制緩和と競争政策上の課題」及び「ガス事業分野における規制緩和と競争政策上の課題」として，いずれも1997年4月に公表されている。こうした研究会方式を公正取引委員会が長年採ってきた事情について，栗田誠「規制改革と公正取引委員会の活動」上杉秋則・栗田誠・舟橋和幸・山本和史『21世紀の競争政策　その変化と方向性』（東京布井出版・2000年）35-76頁，44頁参照。

（注3）　山本佐和子「事件解説　オーバーチュア株式会社及びグーグル・インクに対する独占禁止法違反被疑事件の処理について」公正取引662号（2005年）63-67頁参照（審査打切り事件の公表の意義についても解説する）。

2　楽天（送料込み）事件

　　上杉秋則元公正取引委員会事務総長「最近の公取委の動き—注目すべき

動向とその影響」（2020年9月18日第15回競争政策研究部会）

［講演の概要］

　上杉秋則先生の講演は，公正取引委員会の最近の動きとして，楽天送料込み問題，弁護士・依頼者間秘匿特権問題の結末，令和元年改正法の施行，デジタル・プラットフォーム（DPF）問題の現状の4つを取り上げ，それぞれが有する意味合いや実務への影響を詳細に論じるものであった。4つのテーマそれぞれについて，表面的な動きや内容の紹介にとどまることなく，それが独占禁止法・競争政策全体の中でどのような意味合いを有するのか，国際水準の競争法の観点からどのように評価されるのかを批判的に分析するとともに，それらが今後の企業の行動にどのような影響を及ぼすことになるのかを予測し，あるいは今後企業としてどのように対応すべきなのかを提示するものである。特に令和元年改正法に関する部分は，課徴金減免制度を導入した平成17年改正法立案の実務責任者であり，同改正の立役者である上杉先生ならではの解説であると感じた。

　4つのテーマのうち，楽天送料込み問題とDPF問題は独占禁止法の運用問題であり，弁護士秘匿特権問題と令和元年改正法の施行は制度問題である。私自身は，課徴金減免制度が導入される前に公正取引委員会を離れたこともあり，令和元年改正の意味合いや実務への影響，弁護士秘匿特権の問題についてはコメントするだけの十分な知見がなく，先に簡単に感想を述べることにする。次いで，DPF問題，そして具体的事例としての楽天（送料込み）事件を取り上げることにしたい。

［弁護士・依頼者間秘匿特権］

　この問題は，独占禁止法研究会報告書（平成29・4・25公表）を受けて公正取引委員会が課徴金制度を中心に独占禁止法改正法案を取りまとめる際にネックとなったものであり，結果的に改正が1年遅れることになったわけであるが，終わってみれば大山鳴動鼠一匹という印象である。公正取引委員会にとって，委員会規則により判別手続を設けるだけで令和元年改正を実現できたことになり，判別手続を高く売ることができたとほくそ笑んでいると思う。事業者側に

とって判別手続によるメリットを受けるための費用は高いし，メリットは余りないようにみえる【公正取引委員会年次報告によれば，令和2年度及び令和3年度において判別手続の求めはなかった】。法曹界にとっては，判別手続の対象が限定され，他に波及しないように制度設計されているので，独占禁止法を足掛かりに一般化していくという思惑は外れたのではないか。

［令和元年改正の実務への影響］

　独占禁止法の令和元年改正（令和2・12・25施行）により，現行法では27項からなる独占禁止法7条の2の課徴金に関する規定が再編されて分かりやすくなり，また，業種別の算定率を廃止して簡明になる部分もある。しかし，課徴金の計算基礎となる売上額の算定に関する規定のように，厳密さを維持しつつ，実質的な考慮を加える（抜け穴を塞ぐ，漏れをなくす）ことにより，課徴金制度全体としては益々複雑化し，容易に理解できるものではなくなっている。法制的な観点からは，金銭賦課の規定であり，租税法のように複雑化するのもやむを得ないともいえるが，違反抑止の制度としては逆行していると感じる。

　複雑化した売上額の算定に関する規定の適用を巡っては，新たな争点が出てくることは必定である。そもそも，売上額への着目は，課徴金対象となる不当な取引制限を実行した事業者がどの程度の規模の取引に関わり，どの程度のインパクトを与えたかを概算で把握するためのものとして制度設計すべきであり，1円単位で厳密に売上額を算定することに意味があるとは思われない。売上額の算定を巡る審判・訴訟が多発して審判決が蓄積されているが，独占禁止法の発展にとってほとんど意味がないと感じる。そろそろ課徴金の額の決定方法を抜本的に見直すべき時期に来ているのではないか。

　課徴金の計算ないしは売上額の算定に関しては，独占禁止法研究会報告書の改正提案に含まれていたものの令和元年改正法には盛り込まれていない事項がいくつかある。その一つが入札談合事案における「具体的な競争制限効果」を追加的な要件と解する実務であり，この点には強い疑問を持っているので，立法的解決が先送りにされたことは残念である。

　また，調査協力減算制度の導入については，調査協力のインセンティブを確保する上で必要なものであり，また，課徴金の計算を巡る訴訟がなるべく起き

ないようにする観点からも有効なものである。令和元年改正法の規定では，調
査協力減算の上限率が法定されており，公正取引委員会に一定の裁量を認める
趣旨と解されるにもかかわらず，運用指針ではかなり機械的に運用する方針を
明記している。事業者にとっても予測可能性が高くなるような，簡明な運用と
するものと考えられ，事業者側に厳しい運用にはならないものと予想される
が，調査協力インセンティブの確保との両立が求められる。

[デジタル・プラットフォーム]

　DPF に関わる消費者個人情報等優越ガイドラインについては，原案段階の
2019年9月に私見を述べたが，現在も考え方・受け止め方は基本的には変わっ
ていない（本書9頁参照）。消費者優越ガイドラインは実質的には啓蒙的な役割
を期待されており，作成すること自体に意義があると考えられているのであ
り，その内容面を詳細に議論しても実益は乏しいのではないかと感じている。

　公正取引委員会のガイドラインの中には，策定しただけで，ほとんど運用さ
れていないものもある。特に，特定分野の，特定の問題を取り上げるガイドラ
インがそういう傾向にあり，消費者優越ガイドラインもそうしたものの一つに
なるのではないか。

　個人的には，公正取引委員会が優越的地位濫用規制を武器にして消費者取引
に本格的に取り組む契機となるのかどうかに関心がある。様々な消費者取引に
ついて，特殊指定の活用を含め，公正取引委員会が取り組む余地は大きく残さ
れている。

[楽天（送料込み）事件]

　本件は，公正取引委員会による立入検査，緊急停止命令の申立て（後に取下
げ）という，法的権限を最大限行使した違反事件審査となっているが，もう少
し協調的に解決する道があったのではないかと感じる。一方で，楽天は，「送
料込みライン」に独占禁止法上の問題はないとの立場を維持して，予定通り実
施する姿勢を明確にしていたのであり，他方で，公正取引委員会は，楽天が事
前相談に対する公正取引委員会の回答（なお，「令和元年度相談事例集」には収録
されていない）を無視して強行する姿勢を見せたことから，それに反発して法

的手段を発動したようにもみえる（村上政博「優越的地位の濫用の禁止の本質および楽天送料無料化事件・課徴金賦課の是非」国際商事法務48巻5号〔2020年〕637頁参照）。双方が意地を張り合い，面子を守ろうとしたという見方もできる。公正取引委員会の「指導」に応じる事業者には法適用（違反認定）を回避しているという印象もあり（ほぼ同時期に立入検査が行われたが，確約認定とした日本メジフィジックス事件〔確約計画認定令和2・3・12〕と排除措置命令を行ったマイナミ空港サービス事件〔排除措置命令令和2・7・7審決集67巻373頁〕の比較），公平・適正な法執行という観点からの疑問もあろう。

　また，本件は，本年（2020年）5月27日に成立した特定DPF取引透明化法を先取りするような内容の事案である。実体的には，「送料込みライン」の一律実施が出店事業者に対する一方的な不利益変更として優越的地位濫用に当たるか，という問題であるとすれば，楽天が既に一律実施をやめている以上（2020年3月6日に一律実施を延期した後，7月22日に一律実施は行わない旨表明した），独占禁止法上の問題点はなくなったようにも見える。ただし，独占禁止法2条9項5号ハには「取引の相手方に不利益となるように取引の条件を設定し，若しくは変更し，又は取引を実施すること」とあり，そうした取引条件を設定すること（相手方に取引条件を提示して，受入れを迫ること）自体が（あるいは受入れを余儀なくされた相手方が出てきた時点で）違反になり得るという解釈が可能である。また，出店者に一律実施の受入れを求めた時点で，他の要件を満たせば，既に優越的地位濫用の違反は成立しているが，一律実施を行わないこととした時点で，当該違反行為は消滅したことになる。このように解すると，公正取引委員会としては，既往の違反行為又は違反被疑行為として，排除措置命令又は確約計画認定をする可能性は残っているといえる。なお，報道（2020・3・9日経）によれば，東京地裁に提出された楽天側の石岡克俊教授の意見書では，被疑行為が未だ行われていない時点での緊急停止命令の申立てについて疑問を示している。

　楽天の送料込みラインの一律実施が優越的地位濫用に該当するか否かの実体判断に際しては，上杉先生の分析のとおり，種々の検討すべき課題がある。

　一般的には送料込み表示（総額表示）の方が消費者にとって望ましいという点に加えて，例えば，モール内で「価格が低い順」の検索結果表示をするため

には総額での比較が適切であり，モール運営事業者にとっても必要なことである。こうした点が違法性判断において考慮される必要がある。

　また，「競争上の不利に直面している事業者が，事態を改善する措置を講じることには，それなりの正当化事由があるというべき」と上杉先生が指摘されたが，粉ミルク再販事件最高裁判決（最判昭和50・7・10民集29巻6号888頁〔和光堂〕）の「右の『正当な理由』とは，専ら公正な競争秩序維持の見地からみた観念であって，……単に事業者において右拘束条件をつけることが事業経営上必要あるいは合理的であるというだけでは，右の『正当な理由』があるとすることはできない」との判示（土佐あき農協事件・東京高判令和元・11・27審決集66巻476頁でも維持されている）との関係を考えておく必要がある。私見では，45年前の最高裁判決の判示を部分的に修正すべきであると思う。

　上杉先生の基本的な考え方は，この問題を優越的地位濫用としてではなく，取引相手方に対する拘束条件付取引として捉え，合理の原則により（競争促進効果を考慮して）総合判断すべきであり，結論としては問題ないというものと理解できる。

　次のような設例を考えてみる。メーカーXの甲商品の小売店は，それぞれ，本体価格に初期設定費用を加えた価格で販売しているが，初期設定費用が小売店によってまちまちであり，ユーザーにとって分かりにくいことから，Xは小売店に対し，本体価格と初期設定費用を合計した総額で価格を設定・表示することを義務付けることにした。これに対して，本体価格を低く設定して（その分初期設定費用を高くして）販売促進を図ってきた小売店から，総額での価格設定・表示の義務付けに反対論が出てきた。

　この設例について，メーカーXによる小売店に対する総額での価格設定・表示の義務付けを拘束条件付取引として捉えると，不当性が総合的に判断されることになると考えられ，そこでは義務（条件）の内容や効果が検討の中心になる。化粧品対面販売事件最高裁判決（最判平成10・12・18民集52巻9号1866頁〔資生堂東京販売〕）の考え方に沿って検討することもできる。

　これに対し，本件（楽天送料込み事件）の公正取引委員会の考えでは，Xが小売店に対して優越的地位にあることを前提に，Xによる小売店に対する一律の総額での価格設定・表示の義務付けを優越的地位濫用として捉え，義務の内

容を問わずに（小売店に何らかの不利益が及ぶことが前提ではあるが），一律の義務付け自体が自由で自主的な価格設定・表示に対する制約という観点からみて不当であると考えることになる。いわば手続的濫用である。本件に即して言えば，送料込みライン自体は合理的なものであり，実体的には濫用とはいえないが，それを十分な説明や準備期間なしに一律実施を求めることは手続的濫用に当たると考えるものである。

　優越的地位濫用規制では，競争促進効果の考慮，総合判断ができないという指摘について，優越的地位濫用の違反要件を加重して運用する方法があり得るのではないか。不公正な取引方法に係る公正取引委員会の運用では，「行為の広がり」を要件とし，あるいは考慮要因とすることがある。優越的地位濫用について，例えば，支配的地位ないしはそれに準じた地位を運用上要件とする，濫用の判断に際して競争促進効果を考慮するといった限定（運用上の追加的要件）を付すことがあり得るのではないか。

　他の違反行為類型では対応できない違反被疑行為について，究極の一般条項ともいえる優越的地位濫用規定に基づいて取り組むことが一概に否定されるべきではないという考え方があり得る。もちろん，他の実体規定の適用可能性を最大限に考慮する作業が前提である。これに対しては，公正取引委員会に過大な裁量を与えるもので，適切ではないという反論も予想される。

　「価格表示方式の変更を通告したタイミング」として，2019年1月の三木谷発言からは1年以上経過しているが，実施時期を含めた通告が同年10月であるとすると，楽天が出店者に対して「送料込みライン」の必要性・合理性を十分に説明するとともに，もう少し長い準備期間を置き，出店者が価格戦略を見直し，あるいは他のプラットフォームへの乗換えを含め販売戦略を再検討する時間的余裕を与えていた場合には，前述のような考え方を公正取引委員会が採っているとしても，優越的地位濫用の問題にはならなかった（問題にはできなかった）のではないか。

　なお，上杉先生が「緊急停止命令の申立てをするような事案ではない」と指摘された点には異論もある。楽天は，公正取引委員会の立入検査にもかかわらず，3月18日実施の姿勢を変えていなかったから，公正取引委員会としては必要なものではなかったか。また，緊急停止命令の申立てを受けて，楽天が一律

実施を延期した（その後一律実施はしないと表明した）ことをみると，楽天も公正取引委員会が本気であることを認識できていなかったのかもしれない。緊急停止命令の申立て・取下げという同様の経緯を辿った有線ブロード事件（勧告審決平成16・10・13審決集51巻518頁）も想起される。

　優越的地位濫用規制に「過度に依存する現状に問題がある」という指摘には全く同感である。特に，公正取引委員会が優越的地位濫用の規定を適用して排除措置命令等を積極的に行うのであれば，ある種の覚悟を感じるが，ガイドラインの作成や非公式措置に終始するとすれば，一般条項を用いた口先介入の批判を免れない。

　公正取引委員会が最終的にどのような結論を出すにせよ，その根拠や考え方を明確に示すことが必要である。この点は，公正取引委員会が「楽天の一律実施の断念により問題はなくなったので，審査を終了する」という結論を出す場合にも同様である。

　【公正取引委員会は，2021年12月6日，楽天から，改善措置の申出がなされ，その内容を検討したところ，違反の疑いを解消するものと認められたことから，今後，楽天が改善措置を実施したことを確認した上で本件審査を終了することとした旨公表した。】

3　優越的地位濫用規制における不利益行為

　　　長澤哲也弁護士「最近の優越的地位濫用に関する動向─濫用行為の対象
　　　拡大について」（2020年10月9日第281回月例研究会）
　　　《参考文献》長澤哲也『優越的地位濫用規制と下請法の解説と分析〔第4版〕』
　　　（商事法務・2021年）

【講演の概要】

　優越的地位濫用の問題は近年，独占禁止法実務，企業法務において重要性を増している。古くは，独占禁止法運用の早い時期から取引上の地位の不当利用や下請取引を巡る問題として取り上げられ，近時でいえば，経済的格差への関心・懸念や民法（債権法）改正における議論など，独占禁止法にとどまらない

大きな問題でもある。

　競争法研究協会の月例研究会においても，優越的地位濫用に関わるテーマを
しばしば取り上げており，私が会長に就任した昨年（2019年）4月以降に限っ
ても，昨年10月には長澤哲也弁護士に「独禁法違反に関わる民事訴訟の動き
と実務─優越的地位濫用・下請法違反を中心に」，12月には公正取引委員会の
川上一郎企業取引課長に「下請法に関する最近の動きについて─最近の政府の
取り組みを中心に」，本年（2020年）6月には矢吹公敏弁護士に「近時の指針・
執行動向にみる『優越的地位の濫用』規制の現在地と将来像」（本書264頁）に
ついて，それぞれ講演していただいた。また，事例研究部会や競争政策研究部
会においても，直接・間接に優越的地位濫用に関わるテーマや事例がしばしば
出てきている。先月（2020年9月）の競争政策研究部会における上杉秋則先生
の講演でも，デジタル・プラットフォーム運営事業者を巡る問題や引き続き審
査中の楽天（送料込み）事件が取り上げられている（本書275頁）。

　今回の長澤哲也先生の講演は，「濫用行為」（「不利益行為」という用語が使わ
れている）に焦点を当てて，その検討対象が，伝統的ともいえる大規模小売業
における協賛金・従業員派遣・返品・代金減額といったものにとどまらず，業
種・業態はもとより，具体的な手段・態様が多様化し，様々な行為が規制対象
となり得ることを示している。また，独占禁止法の優越的地位濫用にとどまら
ず，一般民事法や消費者契約法にも視野を広げ，民事法からの示唆を得ようと
する意欲的な内容である。

［長澤弁護士の近著『独禁法務の実践知』］

　長澤先生の近著『独禁法務の実践知』（有斐閣・2020年）には，行為要件レベ
ルで「問題となる」（＝実施しない）行為の範囲に限定・絞りをかける（逆に言
うと，「問題とならない」範囲を明らかにする）という基本的な発想があると思う
が，企業法務としては実際的であり，有効かつ必要なものと考える。同時に，
限定が効きすぎて問題行為を除外してしまうおそれや，逆に，過剰に競争行動
を自制してしまうおそれにも留意する必要があり，行為要件と効果要件の双方
にバランスよく目配りした解釈・運用が求められると考えている。

　優越的地位濫用については，実質的には行為要件のみといってもよい規定で

あり，「濫用行為と呼べるものであるかどうかが……決定的に重要となる」という指摘（『独禁法務の実践知』366頁）には同感であり，その意味からも今回の講演内容は有益である。なお，個人的には，独占禁止法規制として維持する上では，「優越的地位」という主体要件を厳格化して規制対象を限定することが適切であると考えている。

『独禁法務の実践知』第9章の「取引先に対する不利益行為」（362-386頁）を一読すると理解度が高まると感じられるが，濫用行為の分類に違いがある。同書では，濫用行為について，①不均衡な対価の設定（新規取引の場合と継続取引の場合），②経済上の不利益の負担，③希望しない商品の販売，④発注後の取引内容の変更，の順に論じている。

今回の講演では，❶取引に付随する不利益行為（不利益負担の要請，購入要請），❷契約後の不利益行為（合意内容の反故，取引条件の変更），❸契約内容自体の不合理性（合意した取引条件の不合理性，買いたたき，高価格設定，取引拒絶，取引条件の明示）に分けられている。前掲書では，伝統的な類型・態様の濫用を中心に分類・整理しており，他方，本講演では，特に❸の，合意した契約内容自体に着目し，その不合理性を濫用として問題視する新たな動きを重点的に取り上げたものと理解できる。

本講演は，公正取引委員会の近時の実態調査報告書等を取り上げて，多様な類型・態様の行為が濫用行為と判断され得ることを指摘して事業者の注意を促すと同時に，あくまで濫用行為と「なり得る」にすぎず，形式的に濫用行為と判断されてはならないこと，判断要素を適切に考慮し慎重に行動することで，問題と「なり得る」行為を問題と「ならない」ようにすることを目指すものである。

特に，冒頭の説明において，「公正取引委員会から『不利益行為』『濫用行為』と判断されてしまうのはどのような行為なのかを考えることが重要である」と指摘されたことに留意する必要がある。

以下では，個別具体的な論点について，講演の順序に沿って感想を述べるが，公正取引委員会の実務への疑問を提起するものでもある。

［不利益負担の要請］

　山陽マルナカ事件審決（審判審決平成31・2・20審決集65巻第1分冊95頁）は，「買取取引」であることを強調し，商品引渡しにより売主の取引契約上の義務は履行済みであり，その後に様々な作業を行わせることには売主にとって通常は合理性がなく，原則として不利益行為に当たると述べている。審決を読んだときに即座に，再販売価格拘束行為が違法とされる根拠としての「権原（title）」ないしは「譲渡（alienation）」の理論を思い出した。かつて，再販売価格拘束を違法とする根拠として，所有権が譲渡されてしまっている以上，売主には買主の価格設定に介入する権原がないという考え方が採られたことがある[注1]。しかし，メーカーと小売店が一体となって当該メーカーのブランド全体の利益最大化を目指して協力する関係にあるのと同様に，小売店と納入業者も全体としての利益の最大化を目指して協力する関係にあると考えるならば，単純に買取取引であることを理由に形式的に判断することには疑問もある。

［取引条件の変更］

　取引上優位にある事業者が取引条件を変更することについて厳しい制約を設けすぎると，最初に取引条件を交渉・合意する際に相手方に対して厳しい条件を要求して受け入れさせようとするインセンティブが働き，却って相手方に不利になってしまうおそれもある。もちろん，そうであれば，契約内容自体の不合理性を問題にすることになるというだけのことかもしれない。しかし，その行き着く先は個別的な契約内容に対する過剰な介入（マイクロ・マネジメント）かもしれない。

［優越的地位と濫用行為との関係］

　「優越的地位の程度は，濫用行為該当性の判断に影響を与えるか？」という論点が提示されたが，この指摘から，企業結合規制における「結合関係の強弱」と「競争制限効果」の関係を思い出した。伝統的に，結合関係の有無を分析し，いったん結合関係ありと判断されると100％一体として競争効果を分析するという手順が採られてきたが，これが変りつつある[注2]。

　独占禁止法事例分析の手順・枠組を構築することは，分析の標準化・可視化・効率化に有益であり，今後もその努力は必要であるが，手順や枠組に過度

に囚われると，足元を掬われるようなことが生じないとも限らない。要件ごとの，段階を踏んだ分析だけでなく，要件同士を関連させた総合的な判断が必要ないしは有効な場合もあるかもしない。分析のプロセスを行きつ戻りつしながら結論に近づいていくのが実務なのであろう^(注3)。

［優越的地位濫用規制に関する疑問］

　優越的地位濫用規制の現状に対しては様々な疑問を持っている。現状に合わせた対応を求められる実務家に尋ねることが適切かという気もするし，また，容易に解答が得られる問題でもないことは承知の上で，実務家の率直な意見を伺いたいと考えている。

　優越的地位濫用が様々な局面で顔を出す状況にあり，優越的地位濫用規制の「濫用」ともいえる現状について，どのように評価するか。優越的地位濫用の規定に逃げ込むような運用になってはいけないと考えている。

　優越的地位濫用事件が排除措置命令ではなく，確約計画認定により解決されている状況，あるいは違反事件としてではなく，実態調査とそれに基づく改善指導といった非法的な手法が多用されている状況について，実務家としてどのように受け止めるか。

　債権法改正の際の議論にあったように，一般民事法において当事者間での解決が容易になるような条項が設けられる場合には，独占禁止法による優越的地位濫用規制の役割は低下すると考えるか。また，そうなることが望ましいと考えるか。それとも，当事者間での実効的な解決は必ずしも期待できず，引き続き行政的な規制が一定範囲で必要であると考えるか。

　優越的地位濫用規制が消費者取引一般に適用されるようになる可能性があると考えるか。あるいは，そうした方向性をどのように評価するか。消費者個人情報等優越ガイドラインの意義やその内容について，どのように評価するか。個人的には，このガイドラインは，作成することに意味があり，実際に運用することは想定されていないと考えている。

　(注1)　本論とは関係ないが，権原論に立って再販拘束の当然違法を確立した Dr. Miles
　　　　事件最高裁判決(1911年)を，経済効果の分析を基に Leegin事件最高裁判決(2007

年)が覆したという見立てが広くなされているが，それに疑問を提起する次の論稿参照。滝澤紗矢子「アメリカ法における再販売価格維持行為規制」伊藤孝夫編著『経済法の歴史』(勁草書房・2020年)第4章所収。
- (注2)　その嚆矢が新日本製鐵／住友金属工業合併(平成23年度主要企業結合事例2)である。本書193頁の(注4)と対応する本文参照。
- (注3)　これも本論とは関係ないが，排除型私的独占について，主体要件(限定なしの「事業者」)，行為要件(「排除」該当性)，効果要件(「競争の実質的制限」)の3要件が相互に「三すくみ」状態にあることを指摘する栗田誠「排除型私的独占ガイドラインの検討」千葉大学法学論集31巻3・4号(2017年)278(1)-242(37)頁，266(13)頁参照。

4　山陽マルナカ事件東京高裁判決

上杉秋則元公正取引委員会事務総長「令和3年の競争政策の注目点―多難の時代の幕開け」(2021年2月9日第284回月例研究会)

［講演の概要］

　上杉秋則先生の講演は，①山陽マルナカ事件東京高裁判決の読み方と今後の実務への影響，②デジタル・プラットフォーム（DPF）を巡る最近の動きの2つのテーマを取り上げるものである。最初に講演資料を拝見して，「令和3年の競争政策の注目点―多難の時代の幕開け」という演題，特に「多難の時代の幕開け」という副題に特別の意味が込められているように感じられた。

　①が審決取消請求事件の判決の分析という個別的な法解釈に関わるテーマ，②が欧米におけるDPFに対する競争法規制の動向を中心とした大きな政策的なテーマという，一見対照的な，何の関連もないようにみえる2つのテーマからは「多難の時代の幕開け」の意味合いを直ちに理解することは難しいが，講演を伺って，そこに込められた意味がよく理解できた。本日の講演内容を一言でいえば，法的・理論的に万全の詰めを行う態勢を欠いたまま，グローバル化とデジタル化が同時進行して生じている諸課題に取り組まざるを得ない現状を指摘し，直接的には「公正取引委員会」にとっての「多難」ということになるが，日本の独占禁止法・競争政策全般にとっての「多難の時代」にどう立ち向かうべきかを考えさせる，そういう内容のものと受け止めた。本年（2021年）

最初の月例研究会であったが，初めから大変大きな課題を突き付けられたという印象である。

[総括的な感想]

　第1のテーマの山陽マルナカ事件東京高裁判決（東京高判令和2・12・11審決集67巻434頁）の評価については，優越的地位濫用を含め違反事件審査・審判の実務や法改正の経緯等を熟知され，また，理論的な詰めを重視される上杉先生ならではの分析であると感じた。特に，自ら手掛けられた平成17年改正により導入された事後審判手続の意義が判決においては必ずしも適切に評価されていないのではないかという思いや，平成25年改正により審判手続が廃止されたことの意味合いやその影響を公正取引委員会自身が正しく理解し，対応することができていないのではないかという指摘を重く受け止めたい。

　第2のテーマのDPFを巡る最近の動きについては，米国におけるGoogleやFacebookに対する提訴に関して様々に報道や論評がなされている割には，理論的な検討を加えたものが乏しく，特に，こうした動きを我々としてどう評価し，活かしていくべきかを考えるものは皆無といってよい中で，米国競争当局による提訴の意義や問題点，我が国にとっての意味合いを慎重に分析するものとなっている。米国における訴訟の進行にはしばらくの時間がかかると思われる中で，連邦議会の動きを含めて注視していく必要がある。

　以下では，上杉先生の講演内容に対するコメントというよりは，講演テーマに関する私の考えを中心に述べる。

[山陽マルナカ審決取消請求事件東京高裁判決の検討]
（判決の理由に対する疑問）

　山陽マルナカ事件東京高裁判決（以下では「本判決」ということがある）については，次のような疑問を持っている[(注1)]。

　第1に，本判決の理由不備を指摘したい。処分においてどの程度の理由の記載が必要であるかは，処分の性質と理由付記を命じた各法律の規定の趣旨・目的に照らしてこれを決定すべきであるとされている（最判昭和38・5・31民集17巻4号617頁）。また，行政手続法14条1項の不利益処分における理由の提示につ

いて，具体的な程度は，当該処分の根拠法令の規定内容，当該処分に係る処分基準の存否及び内容並びに公表の有無，当該処分の性質及び内容，当該処分の原因となる事実関係の内容等を総合考慮してこれを決定すべきであるとされている（最判平成23・6・7民集65巻4号2081頁）。

　本判決は，優越的地位濫用の相手方が命令中に具体的に特定して示されていることが必要であることを前提に，その記載がないことを理由に違法であると判断している。しかし，そのように解するためには，優越的地位濫用の規定を引用・解釈する必要があると考えられるところ，「第3　当裁判所の判断」において具体的な記述はない。当事者の主張から当然の前提としているのかもしれないが，法解釈は裁判所の役割であり，明示的に論じる必要があったと考える。課徴金の計算のためには，相手方の特定と相手方ごとの購入額の算定が不可欠であるとしても（独占禁止法20条の6），排除措置命令書や課徴金納付命令書においても特定した記載が必要かどうかは別途検討する必要があるのではないか。

　第2に，違法性の治癒の可能性を指摘したい。本判決の議論を前提としても，命令における理由記載の不備の違法性は審決における理由記載によって治癒されたと判断する余地は十分あったのではないか。被審人は，既に事前手続において審査官が主張する特定納入業者を具体的に知っていたし，実質的な不利益はなかった。事前手続において名宛人が特定納入業者の具体的な特定が必要である旨の意見を提出していたとすれば，その意見を検討して命令に本件一覧表を添付する方法を採ることにより，本判決が違法と断じた理由記載の瑕疵を回避することができたと思われるが，優越的地位濫用の違反行為をどのようなものと捉えるかということとも密接に関わる問題である。事後審判手続において特定納入業者の範囲についても詳細な審理がなされ，形式としても審決において特定して示されている。

　判決は，審決における理由記載によっては原命令の理由記載の不備は治癒されないとする理由を詳細には論じていない（審決集67巻441頁）。判例が処分の理由記載の不備については厳しい判断を示してきており，違法性の治癒を容易に認めてきていないことは事実であるが，独占禁止法の違反事件手続に関する司法判断が示されることはほとんどないだけに，より詳細に理由を示すべきで

あったと思われる。郵便区分機入札談合審決取消請求事件では，既往の違反行
為に対する措置の必要性に係る事実が明示的に記載されていなかったことにつ
いて，原審（東京高判平成16・4・23審決集51巻857頁）が理由付記の不備として
違法としたのに対して，最高裁（最判平成19・4・19裁判集民224号123頁）は，審
決書を全体としてみれば，判断の基礎となった事実が示されており，理由付記
に欠けるところはないと判断している（一面では救済判決かもしれないが）。

　特に，本判決が引用している最高裁判決の多くは法人税法に係るものであ
るが，国税不服審査手続では，課税庁（税務署長）と裁決庁（国税不服審判所
長）とが異なる事案が多いのに対し，本件当時の独占禁止法違反事件手続にお
いては，命令を行うのも，その事後審査として審決を行うのも，いずれも公正
取引委員会である。判決は理由記載の瑕疵の治癒を否定する判例として最判昭
和47・3・31民集26巻2号319頁を引用しているが，同判決には理由が詳細に述
べられていない。本判決が別の箇所（審決集67巻439頁）で引用する最判昭和
49・4・25民集28巻3号405頁にも理由付記の瑕疵の治癒を否定する判示があり，
そこには最判昭和47・12・5民集26巻10号1795頁が引用されているところ，同
判決は次のように判示している（民集26巻10号1798頁。下線追加）。

　　所論は，かりに本件更正の附記理由に不備があるとしても，その瑕疵
　は，本件審査裁決に理由が附記されたことによって治癒されたものと解す
　べきであり，これを認めなかつた原判決は違法であるというのである。
　　しかし，更正に理由附記を命じた規定の趣旨が前示のとおりであること
　に徴して考えるならば，処分庁と異なる機関の行為により附記理由不備の
　瑕疵が治癒されるとすることは，処分そのものの慎重，合理性を確保する
　目的にそわないばかりでなく，処分の相手方としても，審査裁決によって
　はじめて具体的な処分根拠を知らされたのでは，それ以前の審査手続にお
　いて十分な不服理由を主張することができないという不利益を免れない。
　そして，更正が附記理由不備のゆえに訴訟で取り消されるときは，更正期
　間の制限によりあらたな更正をする余地のないことがあるなど処分の相手
　方の利害に影響を及ぼすのであるから，審査裁決に理由が附記されたから
　といって，更正を取り消すことが所論のように無意味かつ不必要なことと

なるものではない。

　山陽マルナカ事件は,「処分庁と異なる機関の行為により附記理由不備の瑕疵が治癒される」と主張されている事案ではない。公正取引委員会が行った命令における理由記載の瑕疵は同じ公正取引委員会が命令の事後審査として行った審決における理由記載により治癒されると解する余地があると考えられる。

(優越的地位濫用という違反行為の捉え方)

　優越的地位濫用規制が相手方との取引上の地位の格差に着目した規制であるとしても,違反行為をそうした個々の相手方との個別的関係で生じるものであり,多数の相手方に対する不利益行為の場合であっても,個別的な違反行為の束にすぎないと考えることが適切であろうか。例えば,大規模小売業者が全ての相手方（納入業者）に一定の基準で催事のチケットを割り当てて無理やり購入させる行為を繰り返し行っている場合に,そうしたチケットの割当行為の総体が優越的地位濫用としての違反行為（もちろん,自己が優越的地位を有する相手方に対するものに限定されるとしても）なのであって,そうした総体としての行為を見ずに,個々の相手方にチケットを割り当てて購入させた個別的な行為やその単なる総和が違反行為であると捉えるのは,民事法的な発想に囚われたものではないのか。

　再販売価格拘束との対比で考えてみる。「特定納入業者」（取引上の地位が自社に対して劣っている納入業者）を特定する必要があるとする優越的地位濫用に係る現行実務を再販売価格拘束に当てはめると,再販売価格拘束は「自己の供給する商品を購入する相手方に」,「当該商品の販売価格の自由な決定を拘束する」「条件を付けて,当該商品を供給すること」（2条9項4号）が要件であるから,当該条件を付けて当該商品を供給する相手方を特定する必要があるということになりはしないか。拘束されていると審査官が主張する相手方が特定されないと,どの相手方について拘束する条件を付けていないと主張・立証すればよいのか分からないという主張を支持することになるのであろうか。なお,再販売価格拘束に係る課徴金は,「当該違反行為において当該事業者が供給した……商品の……売上額」（20条の5）を計算基礎としており,明示的には拘束の相手方ごとの売上額の合計額とは規定されていない。拘束を受けていない相手

方向けの売上額を除外できるような追加的要件を解釈上設けるのであろうか。

（課徴金制度との関係）

　制裁効果を有する課徴金を賦課する上で，大雑把な違反要件の解釈から脱却して，精緻な要件解釈と丁寧な事実認定がなされるようになってきたとする評価がある。不当な取引制限における一定の取引分野の具体的で明確な画定や入札談合・受注調整事件における「当該商品又は役務」の解釈における具体的競争制限効果の要求といった解釈を指しているようである。

　特に，優越的地位濫用の違反行為の捉え方が課徴金の額に大きく影響することに鑑み，被審人（取消訴訟原告）の立場から課徴金の額を少なくする観点から，あるいは課徴金の額が予想以上に大きくなりすぎることを問題視する立場から，違反行為の捉え方や事実認定をより精緻にすべきであるという考え方が出てくる。具体的には，自己が優越的地位にある取引の相手方の慎重な認定，2条9項5号のイ，ロ，ハの類型ごと，さらには具体的な濫用行為の態様ごとの違反行為の認定，相手方ごとの違反行為期間の認定といった諸点である。

　しかし，こうした課徴金制度の精密な解釈運用は，逆に，課徴金という「尻尾」が違反行為という「本体」を振り回すという，倒錯した状況に陥っているおそれはないであろうか。優越的地位濫用に対する課徴金が「当該違反行為の相手方との間における……売上額（当該違反行為が商品又は役務の供給を受ける相手方に対するものである場合は……購入額とし，当該違反行為の相手方が複数ある場合は<u>当該違反行為のそれぞれの相手方との間における……売上額又は購入額の合計額とする。</u>）」（20条の6。下線追加）を基礎とする方法により計算されることから，現行課徴金制度の下では違反行為の相手方，すなわち，「取引上の地位が自社に対して劣っている納入業者」を特定することが必要であると解されるが（そのこと自体，立法論として再検討する必要がある），それは課徴金の計算のためであり，違反行為の認定にとっても不可欠といえるのか。

（民事法的な発想）

　優越的地位濫用規制は，二当事者間の取引上の地位の優劣に基づく規制であり，取引の公正性を確保するための民事法上の一般原則と同等のものであり，民事救済におけるルールと同等の規制であることが望ましいとする考え方が提示されている（村上政博『独占禁止法の新たな地平Ⅱ』（弘文堂・2020年）256-300

頁）。民事法上の一般原則，すなわち，公序良俗による無効の判例とバランスが取れるような運用を目指す必要があると指摘される。

　しかし，優越的地位濫用として独占禁止法（特に公正取引委員会）が取り上げるべき態様とは，一対多の行為であり，多数の取引先（取引上の地位が劣位にはない者も含まれ得る）に対して，不利益の受入れを余儀なくさせる行為を包括的に捉えるべきである（ただし，違反行為は取引上の地位が劣位にある者に限定して成立する）。一対一の関係に還元できないもの，捉えきれないものを捉えるところに独占禁止法規制の意義がある。このように経済法学では考えてきたのではないのか。

　なお，私自身は，優越的地位濫用を競争法としての独占禁止法により規制することには否定的であり，少なくとも不公正な取引方法の一類型として規定する現行法制を支持していない。

（違反行為の数・期間）

　かつては違反行為の数を意識するようなことは余りなかったように思う。しかし，様々な局面で，違反行為の数が問題になるようになっている。違反行為の期間についても同様である。優越的地位濫用が不利益行為の相手方ごとに，不利益行為の態様別に成立し，それを掛け合わせた数の違反行為が成立するという考え方を前提に，課徴金の賦課が論じられることもある。

　刑事的執行にあっては，罪数が重要な意味を持ち得る。一定期間に複数回の価格引上げ合意が行われた場合，排除措置命令では一つの違反行為と捉えていても，刑事的には合意ごとに一罪が成立し，併合罪になる。刑事的執行に引き摺られて，排除措置命令でも合意ごとに違反行為が成立するような事実認定及び法適用になっている事案もある。

　問題となっている行為を細分化して把握することは，違反の立証を容易にし，法適用につなげるという積極的な側面もあるが，同時に，違反行為を矮小化し，「木を見て森を見ない」という弊害に陥るおそれもある。

（公正取引委員会が上告しなかった理由）

　本判決について，公正取引委員会はなぜ上告しなかったのであろうか。手続上の理由で審決を取り消した判決について，東芝ケミカル事件・東京高判平成6・2・25高民集47巻1号17頁（合議に参加する委員の資格）に対しては上告せず，

審決手続をやり直している（審判審決平成6・5・26審決集41巻11頁）。他方，郵便区分機事件・東京高判平成16・4・23審決集51巻857頁（既往の違反行為に対する措置の必要性）に対しては上告し，最判平成19・4・19裁判集民224号123頁（原判決破棄）で逆転勝訴した。

　本件違反事件について，違反行為がなくなってから10年以上経過した現時点で再度命令を行うことはできない（命令当時の規定では，違反行為がなくなってから5年以内に限られる）。短期間に同様の違反を繰り返しており（勧告審決平成16・4・15審決集51巻412頁参照），各種の不利益行為を用いた悪質な態様が窺われる本件がこのまま終結となってしまうことには疑問もある（ただし，これは法的な議論とはいえない）。

　逆に，審決を取り消しても，公正取引委員会が再度命令を行い，原告に同じ結果をもたらす場合と異なり，「結果依存型法理」（結果に違いをもたらさないような手続的瑕疵は取消原因には当たらないとする考え方）を考慮する必要はないということにもなる。

　トイザらス事件（命令平成23・12・13審決集58巻第1分冊244・352頁）以降の優越的地位濫用事件の命令では，別表として「特定納入業者」のリストが添付されていることから，本件命令の取消が現行実務に影響することは考えられず，特に既に廃止されている審判手続を経ている事案であって，上告してリソースを消費する意義に乏しい（そもそも上告が受理されないおそれもある）と公正取引委員会は判断したのかもれないが，事務総長定例会見記録（令和2・12・16，23）からも，上告断念の理由は明らかではない。

　なお，些末なことかもしれないが，勝訴判決については直ぐに公表されるが，敗訴判決の公表はいつも遅れるようである。また，公正取引2021年1月号の審査局長の「審査局の本年の課題」においても，抗告訴訟の状況を紹介しているのに，本判決には言及がない（11頁）。

（本判決の影響）

　事実認定はもとより，違反行為の捉え方や課徴金の計算方法を巡って多くの論点を抱える3件の審決取消請求事件（エディオン，ダイレックス及びラルズ）の行方が注目される。本件特有の「特定納入業者」が具体的に特定されていないという問題だけであれば治癒されるとして請求棄却とすれば足りたのに，東

京高裁がそうしなかったのは，他の争点を巡って被告（公正取引委員会）の主張に裁判所が納得していないことを示唆しているという見方もある。

【ラルズ事件については，東京高判令和3・3・3審決集67巻444頁が公正取引委員会の主張をほぼ全面的に認め，請求を棄却している。さらに，最高裁は，令和4年5月18日，本件の上告受理の申立てを受理しない旨の決定を下し，原審決，引いては原処分である排除措置命令及び課徴金納付命令が確定した。事務総長定例会見記録（令和4・5・25）参照。】

上杉先生の講演では，本件命令における2条9項5号（平成21年1月1日前においては一般指定14項）該当という大雑把な法適用こそ重大な瑕疵ではないかと指摘されている。ただし，この点も，4件目のラルズ事件から，2条9項5号のイ，ロ，ハを特定して法適用されている。

なお，2条9項5号の規定は，（立法政策として受け入れられるかという問題はあるが）イ，ロ，ハと不利益行為を限定列挙するのではなく，抽象的な柱書（「取引の相手方に不利益となる行為」）を受けた例示として規定すべきであったと考える。また，課徴金の対象とするために明確性が必要ということであれば，ハの一般条項部分をニとして別に規定し，課徴金対象はイ，ロ，ハに限定するという方法もあったのではないかと思われる。

そもそも，平成17年改正により排除措置命令という行政処分がまず行われることとなり，従来の勧告手続における理由記載と同じような記載では不十分であり(注2)，平成25年改正で審判手続が廃止されたことから，排除措置命令の理由記載の見直しの必要性が更に高まった。残念ながら，排除措置命令書における理由記載の形式・内容は，かつての勧告応諾に基づく審決（勧告審決）と基本的に変わっていないばかりか，事実認定については却って簡略化されているという印象もある。

審判手続の廃止に伴って導入された事前の意見聴取手続は，従来に増して重要な意味を持つことになり，現に，土佐あき農業協同組合事件（排除措置命令平成29・3・29審決集63巻179頁〔確定〕）では，名宛人からの意見を受けて再度の立入検査まで行われ，認定事実が変更された。これは，意見聴取手続が一面では，名宛人の手続的権利の保障ではなく，審査官の落ち度や命令（案）の不備の補正のために機能していることを意味する。今後，名宛人は，意見聴取手続

においては本格的な主張を控え，命令取消訴訟において初めて，手続上の違法を含めて主張を展開するという状況が生じ，事前手続が形骸化するおそれもある。

また，優越的地位濫用事件に限らず，ハードコア・カルテル事件以外の違反事件は確約手続により処理することが常態化している。例外はマイナミ空港サービス排除型私的独占事件（排除措置命令令和2・7・7審決集67巻373頁）であるが，同社は，安全性確保の正当化理由があると主張しており，命令取消訴訟を提起している（令和3・1・6提起）。【同社は，課徴金納付命令（令和3・2・19審決集67巻397頁）についても取消訴訟を提起したところ，東京地判令和4・2・10（公正取引委員会審決等データベース）は，公正取引委員会の主張を全面的に認め，これらの請求を棄却した（原告控訴）。】

アマゾン確約計画認定事件（令和2・9・10）では，約1400社に対して約20億円の金銭的価値の回復措置が採られることになっている。本件担当官解説（公正取引842号〔2020年〕70頁）は，「確約手続が『甘い』対応であると批判する向きもあるが，本件確約計画の内容からすれば，そのような批判が当たらないことは明らかである」と述べているが，これが執筆者の個人的見解であることを願っている。本来，排除措置命令・課徴金納付命令を行う方が厳しい対応であることは明らかと思われる。審決取消請求訴訟3件の係属，法適用の費用（訴訟対応の費用を含む）を考えると，優越的地位濫用について排除措置命令等を行うことが事実上できない中では，確約手続で金銭的価値回復措置を求めることが実際上の最適解になっている。

山陽マルナカ事件の敗訴確定を受けて，法的チェックの態勢を強化する方向ではなく，法的チェックを必要なくする方向（命令以外のエンフォースメント手法の活用）に向かうとすれば，危険なことである。

［デジタル・プラットフォームを巡る最近の動き］
（米国における GAFA の提訴）

上杉先生の講演の後半部分は，米国における司法省による Google 事件，連邦取引委員会（FTC）による Facebook 事件を中心に，デジタル・プラットフォーム（DPF）を巡る最近の動きを紹介するとともに，その意味合いを考え，

何が問題になっているのか，従来の分析枠組では何が足りないのか，今後，どのような論点が出てくるのかを分析する最先端の内容であった。

　司法省によるGoogleに対する訴状は，EUがGoogleに対して下した3つの支配的地位濫用の決定をまとめてシャーマン法2条違反（独占行為）として構成したようなものと評価され，米国とEUにおける単独行為規制の考え方の収斂が指摘された。

　Googleに対しては，2013年にFTCが基本的に反トラスト法違反は認められないと判断していたことを想起すると，その後，Googleの行為が変ったのか（例えば，対象とするソフトやデバイスの範囲が広がったり，利益シェアリングが新たに行われるようになったといった事情があるのか），ビジネス環境が変わったのか（例えば，デフォルト設定の意味が変ったり，Googleの市場支配力が更に高まったといった事情があるのか），反トラスト法上の考え方が変わったのか（例えば，担当する当局がFTCから司法省に代わったことが影響しているのか，また，新たなセオリーオブハームが提示されたのか），あるいは，これらが相乗的に影響しているのか。

（DPFに対する日米欧の取組方）

　DPFに対する政府としての取組方が，米国，EU，そして日本の間でかなり大きく異なっている。米国では，具体的な規制という意味ではプライバシー保護，消費者保護の観点からの取組を除くと，ほとんど手付かずであった（前述のとおり，FTCはかつてGoogleについて基本的に反トラスト法上の問題はないとする結論を出していた〔2013・1・3公表〕）。数年前から競争当局の姿勢が変わりつつあり，昨年（2020年）10月には司法省や州当局がGoogleを，12月にはFTCや州当局がFacebookを，それぞれ反トラスト法違反として提訴した。また，昨年10月に公表された連邦議会下院司法委員会反トラスト小委員会のスタッフ・レポートも，反トラスト法の適用や法改正でDPF問題に取り組むことを提言した。本年（2021年）2月4日には，上院司法委員会のクロブッチャー（Klobuchar）議員らがクレイトン法の改正等を内容とする法案（Competition and Antitrust Law Enforcement Reform Act）を提出している。法案には，連邦競争当局の予算の増加，合併規制の強化（違法基準の緩和及び立証責任の転換），支配的な事業者による排除行為を禁止する規定のクレイトン法への追加等が盛り

込まれており，連邦議会の両院を民主党が支配する状況下で，何らかの改正が実現する可能性もある。

　EUでは，欧州委員会がいち早く，Googleに対して支配的地位濫用として累次の違反認定及び巨額の制裁金賦課の決定を行ってきており，その他のDPFに対しても果敢に調査を行っている。同時に，欧州委員会では，事後的な競争法適用による取組だけでは不十分であるとして，新規立法を目指している。2020年12月15日に欧州委員会は，「デジタル・サービス法（Digital Services Act）」及び「デジタル市場法（Digital Markets Act）」の立法提案を公表した。前者は，デジタル・サービスの利用者の権利保護を内容とするものであり，後者は「ゲートキーパー（gatekeeper）」機能を果たす大規模な中核的プラットフォーム事業者を対象とする行為規制を内容としている。デジタル市場法が定める行為規制に違反すると，全世界売上高の10％を上限とする制裁金が課され，繰り返しの違反に対しては構造的な措置を採ることもできる。EUにおける通常の立法プロセスが進められていくことになるが，立法までには紆余曲折があり得るものと思われる。【両法案とも，所要の修正を経て，2022年6月末時点で欧州議会における最終承認の手続に入っており，2022年内ないし2023年初の施行に向けて準備が進められている。】

　日本では，一定規模以上のDPF事業者（特定DPF）に一定の情報開示や内部統制体制の整備を義務付け，それを主務大臣がモニタリングし，実施状況をレビューするという緩やかな規制枠組を採用した（2021年2月1日施行の特定DPF取引透明化法）。消費者庁も，取引型DPFを対象に，消費者保護のための新規立法を準備中であり，今通常国会に法案が提出される予定である【2021年5月に「取引デジタルプラットフォームを利用する消費者の利益の保護に関する法律」が成立し，2022年5月1日に施行された】。特定DPF取引透明化法の適用対象が限定されているのに対し，消費者取引の新法の規制対象はDPFの規模を問わないものにするとされているが，内容的には努力義務を課すものにすぎない。

　他方，競争当局（公正取引委員会）は，実態調査に基づく問題指摘やガイドラインの作成というソフトな手法を多用してきており，違反事件審査という手法を用いる場合にも，確約手続を活用するなど，和解的手法に依っている。ま

た，優越的地位濫用という行為類型の問題として取り上げられることが多い点も特徴的であり，米国やEUとの比較が実際上困難である。

[まとめ]

　上杉先生が，山陽マルナカ事件東京高裁判決の今後の実務への影響を分析される中で，「法解釈の司令塔が必要」という指摘をされたことに「我が意を得たり」という感想を持った。公正取引委員会事務総局では，担当の部課において，担当の事案の処理や政策の企画等を行う中で，独占禁止法その他の法令の解釈を行っており，内部に第三者的な立場から法的な助言や問題点を指摘する機能やポジションがない^(注3)。意思決定のラインの中で法解釈作業が完結してしまっているので，詰めの甘さが残るおそれがある。比喩的にいえば，営業部に法務担当者はいるが，法務部のような組織を設けていない企業のようなものである。

　また，DPFを巡る動きの中でも，DPFによる行動から排除効果が生まれることを示すセオリーオブハームを明らかにする必要があると指摘され，今の公正取引委員会にその十分な能力があるか疑問を提起された。公正取引委員会が公表している実態調査報告書には企業行動とその競争上の弊害や問題点が詳細に分析されており，高く評価されていると思うが，必要なことはそうした生の分析を独占禁止法の解釈論につなげることである。違反行為の要件論に的確に位置付ける形で立論するのでないと，違反事件審査には使えない。実態調査を担当する経済取引局と違反事件を担当する審査局がそれぞれ独立して機能している組織形態では，改善は望み難いのではないか。

　現状では，企業結合審査のみが法律家とエコノミストが協働し，外部からの評価に耐え得るような分析を行うようになってきている（実態を全く知らないので，期待を込めた評価である）。これが可能になっているのは，企業結合審査が審査事件としてではなく，独特の審査手続に依っているからでもあり，逆に言えば，違反事件として法的処理をすることを断念しているともいえる。企業結合事案について法的処理をすることが求められているのではないか^(注4)。

　公正取引委員会の機能強化が政府の成長戦略会議でも検討されようとしている中，単なる予算や人員の増加，IT人材の中途採用といった小手先の対策に

終始することなく，実効的な態勢強化が進むことを願っている。

　【2022年4月1日，公正取引委員会は「経済分析室」の設置を公表した。これは，「デジタル・経済分析・審査情報解析分野における公正取引委員会の体制を強化する」（「成長戦略フォローアップ」（令和3・6・18閣議決定））を受けたものであり，「独占禁止法違反被疑事件審査，企業結合審査，各種実態調査等における経済分析業務を専門に担当し，法執行及び政策立案への経済分析の一層の活用を図る」こととされている。さらに，同年6月16日には，「デジタル化等社会経済の変化に対応した競争政策の積極的な推進に向けて―アドボカシーとエンフォースメントの連携・強化―」を公表し，「エンフォースメントとアドボカシーを車の両輪として一層精力的に取り組み，組織全体としてデジタル化等社会経済の変化への対応を強化する」と宣言し，各種の具体策を打ち出している。こうした取組が成果を上げることを期待したい。】

(注1)　山陽マルナカ事件東京高裁判決について，次の評釈を執筆した。栗田誠「山陽マルナカ事件東京高裁判決」NBL1198号（2021年）97-103頁。
(注2)　違反行為の存在を認定し排除措置を命ずるための排除措置命令における認定事実の記載が，「専らその名宛人の自由な意思に基づく勧告応諾の意思表示をその基礎とする」（ノボ・インダストリー事件・最判昭和50・11・28民集29巻10号1592頁）勧告審決における主文の特定のための事実の記載と同程度のものであってよいはずがない。
(注3)　審査局においては，管理企画課企画室がそうした役割を担っているのかもしれない。公正取引委員会事務総局組織規則7条2項参照。
(注4)　「企業結合案件に対する事件審査の可能性」（2022年3月31日会長コラム）本書137頁参照。

5　優越的地位濫用と下請法

　鈴木 満弁護士「優越的地位濫用規制と下請法との交錯」（2021年9月6日第290回月例研究会）
　《参考文献》鈴木 満監修・神奈川県弁護士会独占禁止法研究会編著『独占禁止法・下請法：豊富な事例で分かる違反行為の判断基準と実務上の留意点』（第一法規・2019年）

[講演の概要]

　下請法を含む広義の優越的地位濫用規制は，独占禁止法の実務にとって極めて重要である。大部分の事業者にとっては，独占禁止法一般よりむしろ下請法の方が日常的に気になる，気にしなければならない法律であると思われる。また，独占禁止法による優越的地位濫用規制が，かつてのように主として大規模小売業者の対納入業者取引を対象とするものから，多様な事業者間取引を念頭にその適用が現実化しており，更には対消費者取引も対象になり得るという解釈が示されるに至っており，特に初めての違反であっても課徴金対象となることと相まって，独占禁止法違反行為類型の中で最も注意を要するものになっている。

　こうした状況にあって，競争法研究協会の月例研究会等でも，優越的地位濫用規制や下請法の問題を度々取り上げてきており，近年の状況は次のとおりである。

年月日	研究会	講　師	演　題
2019・6・3	第31回 事例研究部会	多田敏明弁護士	優越的地位濫用の成立要件に関する近時の審判審決比較
2019・10・11	第271回月例研究会	長澤哲也弁護士	独禁法違反に関わる民事訴訟の動きと実務—優越的地位濫用・下請法違反を中心に
2019・12・16	第273回月例研究会	川上一郎公正取引委員会企業取引課長	下請法に関する最近の動きについて—最近の政府の取り組みを中心に
2020・6・8	第276回月例研究会	矢吹公敏弁護士	近時の指針・執行動向にみる『優越的地位の濫用』規制の現在地と将来像
2020・10・9	第281回月例研究会	長澤哲也弁護士	最近の優越的地位濫用に関する動向—濫用行為の対象拡大について

　講師の鈴木満先生は，公正取引委員会勤務時にこれらの分野で実務責任者としての豊富な経験をお持ちであり，また，退官後の大学での研究や弁護士としての実務の経験を併せ持つという稀有な存在である。今回の講演では，「優越的地位濫用規制と下請法との交錯」と題して，優越的地位濫用規制と下請法規

制の関係・比較を論じていただいた。

　講演内容は，①独占禁止法上の優越的地位濫用規制と下請法が相互に関連し合いながらどのように発展してきたかを歴史的に振り返る，②特に平成21年改正により優越的地位濫用が課徴金対象とされて以降の5件の審決における争点を整理して実務への示唆を得る，③最近の下請法勧告事件を概観する，④優越的地位濫用規制と下請法の適用関係を検討する，⑤優越的地位濫用規制がその適用範囲を拡張してきている現状を把握する，⑥優越的地位濫用規制が欧米諸国にも広がり始めていることの意味合いを考える，という盛り沢山なものである。

　「優越的地位濫用規制と下請法との交錯」を考える場合に，様々な観点からアプローチすることが可能である。違反要件の違い，違反の探知や調査手法の違い，違反に対するサンクションの違いを考えることが必要であることは言うまでもない。そして，現にある制度やその運用を考えるだけでなく，制度改革の要否やその内容を検討することも求められる。また，特に平成21年独占禁止法改正により優越的地位濫用に対する義務的な課徴金制度が導入されたことが重要な意味を持っており，平成28年改正により導入された確約手続についても，課徴金との関わりを抜きにしては議論できないと考えている。

［下請企業の利益を保護する下請法］

　「日本に下請法が存在する理由」として，①広範な長期継続的取引，②特定の親事業者への高い取引依存度，③大企業と中小企業との大きな賃金格差の3点が挙げられた。下請法は，①②③の改善を直接目指す法律ではなく，これらを背景とする不当な地位利用を規制・防止するための法律であると考えられる。

　下請法は，取引内容への過剰な介入，裁量的な介入とならないように，規制内容を形式的に定め，調査方法として職権的・悉皆的な手法を用い，違反に対する措置を抑制的に定めている。こうした下請法規制の基本的仕組みは，制定時には適切であったとしても，現時点で，あるいは今後も適切なものなのか，見直すことも必要になるのではないか。例えば，行政指導にすぎない「勧告」だけではなく，より厳しい措置も採ることができるように改正することも検討

されるべきではないか。

　下請法による親事業者の禁止行為のうち，昭和37年下請法改正で追加された類型（買叩き，購入・利用強制，報復措置〔4条1項5-7号〕）や平成15年下請法改正で追加された類型（経済上の利益の提供要請，不当なやり直し等〔4条2項3・4号〕）について，鈴木先生は「独占禁止法的規定」として位置付けられた。これらの禁止行為類型には「不当に」といった文言が含まれているが，専ら公正取引委員会の裁量に委ねられている。

　下請法による「勧告」にとどまる限り，司法審査の対象にならないとされている。勧告によって不利益を受けるわけではなく，処分性を欠くという点については，近時の行政法判例の処分性を広く認める流れからみて，いつまで維持できるか疑問もある。下請法による勧告については公正取引委員会による公表義務があるわけではない（非公表の場合には不利益を受けない）とも指摘されているが，平成15年下請法改正の経緯からも，公正取引委員会は全て公表しているわけであり，公表された勧告には処分性があるという解釈もあり得るのではないか。

　また，行政手続法の平成26年改正で追加された36条の2は，「法令に違反する行為の是正を求める行政指導」の相手方が「当該行政指導の中止その他必要な措置をとることを求めることができる」旨定めている。親事業者が勧告に従わない場合に，公正取引委員会がどのように対応するかについての考え方・方針が明確には示されていないと思われる。必要に応じて優越的地位濫用として独占禁止法による審査を行い，必要な措置を採る旨表明することは，一方で，下請法規制の実効性を確保する上で望ましいが，他方で，勧告の処分性を認める方向に作用しかねないという問題もある。公正取引委員会は意識的に曖昧にしているのであろうか。

[下請法勧告事件]

　下請法7条に基づく勧告の件数は，近年では10件未満であり，指導件数全体の0.1％程度にすぎない（令和2年度には8111件のうち4件にすぎない）。調査事案はほとんどが指導対象となっているが，単なる「指導」ではなく，「勧告」を行う事案はどのような基準で選別されるのであろうか。多田敏明「下請法違反

の予防のポイント」（ジュリスト1442号〔2012年〕38-43頁）は，「過去の勧告事案を見る限り，減額総額が1000万円を超える事案は勧告の対象となっているようである」（41頁）と指摘するが，近年には総額が900万円台の勧告事案もある（森永製菓〔平成31・4・23勧告：958万円）。また，下請法リニエンシーとの関係で，リニエンシー事案で「勧告相当」のものの件数も公表されており，勧告の選別基準が設定されているものと推測される。勧告が行政指導であるとしても，行政指導に対する法的規律が強化されてきている中で（行政手続法第4章参照。特に行政手続法の平成26年改正による35条2項の追加），勧告の基準，手続・方式等に関する整備・公表が必要ではないかと思う。

[優越的地位濫用規制と下請法規制との比較]

　優越的地位濫用と下請法の違反要件を巡っては，両極端の見解がある。一方で，「下請法に違反した場合は，原則として，優越的地位の濫用の規定に該当するものと考えるのが相当である。」（村田恭介「近時の下請法規制の傾向と対策」ビジネス法務2020年7月号38頁）とする見解がある。ただし，優越的地位濫用が課徴金対象でもあることを考慮すると，この規定が「適用できるのは下請法違反のなかでも特に違反行為が重大なもののみと考えるべき」とされている（前掲）。他方，「下請法に違反する親事業者の行為が独占禁止法上の優越的地位の濫用にも該当するとされる場合はあまり多くないと考えられる」（波光巌・横田直和『Q&A 業務委託・企業間取引における法律と実務』〔日本加除出版・2019年〕25頁［横田執筆]）とする見解もある。

　形式的に適用対象を画し，個別的な事情を考慮せずに判断する下請法の違反に比べて，優越的地位や不利益行為，そして公正競争阻害性を個別判断する必要がある優越的地位濫用の方が違反の範囲ははるかに限定されると考えられる。下請法には違反するが優越的地位濫用には直ちには該当しない「グレーゾーン」の領域のエンフォースメントをどうするのか，勧告という行政指導に依存したエンフォースメントだけでよいのか，検討する必要があると思われる。優越的地位濫用に対する課徴金が導入されたことによって，優越的地位濫用の違反と下請法違反との落差が大きくなったことから，この問題は一層重大になってきている。

［優越的地位濫用規制と下請法規制との関係］

　優越的地位濫用規制と下請法規制のいずれも適用可能なケースでは「いずれの法律を適用するかは公正取引委員会裁量の範囲内」とされるが，公正取引委員会は実際にこの裁量をどのように行使しているのであろうか。公正取引委員会はかつて，「双方が適用可能な場合には，通常，下請法を適用する」と説明していた（優越的地位濫用ガイドラインの公表資料〔平成22・11・30〕）。実際上，下請法の適用範囲内の事案は取引部で扱い，適用範囲外の事案を審査局で扱うといった形式的な分担になっているのかもしれない。特に，下請法の適用範囲内であるが優越的地位濫用として審査・処分すべき事案として，取引部から審査局に移管する手続が設けられたり，実際に移管されたりしているのであろうか。

　前掲村田「近時の下請法規制の傾向と対策」38頁は，「実際に両法の適用が可能な処理としては，下請事業者の簡易迅速な被害の回復という観点から考えた場合，下請法を適用すべき」とし，下請法違反に優越的地位濫用の規定が適用される場合とは，下請法違反の勧告を受けたのにこれに従わない場合であるという。勧告を強制する手段はなく，「このような場合であれば，下請法違反の中でも特に違反が重大なものとして，優越的地位の濫用の規定を適用し，行政処分を行うことが考えられる」と指摘する（39頁）。ただし，下請法による勧告に従わなかった事例はないとされている。

　しかし，この見解は疑問である。法令無視の事業者でない限り，仮に勧告に従わないことがあるとすれば，それは下請法違反とされた行為に相応の理由（例えば，相手方の自由な意思に基づく了解）があり，形式的すぎる下請法違反認定に納得できないといった場合であろう。そうした場合に，当該行為が優越的地位濫用に該当することを立証することは容易ではないし，また，そうした事案を「特に重大な」下請法違反ということもできないのではないか。下請法違反の勧告について，司法審査の機会を与えていない制度・手続には問題があるのではないか。

　両方の規制が実際に適用可能な場合には，実効性に疑問がある下請法の勧告ではなく，むしろ優越的地位濫用の規定を適用する方が適切ではないかと考える。下請法調査の対象となり，行政指導にすぎない下請法による勧告を受ける

と，原状回復措置を採る必要があるにしても，勧告に従う限り，公表以外の措置はない。他方，独占禁止法の優越的地位濫用の審査対象となり，違反が認定されると，排除措置命令だけでなく課徴金納付命令を受けることになる。平成21年独占禁止法改正により優越的地位濫用の違反に対する義務的課徴金制度が導入されたことから，下請法による措置と独占禁止法による措置が連続的ではなくなっている。義務的課徴金制度をやめて，必要に応じて排除措置命令において被害回復措置を命ずる仕組みにすることが望ましいのではないか。

　白石忠志・多田敏明編著『論点体系 独占禁止法〔第2版〕』（第一法規・2021年）802頁［村田恭介執筆］は，「①多数の下請事業者に対して，②下請法違反であることを知っていながら（故意に），③組織的に違反行為を行い，④その被害の程度が大きいような場合」や「違反行為を繰り返す親事業者に対するもの」に優越的地位濫用の優先適用が考えられると指摘する。②は，行為の態様として挙げられているものであって，違反要件とまで主張するものではないとも考えられるが，不要ではないかと思う。

［優越的地位濫用事件審決取消訴訟］

　優越的地位濫用に係る初めての審決取消訴訟判決となった山陽マルナカ事件（東京高判令和2・12・11審決集67巻434頁）では，手続的瑕疵により審決が取り消され，公正取引委員会は上告せず，自らの審決を取り消す審決を行った（命令取消審決令和3・1・27審決集67巻122頁）。本件は，5件の審決の中でも不利益行為が盛り沢山で，争点も多く，東京高裁は，実体面の判断を回避するために手続上の理由で取り消したのではないかという，穿った見方もあるほどである。

　2つ目の東京高裁判決として，本年（2021年）3月3日にラルズ事件の判決（東京高判令和3・3・3審決集67巻444頁）が出ており，全ての争点について公正取引委員会の主張が認められており，原告は上告受理を申し立てている。ラルズ事件は，5件の審決のうちで唯一，当初の命令がそのまま維持されており，それだけ審査が手堅く行われていたのかもしれないが，違反行為の捉え方や課徴金の計算方法といった争点についても公正取引委員会の主張が支持されている。もっとも，東京高裁判決に対しては批判も多い。滝澤紗矢子・本件判決評釈・公正取引849号（2021年）75-83頁，伊永大輔・本件判決評釈 NBL1207号

(2021年) 61-68頁参照。【最高裁は，2022年5月18日，ラルズの上告受理申立てについて上告不受理の決定を行った。事務総長定例会見記録（令和4・5・25）参照。】

　係属中のエディオン事件及びダイレックス事件について，東京高裁判決が審決の全部又は一部を取り消すものとなる場合には，最高裁が上告を受理して統一的な判断を示すことが期待される。最後のダイレックス事件の命令は平成26年であり，既に7年余り経過している。新たな命令が出ていないのは，単に命令相当の事件がなかっただけなのか，それとも公正取引委員会が司法判断を待っていることによるのか。ラルズ事件審決が東京高裁に支持されたが，法適用事例が直ぐに出てくることはないのかもしれない。公正取引委員会としては，命令を行わなくても，確約手続により効率的かつ実効的に決着させることができると考えているとしても不思議ではない。

[優越的地位濫用規制と確約手続]

　2021年9月時点で，確約手続が導入されて2年半以上が経過したが，これまでの8件の確約計画認定事例のうち，3件が優越的地位濫用に係る事件である。

　確約手続が用いられた理由について，BMW事件の担当官解説（公正取引849号〔2021年〕84-90頁）においてはそれなりの説明がなされているが（90頁），先行する2事件の担当官解説では具体的には解説されていない。公正取引委員会にとって，確約計画認定は，①争われることがなく，②課徴金を課さなくて済み，③法的措置として説明できる。この3点が重要なことではないかと思われる。

　下請法による勧告では原状回復措置として被害救済が実際上可能であるのに対して，優越的地位濫用として排除措置命令を行っても被害救済措置を命ずることはできない（少なくとも従来行ってきていない）ことから，下請法違反として処理するメリットがあると指摘されてきた。確約手続により，金銭的価値回復措置を確約計画に含めるよう促すことで，独占禁止法による「法的措置」として被害救済が可能になるから，指摘されるような下請法により処理することのメリットは重要ではなくなっていると思われる。

事件名 （認定順）	立入→通知→ 認定^{（注）}	違反被疑行為【関係法条】	確約計画
④ゲンキー	2018・11・7 →2020・5・29 →2020・8・5 （約21か月）	納入業者に対して，従業員等を派遣させること，購入要請，協賛金等の金銭の提供要請，返品【不公正な取引方法（優越的地位濫用）】	被疑行為の取りやめの確認と周知 3年間の同様の行為の禁止 再発防止策 従業員等の派遣に係る金銭的価値回復措置［約1.4億円（報道ベース）］ 公正取引委員会への報告
⑤アマゾンジャパン	2018・3・15 →2020・7・10 →2020・9・10 （約30か月）	納入業者に対して，ⓐ在庫補償契約による代金減額，ⓑ収益性向上のための金銭提供要請，ⓒ共同マーケティングプログラム契約による金銭提供要請，ⓓ協賛金等の名目による金銭提供要請，ⓔ返品【不公正な取引方法（優越的地位濫用）】	被疑行為の取りやめと周知 3年間の同様の行為の禁止 再発防止策 違反被疑行為全体に係る金銭的価値回復措置（約1400社に対し約20億円） 公正取引委員会への報告
⑦BMW	2019・9・11 →2020・12・14 →2021・3・12 （約18か月）	ディーラーに対して，これまでの販売実績等からは到底達成できない販売計画台数を合意させ，その達成のためにディーラー名義での新規登録を要請【不公正な取引方法（優越的地位濫用）】	被疑行為の取りやめの確認と周知 3年間の同様の行為の禁止 再発防止策（内容が具体的） 公正取引委員会への報告

（注）「事件名」欄の丸数字は，8件の確約計画認定事例の一連番号を示す。また，「立入」，「通知」，「認定」は，それぞれ，立入検査年月日（報道による），確約手続通知年月日，確約計画認定年月日であり，括弧内は，立入検査から確約計画認定までの所要月数である。

［優越的地位濫用規制の射程］

　鈴木先生の講演では，三越事件（同意審決昭和57・6・17審決集29巻31頁）を嚆矢とする優越的地位濫用規制の適用拡大の動きが紹介された。平成10年代初めまでは，全国展開しているような大規模小売業者と納入業者との取引を念頭に，法的措置を採ることなく改善が目指されていたが，次第に地域的な大規模小売業者にも拡大され，特に平成15年度以降，法的措置が積極的に採られる

ようになってきた。さらには，新たな取引類型が優越的地位濫用規制の対象として登場してきており，具体的には次のような事案である。

①金融機関（銀行）と融資先中小企業：三井住友銀行事件（勧告審決平成17・12・26審決集52巻436頁）；「金融機関の業態区分の緩和及び業務範囲の拡大に伴う不公正な取引方法について」（平成16・12・1，最終改正平成23・6・23）

②コンビニ本部をはじめとするフランチャイズ（FC）本部と加盟店：セブン－イレブン事件（排除措置命令平成21・6・22審決集56巻第2分冊6頁）；FCガイドライン（平成14・2・24，最終改正令和3・4・28）

③総発売元と販売業者：大阪ガス事件（平成31・1・24警告），BMW 事件（確約計画認定令和3・3・12）

④新聞発行本社と新聞販売店：北國新聞社事件（勧告審決平成10・2・18審決集44巻358頁：新聞業特殊指定2項）

⑤農業協同組合と仕入先及び組合員：全農事件（勧告審決平成2・2・20審決集36巻53頁），阿寒農協事件（平成29・10・6注意）；農協ガイドライン（平成19・4・18，最終改正平成30・12・27）

⑥電力会社と中小企業ユーザー：東京電力事件（平成24・6・22注意）；電力適正取引ガイドライン（平成11・12・20，最終改正令和4・4・1）

また，ガイドラインのレベルではあるが，次のような取引も優越的地位濫用の観点からの問題が指摘されている。

①デジタル・プラットフォーム（DPF）と個人情報等を提供する消費者：「デジタル・プラットフォーム事業者と個人情報等を提供する消費者との取引における優越的地位の濫用に関する独占禁止法上の考え方」（令和元・12・17）

②フリーランスと取引する事業者と取引先フリーランス：「フリーランスとして安心して働ける環境を整備するためのガイドライン」（令和3・3・26：内閣官房，中小企業庁及び厚生労働省との共同）

③出資者，連携事業者となる大企業とスタートアップ：「スタートアップとの事業連携に関する指針」（令和3・3・29：経産省との共同）→「スタートアップとの事業連携及びスタートアップへの出資に関する指針」（令和4・3・31：

経産省との共同）

　公正取引委員会が実施した各種の取引実態調査においても，優越的地位濫用の観点からの問題指摘が頻繁になされている。近年の取引実態調査報告書で，優越的地位濫用に関わる問題指摘が重要なものとして，次がある（2017年以降公表分【2022年6月30日までの公表分（⑫～⑯）を追記】。ガイドラインが作成されているものを除く）。

①ブライダル・葬儀の取引（平成29・3・22）：ブライダル業者・葬儀業者と納入業者

②液化天然ガス（平成29・6・28公表）：LNG の売主と買主（Take or Pay 条項）

③消費者向け e コマース（平成31・1・29公表）：オンラインモール運営事業者と出店者

④クレジットカード（平成31・3・13公表）：国際ブランドとクレジットカード会社

⑤警備業務の取引（令和元・5・29公表）：建設業者等と中小警備業者

⑥製造業者のノウハウ・知的財産権を対象とした優越的地位の濫用行為等（令和元・6・14公表）

⑦オンラインモール・アプリストア（令和元・10・31公表）：DPF と利用事業者

⑧飲食店ポータルサイト（令和2・3・18公表）：飲食店ポータルサイトと飲食店

⑨共通ポイントサービス（令和2・6・12公表）：運営事業者と中小小売等事業者

⑩デジタル広告（令和3・2・17公表）：DPF と取引先事業者

⑪携帯電話（令和3・6・10公表）：MNO3社と販売代理店

⑫新規株式公開（IPO）における公開価格設定プロセス等（令和4・1・8公表）：証券会社と新規上場会社

⑬クレジットカード（令和4・4・8公表）：インターチェンジ・フィー等

⑭荷主と物流事業者との取引（令和4・5・25公表）

⑮クラウドサービス分野（令和4・6・28公表）：クラウド提供事業者と利用事業者

⑯ソフトウェア業の下請取引等（令和4・6・30公表）：ソフトウェア業の多重

下請構造

　こうした公正取引委員会による多様な手法を用いた優越的地位濫用規制の展開はどのように評価されるであろうか。我が国の経済法学では，対等取引権の確保こそが重要であり，優越的地位濫用規制は独占禁止法規制の中核であるとする有力説が一定の支持を得てきた。現在では，こうした考え方は必ずしも幅広い支持を集めているとはみられないが，公正取引委員会の近時の動きはこうした学説を実践するかの如き様相である。現在の主流の考え方は，他に適切な違反行為類型（条項）が見当たらない場合に優越的地位濫用の規定を根拠に必要な規制を行うことに問題はないとするものであろう。ただし，他に適切な違反行為類型がないかどうかについては議論が分かれると思われる。

　これに対しては，優越的地位濫用規制の「濫用」を批判する考え方もあり得る。これまでの優越的地位濫用に対する法適用事例の大部分は大規模小売業者による納入業者に対する不利益行為に係るものであり，課徴金導入後のこうした事件も東京高裁に審決取消訴訟が係属しており，その行方は不透明である。そうした中で，優越的地位濫用の規制を無限定にあらゆる取引に及ぼし，問題点を指摘して是正を促すという政策は私的な市場取引に対する過剰な介入となりかねない。特に，司法審査の途がない手法の多用には問題がある。

［優越的地位濫用と民事訴訟］

　優越的地位濫用による独占禁止法違反の主張を含む民事訴訟が少なからず提起されており，近時は，こうした民事判決についての評釈や研究も増えている^(注1)。取引類型としては，大規模小売業者と納入業者のほか，フランチャイズ契約，金融デリバティブ取引，知的財産取引を巡るものがみられ，原告の請求としては，優越的地位濫用による公序良俗違反を理由とする無効の主張，優越的地位濫用による不法行為の主張，さらには優越的地位濫用に対する差止請求等があり得る。

　こうした民事訴訟においてどこまで本気で優越的地位濫用が主張されているかには疑問がある事件もあるが，優越的地位濫用の成否が主要な争点となっている事件も見られる。原告の請求を認容する判決は少ないが，認容判決であっても，優越的地位濫用に係る判断がどこまで先例的価値があるかには注意を要

する。公正取引委員会が優越的地位濫用事件を過剰に取り上げることには問題があると考える立場からは，民事訴訟で解決が図られることは望ましい。

【焼肉チェーン店を展開する事業者が，大手グルメサイト「食べログ」で不当に評価点を下げられたとして，食べログを運営する「カカクコム」に対し，独占禁止法違反（優越的地位濫用）を理由に損害賠償と差止を請求していた事件で，東京地裁は，2022年6月16日，優越的地位濫用を認める判決を下した（差止請求は棄却）。報道によると，原告にとって食べログは事業経営に大きな影響力があり，著しく不利益な要請をされても受け入れざるを得ない「優越的地位」にあり，また，評価点を決定するアルゴリズムの変更はチェーン店である原告に不利益を与える「取引」に当たり，公表されていた評価方法に照らして「あらかじめ計算できない不利益」を原告に与えるものであると認定し，アルゴリズム変更が優越的地位濫用に該当すると判断した。公正取引委員会は，東京地裁からの求意見（独占禁止法79条2項）に対し，アルゴリズムの変更が「取引」に当たるとする意見を提出していたという。また，公正取引委員会の「飲食店ポータルサイトに関する取引実態調査」（令和2・3・18公表）では，「飲食店に対し取引上，優越的地位にあるといえる飲食店ポータルサイトが存在する可能性は高い」，「優越的地位にある飲食店ポータルサイトが，正当な理由なく，恣意的にルール（アルゴリズム）を設定・運用等し，特定の飲食店の表示順位を落とすことにより，自己にとって都合のよい契約プランに変更させるなど，正常な商慣習に照らして不当に不利益を与える場合，優越的地位の濫用となるおそれがある」と指摘していた。】

[海外における優越的地位濫用規制]

ICN（International Competition Network）の2008年総会（京都）において，公正取引委員会が主導して優越的地位濫用特別会合が開催されており，abuse of superior bargaining position（ASBP）に関する報告書が作成されている。報告書は，調査に回答した32法域を次の4グループに分類している。

① ASBP に関する特別規定を有する法域
・競争法：ドイツ，日本，韓国
・競争法以外の法令：オーストリア，フランス，イタリア，スロバキア

②特別規定を有しない法域

③一般競争法の規定を適用できる可能性がある法域

④他の法令を適用できる可能性がある法域

この問題については，公正取引委員会の競争政策研究センター（CPRC）による詳細な報告書[注2]があるが，韓国以外では積極的な運用は行われていないと総括している。

また，EU競争法の支配的地位濫用の規定における「支配的地位」要件を改正しようとする動きはないと思われるが，加盟国レベルでは，様々な手法により，支配的地位を有しない事業者による濫用行為を規律しようとする動きが広まりつつある。例えば，「相対的に市場力を有する事業者」に対する規制（ドイツ），「経済的従属状態の濫用」（フランス）が典型的であるが，分野・取引類型を限定した特別規定を設けたり，行動規約による自主規制制度を設けたりすることもある。

経済格差，独占問題への関心が高まる中で，競争法がいかなる役割を果たすことができるのか，いかなる役割を果たすべきかが問われている。特に，デジタル経済が進展する中で，伝統的な競争法の枠組（独占行為ないしは支配的地位濫用）でDPFの活動を実効的に規制できるのかが問われており，競争法以外の法的規律を含めて様々な議論が行われている。2021年10月にウェブ開催される日本経済法学会の年次大会のシンポジウムのテーマは「デジタルプラットフォームと独禁法」であり，優越的地位濫用規制も具体的な論題に含まれている[注3]。

また，昨年（2020年）10月に米国連邦議会下院司法委員会反トラスト小委員会が公表した「デジタル市場における競争」に関する調査報告書では，支配的なプラットフォームによる「優越的交渉力（superior bargaining power）」の濫用を禁止することを提言していた。こうした提言が容易に実現するとは思われないが，取引条件への介入を嫌い，濫用規制を否定してきた米国反トラスト法においても変化の兆しが見てとれる。米国にとっては専ら輸出品であった競争法を，今度は米国が日本から輸入することになるのか注目される。

[まとめ]

　独占禁止法問題は多様で，多面的である。公正取引委員会の活動が優越的地位濫用に関わるものに偏っており，実態調査に基づく問題指摘という手法に依存している現状には問題がある。多面的な問題にバランスよく取り組むこと，法執行という手法を活用することが必要であり，「口先介入」的な問題指摘・改善指導に依存した活動は弊害が大きい。

　他方，企業の立場からは，優越的地位濫用の観点からの予防法務が不可欠であり，形式的・画一的に判断される下請法規制も考慮すると，社内の態勢構築が重要な意味を持つ。特に，各種のガイドライン等によって，優越的地位濫用規制が形式的なものに転化してきていることに留意する必要があると思われる[注4]。

(注1) 長澤哲也・多田敏明編著『類型別独禁民事訴訟の実務』(有斐閣・2021年)第8章優越的地位の濫用［酒匂景範執筆］参照。

(注2) CPRC共同研究報告書(主査: 泉水文雄神戸大学教授)「諸外国における優越的地位の濫用規制等の分析」(2014・12・11): EU，英国，フランス，ドイツ，韓国，中国，オーストラリア，米国を調査対象としている。

(注3) 柴田潤子「デジタルプラットフォームに対する優越的地位の濫用規制の意義」日本経済法学会編『デジタルプラットフォームと独禁法』(有斐閣・2021年)40-60頁参照。

(注4) 河谷清文「優越的地位の濫用における原則と例外—大規模小売業に対する適用について」土田和博・山部俊文・泉水文雄・川濱昇・河谷清文編『現代経済法の課題と理論(金井貴嗣先生古稀祝賀)』(弘文堂・2022年)209-226頁は，「優越的地位の濫用が原則として違法となる行為類型であるかのような法適用がなされていること」(210頁)の問題点を指摘するが，本文で述べたように，より重大な問題は「法適用しない」手法による取組にあると思われる。

6　優越的地位濫用規制への依存の問題点

　上杉秋則元公正取引委員会事務総長「日本の競争政策の持続可能性—優越的地位の濫用規制へのシフトが提起する問題は何か」(2022年2月7日第294回月例研究会)

［講演の概要］

　上杉秋則先生の講演は，「日本の競争政策の『持続可能性』」というショッキングな題名の下に，近時の「優越的地位の濫用規制へのシフト」を素材にして，競争法規制の基本的な判断枠組について，理論，歴史，条文解釈，政策判断など，様々な視点から縦横に分析するものである。「持続可能性（sustainability）」は現下の buzzword であるが，今回の講演内容が日本の独占禁止法・競争政策の長期的な方向性に関わるものであることを含意している。

　講演資料の第一印象は，盛り沢山な内容で，少し分かりにくいと感じた。優越的地位濫用規制の変質やその背後にある考え方を批判的に分析する部分と競争制限行為の分析枠組に関わる部分が混在しており，また，優越的地位濫用規制の歴史的な分析や条文解釈なども含まれており，理解が追い付かないと感じたのである。しかし，実際の講演では，優越的地位濫用規制の歴史や条文解釈に関わる部分の説明が省略されたことで，冒頭の競争法分析の基本的な考え方に関する部分，優越的地位濫用規制の役割に関する部分，競争制限行為の分析枠組とそれを受けた優越的地位濫用規制の望ましい在り方に関する最後の部分が一本につながり，よく理解できた。

　優越的地位濫用規制については，実務的関心も高く，私が会長に就任した2019年4月以降に「優越的地位濫用」を直接的にテーマとするものに限っても，次のように頻繁に取り上げてきている。

年月日	研究会	講　師	演　題
2019・6・3	第31回事例研究部会	多田敏明弁護士	優越的地位濫用の成立要件に関する近時の審判審決比較
2019・10・11	第271回月例研究会	長澤哲也弁護士	独禁法違反に関わる民事訴訟の動きと実務—優越的地位濫用・下請法違反を中心に
2020・6・8	第276回月例研究会	矢吹公敏弁護士	近時の指針・執行動向にみる「優越的地位の濫用」規制の現在地と将来像
2020・10・9	第281回月例研究会	長澤哲也弁護士	最近の優越的地位濫用に関する動向—濫用行為の対象拡大について
2021・9・6	第290回月例研究会	鈴木　満弁護士	優越的地位濫用規制と下請法との交錯

　しかし，これらの研究会では，弁護士の立場から，主として優越的地位濫用に係る違反事件や民事事件を素材に，要件解釈や法執行の動向を分析するも

315

のであり，優越的地位濫用規制の独占禁止法全体における位置付けや政策的な意義を取り上げるものではなかったと思われる。それに対し，今回の内容は，「日本の競争政策の持続可能性」という題名が示すとおり，優越的地位濫用規制へのシフトという現状を受けて，競争制限行為の分析枠組を提示した上で，独占禁止法全体における優越的地位濫用規制の位置付けや役割を考えるという中長期的な政策志向のものである。

　題名にある「日本の競争政策の持続可能性」について，このままでは「日本の競争政策は持続可能ではない」という危機感を表明されたものと理解できる。特に，日本の独占禁止法・競争政策が米国反トラスト法やEU競争法に伍して発展していく道筋を展望してきたはずの公正取引委員会が，特異なアプローチにより世界水準・国際潮流とは大きく異なる方向に進んでいることが明らかになってきている。現在の制度や運用のどこをどう変えていくべきか。独占禁止法・競争政策の王道を歩んでこられた上杉先生には，引き続き精力的な分析や著作を期待したい。

［違法性判断に関する3つの立場・考え方］

　上杉先生の講演では，まず，経済学の影響を受けた競争法における違法性判断の考え方として，A説（市場成果基準），B説（対市場効果総合考慮・競争プロセス重視），C説（市場代替・取引介入）の3つの立場を対比させて議論を展開された。

　A説は，シカゴ学派により提唱され，厚生経済学の観点から消費者厚生を減少させる効果を生じさせる行為だけが反トラスト法違反とされるべきことを主張するものである。A説について，市場成果を見ることには異論ないものの，それだけで判断することには違和感があり，法の立場からは違反要件に該当する行為が違反であるべきところに異質なものを持ち込むことになると指摘された。

　これに対し，B説は，市場構造と市場行動，市場成果の間に密接な関係があることを前提に，市場構造を重視する考え方として先行して有力化したが，シカゴ学派からの批判を受けて，これらの各種要素をパラメーター（変数）として総合判断する考え方へと変遷してきたことが指摘された。競争法規制は特定

の行為をその対市場効果に着目して規制するものであり，各種の市場要素を幅広く考慮しつつ競争制限行為を識別するという，競争プロセスの保護を重視する考え方であると整理された。

こうした市場メカニズムを前提とした考え方に対し，市場機能が働かないことを理由に市場の機能に代わる役割を競争法に求めるという考え方をC説とする。独占禁止法の考え方が現代化される以前（1990年頃まで）の我が国でも，事業能力の格差が生まれることは必然であるから，市場で有力となった事業者の力の行使を制約するために独占禁止法が存在するという考え方が支持されてきたこと（現在でも後発国では有力であること）が指摘された。そして，我が国には不公正な取引方法の禁止規定，とりわけ優越的地位濫用規制があることで，公正競争の確保＝劣位の事業者の「取引の自由」の確保という考え方が支持される素地があるとする。「公正な競争」の確保に重心を置く考え方といえ，また，分配を重視するものともいえる。格差や分配への関心が高まる中で，今後，C説の考え方が我が国で更に勢いを増すおそれもあるが，C説のように分配に配慮することは理論的な根拠に欠けるだけでなく，自由な競争を阻害することに問題があると指摘された。

このように3つの考え方を整理した上で，B説の考え方に立って，有効競争の確保，競争プロセスの保護を基軸とする考え方を再構築する時期に来ているという立場を明確にされた。

A説とB説とは対比できるものであるが，C説は異質であり，競争法の考え方とはいえないと思われる。また，優越的地位濫用の規定が，実質的には競争法規制ではなく，取引介入の根拠規定であると考える場合には，優越的地位濫用に限ってC説が妥当すると考えることは可能であると思うが，それがよいかどうかは別問題である。

[「自由な競争」と「公正な競争」]

従来，米国反トラスト法の議論において「公正な競争（fair competition）」という文言は出てこなかったと思う。一般に「自由で制約のない競争（free and unfettered competition）」というフレーズが多用されてきたという記憶がある。しかし，その米国でも，最近は「公正な競争」の文言が出てくるように

なっている（例えば，Executive Order on Promoting Competition in the American Economy, July 9, 2021）。こうした変化が何を意味するのか，注目していきたい[注1]。

　日本における「公正な競争」論は，単なる「考え方」の問題ではなく，独占禁止法の実体規定の問題でもあり，条文を根拠に主張されると，反論は容易ではない。独占禁止法には，「公正且つ自由な競争」（1条）のほかに，「公正な競争を阻害するおそれ」（2条9項6号）の文言もあり，不公正な取引方法において「公正な競争」の保護を考えることは当然であるという議論にどのように応答するかは難問である。不公正な取引方法一般については，「競争の実質的制限」の萌芽段階の規制として整理できるとしても，優越的地位濫用に関する限り，これでは説明できない。

［優越的地位濫用規制の位置付け］

　白石忠志教授は，優越的地位濫用規制について，搾取規制であるとしつつ，競争法の一般的な考え方で説明可能とする[注2]。白石説では，「優越的地位」は取引依存度（取引先変更可能性）から判断され，それは市場画定と同じ作業であり，優越的地位にある事業者とその相手方との間には「狭い市場」が画定でき（その意味で，優越的地位にある事業者は独占者である），その市場における濫用行為を禁止するものであるから，EU 競争法の支配的地位濫用規制と本質的な違いはないとする。こうした白石説をどのように評価するか。

　白石説を採る場合に，市場画定の一般的手法を用いて優越的地位の認定を行うと，優越的地位濫用規制の対象は大きく限定されることになると思われる。しかし，それでは，優越的地位濫用規制を求める社会的ニーズには十分答えられない可能性が高い。私見では，優越的地位濫用規制は，独占禁止法規制ではあっても，競争法規制とはいえない。最終的には，優越的地位濫用の規定を廃止して，「公正な取引」を確保するために必要な範囲で，独占禁止法とは別に（あるいは，少なくとも不公正な取引方法とは切り離して）規制を設けることが適切であると考えている[注3]。

［公正取引委員会の優越的地位濫用規制へのシフト］

　私も，近時の公正取引委員会が優越的地位濫用規制にシフトしている状況，更にいえば，それ以外にない，一本足打法になっている状況を大変危惧している^(注4)。脇役であったものが主役になってしまっていることだけでなく，その主役の姿がはっきりしないこと，すなわち，優越的地位濫用の独占禁止法違反という形での「法執行」ではなく，非公式な手法を活用した曖昧な「法実現」を目指しているところに重大な問題があると考えている。

　上杉先生は，今から50年近く前に，米国連邦取引委員会法（FTC法）5条の「不公正な競争方法」禁止規定について，「寡占体制下の『打ち出の小槌』か」という長大な論文^(注5)を執筆されたが，現下の公正取引委員会においては，優越的地位濫用の規定が正に「打ち出の小槌」になっている印象がある。

　公正取引委員会が，他の規定に基づき取り組むことができる（取り組むべき）問題についてまで，安易に優越的地位濫用の規定を根拠に取り上げ，問題指摘をすることが独占禁止法全体に悪影響を及ぼしている。特に，公正取引委員会の優越的地位濫用規制へのシフトは，法執行・法適用という目に見える形で行われるのではなく，法適用以外の事件処理，ガイドラインの作成，実態調査に基づく問題指摘といった多様かつ曖昧な手法で行われている。しかし，「公正取引委員会が問題といえば問題になる」という状況にあり，とても法執行とはいえない。事業者にとって予測可能性を欠き，自主的コンプライアンスを困難にする。公正取引委員会にとっては，正に「打ち出の小槌」であり，「安上がり」で，訴訟リスクを負わない便利な手法である。

　優越的地位濫用が，その違反を認定すれば必ず課徴金を賦課しなければならないという違反行為として制度化されていることが，こうした非公式な手法が専ら用いられている一因であり，この点を改めることが不可欠である^(注6)。

［価格支配力と排除する力］

　私的独占，特に排除型私的独占による競争の実質的制限に関して，今村成和教授の指摘を基に，統合型市場支配と閉鎖型市場支配の問題が議論されてきているが，学説上は閉鎖型市場支配をそれ自体としては認めない考え方が多数ではないかと思われる。

　被排除事業者が「排除事業者と同等に効率的な競争者（AEC：as- efficient-

319

competitor)」であることを求める有力な考え方があり，違法性判断において採用されることがある（いわゆる AEC テスト）。ただし，AEC であっても到底対抗できないような手段は正常な競争手段とはいえないという形で主張・立証されるのが一般的であり，唯一の判断基準というわけではない。排除事業者より非効率な競争者であっても，その排除が「排除行為」に該当することはあり得るが，その立証は難しくなる。排除型私的独占の要件解釈において，AEC の議論がどこに位置付けられるのか，更に検討する必要があると思われる[注7]。

　なお，本年（2022年）1月26日の EU 一般裁判所の Intel（差戻）事件判決は，排除的濫用の排除効果の立証において欧州委員会が行った AEC テストについて，必要な水準の立証に成功していないとして，原決定の大部分を取り消した。欧州委員会が繰り返し違反決定を行ってきている GAFA 関連事件について，一般裁判所での立証のハードルが高まったことは否定できない[注8]。欧州委員会がどのように対応するのか注目される。

[GAFA 問題]

　GAFA 問題について，日本では公正取引委員会の優越的地位濫用規制を活用した取組に対して好意的な評価が多いように感じられる。研究者からは，個別の事案の紹介や分析は多いものの，批判的な分析は多くはなく，むしろ，優越的地位濫用規制の積極活用を支持する見解が多いように感じる[注9]。米国では主にシャーマン法2条（及び FTC 法5条），EU では EU 運営条約102条（支配的地位濫用）を根拠に，GAFA に対する審査・訴追が行われているが，日本では基本的に不公正な取引方法が根拠とされ，萌芽段階で規制できる独占禁止法の法制にアドバンテージがあると考えられているのかもしれない。

　GAFA に対する行為規制として，米国では連邦議会において多数の法案が提出されており，EU においても「デジタル・サービス法」「デジタル市場法」の成立・施行に向けた手続が進捗している。他方，我が国では，特定デジタルプラットフォーム取引透明化法には行為規制は含まれておらず，現状では主として独占禁止法規制に委ねられている。【日本でも，EU に範を取ったような検討が進んでいる。政府のデジタル市場競争会議は，2022年4月26日，「モバイル・エコシステムに関する競争評価の中間報告」を取りまとめており，意見

募集が開始されている。事後規制で結論が出るまでに時間がかかる独占禁止法規制では変化が激しいデジタル市場問題に迅速に対応することは難しく，事前の行為規制をかける必要があるという問題意識が鮮明である^(注10)。】

　しかし，独占禁止法規制といっても，これまで違反認定・法適用の事案は皆無であり，事業者側が受入れ可能な範囲での自発的是正措置にすぎない。適用しやすいはずの優越的地位濫用についても法適用できていないのであるから，それ以外の違反行為類型に対する法適用（違反認定）はおぼつかない。

［事件処理の在り方に係る問題］

　今回の内容は，主として優越的地位濫用規制の実体面（その基礎にある考え方・発想）についての分析であったが，最後には「事件処理の在り方にかかる問題」についても指摘されている。私自身は，エンフォースメント面に関心があり，これまでもこの観点から批判的な見解を述べてきた。特に，近時の公正取引委員会は，様々な分野や取引に関する実態調査を行い，独占禁止法上の問題点，なかんずく優越的地位濫用に該当するおそれを指摘して，自主的な点検・改善を促す手法を多用している。また，こうした実態調査・改善指導が政府の取組に完全に取り込まれ，公正取引委員会が政府の下請調査機関と化している（例えば2022年1月末に公表された新規株式公開（IPO）に係る取引慣行実態調査において顕著である）。

　特に，優越的地位濫用という，公正取引委員会にとって本来適用しやすいはずの条項を根拠に，かつ，それを適用することはしないで，非公式に自発的な是正を促す手法が専ら用いられている。公正取引委員会の古谷一之委員長は，こうした手法について，迅速に「答えを出す法執行」として説明されているが（令和3・10・28委員長と記者との懇談会概要），答えの出し方や説明の仕方も重要であると思われる。

（注1）ただし，米国では，「対等・公正な競争条件が確保された競争」という意味で用いられており，日本におけるような取引相手との関係で用いられる概念ではないと思われる。「公正な競争」に関する多面的な研究成果として，金子晃・根岸哲・佐藤徳太郎監修・フェアネス研究会編『企業とフェアネス　公正と競争の原理』（信山社・2000年）参照。

(注 2)　白石忠志「支配的地位と優越的地位」日本経済法学会編『優越的地位の濫用規制
　　　　の展開』日本経済法学会年報35号(2014)46-58頁。

(注 3)　栗田誠「独占禁止法の構造的課題—なぜ，分かりにくく，使いにくく，守りに
　　　　くいのか—」白鷗大学法政策研究所年報14号(2022)19-43頁で簡単に論じてい
　　　　る。

(注 4)　根岸哲「優越的地位の濫用規制の来し方・行く末：覚書」商学討究71巻臨時号
　　　　(2021年)27-44頁も参照。

(注 5)　上杉秋則「FTC法第5条の規制範囲—寡占体制下の「打ち出の小槌」か(1)〜(7
　　　　完)」公正取引293号(1975年)6-11頁，294号23-29頁，295号10-15頁，296号9-17頁，
　　　　297号9-17頁，298号27-33頁，299号16-23頁。

(注 6)　栗田誠「独占禁止法上の確約手続の課題」同志社法學73巻6号(2021年)317-353
　　　　頁で簡単に論じている。

(注 7)　早川雄一郎『競争者排除型行為規制の目的と構造』(商事法務・2018年)参照。

(注 8)　もっとも，EU一般裁判所は，Google(Shopping)事件について，欧州委員会の
　　　　決定を支持する判決(2021・11・10)を下しており，価格設定行為(排他的支払)を対
　　　　象とするIntel事件とは分けて考えることが適切であるかもしれない。

(注 9)　柴田潤子「デジタルプラットフォームに対する優越的地位の濫用規制の意義」
　　　　日本経済法学会編『デジタルプラットフォームと独禁法』日本経済法学会年報42号
　　　　(有斐閣・2021年)40-60頁参照。しかし，例えば，越知保見教授の「デジタル経済
　　　　と優越的地位の濫用」に関する一連の論稿(国際商事法務48巻4号(2020年)から49
　　　　巻2号(2021年)にかけて断続的に連載)には異なる評価・分析が詳細に示されてお
　　　　り，過度な一般化は禁物かもしれない。

(注10)　EUの動向を含めた事前規制の導入に対する批判的検討として，滝川敏明「E
　　　　コマースの巨大プラットフォームと独禁法・競争法」国際商事法務50巻3号(2022
　　　　年)255-268頁参照。

第6章　国際的課題

1　国際カルテルと海外競争当局対応

石田英遠弁護士・山田 篤弁護士「海外の競争法当局に対するコンプライアンスと競争法当局からの具体的な攻撃方法とその防御方法──国際カルテル事件の観点から」（2021年5月10日第287回月例研究会）

［講演の概要］

　石田英遠先生・山田篤先生による講演は，海外競争当局による国際カルテル審査に長年対応されてきた経験・知見を踏まえ，米国及びEUに加えて，その他の法域における競争法執行の拡大という状況を受けて，改めて海外競争当局のカルテル審査に対する向き合い方を示すものである。

　大手法律事務所がアジア諸国を中心に海外オフィスを設置するなど，グローバル展開を進めていることにも現れているとおり，米国やEUを中心に競争法の動きをフォローしていれば足りる時代ではなくなっていることを改めて感じた。

［海外競争法及び海外競争当局の広がり］

　今回の講演では，米国（連邦司法省反トラスト局）及びEU（欧州委員会）に加えて，競争法の執行が拡大・強化されている「新興の競争当局」として，中国，インド等のアジア諸国のほか，南アフリカ，ブラジル，ロシア等を個別的に取り上げ，説明されている。

　1年ほど前の月例研究会（2020・5・15第275回）で，川合弘造先生に「企業結合審査の最新動向」を取り上げていただいた際にも，アジア諸国を中心とした

新興の競争当局への対応に相当のウエイトを置いた講演をいただいたところであり（本書215頁），特に，企業結合の事前届出をこれらの競争当局にも出すかどうかの判断が大変悩ましいと話されたことが強く印象に残っている。時間の関係で今回取り上げられなかった英国，カナダ，オーストラリア，韓国等については，刑事罰に関しては米国実務が，行政制裁に関してはEU実務がそれぞれ参考になると思われる。

　国際カルテル審査やそれへの対応において，刑事罰が適用されるか否かが重要な意味を持っている（個人に対する実刑が何といっても抑止力・実効性の源泉であるという）。多くの法域では，EU型の裁量的制裁金制度を採用しており（刑事罰規定を有していても，実際には発動されていない法域を含む），競争当局が自らの行政決定として制裁金を賦課する方式が広く採られている。

　刑事罰の適用が現実的にあり得る法域・競争当局をグルーピングすることが有益ではないかと感じる。具体的には，英国，アイルランド，カナダ，オーストラリア，イスラエル，南アフリカといった英米法系に属する法域のほか，韓国やブラジルを加えることができる。これらの法域では，米国のような刑事罰一辺倒ではないから，対応がより複雑化する。

　なお，英米法系の競争法では，刑事手続を用いない場合にも，競争当局が自らの行政決定として法適用するのではなく，競争当局が裁判所又は審判所に提訴する方式を採っていることがある点も特徴である。

　刑事罰のみの米国から捜査が始まり，他の法域に広がっていく事件が多いとすると，他の法域では行政手続・行政制裁を基本としていることから，競争当局間の執行協力が円滑に進むのか，また，それに対応する企業や代理人の側でも適切に対応できるのかということが気になっている。この点については，刑事罰の米国でも，行政制裁の他の法域でも，競争当局も企業側も基本的にはリニエンシーによる和解的解決を目指していることから，特段の支障は感じていないという補足説明があった。

[米国及びEUにおけるハードコア・カルテル規制の退潮？]

　米国におけるハードコア・カルテルに対する刑事訴追やEUにおけるハードコア・カルテルに対する違反決定はここ数年減少してきており，特に罰金額や

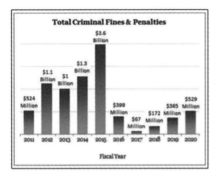

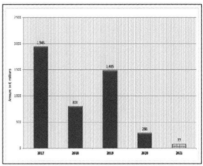

（出典：米国司法省 HP）　　　　　　　　（出典：欧州委員会 HP）

制裁金額が大きく減少しており，大型カルテル事件が少なくなっている。これ
が，自動車部品国際カルテルを典型とする大型国際カルテル事件が終了した反
動による一時的な現象であるのか，それとも，制裁や国際執行協力の強化と
いった競争法規制の厳格化によるコンプライアンス向上の成果であるのか，今
後の動向に注目したい。

　米国では，トランプ政権下で，雇用慣行に係るカルテルや公共調達における
違反に重点を置くようになったが，これも，米国内のカルテルを重視する姿勢
の現れともいえるかもしれない[注1]。EUでも，大型カルテル事件はなくなっ
てきている印象はあるが，欧州委員会が取り上げるカルテル事件は，件数こそ
それほど多いわけではないが，公正取引委員会に比べて，業種（商品・サービ
ス）や行為態様が多種多様であり，その動向をフォローする楽しみがあるよう
に感じている。

　今回のテーマからは外れるが，日本でも同様の傾向が見られ，ここ数年間，
ハードコア・カルテル規制は低調であり，目立った事件としては，アスファル
ト合材及び飲料缶の大型価格カルテル事件と地域医療機能推進機構発注医薬品
入札談合事件くらいにとどまる。こうした状況をどう評価するのか。課徴金減
免申請によってしかハードコア・カルテルの端緒を得ることができなくなって
いるおそれはないか。

　最近，小売が自由化された電力供給を巡る電力会社やガス会社による顧客分
割・営業活動制限の疑いによる立入検査が報道されている（2021年4月13日各
紙【その後も立入検査の続報があり，対象地域等が拡大しているようである】）。規

制改革によって新規参入が認められた業種においては，従来，旧独占事業者による新規参入排除の事案ばかりであったが，既存事業者と新規参入事業者との水平カルテルという新たな類型の違反事件として注目したい。

[コンプライアンス・プログラムの評価]

　米国司法省反トラスト局は，企業のコンプライアンス・プログラムの評価に関する方針を2019年7月に変更し，コンプライアンス・プログラムの誠実な実施を訴追段階でも考慮する方針を表明した[注2]。従来，コンプライアンス・プログラムを有している企業がカルテルを行ったということはプログラムが機能していなかったことを示しているとして，訴追段階ではプログラムを考慮しない方針を一貫して採ってきた。今回の方針変更は早期のリニエンシー申請を行うインセンティブを低下させるおそれがあるのではないかという指摘もある。誠実にコンプライアンス努力を積み重ねてきている企業にとっては朗報であるが，従来のそうした努力を一切考慮しないという厳格な方針は採らないというだけであって，どの程度影響を与えるのか，その評価には今暫くの時間が必要であろう。

　なお，コンプライアンス・プログラムについては，①コンプライアンス対応を産業や企業，法域ごとにテーラー・メイドのものにする必要があること，②実際に厳しい処分を受けた企業は真剣に対応するが，時間が経つと薄れがちになること等の補足説明があった。

　米国から，犯罪人引渡条約に基づきカルテル容疑による犯罪人引渡請求があったと仮定した場合に，日本政府はどのように対応する方針であるのかについても，関心を持っている。競争法の刑事的執行には，競争法に限定しない刑事司法分野における国際執行協力の枠組を活用できるという大きなメリットがあると考えられるが，このメリットを享受しているのは事実上米国のみである。

[EUにおけるカルテル規制]

　EUでは，制裁金の算定を巡って「制裁金ガイドラインのあてはめが妥当ではないとして，EUの裁判所に持ち込むケースが結構ある」と指摘された。

EUでは，制裁金の算定を巡ってどのような点が争われれてきているのか。EUの制裁金の算定も，カルテル対象商品の年間売上高をベースとしている点では日本の課徴金と基本的には同じである（もちろん，日本の課徴金では実行期間における対象商品の売上額であり，完全に同じというわけではない。なお，この点は，米国の量刑ガイドラインも，「影響を受けた取引額」をベースとしている点で同じである）。

　日本では，売上額の算定を巡る審判・訴訟が多数行われてきたが，独占禁止法の発展にとってほとんど意味がなかったというのが私見である。令和元年改正による調査協力減算制度も，1円単位で厳密に算定した売上額をベースとする仕組みを維持しつつ，調査協力が真相解明に資する程度を高・中・低の3段階で評価して減算率を定めるという大雑把なものである。また，EUでは，審査の各段階で公表がなされ，第三者でも進行状況がある程度分かるように透明性が確保されているように感じる。

　なお，EUの制裁金算定については，ガイドラインで詳細に算定方法が定められているものの，算定の各段階で欧州委員会に相当の裁量があり，実際にどのように当てはめられたのかは最後まで（制裁金賦課決定が出ないと）分からないのが実態であるという補足説明があった。

［米国・EU以外の競争当局による法執行の拡大］

　国際カルテルの摘発が活発に行われていた時期に，競争法におけるcriminalizationの動きが指摘されたことがある[注3]。しかし，ハードコア・カルテルに対する刑事的執行が確立している米国を除くと，刑事罰を導入している競争法はそれほど多くはないし，活発に刑事罰を適用している法域は更に少ない。今後，競争法が更に普及し，根付いていく中で，刑事罰を積極的に活用しようとする法域や競争当局が増えるのか，それとも，EU型の制裁金制度が引き続き主流を占めるのか，今後の動向に注目したい。特に，カナダ，オーストラリア等の刑事罰を限定的であるにせよ，活用する法制や方針を持っている法域では，刑事的執行が今後活発化する可能性もあると考えている。

　新興の競争当局から日本企業が調査・処分を受けた事例が散発的とはいえ，存在している。その多くは，当該企業がリニエンシー申請をしたことによるも

のと思われるが，今後，競争当局間の情報交換・執行協力が強化される中で，企業によるリニエンシー申請なしに，新興競争当局から突然，調査・処分を受けるといった事案が出てくることも考えられ，注意を要する。この点に関して，中国，インド，シンガポール，インドネシア，トルコ，南アフリカ，メキシコ等では日系企業に対する適用事例もあり，新興競争当局の審査への対応にも注意を要する旨補足説明があった。

(注1)　司法省及び連邦取引委員会は共同で，2016年10月に Antitrust Guidance for Human Resources Professionals を公表し，その中で司法省は，賃金カルテルや引き抜き禁止協定に対しては今後刑事訴追する方針であることを明らかにした。また，司法省は，反トラスト局その他の関係部局や連邦検事，連邦関係機関が合同で，2019年11月に Procurement Collusion Strike Force（「公共調達談合撲滅部隊」とでも訳せようか）を設置したことを発表している。

(注2)　U.S. Department of Justice, Antitrust Division, Evaluation of Corporate Compliance Programs in Criminal Antitrust Investigations (July 2019). その解説として，井上朗「反トラスト法・競争法被疑調査とコンプライアンス・プログラム」公正取引831号（2020年）29-38頁参照。

(注3)　*See e.g.*, Caron Beaton-Wells and Ariel Ezrachi, *eds.*, Criminalising Cartel: Critical Studies of an International Regulatory Movement, Hart Publishing, 2011; Peter Whelan, The Criminalization of European Cartel Enforcement: Theoretical, Legal, and Practical Challenges, Oxford University Press, 2014.

2　競争法と通商法

川合弘造弁護士「競争法と通商法の相克」（2021年7月12日第289回月例研究会）

[講演の概要]

川合弘造先生の講演は「国際経済法」の最先端の講義のような内容である。主要な項目を挙げると，「通商法と競争法」総論，シャーマン法の成立後の貿易自由化と欧州の経済統合と欧州競争法の成立，通商紛争解決手段としての輸出カルテル・輸出自主規制，貿易自由化の競争法への影響（競争法の域外適用）・WTO フィルム紛争，WTO 体制の下での自国産業保護策（不当廉売関税

と補助金相殺関税，外国補助金への規律導入，貿易救済手段の申請と競争法整合性），中国国営企業への競争法の適用，国家安全保障規制その他公益的な理由による規制と競争法といった多様なテーマを扱っている。一つ一つが大変大きな問題であって，半期15回の2単位授業に相当するような内容であると感じたところであり，今回の講演内容が何らかの形で公表されることを期待したい。

　今回の講演から，全体に通じる視点・視角として，次の2点を強く感じた。第1に，競争法と通商法との関係についてであるが，どの法分野も自分の庭先をきれいにしようとする傾向（他の法分野とのインターフェイスの難問を他の法分野の側に押し付けるといったこと）はあるが，特に「競争法」にはその傾向が強いと思う。例えば，講演の具体的テーマでいえば，アンチダンピング（AD）措置の共同申請に向けた事業者の共同行為や事業者団体の活動についての独占禁止法上の考え方が曖昧なままになっている。独占禁止法は原理原則の法であり，誤解を恐れずに言えば「建前」の法ともいえる。「公正かつ自由な競争」という「建前」を前面に強く出さないと，「本音」（例外扱いの要求）が噴出して，収拾がつかなくなる。そうした懸念から，特に他の法分野や政策とのインターフェイスの問題を議論することを回避し，思考停止状態に陥るという傾向がみられたことは否定できない。今回の内容は，「競争法」が議論を避けてきた「通商法」とのインターフェイスの課題を抉り出すものであったと思う。

　第2には，中国の台頭による影響である。中国が，国際経済ルールとは無関係であったり，国際ルールを無視したりしていた時代から，国際経済ルールに合わせて，あるいは合わせる振りをして国際経済社会に参入して来た時代（2001年のWTOへの加盟）を経て，今や国際経済ルールを変更し，自ら形成しようとする時代になってきている。中国からすれば，これまで西欧諸国や米国が行ってきたことを中国流に行おうとしているだけということかもしれないが，国際経済社会を大きく揺り動かす最大の要因になってきている。ルール形成という面では実績も実力も乏しい我が国がどのように対応し，どのように貢献できるか。今回の講演は，我が国の国際経済社会との向き合い方を考える上でも極めて重要な意味を持つものと感じた。

　以下では，川合先生の講演の順序に沿ってコメントを述べてみたい。

[導入部分]

　競争法（競争政策）と通商法（通商政策）の相互作用については古くからのテーマであり，多くの蓄積がある。例えば，1980 年代に OECD では貿易問題に関する幅広い検討が行われ，その一環として「制限的商慣行専門家委員会」（現在の「競争委員会」）では，1984 年に"Competition and Trade Policies ─ Their Interaction" と題する報告書を取りまとめている[注1]。

　しかし，現下の競争法と通商法を巡る喫緊の課題は，これらの先行研究では扱われていない，むしろ，存在すらしていなかったような問題である。すなわち，中国の台頭とそれに伴う国際経済ルールの独自形成への動き，国家資本主義の支援を受ける中国の国営企業の圧倒的規模による国際経済や各国経済への影響とそれに対する各国のリアクション（補助金規制，安全保障の観点からの規律の強化）といった動向が新たな課題を突き付けている。【ロシアのウクライナ侵攻に伴う対ロシア経済制裁（最恵国待遇の停止を含む）という難問が加わった。】

　こうした中で，どのような視点から新たな課題に取り組んでいくべきかについて，更に議論が必要なように感じた。「競争法」や「競争政策」，「競争当局」として一般に捉えられてきた法分野・政策分野では捉えきれない，それを拡充するような議論を目指していくのか。「競争当局も次第に警戒感を高めつつある（特に欧州）」と説明されたが，欧州委員会は別として，専ら競争法の執行を担当する各国競争当局には，そもそも適切な分析枠組や判断権限がないのではないか。また，「そもそも競争当局として，中国企業を普通の民間企業と同視してよいのか？」と問題提起されたが，競争法は，事業者の営利性や法的性格を問わず，適用されると考えられており，国有企業を特別視することがむしろ不適切であると考えられてきたのではないか。そして，「逆方向のベクトル」をもたらしたのは中国・中国企業の台頭への懸念だけではなく，WTO 体制を牽引してきた米国の変化（トランプ政権下の通商政策の混乱）という要因も大きかったのではないか。日本は，中国の WTO 加盟を支援する立場であったと思うが，国内ではそのことを巡る議論は余りなされなかったという印象もある。こうした理解が適切であるのか。また，加盟議定書には中国への様々な義務付けも含まれるとしたら，それを活用することが求められるが，それでは不十分

なのか。

[「通商法と競争法」総論]

　一方で，生産要素の賦存状況による比較優位が国際貿易の基礎であるが，他方で，比較優位が固定化して発展段階の格差が維持・拡大してしまうことも避けなければならない。通商法が，各国間の競争力格差を解消するための障壁を肯定しつつ，こうした障壁を全体として引き下げていく「交渉」の法体系であるという説明は理解しやすい。他方，競争法は「経済条件がほぼ同様の国内企業間の自由な競争の確保が前提」とされたが，国内で競争条件の違いを補整するための別途の政策措置が用意されていることが国際経済社会との違いであると思う。

　通商法による貿易・投資の自由化が進展し，自由化された国際市場において競争法が機能するようになるということは，通商法の規律する領域が縮減し，競争法が規律する領域が拡大することを意味する（例えば，AD 措置の競争法規制による代替）。実際にはそう単純ではないとしても，通商法の役割は低下するということになるのか。また，通商法は，競争条件の格差の補整といった側面が低下するにつれて，安全保障や環境，人権といった「非貿易的価値」に関わる側面が中心になっていくのか。

　"fair trade" という用語は多義的であると思うが，保護主義的な（ネガティブな）ニュアンスがあるように感じられる。米国で1930年代に制定された再販売価格維持行為を適法とする立法がFair Trade Law と呼ばれていたことが典型であり，米国では fair trade という用語は競争法ではあまり用いられることはないと思う。しかし，これも1970年代後半からの反トラスト思潮の反映にすぎず，これから変わっていくのかもしれない。米国でも近時は「反独占（anti-monopoly）」「公正な競争（fair competition）」といった用語が使われるようになってきている。

[シャーマン法制定とその後・欧州統合と欧州競争法の成立]

　シャーマン法の制定理由については，国内産業間の不均衡の是正，中小企業や農民の保護という側面が大きかったとされている。地理的な意味での障壁を

なくすこと（州際通商の自由化）という面では「自由な競争」の確保であるが，中小企業・農民保護という面では「公正な競争」の確保に重点があったといえる。その意味では，国内では「自由な競争」，国際貿易では「公正な競争」と単純に対比することはできないようにも思う。

WTOにおける「貿易と競争」に関する議論において，米国競争当局（司法省）が消極的であったことが指摘された。1990年代から2000年代初めまで，極めて活発な議論が行われていたが，米国が否定的な立場を採ったことの理由が必ずしも明確ではない（対外的に明確には説明されていない）ように感じてきた。個人的には，第1に，米国反トラスト法が，他の法域とは異なり，基本的に裁判所で判断される（競争当局の判断でできること，できないことがある）という事情が関わっているのではないかと感じてきた。第2には，競争法が通商法との関わりで議論されることへの反感があったのではないか（米国では，competition lawyer と trade lawyer は水と油のようなものと考えられている）と思う。

また，EUでは，競争法が欧州統合のための法的装置の中核的なものとして位置付けられてきたと思うが，なぜ1980年代末に至るまで，その運用は活発ではなかったのか。欧州競争法は通商法的な性格・内容を本来的に有しているという趣旨と理解したが，その意味では，EU競争法は（良くも悪くも）今後の競争法の行方を示唆しているといえるのかもしれない。

［輸出カルテル・輸出自主規制］

輸出カルテルは輸出先の市場に悪影響を及ぼすが（したがって，当該輸出先国の競争法の規律を受ける），場合によっては輸出国の国内市場にも影響を及ぼすことがあり，その場合には自国の競争法の規律範囲に入ってくる。

昭和47年の化合繊輸出カルテル事件（勧告審決昭和47・12・27審決集19巻124頁）は，日欧事業者による市場分割カルテルの属地主義的解決ということではないか（当時の西ドイツ連邦カルテル庁からのOECD通報により情報を入手して取り上げた事件）。輸出取引分野に着目することで可能になる法適用であるが，競争法の目的（自国市場における競争保護）の観点からは問題が残る。輸出取引分野という市場を画定することを前提とするから，独占禁止法の規律管轄権（場

所的適用範囲）に関する考え方が整序されない一因になってきたと思う。

　当時の公正取引委員会は，「輸出カルテルと国際的協定に関する独禁法の解釈について（メモ）」（昭和47・8・9）を公表しているが，単に考え方を公表したのみで，基本的には法執行活動を行ってこなかったと思う。その意味で，これも庭先をきれいにする行動の一種である。余談ながら，各種の分野ごとの独占禁止法ガイドラインの中には，公表すること自体に意味があり，その考え方に沿った法執行活動は想定されていないものが散見される。

　2010年前後の一時期，日欧事業者による国際市場分割カルテルが欧州委員会によって相次いで摘発されたことがある。日本では全くといってよいほど摘発されていないが，欧州企業の対日輸出が（特定の分野・商品を除くと）元々余り行われておらず，実質的には日本企業による対欧州輸出制限協定であったのかもしれない。また，日本企業としては，欧州企業からの対欧州輸出の自制を求められて，やむなく各社が自主的に対応したにすぎないのであって，輸出制限カルテルという認定は不本意であったのかもしれない。

［競争法の国際的普及・競争法の域外適用・WTO フィルム紛争］

　米国司法省・1988年国際的事業活動ガイドラインの脚注159問題（米国からの輸出を制限する行為に対する米国反トラスト法の適用問題）については，当時，公正取引委員会の渉外室長として直接担当していた。米国司法省は，国内的な事情もあり，1984年外国貿易反トラスト改善法（FTAIA）に規定されている「米国からの輸出を制限する行為」に対する法執行を政策判断として自制する旨の脚注159を1992年4月に削除する旨発表し，日本側はこれに強く反発するという事態に至った^(注2)。実際には，米国競争当局は，FTAIA の規定を根拠に海外で行われる輸出制限行為に米国反トラスト法を積極的に適用する行動は採らず，国際執行協力によって解決する政策を維持した。

　また，日米フィルム紛争について，公正取引委員会としては，富士フィルムの排他的流通慣行を違反事件としては取り上げないで実態調査による問題指摘にとどめて，通商産業省に配慮しつつ公正取引委員会自身の利益も守ろうとしたということではないかと考える。

［自国産業保護策・貿易救済措置と独禁法整合性］

　近年，経済産業省は AD 発動に向けた関係業界への啓発や支援を行っているようであるが，我が国で AD の発動が依然として少ない理由はどこにあるか。また，補助金が競争条件を歪め，競争や貿易に歪曲効果を有するとしても，一般に競争法は，政府の行為ではなく，事業者の行為を規律対象とするから，補助金自体を規制することはできない。この点で，EU 競争法が国家補助（state aid）に対する規制を重要な柱としていることとは全く異なる。公正取引委員会が公表している「公的再生支援に関する競争政策上の考え方」（平成28・3・31）は，公正取引委員会自らのイニシャティブで作成されたものではなく，そもそも，「競争政策上の考え方」であって，「独占禁止法上の考え方」ではない。

　欧州委員会が本年（2021年）5月5日に提案した外国補助金の審査制度について，特に企業結合に伴うものは，競争政策，通商政策及び産業政策に関わるものであり，EU 競争法の通商法的な性格が如実に現れているが，施行されると影響は大きいと思われる。

　また，金属継手の価格カルテルの疑いによる立入検査の報道（2020・11・25）について，日本でもこうした通商問題と競争問題とが絡み合う事案（競争事業者間で，AD の共同申請を通商当局に行いつつ〔外国からの競争を排除しつつ〕，価格カルテルを行う〔国内の競争を回避する〕という事態）が出てくる時代になったかという感想を持った[注3]。経済産業省において，「AD 措置の共同申請及び団体申請の活用促進に関する研究会」が開催され，「AD 措置の共同申請の活用に向けたモデルケース」（2020・10・26）が公表されたばかりであったから，特に驚いた。研究会では，公正取引委員会調整課が，主に事業者団体ガイドラインを引用しつつ，独占禁止法上の考え方を説明しているが，これも自分の庭先をきれいにする行動のようにも感じられる。

　政府請願行為に対する反トラスト法の適用除外を認める Noerr-Pennington 理論について，2000年代前半の米国連邦取引委員会は，ミュリス（Timothy J. Muris）委員長の下で，その適用範囲の限定を目指して検討を続けていたと記憶しているが，「不公正な競争方法」の独自規制領域を限定する流れもあり，実務に大きな影響を及ぼすことはできなかったようである。前述の経済産業省

の研究会においては，競争法研究者からも Noerr-Pennington 理論を支持する立場が表明されているが，一層の検討が必要なように感じる。

[まとめ]

　1995 年に WTO がスタートし，「貿易と競争」が盛んに議論され，自由な経済取引，活発な競争を通じた経済発展を目指すという目的を共有し，共存できた時代が終わりを迎えようとしているのかもしれない。

　実務的には「通商法」と「競争法」は別物という印象を持ってきたが，講演を拝聴し，両者が接近する契機として，中国・中国企業の異質性があることが理解できた。中国の異質性に対抗するために，競争法や通商法が変化していくことが必要なのかもしれないが，それが競争法や通商法の本質を変えてしまい，特に「競争法が競争法でなくなってしまう」こと（その意味を具体的に示すことは難しいが）を懸念している。

（注1）その邦訳として，OECD制限的商慣行専門家委員会編・公正取引委員会事務局官房渉外室訳『競争政策と貿易政策—その相互作用』（大蔵省印刷局・1987年）。また，滝川敏明『貿易摩擦と独禁法：グローバル経済化の競争政策と通商政策』（有斐閣・1994年）は，公正取引委員会の渉外室長を務めた著者（現関西大学名誉教授）が研究生活の初期にこの問題を多面的に研究した成果を取りまとめたものであり，現在でも有益である。
（注2）問題の経緯や公正取引委員会の対応について，栗田誠「輸出制限行為と米国反トラスト法」商事法務1287号（1992年）2-6頁参照。
（注3）「貿易救済措置と独占禁止法」（2020年11月30日第34回事例研究部会冒頭挨拶）本書59頁参照。

3　国際競争法と企業活動

　宮川裕光弁護士「競争政策の国際的展開と企業活動」（2021年11月8日第292回月例研究会）
　《参考文献》宮川裕光「海外競争法コンプライアンス」公正取引858号（2022年）16-22頁

［講演の概要］

　宮川裕光先生の講演は，①法域横断的に「最近の競争法・競争政策の動向」を概観する，②主要な法域（米国，EU及び中国）における競争法の概要，執行状況と最近の事例を紹介する，③企業結合規制の最近の動向と事例を紹介するという内容の「競争政策の国際的展開」の部分と，それを受けて，④「企業活動上の留意点」を解説する部分からなっている。

　長年の競争法実務の経験を踏まえ，主要な法域における最新の動向を丹念にフォローした，盛り沢山の内容であり，特に環境関連のEU競争法の最新動向については個人的にも大変興味深いものであった。

　当初，宮川先生のテーマが「競争政策の国際的展開」であると伺った際には，GAFAに代表されるデジタル・プラットフォーム（DPF）に対する規制（競争法違反事件及び立法提案）の動向，米国における進歩的な（progressive），見方によってはポピュリズム的な反トラスト運動とその主導的論者の競争当局トップへの就任といったトピックスが取り上げられるものと予想した。

　しかし，私の勝手な予想は大きく外れた。講演レジュメに多少出てくるものの，基本的にはこうしたトピックスには触れられていない。今回の講演が日本企業の法務担当者向けのものであることを思い起こせば，私が予想したような一見華々しいトピックスは日本企業にとってほとんど関係がないことは明らかである。他方，外国競争当局の動きは公正取引委員会の活動と比較したり，示唆を得ようとしたりする上では重要であり，宮川先生と私の関心の違いの背景にあるようにも感じた。

　日本企業にとっては，DPFとしてのGoogle，AppleやAmazonは取引相手であり，また，ときには競争相手であるから，いわば被害者的な立場に立つことはあっても，米国やEUの競争当局がこれらDPFを提訴することが困ったことになるわけではない。また，米国における進歩的な反トラスト法の執行は，日本の独占禁止法においては主に優越的地位濫用規制といった形で先行して具体化されており，目新しいものではない（ただし，合併規制に関しては具体的な影響が出てくる可能性がある）。

　その意味で，日本企業にとっては，宮川先生が講演で取り上げられた，労働市場における競争制限行為や環境・持続可能性を巡る課題の方が実務的に重要

なのであろうと考え直した次第である。

［最近の競争法・競争政策の動向］

　講演の最初のパートでは，「最近の競争法・競争政策の動向」として，①労働市場における競争法の執行，②競争政策と ESG（環境・社会・ガバナンス），③競争当局間の国際的連携，④デジタル市場における競争法の執行・連邦取引委員会（FTC）による重点的調査対象分野の4点が取り上げられており，いずれも重要な課題である。

　労働市場における競争法の執行については，日本ではフリーランスを巡る問題が最も関心を集めているが，関係省庁の連名による「フリーランスとして安心して働ける環境を整備するためのガイドライン」（令和3·3·26公表）は，従来からの考え方を整理したものであって，それほど目新しい内容のものではない。また，ガイドラインの作成が独占禁止法の執行につながるかというと，これも疑問があり，これまでもよくあったように，ガイドラインに示された考え方の普及と啓発に努めるというところで終わってしまうように思われる。これに対し，米国も EU も，考え方を整理して実際に法執行につなげる，あるいは具体的な審査事件を処理する中で考え方を整理しようとするところが日本とは異なるように感じられる。

　競争政策と ESG について，日本でも，「リサイクル共同化ガイドライン」が2001年に作成されるなど，一時期，大変関心が持たれたが，現在ではそれほどでもない。学界でも，欧州の議論を受けて「環境カルテル」の容認の是非や適用除外の必要性がかつて議論されたこともある[注1]。本年（2021年）の日本経済法学会研究大会（オンライン開催）において，柳武史准教授（一橋大学）が「競争法における持続可能性の問題について―オランダ競争法の議論を手がかりとして―」を報告された。今後，日本でも議論が高まることが期待される。【2022年に入って，経済産業省や日本経団連が問題提起を始めており，公正取引委員会の対応を促そうとしており，あるいは，適用除外立法を目指しているのかもしれない。】

　競争当局間の国際的連携については，1990年代から競争当局間の国際執行協力が強化されてきているが，基本的には法的義務を負わない，任意の協力が

主流である。例外は，米豪間の競争法執行相互協力協定（1999年）であり，両
国がそれを可能にする国内法制を整備していることによる。近時の英米法諸国
の競争当局間の Multilateral Mutual Assistance and Cooperation Framework
for Competition Authorities（2020·9·2締結）に よ る 協 力 関 係 は，model
agreement をテンプレートとする個別の執行協力協定を関係競争当局間で締
結することで，より実効的な執行協力を可能にしようとする取組である。同じ
英米法系の法域として，法制度の基盤を共通にする競争当局だからこそ可能に
なる高度な執行協力を目指しており，日本（公正取引委員会）が参画すること
は法制上難しいと思われる。ただし，国際執行協力のための強固な国内法制を
有する米国及び豪以外の法域がどの程度実効的な協力を提供できるのかは不明
なところがある。

　デジタル市場における競争法の執行・FTC による重点的調査対象分野につ
いて，デジタル市場における競争法の執行に関しては，各法域とも積極的であ
り，公正取引委員会のように非公式な手法を多用する競争当局は見当たらな
い。違反を認定されるわけではないので，グローバル DPF 側からの公正取引
委員会に対する不満は聞こえてこない[注2]。

　また，FTC による「労働者及び中小企業に害を与える行為」の規制につい
ては，「不公正な競争方法」ではなく，「不公正な又は欺瞞的な行為」を根拠と
する事例もある。競争法と消費者法の両方の執行権限を有する FTC のメリッ
トともいえる。In the Matter of Amazon.com, Inc. and Amazon Logistics, Inc.
（June 10, 2021）では，Amazon がユーザーから収受したチップの全額を配達員
に支給しなかったことが「不公正な又は欺瞞的な行為」として審査対象になっ
た事案であり，総額6000万ドル以上を配達員に支払う旨の同意審決で決着し
ている。

　FTC にとっては，FTC 法13(b)条に基づき原状回復・利益吐き出しを裁判
所が命ずる権限を否定した本年（2021年）4月の連邦最高裁判決（AMG Capital
Management, LLC v. FTC, No. 19-508, 593 U.S. ___（Apr. 22, 2021））を立法的に解
決することが緊急の課題である。

[米国反トラスト法の動向]

338

　司法省による大型国際カルテルの芋づる式の訴追は一段落したと思われ，ハードコア・カルテルの刑事訴追件数は相当数あるものの，国内事件が太宗を占め，小粒化しているようである。司法省反トラスト局は，デルラヒム（Makan Delrahim）局長の主導により2019年11月にProcurement Collusion Strike Force（PCSF）を設置し，政府調達を巡る事件に力を入れているが，特に各連邦機関に置かれている監察官（Inspector General）と協力して実効的・効率的な訴追が行われていると思われる（注3）。日本では，公正取引委員会が調達機関職員向けの研修等を実施しているが，調達機関との協力関係が形骸化しているようにもみえる（「年金機構　談合情報　通報せず」〔2021・11・6朝日〕参照）。【公正取引委員会は，令和4年3月3日，日本年金機構発注データプリントサービス入札談合事件の排除措置命令・課徴金納付命令を行うとともに，日本年金機構に対して，談合情報を公正取引委員会に通報していなかったこと等について改善を要請している。】

　長年，合併以外の民事事件（civil non-merger case）の提訴は極めて限定的であるが，昨年（2020年）10月20日に司法省が提訴したGoogle事件も契機として，今後，活発化することも予想される。もっとも，Google事件の事実審理は2023年9月12日開始予定とされており，古谷一之委員長ならずとも，時間がかかりすぎの感は否めない。

　また，FTCがカーン委員長就任直後の2021年7月1日，「不公正な競争方法」の執行方針に関するStatement of Enforcement Principles Regarding "Unfair Methods of Competition" Under Section 5 of the FTC Act（August 13, 2015）を撤回し，積極的な法執行の方針を示したことが今後，どのように具体化されてくるのか，それが裁判所でどのように評価されるのかが注目される。

[EU競争法の動向]

　欧州委員会の事件審査状況からは，様々な業種・分野における各種の行為類型について実効的な取組が継続されていることが窺われ，コロナ禍の影響のようなものは余り感じられない。審査手法の違い（公正取引委員会の審査実務における供述聴取の重視）という面も大きいと思われる。また，EU競争法の優れた仕組みの一つは，政策的な見直しが制度化されており，定期的な検証・改訂が

スケジュール化されていることである。

　排ガス浄化装置カルテル事件（2021・7・8違反決定）は，「ハードコア・カルテル」の概念の見直しを迫るものかもしれない。EU運営条約（TFEU）101条1項(b)（生産，販売，技術開発又は投資を制限し又は統制すること）に該当し，「目的による（by object）」違法と判断され，合計で8.75億ユーロの制裁金が課されている。独占禁止法の課徴金制度の下では，この種の行為は課徴金対象にはならないと考えられ（7条の2第1項柱書），そもそも，この種の行為について排除措置命令を行おうとする発想自体乏しいのかもしれない。

　Aspen（不当な高価格設定）事件（2021・2・10確約決定）は，医薬品の事案であり，こうした事例（73％の価格引下げ約束）が様々な分野で頻発するとは思われない。また，確約決定であり，違反認定ではない。ただし，値上げを受け入れない医療保険当局には供給を停止するよう指示していたとされており，単なる高価格設定というわけではない。Aspenとしては，既に十分な利益を得てきたということかもしれない（2017年5月に審査は開始されていた）。

　欧州委員会の支配的地位濫用事件の決定は裁判所から全面的に支持されているわけではない（例えばIntel事件）。11月10日に予定されているGoogle（Shopping）事件の一般裁判所の判決が注目される。【一般裁判所は，2021年11月10日，Google（shopping）事件に関する2017年6月27日の欧州委員会の決定（支配的地位濫用について24.2億ユーロの制裁金）を支持する判決を下した。他方，Intel事件については，欧州司法裁判所からの差戻を受けて，一般裁判所が2022年1月26日，欧州委員会による10.6億ユーロの制裁金決定（2009年）を取り消す判決を下した。支払った制裁金の返還を受けたIntelは，6月に欧州委員会に対して，6億ユーロの遅延利息の支払いを求める訴訟を提起したと報道されている。】

[中国独占禁止法の動向]

　中国独占禁止法は，米国反トラスト法，EU競争法と並ぶ三大競争法体系として完全に確立されたといえる。2008年の施行から10数年にすぎず，驚異的な進歩である。独占禁止委員会の下に3つの競争当局が鼎立し，執行権限を分有する体制が2018年4月に解消されたこと（国家市場監督管理総局の設置）によ

り，一貫性や迅速性が確保されたと考えられる。「共同富裕」政策の手段として独占禁止法規制が用いられることが考えられ，近時の巨大IT企業に対する相次ぐ規制が継続するものと思われる。

　日本企業にとって特に関心があると思われる再販売価格維持行為については，従来から，行政規制では当然違法に近い取扱いであり（適用除外になる可能性はある），民事訴訟では合理の原則が適用されてきており，齟齬があると指摘されてきた。海南裕泰科技飼料事件（最高人民法院2018・12・18判決）は，価格に関わる独占行為の規制を担当していた国家発展改革委員会の地方組織による行政決定に対する初めての行政訴訟判決であるが，競争制限効果がないことを事業者側が立証して違法性を否定できることを認めたものの，民事訴訟における取扱いとの違いは容認している（陳丹舟「再販売価格維持行為の中国最高法院再審判決について」公正取引842号〔2020年〕49-54頁参照）。現在提案されている独占禁止法改正案では，垂直的協定に関する条文に「事業者が競争を排除し，又は制限する効果を有しないことを証明できる場合は，禁止しない。」旨の第2項が追加されている。【中国の全国人民代表大会常務委員会が2022年6月24日，独占禁止法改正案を可決し，8月1日に施行された。】

［企業結合規制］

　米国FTCが，カーン委員長の主導の下に，企業結合審査の実務を大きく変更する次のような方針を相次いで打ち出しており，混乱が広がるおそれがある。

　①当事会社に将来の企業結合計画の事前承認を求めることはしない旨の1995年方針の廃棄（2021・7・21），事前承認を求める新たな方針の発出（2021・10・25）

　②ハート・スコット・ロディノ法が定める期限内に審査が終了していない届出案件に関して引き続き審査中である旨の書簡を発出する方針の表明（2021・8・3）

　③2020年垂直的企業結合ガイドラインの撤回（2021・9・15）：司法省も見直し方針を示しているが，撤回はしていない。

　また，買手独占力（monopsony power）に着目した企業結合規制の必要性

が指摘されており，最近，司法省が出版社の買収事案（Random House による Simon & Schuster の買収）を提訴したこと（2021・11・2）が注目されている（出版社と取引する著作者への影響が懸念されている）。

【米国司法省及び FTC は連名で，2022 年 1 月 18 日，合併規制の見直しのための公開手続（Request for Information on Merger Enforcement）を開始する旨公表した。】

我が国の独占禁止法には届出義務の不履行，不正確な情報の提供等に対する実効的な抑止措置が設けられていないという欠陥を是正しようとする動きがみられないことは残念である[注4]。

[企業行動上の留意点]

独占禁止法や公正取引委員会の実務には，企業のコンプライアンスへのインセンティブを高めるような制度や運用が乏しいことに最大の問題があるのではないか。例えば，届出，報告等や排除措置の履行に係る実効確保措置が整備されていないこと，ハードコア・カルテル以外の違反行為類型について排除措置命令を出そうとする意欲が感じられないこと，排除措置の内容が抽象的であり，事業者や関係者にとって「すべきこと」と「してはならないこと」が具体化・明確化されていないことである。

ハードコア・カルテル以外の行為類型について，ルール形成が進展していない。特に，「独占禁止法上問題となるおそれ」を根拠に改善要請等がなされる中で，企業にとっては，十分な法的検討を欠いたまま，一定の是正措置を講じることが事実上求められることになる。また，第三者にとっても，具体的にどのような是正措置が採られているのかを客観的に検証することができない。こうした状況を改善するために何をなすべきか。公正取引委員会の責任は重大である。

（注 1）沢田克己教授による先駆的業績がある。沢田克己「EC およびドイツにおける社会的規制と独占禁止政策法—環境保護を中心として」日本経済法学会編『社会的規制と競争政策』日本経済法学会年報 21 号（有斐閣・2000 年）40-67 頁参照。
（注 2）「アップル（リーダーアプリ）事件」（2021 年 9 月 6 日会長コラム）本書 100 頁参照。
（注 3）連邦政府機関に置かれている監察官（Inspector General）の役割について，栗田

誠「米国の政府調達における不正行為防止策」栗田誠『実務研究 競争法』（商事法務・2004年）35-37頁（「監察官（Inspector General）」制度）参照。

（注4）象徴的な事例が2016年に行われたキヤノンによる東芝メディカルの株式取得である。公正取引委員会への届出を行う前に，この株式取得の実現に向けたスキームの一部が実行されていたことが「事前届出制度の趣旨を逸脱し，独占禁止法第10条第2項の規定に違反する行為につながるおそれがある」として，公正取引委員会はキヤノンに対して注意（東芝には申入れ）を行っている（平成28・6・30公表）。これに対し，中国，米国，EUでは，キヤノンに対して届出義務違反（いわゆるガン・ジャンピング）を理由に制裁を課している。中国商務部は2017年1月4日，30万元の行政罰をキヤノンに課しており，米国では司法省が提起した民事罰の賦課を求める民事訴訟において，2019年6月10日に500万ドルの支払の同意判決が出ている。また，欧州委員会は2019年6月27日，2700万ユーロの制裁金をキヤノンに課している。【キヤノンは欧州委員会の制裁金決定を一般裁判所で争っていたが，2022年5月18日，同裁判所はキヤノンの請求を棄却している。】

第7章　エンフォースメント

1　確約手続の運用状況

志田至朗弁護士「確約制度施行後の同制度の運用状況と今後の展望」
（2021年3月9日第285回月例研究会）

[講演の概要]

　和解的・交渉的な事件処理手続の必要性を早くから提唱してきた競争法研究協会としても，私個人としても，確約手続の問題は極めて重要なテーマである。競争法研究協会は「独占禁止法違反事件処理手続意見書」（2008·10·20）において，「略式の同意命令手続」の導入を提言していた。月例研究会においても，確約手続の施行（平成30·12·30）の前後の2018年12月に厚谷襄児先生による「確約手続及び北海道電力㈱に対する警告事案（H29.6.30）について」，2019年2月に上杉秋則先生による「確約手続の導入は公取委の審査実務にどのような影響を及ぼすか」をテーマとしている。

　確約手続の施行から現時点（2021年3月）で2年余り経過したが，既に6件の確約計画認定事例があり，先週も，優越的地位濫用に係る審査事件について，確約計画の認定申請がなされたと報道されている（BMW事件【確約計画認定令和3·3·12】）。確約手続による違反事件処理は審査実務において極めて重要な意味を持つに至っており，認定事例がある程度蓄積された現時点で，これまでの運用状況を分析し，制度の評価や実務上の対応を考える今回の講演は極めて有意義なものである。

　今回の志田至朗先生の講演は，現行の確約手続を前提に，6件の確約認定事件を詳細に分析し，実務上の留意点や今後の課題を整理することを主眼とする

ものである。現行の確約手続には制度面の問題点を抱えており，将来的には見直しを進めることが必要になってくると考えている。

[現行確約手続の評価]

　独占禁止法に基づく確約手続には重大な問題点や欠陥があることが夙に指摘されている。その背景には，確約手続が環太平洋パートナーシップ（TPP）協定の合意内容を受けて，十分な法制上の検討を欠いたまま立案され，法制化されたという事情が関わっている。また，「行政上の和解」について否定的に考えてきている行政法理論も影響していると思われる。独占禁止法違反事件処理手続であるのに，「排除措置計画」の「申請」や「認定」といった，一般行政法上の用語が用いられていることにも違和感がある。なお，「確約手続」という呼称は，「公正取引委員会の確約手続に関する規則」において用いられているものであり，独占禁止法の規定には出てこない。

　確約手続においては，確約措置の不履行に対する制裁その他の実効確保措置が設けられていない。公正取引委員会ができることは，確約計画の認定を取り消し，再度審査を行って排除措置命令（及び課徴金納付命令）を行うことのみである。このような仕組みを採用していることについて，公正取引委員会では十分な説明をしていないが，「行政上の和解」の可否，合意の不履行に対する制裁の可否といった法制上の検討課題があるものと推測される。しかし，公正取引委員会は，確約計画認定を「法的措置」として位置付け，例えば，年次報告における審査事件統計において排除措置命令と同じく「法的措置」の一種として扱っている。

　独占禁止法上の課徴金制度は，違反の認定が課徴金の賦課に直結する仕組みを採っており，公正取引委員会には，課徴金を課すか否か，その額をどのように決定するかについての裁量はないと説明されている（調査協力減算制度を除く）。しかし，確約手続通知・確約計画認定をすることは法的に課徴金を賦課しないと判断することであるから，独占禁止法制度全体の設計に乖離ないしは歪みがあると言わざるを得ない。確約計画認定は違反の認定に至っていない段階で行われるものであり，その段階では課徴金を賦課することはできないのであるから乖離はないという応答が予想されるが，それでは十分な説明になって

いないと思われる。

　優越的地位濫用は，1回目の違反から課徴金対象となる違反行為であり，2011年（平成23年）から2014年（平成26年）にかけて5件の排除措置命令・課徴金納付命令が行われた。しかし，これら命令に係る審判・訴訟事件の係属もあり，それ以降に命令が行われた事例はなく，執行が停滞してきている（全て警告や注意といった非公式な処理に委ねられてきており，あるいは実態調査による改善要請という手法が用いられている）。優越的地位濫用の違反認定や課徴金算定の困難性と相まって，今後は確約手続により処理しようとする方向性が明らかである。

　排除型私的独占についても同様の事態になることが懸念されたところであり，日本メジフィジックス事件（確約計画認定令和2・3・11）や大阪ガス事件（令和2・6・2審査終了）の処理はそうした懸念を裏付けるものであった。しかし，その直後のマイナビ空港サービス事件では排除措置命令（令和2・7・7審決集67巻373頁）及び課徴金納付命令（令和3・2・19審決集67巻397頁）が行われた。公正取引委員会からみて，あからさまな排除行為であること，地域的・小規模な事案であることも法適用（違反認定）を後押ししたと推測される。また，安全性確保を理由に違反には当たらないとする関係事業者の立場からみて，仮に確約手続通知を行っていたとしても，確約計画の認定が申請されることはなかったと推測される。【なお，マイナミ空港サービスが提起した命令取消訴訟について，東京地裁は2022年2月10日，請求を棄却する判決を行っている（控訴）。】

　確約計画の認定は確約措置の内容の十分性が一つの要件となっているが，「確約手続に関する対応方針」（確約ガイドライン）では，「過去に排除措置命令等で違反行為が認定された事案等のうち，行為の概要，適用条項等について，確約手続通知の書面に記載した内容と一定程度合致すると考えられる事案の措置の内容を参考にする。」と記述されている。現行の排除措置命令の運用では，命じられる排除措置は定型化しており，また，限定的であり（例えば，直接の違反行為の対象とされた商品役務に限定されていることが多い），あるいは抽象的であって（例えば，不作為命令が「同様の行為」の禁止とされ，外延が不明確かつ限定的であり，同様の弊害を有する類似の行為は対象外であると考えられる），実効性を欠く面がある。限定的な排除措置命令の実務を前提とした確約措置では，

十分な実効性は期待できないと思われる。唯一，より実効的な措置として強調されるものは金銭的価値回復措置であるが，実際上，優越的地位濫用に限定される。なお，確約措置の全文が公表されているわけではないから，容認される行為と容認されない行為の境界を具体的に記述した確約措置が認定されている可能性があることは留保しておきたい。

　確約手続の対象となるかについては，①「違反の疑いがある行為を迅速に排除する必要」があること，②当該事業者に措置を提案してもらう方が，「より実態に即した効果的な措置になると見込まれる」こと等の観点から個別判断するとされているが，これまでの認定事例からは，こうした成果につながっているとは認め難いのではないか（具体的には後述する）。また，審査開始（立入検査）から確約通知・確約計画認定までに長期間を要している事例が多い。さらに，多くの事例では違反被疑行為が既に取りやめられており，違反被疑行為を迅速に排除する必要性は相対的に低く，むしろ，既往の違反行為として排除措置命令を行うことが適切であるかもしれない。

［確約計画認定事件の概要］

　確約計画認定事件の概要を整理すると，次表のとおりである【令和4年6月30日時点で，新たな認定事例を含めて整理している】。

事件名 （認定順）	立入→通知→ 認定(注)	違反被疑行為【関係法条】	確約計画
①楽天	2019・4・10 →2019・7・23 →2019・10・25 （約6か月）	宿泊予約サイト「楽天トラベル」における宿泊施設業者との間の同等性条項（他のルートよりも不利でない条件の要求）等【不公正な取引方法（拘束条件付取引）】	被疑行為の取りやめと周知 3年間の同様の行為の禁止 再発防止策 公正取引委員会への報告
②日本メジフィジックス	2018・6・13 →2019・1・15 →2020・3・11 （約21か月）	がん診断用医薬品の新規参入者に対する妨害【排除型私的独占又は不公正な取引方法（競争者に対する取引妨害）】	被疑行為の取りやめの確認と周知 3年間の同様の行為の禁止 再発防止策 公正取引委員会への報告

③クーパービジョン・ジャパン	2019・6・11 →2020・3・13 →2020・6・4 （約12か月）	コンタクトレンズの小売業者に対して，広告への販売価格の表示及び医師の処方を受けた者へのインターネット販売の禁止【不公正な取引方法（拘束条件付取引）】	被疑行為の取りやめの確認と周知 3年間の同様の行為の禁止 再発防止策 公正取引委員会への報告
④ゲンキー	2018・11・7 →2020・5・29 →2020・8・5 （約21か月）	納入業者に対して，従業員等を派遣させること，購入要請，協賛金等の金銭の提供要請，返品【不公正な取引方法（優越的地位濫用）】	被疑行為の取りやめの確認と周知 3年間の同様の行為の禁止 再発防止策 従業員等の派遣に係る金銭的価値回復措置［約1.4億円（報道ベース）］ 公正取引委員会への報告
⑤アマゾンジャパン	2018・3・15 →2020・7・10 →2020・9・10 （約30か月）	納入業者に対して，ⓐ在庫補償契約による代金減額，ⓑ収益性向上のための金銭提供要請，ⓒ共同マーケティングプログラム契約による金銭提供要請，ⓓ協賛金等の名目による金銭提供要請，ⓔ返品【不公正な取引方法（優越的地位濫用）】	被疑行為の取りやめと周知 3年間の同様の行為の禁止 再発防止策 違反被疑行為全体に係る金銭的価値回復措置（約1400社に対し約20億円） 公正取引委員会への報告
⑥シード	2019・6・11 →2020・9・9 →2020・11・12 （約17か月）	コンタクトレンズの小売業者に対して，広告への販売価格の表示及び医師の処方を受けた者へのインターネット販売の禁止【不公正な取引方法（拘束条件付取引）】	被疑行為の取りやめの確認と周知 3年間の同様の行為の禁止 再発防止策 公正取引委員会への報告
⑦BMW	2019・9・11 →2020・12・14 →2021・3・12 （約18か月）	ディーラーに対して，これまでの販売実績等からは到底達成できない販売計画台数を合意させ，その達成のためにディーラー名義での新規登録を要請【不公正な取引方法（優越的地位濫用）】	被疑行為の取りやめの確認と周知 3年間の同様の行為の禁止 再発防止策（内容が具体的） 公正取引委員会への報告

⑧日本アルコン	2019・6・11 →2021・1・7 →2021・3・26 （約21か月）	コンタクトレンズの小売業者に対して，広告への販売価格の表示及び医師の処方を受けた者へのインターネット販売の禁止【不公正な取引方法（拘束条件付取引）】	被疑行為の取りやめの確認と周知 3年間の同様の行為の禁止 再発防止策 公正取引委員会への報告
⑨ Booking.com	2019・4・10 →2021・12・17 →2022・3・16 （約35か月）	宿泊予約サイト「Booking.com」における宿泊施設業者との間の同等性条項（他のルートよりも不利でない条件の要求）等【不公正な取引方法（拘束条件付取引）】	被疑行為の取りやめと周知 3年間の同様の行為の禁止 再発防止策 公正取引委員会への報告
⑩ アメア ジャパン及びウィルソン	2020・9・8 →2021・12・24 →2022・3・25 （約18か月）	ウィルソン製テニスラケットの並行輸入を妨害【不公正な取引方法（競争者に対する取引妨害）】	被疑行為の取りやめの確認と周知 3年間の同様の行為の禁止 再発防止策 公正取引委員会への報告
⑪一蘭	（2022年1月から任意調査） →2022・4・1 →2022・5・19 （約4か月）	一蘭の即席めん等について，希望小売価格から割引した価格で販売しないことに同意した小売業者に当該商品を供給【不公正な取引方法（再販売価格拘束）】	被疑行為の取りやめと周知 3年間の同様の行為の禁止 再発防止策 公正取引委員会への報告
⑫エクスペディア	2019・4・10 →2022・2・25 →2022・6・2 （約38か月）	宿泊予約サイト「Expedia」における宿泊施設業者との間の同等性条項（他のルートよりも不利でない条件の要求）等【不公正な取引方法（拘束条件付取引）】	被疑行為の取りやめと周知 3年間の同様の行為の禁止 再発防止策 公正取引委員会への報告

⑬サイネックス	2021・11・2 →2022・5・12 →2022・6・30 （約8か月）	市町村等向けのホームページ管理用コンテンツ管理システムについて，オープンソースソフトウェアではないものにすることがセキュリティ対策上必須である旨記載した仕様書等の案を配付【不公正な取引方法（競争者に対する取引妨害）】	被疑行為の取りやめと周知 3年間の同様の行為の禁止 再発防止策 公正取引委員会への報告
⑭スマートバリュー			

(注)「立入」，「通知」，「認定」は，それぞれ，立入検査年月日（報道による），確約手続通知年月日，確約計画認定年月日であり，括弧内は，立入検査から確約計画認定までの所要月数である。

［確約計画認定6事件の分析］

　以下は，上表①～⑥事件に関する分析である。

（違反被疑行為の類型）

　拘束条件付取引が3件（①③⑥），優越的地位濫用が2件（④⑤），排除型私的独占（又は競争者に対する取引妨害）が1件（②）である。コンタクトレンズに係る2件（③⑥）の被疑行為のうち，価格広告の禁止は原則違法とされている行為である。インターネット販売の制限に係る被疑行為が含まれることから，確約手続の対象とされたのかもしれない。

　また，全て単独行為であり，共同行為や事業者団体活動，企業結合はない。企業結合審査の現行実務からは，当事会社に確約手続を利用するメリットはないと考えられる。

　同じ内容の違反被疑行為で同時に立入検査が行われたが，引き続き審査中とみられる事件が存在する（①について2社，③⑥について1社）。立入検査から既に2年近くが経過しており，排除措置命令を目指しているのであろうか。【上表⑧事件は③⑥事件と，⑨⑫事件は①事件と，それぞれ同じ違反被疑行為で同時の立入検査の事案である。これにより，3社同時の審査開始の2事案は全て確約計画認定により決着したことになる。】

（審査期間）

　立入検査から確約認定まで，①は約6か月，③は約12か月であるが，それ以外は1年半から2年半かかっている。ただし，③以降の事件については，コロ

ナ禍の影響も考慮する必要があるかもしれない。審査期間が長期化していることは，排除措置命令を目指して慎重・十分な審査を行っていることの現れであるのかもしれない。また，確約通知を行うに当たっても，「違反する事実があると思料する」(48条の2) ための審査を丁寧に行っていることによるのかもしれない。しかし，被疑行為の迅速な排除という観点からは問題がある。

　また，確約通知から確約計画認定までは2〜3か月であり，確約手続通知の前に相談を行っているものと推測される。

(確約措置)

　違反被疑行為の取りやめを内容とする排除措置の事例は①⑤にとどまり，他の4件は排除確保措置の事例である。すなわち，多くの事例では，違反被疑行為が既に取りやめられており，「違反の疑いのある行為を迅速に排除する必要性」は相対的に低く，既往の違反行為として排除措置命令を行うことが適切であった可能性もある。

　優越的地位濫用事件における金銭的価値回復措置を除くと，確約計画の内容は過去の同種の排除措置命令事案の措置内容と同様のものである。また，確約計画では，不作為命令に3年の期間制限が付されている点で，排除措置命令におけるものよりも限定的である。この意味で，排除措置命令よりも「より実効的な措置」になっているとは言い難い。

　なお，排除措置命令の不作為命令に期限が設定されていないことについては，別途，検討する必要がある。

　確約措置の実施期間について，担当官解説では個別判断とされているが，実際には全ての事例で3年間であり，3年がデフォルトになっている感がある。同じ優越的地位濫用事件である④⑤について，⑤ (アマゾンジャパン事件) の担当官解説 (公正取引842号〔2020年〕71頁) は3年の理由として「電子商取引事業を取り巻く事業環境の変化の速さ」を挙げているが，ドラッグストアの④ (ゲンキー事件) でも3年である。

　② (日本メジフィジックス事件) の担当官解説 (公正取引835号〔2020年〕65-66頁) は，排除措置命令で通常命じられる措置に加えて，「事業者の提案に基づくより実態に即した効果的な措置」が含まれていることを強調しているが，通常命じられることがない措置であるのか，どの程度効果的な措置であるのかに

は疑問もある。また，⑤（アマゾンジャパン事件）では，違反被疑行為全体を対象として，約1400社に対して約20億円の金銭的価値回復措置が採られることになっている。本件担当官解説（公正取引842号70頁）は，「確約手続が『甘い』対応であると批判する向きもあるが，本件確約計画の内容からすれば，そのような批判が当たらないことは明らかである」と述べているが，これが執筆者の個人的見解であって，公正取引委員会の見解ではないことを願っている。本来，排除措置命令・課徴金納付命令を行う方が厳しい対応であることは明らかであると思われる。

（意見募集及び確約計画認定の公表）

確約計画に関する意見募集が行われたことはない。また，確約計画が認定されると，違反被疑行為の概要及び確約計画の概要が公表されるが，その内容は①（旅行予約サイトの同等性条項）並びに③及び⑥（コンタクトレンズの価格広告の禁止等）では極めて簡潔である。これらの事件では，同時に立入検査が行われ，並行して審査が続いている事件があり，それへの影響を考慮して簡潔な記載になっている可能性がある。他方，②（医薬品の競争者排除）では違反被疑行為の記述が比較的詳細である。【①と同時に審査が開始された⑨⑫の公表資料には，①の公表資料には記載されていなかった「違反被疑行為による影響」に関する記述がある。他方，①に比べて，確約手続の対象行為が限定されており，したがって，確約措置の範囲も狭くなっており，①とのアンバランスが生じている。「Booking.com 事件の確約計画認定」（2022年3月18日会長コラム）本書132頁参照。】

一般に，当該被疑行為がなぜ競争制限につながるおそれがあるのかが記述されることはない。例えば，①と同種の事案で，自発的改善による審査終了とされたアマゾンジャパン（同等性）事件（平成29・6・1）等では，この点がある程度詳細に記述されていたことと比べても問題がある。担当官解説に比較的詳細に解説されていることもあるが，本来，公表資料自体に記載することが求められる。また，担当官解説にも，なぜ排除措置命令等を行うのではなく，確約手続に付すこととしたのかについての説得的な説明はない。

［確約手続と自発的改善措置による審査終了との区別］

（大阪ガス事件）

　マイナミ空港サービス事件（排除措置命令令和2・7・7審決集67巻373頁）や日本メジフィジックス事件（確約計画認定令和2・3・11）以上に排除型私的独占の典型例（公益事業における新規参入者排除行為）と目された大阪ガス事件（令和2・6・2公表）が自発的改善措置による審査終了として処理されたことには疑問がある。

　公表資料には，「前記①［不当廉売の疑い：筆者注］については独占禁止法に違反する行為があるとは認められなかったこと，前記②［包括契約］及び③［中途解約金］については本件審査の過程において大阪ガスから契約の一部を改定するなどの申出がなされたこと等から，本件審査を終了することとした」と記載されている。

　担当官解説（公正取引838号〔2020年〕82頁）では，「大阪ガスから改善措置の申出を受けた時点で，公正取引委員会はいまだ審査中で違反の有無を判断するに至っておらず，かつ，審査を続行してその点につき結論を出すことよりも，大阪ガスが改善措置を実施することで状況が早期に改善されることを優先したためと思われる」とする。併せて，「（本件公表文には）公正取引委員会が当該措置により違反の疑いが解消されると判断した……旨の記載がなく，将来的には改善後の同社の行為が審査対象となる可能性があると思われる」という。

　公表資料にも担当官解説にも，確約手続に付さなかった理由は直接的には説明されていない。確約手続は，「違反する事実があると思料する場合」（48条の2），すなわち，「調査の対象となっている行為について，独占禁止法の規定に違反する疑いがあるものの，いまだその違反が認定されるまでに至っていない段階にある場合」，言い換えると，調査を開始して以降，「違反する行為がある」ことが認定されるまでの間，可能な手続である（小室尚彦・中里浩編著『逐条解説 平成28年改正独占禁止法』〔商事法務・2019年〕16-17頁）。したがって，他の要件を満たせば，本件も確約手続で処理することができたはずであり，そうしなかった理由が説明される必要がある。

　おそらく，公正取引委員会としては，大阪ガスが申し出た措置により違反の疑いが解消するかどうか，確約手続で処理するために必要な確約措置の内容の

十分性の要件を満たすかどうかを容易に判断することができないことから，確約手続に付すことを断念し，現状からの改善となることを評価していったん審査を終了させることとしたものと考えられる。

　なお，公正取引委員会は，3つの被疑行為のうち不当廉売については，「独占禁止法に違反する行為があるとは認められなかった」と言い切っているが，なぜこの被疑行為だけそうした認定に至ったのか疑問である。

（法的措置以外の事件）

　確約手続の導入後に法的措置以外の方法で処理・公表された事件は，次のとおりである【令和4年6月30日時点で，新たな公表事例を含めて整理している】。

公表年月日	事業者等	違反（被疑）行為	関係法条	処理
平成31・1・24	大阪ガス	ファンヒーターの押し込み販売	優越的地位濫用	警告
平成31・3・26	今治タクシー事業協同組合	共通乗車券事業における組合員に対する制限	拘束条件付取引	警告
平成31・4・11	アマゾンジャパン	ポイントサービス利用規約の一方的変更	優越的地位濫用	調査打切り（正式審査開始前）
令和1・5・15	丸井産業	納入業者に対する金銭提供要求	優越的地位濫用	警告
令和1・7・3	あきた北農協ほか	組合員に対する出荷先制限	拘束条件付取引	警告
令和2・6・2	大阪ガス	ガスの大口供給の競争者の排除	排除型私的独占等	改善措置の申出による審査終了
令和2・11・5	日本プロ野球組織（NPB）	球団に選手契約の拒絶をさせること	8条5号（共同の取引拒絶）	改善措置の実施による審査終了
令和2・12・17	電通	他の事業者と取引する取引先の出入り禁止	競争者に対する取引妨害	注意
令和3・9・2	アップル・インク	アプリ業者に対するアウトリンクの禁止等	私的独占拘束条件付取引	改善措置の実施による審査終了

令和3・12・2	ユニクエスト	他のネット葬儀業者との取引の制限	排他条件付取引 拘束条件付取引	改善措置の実施による審査終了
令和3・12・6	楽天	「送料込みライン」の一律実施・強制	優越的地位濫用	改善措置の実施による審査終了

　これまでの運用状況から判断すると，大雑把な印象としては，確約手続は次のように位置付けられている。確約手続は，従来であれば排除措置命令（他の要件を満たせば課徴金納付命令も）相当のハードコア・カルテル以外の事案について，被疑事業者の審査協力を得つつ迅速な決着を図る手続として運用されている。今後，再販売価格拘束事件が確約手続の対象になるかが注目される【確約計画認定の⑪（一蘭事件）は再販売価格拘束事件であるが，企業規模等も考慮されている可能性もある】。また，従来の警告・注意相当の事案は，確約手続の導入後も，警告・注意として処理される。公正取引委員会としての明確な結論を出しにくい事案については，自発的改善措置による審査終了という選択肢もある。

　本来，排除措置命令相当の事案を確約手続で処理することについては，公正取引委員会と被疑事業者の双方にとってメリットがあり，また，デメリットがないと考えられているものと思われる。まず，双方にとって，リソースの節約になる。公正取引委員会にとっては，確約計画認定も「法的措置」として位置付けられ，硬直的な課徴金制度の運用負担を免れることができるし（特に優越的地位濫用），当該事業者から争われるリスクは極めて低い。他方，被疑事業者にとっても，違反の認定がされず，公表内容が限定され，レピュテーション・リスクや損害賠償請求のリスクを軽減できる。

　確約手続により大部分の審査事件が処理される状況は，2005年（平成17年）改正前の勧告制度の下で大部分が勧告審決（名宛人が勧告された措置を採ることを応諾する自由な意思を根拠とする審決）で処理されていた時代に戻るものともいえる。しかし，損害賠償請求訴訟との関連では，勧告審決と確約計画認定とでは大きな違いがある。勧告審決も独占禁止法25条に基づく無過失損害賠償請求訴訟の対象であり，訴訟においては，審判審決や同意審決に比べて弱いものの，違反行為の存在について事実上の推定効が認められていた。確約計画認定事件に係る損害賠償請求訴訟が提起された場合に，公正取引委員会の確約計

画認定がどのような意味を持つのか（持たないのか）については，今後の裁判所の判断を待つ必要がある。また，損害賠償請求訴訟の原告からの資料提供要請について，公正取引委員会ではどのように対応するのであろうか。違反行為を認定するものではない以上，否定的であろう。

【確約手続について，上記の検討を基に2021年3月末時点で次の論稿を執筆した（確約計画認定事例①〜⑧が検討対象）。栗田誠「独占禁止法上の確約手続の課題」同志社法學73巻6号（2021年）317-353頁。

また，確約手続と私訴との関係が日本においては検討されていないことを指摘して，EUにおける動向を分析する論稿として，瀬領真悟「確約制度と私訴・損害賠償制度について―EU法をめぐって・検討序説」土田和博・山部俊文・泉水文雄・川濱昇・河谷清文編『現代経済法の課題と理論（金井貴嗣先生古稀祝賀）』（弘文堂・2022年）515-532頁参照。】

2　確約計画認定事例の分析

多田敏明弁護士「確約手続対象事例の検討―利用のポイントと留意点」
（2021年5月31日第35回事例研究部会）

[講演の概要]

確約手続に関する多田敏明弁護士の講演は，「確約制度の総論」として，確約手続の全体像を実務の観点から重要なポイントを解説する前半部分と，「これまでの確約事例の検討」として，8件の確約計画認定事例を個別に，特に実体面の解説も交えながら，読み解く後半部分から構成されている。

確約手続総論では，制度の概要を紹介した上で，公正取引委員会と違反被疑事業者（以下単に「企業」ということがある）のそれぞれにとっての確約手続利用のメリットや留意点が分析されており，大要以下のとおりである。

確約手続の利用を考える上では，どのような事件がその対象になり得るのかを知っておくことが先決であるが，独占禁止法には「公正かつ自由な競争の促進を図る上で必要があると認めるとき」（48条の2）としか書かれていない。しかし，次の両面から考えることができる。

　公正取引委員会の「確約手続に関する対応方針」（確約ガイドライン）では，①ハードコア・カルテル，②10年以内の繰り返しの違反行為，③刑事告発相当の悪質かつ重大な違反行為の3類型については対象外とされている（「ネガティブリスト」）。もっとも，①については，価格カルテルの側面を有する業務提携や価格シグナリングのような行為が含まれるのか，②についても，どのような場合が繰り返しに当たるのかを適用条文だけで判断できるのかといった疑問もある。③は，実際上①と重なると思われるが，告発方針では私的独占も告発対象となり得ることが明記されており，意味があるのかもしれない。

　また，公正取引委員会立案担当者の解説では，確約手続に付すに相応しい場合として，①違反被疑行為を迅速に排除する必要性，②事業者の提案に基づいた方が，競争促進を図る上で，より実態に即した効果的な措置になる可能性の観点から判断するとされている（「ポジティブリスト」）。

　この2つの観点から確約認定事例を検討することにより，その運用の考え方やその妥当性を検証することができる。特に，後者の「より実態に即した効果的な措置」と評価できるものが確約計画に含まれているかを検討する。

　企業側としては，まず，違反被疑行為が課徴金対象の類型であるかを確認しておく必要がある。また，確約手続によった場合の負担（確約計画の内容）と通常手続によった場合の負担（違反認定の可能性，訴訟費用等）を比較衡量する必要がある。特に，優越的地位濫用事件では，確約手続による場合には原則的に金銭的価値回復措置が必要になると考えられ，違反認定の結果として課徴金賦課となる場合の課徴金額を予測しつつ，比較することになる。課徴金と金銭的価値（相手方に与えた損害）とでは計算の方法が異なることに留意する必要がある。

　公正取引委員会としても，確約手続で処理することの説明を求められることから，前述のポジティブリストの2要素に留意して対応してくることが考えられる。特に，「確約手続を用いて事業者と合意することによって，排除措置命令では命じられていないような実効的な措置が可能になった」という対外的説明ができるようなものであることが重要になる。

　手続的には，公正取引委員会からの確約手続通知を受けて60日以内に確約措置計画の認定申請をする必要があることから，実際上，通知を受ける前に公

正取引委員会と協議して，大筋合意しておくことが不可欠である。事前に公正取引委員会側から確約手続の利用を持ち掛けることはしないであろうから，確約手続にメリットがあると考える企業の側から相談することになる。これまでの確約認定事例は，例外なく，そうした事前の相談が行われていたものと推測される。

　後半の確約事例の検討では，確約手続で処理された背景事情・考慮要素や確約計画の内容が詳細に分析・紹介されている。特に，実体面で興味深い楽天事件（同等性条件），排除型私的独占も関係条文とされている日本メジフィジックス事件については，事実関係や競争上の評価に関する説明を交えて詳細に解説されている。特に，確約計画の内容のうち，どの部分が特に評価されて確約認定に至ったと考えられるかが分析されており，今後の確約手続の利用を検討する上で有益である。

　最後に，確約手続の導入後も，「自発的措置による審査終了」という処理方法が引き続き用いられていることが指摘され，確約手続との違いが説明されている。

［総括的な検討］

　確約制度の位置付けや認定事例を実務的な観点から詳細に分析し，今後の確約手続の利用に際しての対応や留意点について具体的に提示していただいた。現時点（2021年5月）で施行から2年半弱経過したが，8件の認定事例があり，確約手続がハードコア・カルテル事件以外の審査事件の最終的な決着のメインストリームとなってきている中で，極めて示唆に富む内容であった。

　特に，公正取引委員会が確約手続についてどのようなものとして位置付け，活用しようとしているのかを正しく理解し，適切に対応することが審査事件の行方（排除措置命令に向かうのか，確約計画認定で終了するのか）を大きく左右すると感じた。公正取引委員会も，独占禁止法制度の利害関係者の一つであり，その行動様式を理解し，具体的行動を予測して的確に対応することが企業の明暗を分けるといってもよい。通常の審査手続以上に，公正取引委員会と違反被疑行為者との一種の「ゲーム」のような側面があり，公正取引委員会の出方を予測し，公正取引委員会が期待するものを適時的確に提示できるかがポイント

になると思われる。

　公正取引委員会にとっての確約手続のメリットとして，「訴訟対応業務の軽減（後顧の憂いの除去）」が大きいのではないかという指摘について，私も同感である。公正取引委員会の法執行活動が，いわば安全第一になっており，「負けるおそれのある事案に法適用はしない」という運用になっているのではないか。そのこと自体は，「十分な証拠をもって違反要件の充足を立証できない事案に法適用できるはずがない（法適用してはならない）」という意味では当然のことかもしれないが，実際にはそれ以上に公正取引委員会がリスク回避的になっているのではないか。そうしたリスク回避は，審査事件として取り上げるか否かの判断の時点から始まっており，違法性判断が確立している類型の事案を中心に審査事件として取り上げ，ハードコア・カルテル以外の違法性判断が確立していない類型では確約手続による決着を広く受け入れる運用になっているという印象を受ける。審判手続を放棄した公正取引委員会は，司法審査につながるような案件を取り上げることには慎重になっており，司法審査の可能性が極めて低いと考えられる確約計画認定は公正取引委員会にとって極めて有用な法実現手法である。

[確約ガイドラインの問題点]

　確約手続の活用場面として，「ポジティブリスト」が紹介された。①違反被疑行為の迅速排除の必要性，②事業者の提案による，より実態に即した効果的措置の可能性という考慮要素であるが，これらは確約ガイドラインには明記されていない。確約ガイドラインの策定に向けた意見募集の結果公表資料（平成30・9・26）には記載されていたものであり，本来，これらの考慮要素をより具体的に確約ガイドラインに明記すべきであったと思われる。

　確約措置の内容について，確約ガイドライン 6(3)ア(ア) では，過去の類似事案の排除措置命令における「措置の内容を参考にする」と明記されている。しかし，排除措置命令における主文（措置）の内容は極めて抑制的であり，基本的に当該違反行為の排除や排除の確認にとどまっている。抑制的な排除措置命令の主文に倣った確約措置では実効性を欠くおそれがあり，特に課徴金対象の行為類型では排除措置命令を行う場合との懸隔が大きすぎると思われる。そ

の意味で，優越的地位濫用にあっては金銭的価値回復措置を，「措置内容の十分性を満たすために有益である」ものとして位置付けるのではなく，原則として必要なものとして位置付けることが適切である。いずれにせよ，確約措置の内容にあらかじめ天井を設けるような確約ガイドラインの記述には疑問がある。

　確約認定の公表について，確約ガイドライン 11 では「認定確約計画の概要，当該認定に係る違反被疑行為の概要その他必要な事項を公表する」としている。違反を認定するものではないから，違反被疑行為について詳細に公表することには限界があることは理解できるが，確約計画については，当該違反被疑行為者がしなければならないこと，してはならないことを具体化するものであり，第三者による措置の履行監視を可能にするためにも，本来，「概要」ではなく，全文が公表されるべきである。特に，公正取引委員会は，確約認定を「法的措置」として位置付けているのであり，「認定書」に認定番号を付して全文公表することとし，「審決集」に収載するなど，引用しやすくする工夫が必要ではないかと考える。

[確約対象事件の選定]

　前述したように，確約手続の対象とするか否かの判断に際して，公正取引委員会は「ポジティブリスト」の2要素（迅速排除の必要性と効果的措置の可能性）を考慮することを表明している。しかし，確約認定8事例の公表資料を見ても，2考慮要素からみて各事例がなぜ確約手続に付され，認定に至ったのかは必ずしも判然としない。公正取引委員会担当官の事件解説においても，具体的な記述は乏しい。

　公正取引委員会（担当官解説を含む）は，楽天事件では被疑行為の迅速排除を強調しており，また，日本メジフィジックス事件，BMW 事件では被疑行為者からの具体的提案による効果的な確約措置を強調している。また，ゲンキー事件及びアマゾンジャパン事件では金銭的価値回復措置を重視している。

　8事例を概観すると，被疑行為の迅速排除として評価できるものは1件（楽天事件）にとどまり，主として，排除措置命令では命ずることが難しい（従来命じられていない）実効的な措置を含めることができる点に確約手続に付した

理由を求めている。しかし，この説明が一定の説得力を持つ事例は，金銭的価値回復措置が採られたゲンキー事件及びアマゾンジャパン事件に限られると思われる。

　確約手続の対象を巡って生じる疑問点を提起したい。これまでの8事例は全て単独行為の事案であるが，制度的にも対応方針においても，非ハードコア・カルテル（広告制限等の協定，業務提携や自主規制活動等）や共同ボイコットが除外されているわけではない。しかし，複数の事業者が関わる違反被疑行為にあっては，全ての関係事業者が一致して確約手続の利用を望むとは限らない。公正取引委員会にとって，確約手続と通常審査とが並行する事態は好ましいことではないが，どのように取り扱うのであろうか。もっとも，非ハードコア・カルテルに対する法適用は，事実上，事業者団体事件に限られているから，公正取引委員会では上記のような事態をそもそも想定していないということかもしれない。

　複数の事業者が同じ違反被疑行為について同時に審査対象となった事案として，旅行予約サイト同等性条項の事案とコンタクトレンズの価格広告制限等の事案がある。後者は，ブランド内競争（当該ブランドの小売店間競争）の制限の面が大きく，原則違法とされる行為類型であって，審査対象の事業者のうちの1社が先に確約認定を受けて当該被疑行為をやめることが他の事業者の被疑行為の評価に影響を及ぼすことはないのかもしれない（3社とも確約計画認定済み）。しかし，前者は，競争者排除の側面もあると考えられ，先に1社が被疑行為をやめることが他の事業者の同様の被疑行為の評価に影響を及ぼすことも考えられる。先に確約手続を用いる事業者が出てくるのを待って対応を決める方がよいという行動につながるおそれもある（楽天以外の2社に対する審査の状況は不明）。【Booking.com に対する確約計画認定が2022年3月16日に，エクスペディアに対する確約計画認定が2022年6月2日に，それぞれなされた。楽天事件では，いわゆるナロー同等性条件を含めて確約計画の対象であるのに対し，他の2社に対する処理では，ナロー同等性条件は確約手続の対象外とされている。「Booking.com 事件の確約計画認定」（2022年3月18日会長コラム）本書132頁参照。】

[個別事例]

　これまでの確約計画認定8事例については，月例研究会における「競争法関連の動き」の中で，その時々に確約認定事例を批判的に紹介してきたこともあり，ここで再論することは避けるが，確約認定事例としての適格性，確約措置の内容，意見募集の不実施，事案の公表内容の各面からみて，様々な疑問もある。公正取引委員会には，これまで以上に丁寧な説明を求めたい。

[まとめ]

　2021年5月26日に公表された「令和2年度における独占禁止法違反事件の処理状況」によれば，令和2年度の法的措置件数は15件であり，その内訳は排除措置命令が9件，確約計画認定が6件となっている。しかし，排除措置命令9件の中には愛知県立高校の制服の価格カルテル事件が6件含まれており，ハードコア・カルテル事件以外の排除措置命令はマイナミ空港サービス私的独占事件のみである（命令取消訴訟提起）。件数からみても，確約計画認定が法的措置事件の太宗を占めている。

　確約手続に対しては，実務的にも強い関心が持たれており，公正取引2021年4月号（846号）は「確約手続の評価と課題」という特集を組んでいる。ただし，同号所収の論稿は，本年（2021年）3月の確約認定事例2件（BMW事件及び日本アルコン事件）をカバーしていない。今回の事例研究部会における多田先生の講演は，最新の情報に基づき，実務から得られる知見を惜しみなく提供していただいたものであり，改めて感謝申し上げたい。

［資　料］

競争法研究協会 研究活動実績
（1992年3月～2022年3月）

（前注）本資料は，競争法研究協会の設立時から一貫して業務執行を担ってこら
　　　れた鈴木啓右理事が作成されたものであり，本書への収録を許諾してくだ
　　　さいましたことにお礼申し上げます。

回	年月日	講師	講演テーマ
	1992・3・7	（議員会館）	独禁法研究協議会設立 初代会長：齋藤栄三郎
	1992・6・4	（東京全日空ホテル）	設立記念パーティー 　挨拶　会長　齋藤栄三郎 　祝辞　公取委委員長　梅澤節男 　　　　副総理　渡辺美智雄（代理） 　　　　電事連副会長　近藤俊幸 　　　　三菱総研顧問　伊従寛 　　　　弁護士　ロバートT.グレイグ 　　　　役員代表　実方謙二 　乾杯　資生堂副社長 神澤昭三
第1回	1992・7・8	地頭所五男公取委 事務局長	公正取引委員会の最近の取組について
第2回	1992・8・5	実方謙二北海道大 学教授	日本の独禁法の歴史
第3回	1992・9・9	伊従寛三菱総研顧問	独禁法の概念
第4回	1992・10・7	ドナルドL.モーガ ン弁護士	米国独禁法の実状
第5回	1992・11・11	松下満雄東京大学 教授	米EC独禁法
第6回	1992・12・9	関根芳郎公取委首 席審判官	独禁法の概念
第7回	1993・2・10	舟田正之立教大学 教授 高村隆司弁護士	不当廉売と事例 独禁法ガイド作成概要
第8回	1993・3・10	植松勲公取委取引 部長	最近の不公正取引問題

第9回	1993・4・7	金子晃慶應義塾大学教授	事業者団体活動と独占禁止法
第10回	1993・5・10	川越憲治弁護士	不公正な取引方法と再販売価格維持行為
第11回	1993・6・8	糸田省吾公取委審査部長	競争政策の現状と課題
	1993・6	団長　齋藤栄三郎	米国独禁法調査視察
第12回	1993・7・7	柴田章平元公取委事務局長	競争政策の今日的課題
研修セミナー	1993・7	（日光・今市　ウイングフィールド）	第一回特別合宿研修会 講師：齋藤栄三郎会長
第13回	1993・9・9	石田英遠弁護士	日米独禁政策の比較
第14回	1993・10・13	伊従寛中央大学教授 金子晃慶應義塾大学教授 川越憲治弁護士	カルテル・不公正な取引の分科会 全体集会
第15回	1993・11・11	松下満雄東京大学教授	最近の独禁法法を巡る民事訴訟事件
	1993・11・28〜12・5	第一回海外視察 団長　齋藤栄三郎	ニューヨーク〜ワシントン〜シカゴ
第16回	1993・12・8	矢部丈太郎公取委経済部長	競争政策の最近の諸問題
第17回	1994・2・9	紋谷暢男成蹊大学教授	知的財産権の国際的動向
第18回	1994・3・9	ドナルドL. モーガン弁護士	米独禁法政策に関するクリントン政権の影響
第19回	1994・4・8	鈴木満公取委首席審判官	競争政策を巡る最近の諸問題
第20回	1994・5・11	実方謙二北海道大学教授 草野多隆弁護士 石田英遠弁護士	カルテルについて 不公正な取引方法について（1） 不公正な取引方法について（2）
第21回	1994・6・8	鶴田俊正専修大学教授	日本型産業組織と競争政策
第22回	1994・7・5	川越憲治弁護士	独禁法と裁判の動向
	1994・8・25	編集代表齋藤栄三郎	『独禁法の動向と展開』出版

第23回	1994・9・8	高橋文利朝日新聞副主幹	規制緩和と公取委の役割
独禁法特別研修会	1994・9・21-22	（東京全日空ホテル）上杉秋則公取委官房総務課長 伊従寛中央大学教授 松下満雄成蹊大学教授 小川秀樹公取委団体課長 田中裕司（建設省建設業課）	独禁法特別研修会（建設業界対象）独禁法総論 独禁法と公共入札 欧米独禁法と日本のあり方 公共入札問題 同上
第24回	1994・10・5	伊従寛中央大学教授 金子晃慶應義塾大学教授	問題提起：カルテルと不公正取引
第25回	1994・11・9	松下満雄成蹊大学教授	最近の独禁法民事判例と流通革命の動向
第26回	1994・12・7	黒田武元公取委首席審判官	独禁法違反事件の未然防止策の推進
第27回	1995・2・8	村上政博横浜国立大学教授	EC における流通規制とその教訓
第28回	1995・3・15	ドナルド L. モーガン弁護士	過去一年間の米国反トラストの運用状況
第29回	1995・4・12	高村壽一日経論説委員	再販適用除外制度と著作物
第30回	1995・5・12	川越憲治弁護士	ハーバード学派とシカゴ学派，合併，持株会社
第31回	1995・6・14	兼重太洋（公取委）	最近の公正取引委員会の主な取組
第32回	1995・7・12	伊従寛中央大学教授	再販売価格維持行為と独禁法
提言発表会	1995・8・3	（東京全日空ホテル）	小粥正己公取委委員長・駐日米国大使・玉川鹿島副社長；正田彬・伊従寛・川越憲治・高村壽一・松下満雄
第33回	1995・9・13	厚谷襄児北海道大学教授	不当な取引制限における競争の実質的制限
第34回	1995・10・11	横川浩通産省審議官 草野多隆弁護士	競争政策にかかる独占禁止法上の諸問題
第35回	1995・11・9	金子晃慶應義塾大学教授	著作物を中心とした再販問題

第36回	1995・12・14	地頭所五男流通科学大学教授	事業者団体活動指針及び最近の事件審査
第37回	1996・2・14	岩本章吾公取委団体課長	事業者団体の活動と独占禁止法
第38回	1996・3・13	エドワード・リンカーン	規制緩和と反トラスト
第39回	1996・4・10	伊従寛中央大学教授	持株会社と独占禁止法
第40回	1996・5・21	川越憲治弁護士	巨大企業と会社法及び再販問題
第41回	1996・6・12	横川浩通産省審議官 田中裕司（建設省） 石田英遠弁護士	独禁法に絡む産業政策の現況 一般競争入札と随意契約に関して 持株会社に関して
第42回	1996・7・10	滝川敏明富山大学教授	最近の日米EU独禁政策の動向と課題
第43回	1996・9・11	藤堂裕弁護士	公正取引委員会における審査・審判・審決
第44回	1996・10・16	F.ベルデンベルガー	日・欧の競争政策の比較
第45回	1996・11・13	松下満雄成蹊大学教授	WTO体制と独禁政策の課題
	1996・11	第二回海外視察 団長　齋藤栄三郎	ヨーロッパ独禁法調査視察
第46回	1996・12・11	植松勲元公取委首席審判官	知的財産権と独禁法
第47回	1997・2・13	正田彬慶應義塾大学名誉教授	独占禁止法違反と刑事責任
第48回	1997・3・12	クリスH.ランディング	米国と日本との独禁政策比較
第49回	1997・4・16	伊従寛中央大学教授	カルテル問題と持株会社解禁問題
	1997・4	執筆代表松下満雄	『国際化時代の競争政策―独占禁止法制定50年』（有斐閣）出版
第50回	1997・5・14	川越憲治弁護士	持ち株会社と独禁法改正
第51回	1997・6・11	鵜瀞恵子公取委企業結合課長	企業結合規制の見直し状況
第52回	1997・7・16	草野多隆弁護士 坂東一彦（通産省） 林部史明（建設省） 御園生功（大蔵省）	独禁法に絡む金融政策及び産業政策

第53回	1997・9・10	中藤力弁護士	国際化した独禁法実務―国際カルテル中心
第54回	1997・10・16	村上政博横浜国立大学教授	企業結合規制手続に関する独禁法改正
第55回	1997・11・12	松下満雄成蹊大学教授	WTO 体制と独占禁止法制
第56回	1997・12・10	グレン・フクシマ（ACCJ）	米国から見た日本の規制緩和と競争政策
第57回	1998・2・10	正田彬慶應義塾大学名誉教授	独禁法違反行為と損害賠償
第58回	1998・3・11	楢崎憲安公取委経済取引局総務課長	公取委の最近の取組と当面の課題
第59回	1998・4・15	伊従寛中央大学教授	政府規制の緩和と独占禁止法
第60回	1998・5・13	川越憲治弁護士	日本経済の構造変化と独占禁止法
第61回	1998・6・11	田村次朗慶應義塾大学教授	市場アクセスに関する競争政策上の課題
第62回	1998・7・16	実方謙二北海道大学教授	カルテル規制の現状と課題
第63回	1998・9・9	鈴木孝之公取委審議官	最近の審判例に見る事件の特徴
研修セミナー	1998・9	（御殿場 経団連セミナー会場）	第二回特別合宿研修会 講師：鈴木満
第64回	1998・10・14	中藤力弁護士 守谷治（通産省）	ビックバンに伴う独禁法にからむ産業政策上の課題
第65回	1998・11・12	松下満雄成蹊大学教授	独占禁止法の域外適用に関する動向
第66回特別講演会	1998・12・9	C. グリーンウッド Jr. 在日米国大使館公使 齋藤栄三郎会長	米・日間の独禁法上の課題と展開 混迷する経済情勢とその対策
第67回	1999・2・10	矢部丈太郎公正取引協会副会長	事業者団体と独占禁止法
第68回	1999・3・11	正田彬慶應義塾大学名誉教授	特許権と独占禁止法
第69回	1999・4・14	伊従寛弁護士	不況・合理化カルテル制度廃止の問題点

第70回	1999・5・12	山本和史公取委企業結合課長	株式保有，合併等に係る一定の取引分野における競争を実質的に制限することとなる場合の考え方
第71回	1999・6・10	志田至朗弁護士	私的独占規定等適用の現状とその意味
第72回	1999・7・15	波光巌関東学園大学教授	価格カルテルと入札談合
第73回	1999・9・8	山木康孝公取委取引企画課長	特許ノウハウライセンス契約に関する独禁法指針
国際競争政策シンポジウム	1999・10・20	（東京全日空ホテル）基調講演　畠山襄（日本貿易振興会理事長）パネリスト　ナイジェル・エバンス（EU代表部副代表），ハンス・クレム（米国大使館通商政策チーフ），矢部丈太郎（前公取委事務総長）コーディネーター　伊従寛	国際競争政策シンポジウム「独禁政策の国際協定—21世紀へのハーモナイゼーション」独占禁止政策の国際協定反競争的行為に係る協力に関する日本国政府とアメリカ合衆国政府との協定
第74回	1999・11・29	松下満雄成蹊大学教授	米国反トラスト法における手続管轄権
第75回	1999・12・8	武藤嘉文衆議院議員	政府の規制緩和と独占禁止法
特別セミナー	2000・1・26	（ホテルオークラ）講師　松下満雄成蹊大学教授，ブラッド・スミス	米マイクロソフト社独禁法違反事件判決を控えて事件経緯及びコメント
	2000・1		独禁法研究協議会　名称変更　独禁法研究協会
第76回	2000・2・9	正田彬慶應義塾大学名誉教授	独占禁止法制における一般消費者の利益
第77回	2000・3・15	滝川敏明富山大学教授	電気通信・運輸における政府規制緩和と独占禁止法
第78回	2000・4・12	古城誠上智大学教授	独禁法における差止請求権
電事1回	2000・4・20	伊従寛弁護士	規制緩和と独禁政策

第79回	2000・5・10	和泉澤衛公取委官房総務課長	競争政策の最近の動向
第80回	2000・6・14	伊従寛会長代行	垂直的制限協定の規制
第81回	2000・7・19	丹宗暁信大東文化大学教授	独占禁止法の法体系中における地位
	2000・9	第二代会長	伊従寛氏就任
第82回	2000・9・14	本間忠良公取委委員	米技術と競争判例に見るミスユースと反トラストの系譜
第83回	2000・10・11	野木村忠邦日本大学教授	マイクロソフト社事件に見る競争原理と消費者の利益
第84回	2000・11・15	岸井大太郎法政大学教授	エッセンシャルファシリティの法理と独占禁止法
第85回	2000・12・12	厚谷襄児北海道大学名誉教授・弁護士	独占禁止法における市場集中規制の事例検討
第86回	2001・2・3	矢部丈太郎大阪大学教授	事業者団体における独禁法違反行為
第87回	2001・3・7	滝川敏明富山大学教授	IT 時代の電気通信規制
電事2回	2001・3・26	滝川敏明富山大学教授	電力規制改革の日米比較
	2001・4		「官製談合対策について」提言発表
第88回	2001・4・20	アレン・グリンバーグ	米国から見た日本の独禁法
第89回	2001・5・10	小林渉公取委企画官	独禁法事件に関わる差止請求「民事訴訟」制度
第90回	2001・6.・14	正田彬慶應義塾大学名誉教授	不当廉売と独占禁止法
第91回	2001・7・11	志田至朗弁護士	司法取引制度等の導入を含む独禁法の法執行の見直し
第92回	2001・9・18	本間忠良公取委委員	情報革命とあたらしい競争問題
第93回	2001・10・16	松下満雄東京大学名誉教授	不公正な取引方法の解釈と最近の判審決例
設立10周年記念シンポジウム	2001・11・1	（経団連ホール）会長　伊従寛　来賓　柴田章平公取委委員	「21世紀・独禁政策の課題」シンポジウム　記念講演　阿部一正　パネリスト：正田彬・矢部丈太郎・村上政博　コーディネーター：伊従寛会長

第94回	2001・12・12	田村次朗慶應義塾大学教授	公正取引委員会の機能強化と不当な取引制限の構築
第95回	2002・2・13	林義郎衆議院議員	最近の独占禁止政策
第96回	2002・3・6	正田彬慶應義塾大学名誉教授	特許ライセンスと不公正な取引方法
第97回	2002・4・12	本城昇埼玉大学教授	景品表示法の運用と課題
電事3回	2002・4・16	矢部丈太郎大阪大学教授	規制改革を巡る諸問題
第98回	2002・5・15	志田至朗弁護士	入札談合事件にみる損害賠償請求訴訟
第99回	2002・6・13	地頭所五男流通科学大学教授	下請取引の公正化と独禁法上の優越的地位濫用
第100回	2002・7・30	川越憲治弁護士	市場主義
	2002・8		独禁法研究協会 名称変更 競争法研究協会
第101回	2002・9・11	小宮義則（経産省）	知的財産戦略
APEC北京会議	2002・9・18-19	（中国・北京）東アジア競争政策プロジェクト	「競争政策と経済発展」参加者：米国5名，ドイツ5名，韓国2名，インドネシア1名，カナダ2名，オーストラリア1名，ニュージーランド1名，タイ1名，中国：5名他社会科学院多数日本：伊従寛・松下満雄・村上政博・栗田誠，公取委2名
第102回	2002・10・9	和田正江主婦連会長	消費生活者から見た独禁法・景表法
APEC東京シンポジウム	2002・11・22	（国際交流基金国際会議場）東アジア競争政策プロジェクト	「東アジア諸国における経済発展と経済法令の整備」王暁曄（中国），権五乗（韓国），Shao-liang（台湾），佐伯英隆（経産省），小畑徳彦（公取委），松下満雄東京大学名誉教授，栗田誠千葉大学教授，伊従寛会長
第103回	2002・12・11	石田英遠弁護士	コンプライアンス作成と企業責任
第104回	2003・2・19	松下満雄東京大学名誉教授	独禁法における企業結合規制の展開
第105回	2003・3・12	岸井大太郎法政大学教授	公益事業と独占禁止法
電事4回	2003・3・4	古城誠上智大学教授	独禁法と電力適正取引規制

第106回	2003・4・9	矢部丈太郎公正取引協会副会長	商品表示と競争政策
第107回	2003・5・14	鈴木満桐蔭横浜大学教授	下請法及びその改正の趣旨・内容
第108回	2003・6・12	正田彬慶應義塾大学名誉教授	独占禁止法違反に対する措置体系の見直し
第109回	2003・7・24	上杉秋則公取委事務総長	競争法から見た知的財産法
		小宮義則（経産省）	知的財産法から見た競争法
		栗田誠千葉大学教授	独占禁止法から見た知的財産法との交錯
		紋谷暢男成蹊大学教授	最近の不正商品対策
第110回	2003・9・17	志田至朗弁護士	価格カルテルと告発
電事5回	2003・9・18	大西公取委調整課長	公益事業分野における今後の競争政策
第111回	2003・10・8	田村次朗慶應義塾大学教授	公取委のエンフォースメント強化
第112回	2003・11・12	松下満雄東京大学名誉教授	欧米におけるリニエンシープログラム動向
第113回	2003・12・9	栗田誠千葉大学教授	エッセンシャルファシリティと独占禁止法
独禁法改正シンポジウム	2003・12・10	（経団連会館） 基調講演　山本和史 パネラー　松下満雄，村上政博，山本和史，中藤力，西川元啓，郷原信郎，三宅伸吾 コーディネーター　伊従寛会長	独禁法改正に関するシンポジウム 独占禁止法研究会報告書について
第114回	2004・2・5	ショーン・フラット（米国）	米国における営業秘密の問題点と保護
		小宮義則（経産省）	営業秘密の刑事的保護
		松尾和子弁護士・弁理士	営業秘密の判例動向と企業の管理体制
第115回	2004・3・16	村上政博一橋大学教授	平成16年度独占禁止法改正を巡る論点
電事6回	2004・4・6	白石忠志東京大学教授	独禁法の改正動向―独占寡占規制の見直し

第116回	2004・4・13	郷原信郎弁護士	制裁措置体系とコンプライアンス
第117回	2004・5・18	矢部丈太郎実践女子大学教授	独占禁止法の国際的調整
第118回	2004・7・8	正田彬慶應義塾大学名誉教授	独占禁止法改正（案）の概要をめぐって
第119回	2004・7・21	服部和男（特許庁） 谷口由紀弁護士・弁理士 松尾和子弁護士・弁理士	我が国における商標模倣対策 中国・韓国における商標模倣事件例 我が国における最近の商標模倣に関する判例
第120回	2004・9・7	伊従寛会長	縦の制限協定問題
特別研究セミナー第1回	2004・9・2	（東海大学校友会館） 挨拶　伊従寛 講師　鈴木満 志田至朗 石田英遠	「独禁法と入札制度改革に伴う特別研究セミナー」 　入札談合事件の実態分類と分析 　入札談合事件の審査審判を巡る諸問題 　官製談合と官製談合防止法の運用実態
特別研究セミナー第2回	2004・9・28	（東海大学校友会館） 講師　志田志朗 郷原信郎 鈴木満	 入札談合事件における課徴金及び住民訴訟と株主代表訴訟の実態と課題 入札談合に関する独禁法刑事事件と談合罪 入札談合弊害排除の入札制度の現状と課題
第121回	2004・10・13	野木村忠邦日本大学教授	私的独占問題と競争法
	2004・10・20	提言提出先：自由民主党，公明党，民主党，公正取引委員会，国土交通省，経済産業省，経済団体連合会，日本商工会議所 等	「入札制度の改善についての提言」公表
第122回	2004・11・16	松下満雄東京大学名誉教授	不当廉売・優越的地位の濫用—米日欧の比較

第123回 （第 1 回 APEC 東 京シンポ ジウム）	2004・12・9	（オリンピック記念 青少年センター） 後援：中央大学, ワシントン大学（セ ントルイス）	「マイクロソフト事件・知的財産権に 関する並行輸入問題」 パネリスト：松下満雄, 紋谷暢男, 江口順一, 栗田誠, 佐藤恵太, Laurence S. Liu（台北）, Charles R. McManis（ワシントン大学）, Peter Maggs（イリノイ大学）, Hanns Ullrich（European University Institute）, Paul Nihoul（ルーベン・ カトリック大学）, Dorsey D. Ellis （ワシントン大学）
	2005・1		事例研究部会, 競争政策研究部会の 発足
事1回	2005・1・19	田村次朗慶應義塾 大学教授	不当な取引制限に関する近年の審決 例に見る行為要件解釈の課題
第124回	2005・2・10	諸石光熙弁護士	公正取引委員会の審査審判手続
第125回	2005・3・9	厚谷襄児北海道大 学名誉教授・弁護士	カルテルを巡る諸問題
第 2 回 APEC 東 京シンポ ジウム	2005・3・22	（オリンピック記念 青少年センター） 後援：中央大学, ワシントン大学（セ ントルイス）	「東アジア諸国の競争法の最近の動き を巡って」 パネリスト：Paul Nihoul（ルーベ ン・カトリック大学）, Sakuda Thanitcul（タイ）, Yao Tianchong （中国）, Dorsey Ellis（ワシントン 大学）, 紋谷暢男, 佐藤恵太, 松下 満雄, 栗田誠
	2005・3・23	（箱根富士屋ホテル）	「中国の独占禁止法案及びマイクロソ フト事件」 Paul Nihoul, Sakuda Thanitcul, Yao Tian Chong, Dersey Ellis, 紋谷暢男, 伊従寛, 栗田誠, 司会：松下満雄
第126回	2005・4・14	鈴木満桐蔭横浜大 学教授	下請法運用状況と課題
電事7回	2005・4・20	郷原信郎弁護士	独占禁止法改正と公益事業のコンプ ライアンス
第127回	2005・5・19	村上政博一橋大学 教授	平成17年独占禁止法改正と今後の課題
第128回	2005・6・16	正田彬慶應義塾大 学名誉教授	私的独占における支配と排除

第129回	2005・7・15	矢部丈太郎実践女子大学教授	不当廉売を中心とする不公正な取引方法
事2回	2005・9・2	隅田浩司東京大学研究員	郵便区分機事件・有線ブロードネットワーク事件
第130回	2005・9・7	滝川敏明関西大学教授	日・米・EUのマイクロソフト事件比較
第131回	2005・10・5	川越憲治弁護士	排除措置命令と課徴金納付命令
第132回特別月例研究会	2005・10・24	矢部丈太郎実践女子大学教授 志田至朗弁護士	改正独禁法の主要改正点 価格カルテル・入札談合規制の将来
事3回	2005・11・14	隅田浩司東京大学研究員	防衛庁石油製品談合刑事事件と関西空港新聞販売差止請求事件の検討
第133回特別月例研究会	2005・12・7	糸田省吾東京経済大学教授 郷原信郎弁護士	犯則調査権とリニエンシー 改正独占禁止法の今後に残された課題
事4回	2006・2・2	隅田浩司東京大学研究員	インテル事件と優越的地位の濫用規制の最近の展開について
第134回	2006・2・8	野木村忠邦日本大学教授	国際カルテル（リニエンシー） 公益事業相互参入について
第135回	2006・3・15	志田至朗弁護士	改正独占禁止法における審査審判手続と犯則調査権告発手続
第136回	2006・4・19	正田彬慶應義塾大学名誉教授	私的独占における支配と排除
電事8回	2006・4・24	郷原信郎弁護士	独占禁止法改正と公益企業のコンプライアンス
第137回	2006・5・16	川越憲治弁護士	継続的取引契約の終了と独占禁止法
事5回	2006・6・6	隅田浩司東京大学研究員	最近の独占禁止法関連訴訟の特徴：ヤマト運輸差止請求事件・横石興業審決取消請求事件
第138回	2006・6・13	菅久修一公取委消費者取引課長	景品表示法（不当表示）の運用と最近の違反事例
第139回	2006・7・31	村上政博一橋大学教授	独占禁止法基本問題懇談会の論点整理を巡って
	2006・7		独禁法改正に伴う特別研修セミナーの開催

第140回	2006・9・19	松下満雄東京大学名誉教授	日本企業の日本における対米国企業提訴を禁止する米国判決—日米司法紛争の一事例
事6回	2006・9・29	隅田浩司東京大学研究員	改正独占禁止法施行後の独禁法運用：警視庁信号機入札談合事件・ニプロ株式会社に対する審判審決
第141回	2006・10・16	糸田省吾東京経済大学教授	「縦の協定」の違法性についての考え方
第142回	2006・11・7	栗田誠千葉大学教授	規制緩和後の市場における独占行為について
第143回	2006・12・13	田村次朗慶應義塾大学教授	改正独占禁止法施行後の共同行為規制について
事7回	2007・1・23	隅田浩司東京大学研究員	不当な取引制限・企業結合規制の動向：タキイ種苗価格カルテル事件・株式会社東芝他2社によるWestinghouseグループの持株会社2社の株式取得について公取委事前相談事例
第144回	2007・2・15	矢部丈太郎実践女子大学教授	優越的地位の不当利用
第145回	2007・3・14	川越憲治弁護士	商標法と独禁法
第146回	2007・4・25	上杉秋則元公取委事務総長・一橋大学教授	リニエンシー導入後の独禁法コンプライアンス
事8回	2007・4・27	隅田浩司大宮法科大学院講師	不当な取引制限事件の最近の傾向：石油備蓄基地保全工事入札談合事件審判審決・ごみ焼却炉談合住民訴訟事件東京高裁判決
第147回	2007・5・16	滝川敏明関西大学教授	独禁法における審査審判制度の改正問題
第148回	2007・6・12	厚谷襄児北海道大学名誉教授・弁護士	流通問題と独占禁止法
	2007・6	（自由民主党本部）	自由民主党独禁法調査会にて陳述：伊従寛会長
第149回	2007・7・4	本間忠良日本大学教授	知的財産権の利用に関する独禁法上の指針
第150回	2007・9・13	正田彬慶應義塾大学名誉教授	不当廉売の規制について

事9回	2007・9・27	隅田浩司大宮法科大学院講師	NTT 東日本 FTTH 事件・水門談合事件
電事9回	2007・10・12	伊従寛会長	独禁法改正問題について
第151回	2007・10・23	松下満雄東京大学名誉教授	米反トラスト法に関する最近の重要判例動向
第152回	2007・11・9	栗田誠千葉大学教授	独占禁止法制度改革への展望
第153回	2007・12・4	田村次朗慶應義塾大学教授	企業結合規制の現状と課題
	2008・1	（自由民主党本部）	自由民主党独禁法調査会及び公正取引委員会へ独禁法改正問題について意見書提出
事10回	2008・1・22	隅田浩司大宮法科大学院講師	米欧競争法の新しい展開（Leegin 判決・Microsoft 判決）
第154回	2008・2・13	矢部丈太郎実践女子大学教授	景品表示法を巡る最近の動き
第155回	2008・3・26	川越憲治弁護士	不公正な取引方法における競争者排除行為
	2008・3	（民主党独占禁止法・競争政策 PT ヒアリング）	「独占禁止法改正案」について
第156回	2008・4・9	山田健男弁護士	独占禁止法の改正
第157回	2008・5・15	滝川敏明関西大学教授	知的財産権ライセンスと独禁法
事11回	2008・5.・23	隅田浩司大宮法科大学院講師	独占禁止法の最新事例と独禁法改正
第158回	2008・6・11	糸田省吾元公取委委員	独占禁止法の実効あるコンプライアンスの構築
競1回	2008・6・19	伊従寛会長	米国リージン判決と流通問題
第159回	2008・7・11	松山隆英公取委事務総長	独占禁止法改正案及び公取を取巻く諸問題
電事10回	2008・9・8	根岸哲甲南大学教授	公益事業と独禁法—電気事業を中心に
第160回	2008・9・17	石田英遠弁護士	独占禁止法改正案・手続問題について
第161回	2008・10・8	鈴木賢北海道大学教授	中国独禁法執行体制につて

事12回	2008・10・1	隅田浩司東京富士大学専任講師	談合に対する独禁法上のサンクション及び優越的地位の濫用—旧日本道路公団理事の談合事件・ドン・キホーテ事件を題材に
	2008・10	（各関係機関）	「独占禁止法違反事件処理手続意見書」公表
第162回	2008・11・18	栗田誠千葉大学教授	最近の独占禁止法違反事件について
日米欧競争法コンファレンス	2008・11・13	（経団連会館国際会議場）	競争法の手続に関する国際的整合性 基調講演：公取の審判制度改革の方向 　　　　松下満雄（東大名誉教授） パネルディスカッション：パネリスト 　　Mike Yeh（マイクロソフト弁護士） 　　塚田明夫（東芝弁護士） 　　Joy Fuyuno（White & Case 法律事務所） 　　Duncan Canbell（CBI） 　　栗田誠（千葉大学教授） 　　常岡孝好（学習院大教授） 　　薮内雅幸（経産省競争環境整備室長）
第163回	2008・12・10	田村次朗慶應義塾大学教授	独占禁止法の新たな展開
事13回	2009・1・29	隅田浩司東京富士大学専任講師	「着うた」事件審判審決・マイクロソフト非係争条項事件審判審決
第164回	2009・2・13	志田至朗弁護士	最近の独占禁止法を巡る実務動向と企業コンプライアンス
第165回	2009・3・10	厚谷襄児北海道大学名誉教授・弁護士	独占禁止法の変容—排除措置・課徴金・審判手続・公正取引委員会
第166回	2009・4・8	川越憲治弁護士	米国における独禁法コンプライアンスプログラム
第167回	2009・5・15	滝川敏明関西大学教授	排除行為（支配的地位の濫用）と競争法—米国・EU 比較と日本への示唆
第168回	2009・6・10	鈴木満桐蔭横浜大学教授・弁護士	下請法に関する最近の動向分析
第169回	2009・7・10	糸田省吾元公取委委員	知的財産権と独占禁止法との関係
競2回	2009・7・14	伊従寛会長	再販問題の今後を考える：米国リージン最高裁判決による再販協定の判例変更とその影響

電事11回 第1回電事連特別講演会	2009・7・31	伊従寛会長 栗田誠千葉大学教授	Ⅰ　独占禁止法の規制と骨組 Ⅱ　独占禁止法の規制手続の問題 Ⅲ　栗田誠教授の研究報告 　1 電力事業と独占禁止法に関する調査研究 　2 事業法と競争法の関係 　3 米国における電力事業と反トラスト法 　4 EUにおける電力事業と競争法 　5 排他型私的独占に係る独占禁止法上の指針（原案）の検討
第170回	2009・9・4	紋谷暢男成蹊大学教授	職務発明の国際的比較——国内の職務創作
電事12回 第2回電事連特別講演会	2009・9・29	栗田誠千葉大学教授	1 日本における電力事業と独占禁止法 2 平成21年改正独占禁止法とその運用 3 事業法と独占禁止法との関係
第171回	2009・10・5	山田昭雄公取委委員	独禁政策の足跡と最近の動向
第172回	2009・11・9	笠原宏消費者庁表示対策課長	消費者行政における消費者庁の役割と消費者庁への移管を踏まえた景品表示法の問題
事14回	2009・11・24	多田敏明弁護士	優越的地位の濫用—改正法を見据えて—大手家電量販店及び大手ホームセンターによる納入業者に関する事例
電事13回 第3回電事連特別講演会	2009・11・27	栗田誠千葉大学教授	1 日本における電力事業と独占禁止法 2 今後の電力事業を巡る独占禁止法問題 3 独占禁止法違反事件処理手続における審判制度の廃止後の事前手続について
第173回	2009・12・9	松下満雄東京大学名誉教授	平成21年度独占禁止法改正の概略と問題点
	2009・12〜2010・3	（民主党，公取委，経産省等の関係機関）	独占禁止法の審査審判手続改正に関する意見書提出
第174回	2010・2・12	上杉秋則元公取委事務総長	EUカルテル規制—審査手続と制裁
第175回	2010・3・19	白石忠志東京大学教授	優越的地位濫用規制

第176回	2010・4・14	上杉秋則元公取委事務総長	米国カルテル規制―審査手続と制裁
第177回	2010・5・12	志田至朗弁護士	独占禁止法を巡る最近の実務動向について
事15回	2010・5・20	多田敏明弁護士	排除型私的独占について：NTT 東日本に対する審判審決・JASRAC に対する排除措置命令
第178回	2010・6・9	山口幸夫全国中小企業取引振興協会主任研究員	下請法を含む優越的地位の濫用規制の現状と課題―下請かけこみ寺の活動状況をふまえて
第179回	2010・7・9	隅田浩司東京富士大学准教授	不公正な取引方法に対する課徴金制度の意義とその課題
競3回	2010・7・23	伊従寛会長	価格協定の合意の立証の問題
第180回	2010・9・15	諸石光熙弁護士	独禁法はこれからどうなっていくのか
緊急・競争法セミナー	2010・9・21	（日本経団連会館）	検索エンジン及びネット広告における提携と競争法における課題 基調講演；元 FTC 委員　パメラ・ジョーンズ・ハーバー パネリスト：齋藤憲道（同志社大学教授），滝川敏明（関西大学教授），多田敏明（弁護士），松下満雄（東京大学名誉教授） コーディネーター：玉井克哉（東京大学教授）
第181回	2010・10・13	伊従寛会長	東京多摩地区入札談合事件東京高裁判決
電事14回	2010・10・22	根岸哲甲南大学教授	電気事業における優越的地位濫用の適用可能性
第182回	2010・11・5	田村次朗慶應義塾大学教授	競争事業者間の事業提携に対する独禁法の評価
事16回	2010・11・30	多田敏明弁護士	競争業者間の業務提携
第183回	2010・12・8	中藤力弁護士	排除型私的独占と不公正な取引方法との関連
第184回	2011・2・18	志田至朗弁護士	公正取引委員会の立入検査と企業の対応
第185回	2011・3・9	山根裕子政策研究大学院大学教授	日本企業と国際カルテル

第186回	2011・4・13	石田英遠弁護士	知的財産権を濫用した競争者排除行為及び支配行為
第187回	2011・5・10	姜姍中国弁護士	中国独占禁止法の執行体制と施行後の動向
事17回	2011・5・17	多田敏明弁護士	独占禁止法から見た企業の震災対応
第188回	2011・6・6	厚谷襄児北海道大学名誉教授・弁護士	取引上の優越した地位の濫用
懇談会	2011・6・3	（在日カナダ大使館）	カナダ競争局長を囲む懇談会の開催 駐日カナダ特命全権大使Jonathan Fried カナダ競争局長 Malenie Aitlen 他4名 競争法研究協会　伊従寛会長，上杉秋則，栗田誠，佐野忠克，宮川裕光，他協会会員等9名
第189回	2011・7・13	宮川裕光弁護士	企業の独占禁止法に関するコンプライアンスの取り組み
競4回	2011・7・28	伊従寛会長	企業結合（M&A）審査制度の2011年改正に関連して
第190回	2011・9・7	山口幸夫全国中小企業取引振興協会主任研究員	中小企業から見た下請法の現状と課題
第191回	2011・10・12	白石忠志東京大学教授	企業結合規制をめぐる最近の話題
電事15回	2011・10・28	滝川敏明関西大学教授	電力の送電分離—アメリカの状況を中心に
第192回	2011・11・15	隅田浩司東京富士大学准教授	一定の取引分野における競争の実質的制限と公正競争阻害性
EU競争政策シンポジウム	2011・11・10	（ANAインターコンチネンタルホテル東京）	EU競争政策シンポジウム 協力：ジョーンズ・デイ法律事務所 テーマ：EU競争政策と日本への提言 基調講演：バーナード・E・アモリー パネリスト：バーナード・E・アモリー，アレキサンドレ・G・ベルヘイデン，山根裕子（帝京大学教授），田村次朗（慶應義塾大学教授），庄司克宏（慶應義塾大学教授） コーディネーター　松下満雄（東京大学名誉教授）

事18回	2011・12・1	多田敏明弁護士	近年におけるカルテル・入札談合事件の特徴―課徴金減免制度を切り口として
第193回	2011・12・16	滝川敏明関西大学教授	技術標準化における特許ホールドアップ及びトロールと競争法― EU・米国・日本
第194回	2012・2・8	志田至朗弁護士	犯則調査権とリニエンシー
第195回 特別講演	2012・3・7	伊従寛会長	米国における競争制限的合意の立証の問題
		根岸哲神戸大学名誉教授	我が国のリニエンシー制度における諸外国比較
第196回	2012・4・11	野木村忠邦日本大学教授	国際カルテルと日本企業
第197回	2012・5・15	栗田誠千葉大学教授	事業者団体の活動に関する独禁法の適用と具体的事例
事19回	2012・5・22	多田敏明弁護士	囲い込み施策と独禁法― DeNA事件・大山農協事件の動向
第198回	2012・6・13	糸田省吾元公取委委員	私的独占に注視
第199回	2012・7・11	川合弘造弁護士	新手続・ガイドラインでの企業結合審査―新日鐵・住金統合について・競争事業者間の情報交換と競争法
競5回	2012・7・31	紋谷崇俊弁護士	知的財産と競争政策―営業秘密の問題やグラントバッグの問題
第200回	2012・9・12	白石忠志東京大学教授	優越的地位濫用規制・下請法の諸問題
第201回	2012・10・10	石田英遠弁護士	国際カルテル，とりわけ米国の実務
電事16回	2012・10・26	古城誠上智大学教授	電力事業自由化における政府規制と独禁法
第202回	2012・11・14	矢吹公敏弁護士	契約条件の不当性と独占禁止法
事20回	2012・11・20	石垣浩晶（NERA）	企業法務問題の問題解決策としての経済分析―損害賠償を中心に
		多田敏明弁護士	近時の優越的地位濫用事件―法適用と課徴金を中心に
第203回	2012・12・12	鈴木満桐蔭横浜大学教授・弁護士	下請法―親事業者の義務と禁止事項
第204回	2013・2・13	志田至朗弁護士	違反行為からの離脱と企業の対応

	2013・2	（自由民主党，公取委，経産省等の関係機関）	「独占禁止法の見直しの当面の問題」について意見書の提出
第205回	2013・3・12	上杉秋則元公取委事務総長	国際標準に照らした我が国独禁法の抱える問題
第206回	2013・4・9	根岸哲神戸大学名誉教授	企業法務の本質と法務部門の果す役割
第207回	2013・5・9	中藤力弁護士	国際的な競争法の動向—ABA・ICN会議報告
事21回	2013・5・21	多田敏明弁護士	近時の企業結合規制—大型素材企業統合の比較
第208回	2013・6・14	栗田誠千葉大学教授	グローバル経済における知的財産法と競争法との交錯
第209回	2013・7・10	笠原宏公取委経済取引局総務課長	競争法・政策をめぐる最近の動向と課題
競6回	2013・7・23	隅田浩司東京富士大学教授	縦の制限協定規制の国際比較—再販・流通問題を中心に
第210回	2013・9・5	滝川敏明関西大学教授	最近の情報産業における米国・EU競争法事件分析
第211回	2013・10・9	高橋善樹弁護士	継続的取引契約の解消と不当な取引拒絶
電事17回	2013・10・18	杉山幸成公取委調整課長	電力市場の自由化と独占禁止法上の留意点
第212回	2013・11・12	田村次朗慶應義塾大学教授	不当な取引制限における相互拘束と共同遂行
事22回	2013・11・21	多田敏明弁護士	黙示型価格カルテル合意—任天堂DS液晶事件を素材として
第213回	2013・12・11	矢部丈太郎元公取委事務総長	不公正な取引方法をめぐる主要な論点
第214回	2014・2・13	上杉秋則元公取委事務総長	JASRAC事件審決取消訴訟判決
第215回	2014・3・12	志田至朗弁護士	企業におけるコンプライアンスへの取り組み
第216回	2014・4・8	根岸哲神戸大学名誉教授	フランチャイズシステムと優越的地位の濫用
第217回	2014・5・14	佐野忠克弁護士	TPP問題と競争政策—予想する日本企業への影響

競7回	2014・5・20	上杉秋則元公取委事務総長	知的財産権と独占禁止法—今日的課題はどこにあるか
第218回	2014・6・11	厚谷襄児北海道大学名誉教授・弁護士	改正独禁法における手続・組織に係る問題点
第219回	2014・7・11	岸井大太郎法政大学教授	再販売価格維持行為の規制の現状と見直し論
事23回	2014・7・18	多田敏明弁護士	民間入札と受注調整（カルテル）
第220回	2014・9・10	菅久修一消費者庁審議官	景品表示法を巡る最近の動きと課題
第221回	2014・10・7	大橋弘東京大学教授	市場支配力と市場画定—経済学の視点から
競8回	2014・10・21	上杉秋則元公取委事務総長	企業は知的財産権と独占禁止法に関わる問題にどう対応すべきか
電事18回	2014・10・31	矢部丈太郎元公取委事務総長	電力事業における独占禁止法対策
第222回	2014・11・19	白石忠志東京大学教授	景品表示法改正案（課徴金導入案）の検討
第223回	2014・12・17	古城誠上智大学教授	合理の原則に基づく分析—カルテル事件と競争者間の提携事業の区分
第224回	2015・2・10	上杉秋則元公取委事務総長	独禁法の新手続と課題
第225回	2015・3・11	志田至朗弁護士	不当な取引制限の事案における一定の取引分野—最近の価格カルテル事件を題材として
	2015・4・1	第三代会長	元公取委事務総長　矢部丈太郎氏就任
第226回	2015・4・8	根岸哲神戸大学名誉教授	一定の取引分野における競争の実質的制限と公正競争阻害性の解釈
第227回	2015・5・13	川合弘造弁護士	企業結合と事業提携
競9回	2015・5・26	上杉秋則元公取委事務総長	流通・取引慣行ガイドライン改定後の読み方と残された問題点
第228回	2015・6・11	隅田浩司東京富士大学教授	垂直的取引制限協定とライバル差別規制—流通取引慣行ガイドラインの改定を踏まえて
第229回	2015・7・9	滝川敏明関西大学教授	標準必須特許の高額ロイヤルティと競争者排除行為—中国クアルコム事件の米国・日本・韓国・EUとの比較

事24回	2015・7・24	多田敏明弁護士	日本独禁法の域外適用—ブラウン管カルテル事件
第230回	2015・9・15	田村次朗慶應義塾大学教授	事業提携に対する競争法の適用—NCAA事件を素材に
第231回	2015・10・9	川島富士雄神戸大学教授	中国競争政策の動向と課題
競10回	2015・10・27	上杉秋則元公取委事務総長	独禁法の域外適用—CRT事件審判審決の評釈を中心に
第232回	2015・11・11	石田英遠弁護士	国際競争法の傾向と課題：国際カルテル事件　なぜ日本企業に対して続くか
第233回	2015・12・9	菅久修一消費者庁審議官	市場経済，消費者政策と消費者庁の組織・業務の課題
第234回	2016・2・17	志田至朗弁護士	国際カルテルと我が国独占禁止法の適用—テレビ用ブラウン管価格カルテル事件審決
第235回	2016・3・15	上杉秋則元公取委事務総長	我が国の審査手続きの問題点—海外当局の審査手続との比較検討
第236回	2016・4・13	根岸哲神戸大学名誉教授	流通取引慣行ガイドライン改定における再販価格の拘束—正当な理由の解釈
第237回	2016・5・18	栗田誠千葉大学教授	企業結合規制の現状と課題—実効性確保の観点
事25回	2016・5・31	多田敏明弁護士	トイザらス優越的地位濫用事件・審判審決
第238回	2016・6・14	鈴木満桐蔭横浜大学教授・弁護士	我が国における優越的地位濫用規制の現状と課題
第239回	2016・7・14	高橋善樹弁護士	課徴金時代の品質表示の在り方
競11回	2016・7・26	上杉秋則元公取委事務総長	裁量型課徴金制度を導入する上での問題点
第240回	2016・9・7	品川武公取委企業結合課長	近時の企業結合規制の動向
第241回	2016・10・12	大橋弘東京大学教授	デジタルエコノミーにおける競争政策—経済学の観点
事26回	2016・10・27	隅田浩司東京富士大学教授	競争者排除型行為規制の現在の展開—インテル事件

第242回	2016・11・9	川合弘造弁護士	昨今の競争法・独禁法のトピックス：リニエンシー制度導入10年の課題及び企業結合事案と課題
第243回	2016・12・8	厚谷襄児北海道大学名誉教授・弁護士	不当な取引制限違反事件における排除措置命令・審決等の受命者・非受命者及び基本合意の立証
第244回	2017・2・7	上杉秋則元公取委事務総長	課徴金制度の見直しの方向性と課題
第245回	2017・3・8	志田至朗弁護士	下請法を巡る近時の実務動向と下請法への取組における留意点
第246回	2017・4・12	根岸哲神戸大学名誉教授	独禁法エンフォースメントのあり方―確約手続を含めて
第247回	2017・5・16	矢吹公敏弁護士	垂直的制限行為と非価格制限行為における違法性判断基準
事27回	2017・6・1	多田敏明弁護士	インターネット販売禁止と独占禁止法
第248回	2017・6・14	向宜明弁護士	新しい課徴金制度の下での対立型法執行と協調的法執行―依頼者・弁護士間秘匿特権の効果的な活用を含む，実務上のポイント
第249回	2017・7・11	栗田誠千葉大学教授	独占禁止法の行政的エンフォースメントの現状と課題
競12回	2017・7・25	上杉秋則元公取委事務総長	最近の公取委の動き―注目すべき点はどこか
第250回	2017・9・6	小菅英夫公取委下請調査室長	下請取引適正化への取組
第251回	2017・10・10	宮川裕光弁護士	競争政策の国際的展開と企業活動上の留意点
第252回	2017・11・10	滝川敏明関西大学教授	デジタル・プラットフォームと独禁法・競争法―グーグル・アマゾン等を巡って
事28回	2017・11・21	多田敏明弁護士	再販売価格拘束の再検討―委託取引例外と直接交渉例外を中心に
第253回	2017・12・6	古城誠上智大学教授	排除型私的独占と不公正な取引方法との関係
第254回	2018・2・7	上杉秋則元公取委事務総長	電子商取引における垂直的制限に関する競争政策

第255回	2018・3・8	志田至朗弁護士	独占禁止法のコンプライアンスの実効性を高める方策
第256回	2018・4・11	根岸哲神戸大学名誉教授	市場支配力と競争の実質的制限
第257回	2018・5・16	石田英遠弁護士・山田篤弁護士	国際カルテル事件―海外における競争当局による執行の拡大
第258回	2018・6・13	長澤哲也弁護士	優越的地位濫用規制の来し方と行き方
事29回	2018・6・18	多田敏明弁護士	人材と競争政策に関する検討会の報告書
第259回	2018・7・11	田村次朗慶應義塾大学教授	ビックデータと不当な取引制限
競13回	2018・7・26	上杉秋則元公取委事務総長	電子商取引の普及は独禁法にどのような変化をもたらしているか
第260回	2018・9・5	北村敦司経産省競争環境整備室長	海外ガン・ジャンピング規制の実態と対策・国際競争力強化に向けた企業の法務機能強化
第261回	2918・10・9	大橋弘東京大学教授	AI時代におけるデータと競争政策―経済学の観点から
第262回	2018・11・7	小林渉消費者庁審議官	最近の景品表示法の執行
事30回	2018・11・20	隅田浩司東京富士大学教授	便利と独占：Amazonと独占禁止法の複雑な関係
第263回	2018・12・5	厚谷襄児北海道大学名誉教授・弁護士	確約手続及び北海道電力株式会社に対する警告事案について
第264回	2019・2・6	上杉秋則元公取委事務総長	確約手続の導入は公取委の審査実務にどのような影響を及ぼすか
第265回	2019・3・6	志田至朗弁護士	事業者団体規制を巡る近時の実務動向と団体活動における留意点
	2019・4・1	第四代会長	白鷗大学教授（千葉大学名誉教授）栗田誠氏就任
第266回	2019・4・8	根岸哲神戸大学名誉教授	私的独占と不公正な取引方法の相互関係
第267回	2019・5・10	林秀弥名古屋大学教授	最近の企業結合規制の動向―地方金融機関の経営統合と独禁法
事31回	2019・6・3	多田敏明弁護士	優越的地位濫用の成立要件に関する近時の審判審決比較

第268回	2019・6・21	紋谷崇俊弁護士	知的財産権法と競争政策―最近の知財制度の動向と諸問題について
競14回	2019・7・12	上杉秋則元公取委事務総長	GAFA を巡る独禁法に関する議論をどのように理解したらよいか
第269回	2019・7・26	國広正弁護士	競争政策としての FCPA（海外腐敗防止法）の域外適用と日本企業のリスク管理対応―実務観点から
第270回	2019・9・6	枡口豊経産省競争環境整備室長	デジタル・プラットフォーマーを巡る取引環境整備に関する検討会報告書等
第271回	2019・10・11	長澤哲也弁護士	独禁法違反に関わる民事訴訟の動きと実務―優越的地位濫用・下請法違反を中心に
事32回	2019・10・25	紋谷崇俊弁護士	最近のデータ保護法制の動向―データないし営業秘密の保護を中心に
第272回	2019・11・15	川島富士雄神戸大学教授	中国独占禁止法―法運用の最新動向
第273回	2019・12・16	川上一郎公取委企業取引課長	下請法に関する最近の動きについて―最近の政府の取り組みを中心に
第274回	2020・2・14	上杉秋則元公取委事務総長	イノベーション時代の知的財産権と独占禁止法
	2020・3～4		コロナ禍の活動制限のため月例研究会を延期：5月からビデオ配信方式で再開
第275回	2020・5・15	川合弘造弁護士	企業結合審査の最新動向
事33回	2020・5・29	多田敏明弁護士	水平的業務提携と独占禁止法
第276回	2020・6・8	矢吹公敏弁護士	近時の指針・執行動向にみる「優越的地位の濫用」規制の現在地と将来像
第277回	2020・6・26	志田至朗弁護士	不当な取引制限に係る公正取引委員会の審査実務の方向性について
第278回	2020・7・10	滝川敏明関西大学名誉教授	デジタル・プラットフォームと独禁法
第279回	2020・7・20	根岸哲神戸大学名誉教授	業務提携に関する独禁法上の課題―垂直型・混合型業務提携を中心として
第280回	2020・9・8	隅田浩司東京富士大学教授	取引妨害概念の再構築と公正競争阻害性

競15回	2020・9・18	上杉秋則元公取委事務総長	最近の公取委の動き─注目すべき動きとその影響
第281回	2020・10・9	長澤哲也弁護士	最近の優越的地位濫用に関する動向─濫用行為の対象拡大について
第282回	2020・11・13	岩下生知公取委企業結合課長	企業結合規制と審査─令和元年企業結合ガイドライン等の改定及び主要な企業結合事例
事34回	2020・11・30	隅田浩司東京富士大学教授	市場閉鎖効果に関する最近の事例解析
第283回	2020・12・11	大橋弘東京大学教授	転換期を迎える競争政策─人口減少とデジタル化のもたらす課題と政策の方向性
第284回	2021・2・9	上杉秋則元公取委事務総長	令和3年の競争政策の注目点─多難の時代の幕開け
第285回	2021・3・9	志田至朗弁護士	確約制度施行後の運用状況と今後の展望
第286回	2021・4・16	根岸哲神戸大学名誉教授	違法性判断基準──一定の取引分野における競争の実質的制限
第287回	2021・5・10	石田英遠弁護士・山田篤弁護士	海外の競争法当局に対するコンプライアンスと競争法当局の具体的な攻撃方法とその防御方法─国際カルテル事件の観点から
事35回	2021・5・31	多田敏明弁護士	確約手続対象事例の検討─利用のポイントと留意点
第288回	2021・6・14	栗田誠白鷗大学教授（協会会長）	独占禁止法の構造的課題─なぜ，分かりにくく，使いにくく，守りにくいのか？
第289回	2021・7・12	川合弘造弁護士	競争法と通商法の相克
競16回	2021・7・30	上杉秋則元公取委事務総長	わが国の垂直的取引制限に対する伊従論文の指摘の検討─我々はどのように受け止めるべきか
第290回	2021・9・6	鈴木満弁護士	優越的地位濫用規制と下請法との交錯
第291回	2021・10・4	厚谷襄児北海道大学名誉教授・弁護士	独占禁止法の変遷・そして今
事36回	2021・10・25	隅田浩司東京富士大学教授	デジタルプラットフォームに対する不公正な取引方法の適用について─アップル・インク事件の処理を中心に
第292回	2021・11・8	宮川裕光弁護士	競争政策の国際的展開と企業活動

第293回	2021・12・6	志田至朗弁護士	不当な取引制限（価格カルテル）における意思の連絡の推認手法と今後の展望
第294回	2022・2・7	上杉秋則元公取委事務総長	日本の競争政策の持続可能性―優越的地位の濫用規制へのシフトが提起する問題は何か
第295回	2022・3・18	村上政博一橋大学名誉教授・弁護士	今後の法改正課題―行政制裁金制度の創設と不公正な取引方法の再構築

（注）「回」欄の数字は，特記なきものは「月例研究会」の，「事」は「事例研究部会」の，「競」は「競争政策研究部会」の，「電事」は電力事業をはじめとする規制産業に関する会合の開催回を示す。

あとがき

　5月連休に本書の編集作業を開始したが，思ったより時間がかかってしまった。3年に亘り，その時々に執筆した文章であり，文体や表記の統一に手間取ったことや執筆後の動向を補足する必要があったことが大きい。編集・校正の過程では，同じような記述が繰り返し出てくることに閉口したが，これも3年間の記録としてそのままとした。

　鈴木啓右理事が作成された競争法研究協会の活動記録を眺めながら，研究会等で様々な発表の機会をいただいたことを改めて思い起こした。悔やまれることは，発表に向けて準備し，資料を作成し，また，出席者から種々質問や意見をいただいていながら，それを形にしないままになっているものが多いことである。時間をかけて取り組み，それなりにまとまった資料となっているわけであるから，あとは論文の体裁に整えるだけであるのに，発表を終えると一仕事済んだ気になって，そのままにしてしまう。そんなことの繰り返しであったようにも思う。

　振り返ると，公正取引委員会から千葉大学に移った2001年の秋に，伊従寛先生から，アジア・太平洋諸国の競争法に関する研究プロジェクトの成果論文の邦訳を依頼されたことが始まりである。伊従寛・山内惟介・J. O. ヘイリー・W. A. W. ネイルソン編『APEC 諸国における競争政策と経済発展』（中央大学出版部・2002年）として刊行された論文集の総頁数308頁中合計112頁分の翻訳を担当させていただいた。また，2002年9月には，競争法研究協会が王暁曄中国社会科学院教授と共同して開催した APEC 北京会議に参加する機会をいただき，初めて中国を訪れた。

　北京会議では，日本の独占禁止法の非公式な運用について，Effectiveness and Transparency of Competition Law Enforcement と題して報告し，その内容は Washington University Global Studies Law Review や法学新報（中央大学）に掲載されている。私の研究者としての最初の発表論文はこの独占禁止法の法目的実現手法に関するものであり，以来，20年に亘りこのテーマを論じ

続けていることになる。本書では，各所で公正取引委員会の活動手法を批判的に分析しているが，一貫した立場を維持してきたと思う反面，進化がないようにも感じている。

　本書は，競争法研究協会会長としての活動記録であって，もとより学術的なものではなく，また，研究会における講師の先生方の貴重な講演を起点とするものでもあり，自費出版の形をとっている。活動の機会を与えていただき，また，出版に当たりご支援をいただいた競争法研究協会の関係者に改めて厚くお礼申し上げる。

（2022年10月10日記）

人 名 索 引

事 項 索 引

事件・事例索引

[著者紹介]

栗田　誠［くりた まこと］

（略歴）
白鷗大学法学部教授・千葉大学名誉教授
1953年 岐阜県生まれ
1977年 東京大学法学部卒業，同年 公正取引委員会事務局入局
1987－90年 在米国日本国大使館一等書記官
1990－92年 公正取引委員会事務局官房総務課渉外室長
1992－94年 公正取引委員会事務局審査部第一審査監査室長
1994－96年 通商産業省産業政策局物価対策課長
1996－98年 公正取引委員会事務総局経済取引局調整課長
1998－2001年 公正取引委員会事務総局審判官
2001－18年 千葉大学教授（法経学部，大学院専門法務研究科・
　　　　　　　社会科学研究院所属）
2018年－ 白鷗大学法学部教授

（主要編著書）
『実務研究 競争法』（商事法務・2004 年）
『独占禁止法の手続と実務』（中央経済社・2015 年）（共編）
『条文から学ぶ独占禁止法〔第 2 版〕』（有斐閣・2019 年）（共著）
『公的規制の法と政策』（法政大学出版局・2022 年）（共編著）

独禁法そぞろある記――競争法研究協会会長の一千日

2022年11月15日　初版第1刷発行

著　者　栗　田　　誠

発行所　CLP研究会

発売所　株式会社風行社
　　　　〒101-0064 東京都千代田区神田猿楽町1−3−2
　　　　Tel. & Fax. 03-6672-4001

印刷・製本　中央精版印刷株式会社

ISBN978-4-86258-148-8